スッキリわかる
数理・データサイエンス・AI

著者：皆本 晃弥

KDD
近代科学社Digital

はじめに

本書は，大学の理工系学部やデータサイエンス系学部の 2〜3 年生，高専 4 年生以上を対象とした数理・データサイエンス・AI の入門書です．数理・データサイエンス・AI 教育プログラム認定制度の Web ページ [23] には，リテラシーレベル，応用基礎レベル，エキスパートレベルの 3 つが挙げられていますが，本書の位置づけは，応用基礎レベルを中心としたエキスパートレベルへの橋渡しです．

最近，全国的に大学や高専などで「数理・データサイエンス・AI」教育が盛んに行われるようになりました．データサイエンス・AI を活用するためには，代表的あるいは最新の手法を学び，それらを実際に動かすアプローチが有効です．そのための書籍や Web ページも数多く存在しており，多くの教育現場でもそのようなアプローチがとられています．

しかし，このようなアプローチは，数学の授業で全く手計算をせずに，いきなり Mathematica や Maple といった数式処理システムを使って計算や式変形を行うようなもので，各手法のアルゴリズム導出や各概念の本質的な理解には繋がっていないと思います．特に，コードをただ書き写すだけのプログラミングでは数学的な内容を実感しづらく，作業に終始してしまい，思考が伴わないことが多いです．また，データサイエンスや AI 技術の移り変わりは非常に速く，数学的な理論を理解せずに得た知識はすぐに陳腐化してしまいます．

そこで，本書ではデータサイエンス・AI の数学的な内容についても詳細に説明し，紙と鉛筆だけで取り組める問題を数多く配置しました．数学的な内容が理解できれば，各手法について深く考察する力が養われ，新たな手法の理解も容易になるでしょう．文献 [22] では，「エキスパートレベル」について，実課題に AI を活用してイノベーション創出に取り組む能力を有するものとして，大学院生や若手研究者の育成が想定されています．このような能力を身につけるには，本書で扱うようなデータサイエンス・AI の数学的な内容の理解が欠かせません．

なお，本書で解説した手法を実際にプログラムしたい方には，拙著「Python による数理・データサイエンス・AI」[13] をご参照いただければ幸いです．拙著 [13] と本書の章立ては同じですので，相互に参照しやすいと思います．

以上を踏まえ，本書の特徴を以下にまとめます．

1. 概念の説明，例，問の構成 一般的な数学の教科書と同じように，概念の説明，例，問という構成になっており，章末には確認問題を用意しました．このような構成は，学生にとっても，教員にとっても，慣れ親しんでいるため，双方にとって取り組みやすいものです．問と確認問題の違いは以下の通りです．

問: 例の類題や概念の説明を補うための問題です．基本的には各節の内容だけで解けます．

確認問題: 章の内容を確認するための問題です．問の類題も含めており，データサイエンス検定や G 検定などの検定を意識して 4 択問題も含めています．

2. 手計算を重視 手計算で終えられる問題を多く入れ，概念を深く学べるよう配慮しました．一部電卓が必要なところもありますが，基本的には紙と鉛筆だけで取り組める内容となっています．

3. 既刊書との相互参照 紙面の都合上，既刊書に証明を掲載しているものについては，記載箇所を明記した上で，証明を割愛しました．

4. アルゴリズムの明示 各手法のアルゴリズムを学習と予測に分けて明示しました．本書のアルゴリズムと拙著 [13] の Python プログラムを併用すると，より理解が深まるでしょう．

本書により，読者の皆さんがデータサイエンス・AI に関する各手法の数学的な内容を理解し，各手法について深く考察する力を養い，新たな手法への対応力を身につけられることを願っています．

2024 年 9 月

皆本　晃弥

目次

第10章　サポートベクトルマシン(SVM)

第11章　カーネル法

第12章　深層学習入門

第13章 畳み込みニューラルネットワーク(CNN)

第14章 再帰型ニューラルネットワーク(RNN)

第1章

機械学習と人工知能の概要および単回帰分析

人工知能（AI）は，多岐にわたる技術で構成されており，それぞれが特定の問題解決に特化した能力を持っています．本章では，AIの中核を担う機械学習に焦点を当て，その基礎概念と主要な手法を概観します．特に，機械学習の最も基本的な手法である単回帰分析を取り上げ，データからパターンを抽出し，未知の事象を予測するメカニズムを具体的に解説します．

1.1　機械学習の概要

第 1.3 節以降で説明する回帰分析は従来からある統計的手法の 1 つですが，機械学習の手法としても位置付けられています．統計的手法と機械学習手法は目的が同じ場合が多いですが，機械学習は特にビッグデータや高性能なコンピューティングリソースを前提としています．

ここでは機械学習の基本的な概念について簡単に説明します．また，次節では，機械学習と人工知能の関係について概説します．

機械学習 (machine learning) は，予測や分類などの目的を達成するために，データからルールやパターンを自動で学習する技術です．このプロセスには，適切なモデルの選択と，そのモデルのパラメータ（しばしば**重み** (weight) と呼ばれる）を調整する作業が含まれます．このパラメータ調整作業を**学習** (learning) と呼びます．学習済みのモデルは，新しいデータに対して予測や分類を行うために使用されます．

さらに，機械学習は大きく以下の三つのカテゴリーに分類されます．

教師あり学習 (supervised learning) 入力データと正解ラベル付きデータがペアになったデータを用いて，モデルのパラメータを調整します．この際に利用されるデータを**訓練データ** (training data)，**教師データ**，あるいは**学習データ**といいます．例えば，数学の問題集で問題の直後に答えが書かれているような状況です．また，教師あり学習の主なタスクは**回帰** (regression) と**分類** (classification) です．回帰は，連続的な数値を予測するのに使われます．一方，分類は入力データを事前に定義されたカテゴリーに割り当てるのに使われます．例えば，画像に写っている物を人，車，信号のように識別するようなタスクです．

教師なし学習 (unsupervised learning) 入力データのみを用いてデータの特徴を抽出する方法です．正解ラベル付きデータがないため，教師なし学習と呼ばれます．例えば，色々な形のパズルピースをどう組み合わせるか自分で考えるような状況です．また，教師なし学習の主なタスクは，クラスタリングと次元削減です．**クラスタリング** (clustering) とは，データの距離や類似度などに基づいてグループ分けを行うことです．分類とクラスタリングの主な違いは，分類が既存のカテゴリーにデータを割り当てる手法であるのに対し，クラスタリングはデータから新たなパターンや関連性を発見することを目指す点にあります．一方，**次元削減** (dimensionality reduction) とは，より少ない次元で本質的な特徴を抽出することです．例えば，国語，数学，理科，社会，英語の得点からなる 5 次元データから文系力，理系力という 2 次元データを抽出するようなタスクです．

強化学習 (reinforcement learning) 与えられた**環境** (environment) 下で，行動主体である**エージェント** (agent) が得られる**報酬** (reward) を最大化するような**行動** (action) を学習していく手法です．例えば，犬に「おすわり」を教えるとき，正しく座れたらおやつを与えるようなものです．強化学習の主なタスクは，対戦型ゲームや自動運転の制御です．

なお，教師あり学習と教師なし学習を組み合わせた**半教師あり学習** (semi-supervised learning) というものもあります．半教師あり学習では，少量の正解ラベル付きデータと大量の正解ラベルなしデータを利用してモデルを訓練します．より具体的には以下の手順で学習します．

(1) 教師データを使って，教師あり学習を用いてモデルを作る．
(2) このモデルを使って，正解ラベルなしデータのラベルを予測し，信頼度が高いものにラベルをつける．
(3) 新たにラベルを付けたデータも含め，もう一度モデルを訓練する．
(4) 同様に，残りの正解ラベルなしデータのラベルを予測する．

半教師あり学習は，教師データが十分に用意できない場合に用いられます．ただし，正解ラベルのみを使っている教師あり学習とは異なり，半教師あり学習は予測された正解ラベルを使うので，一般には予測精度において教師あり学習に劣ります．

図 1.1 に，代表的な手法とその目的についてまとめます．大規模言語モデルは，テキストの生成に使われており，チャットボットや文書作成支援ツールに活用されています．なお，本書では，強化学習と大規模言語モデルについては扱いません．

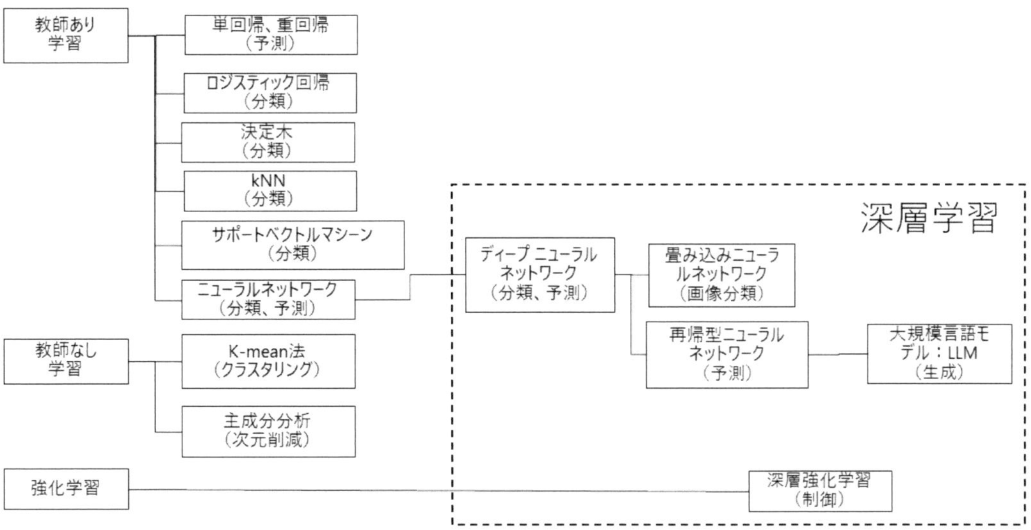

図 1.1　各学習における代表的な手法．丸かっこ内が主な目的．

1.2　人工知能の概要

近年，**人工知能** (**AI**：Artifical Intelligence) という言葉が日常的に使われるようになり，私たちの生活に大きな影響を与え始めています．人工知能技術とは，人間の知的な能力を模倣し，様々なタスクを自動化する技術といえるでしょう．しかし，AI の明確な定義はなく，その理解は人によって様々です．

1.2.1　人工知能

人工知能技術は，以下のような機能の実現を目指しています．これらの機能を実現するために，様々な技術が用いられています．機械学習はこれらを実現するための技術の 1 つです．特に**深層学習** (deep learning) と呼ばれる技術は，AI の能力を飛躍的に向上させており，近年の AI 技術進歩の中心となっています．

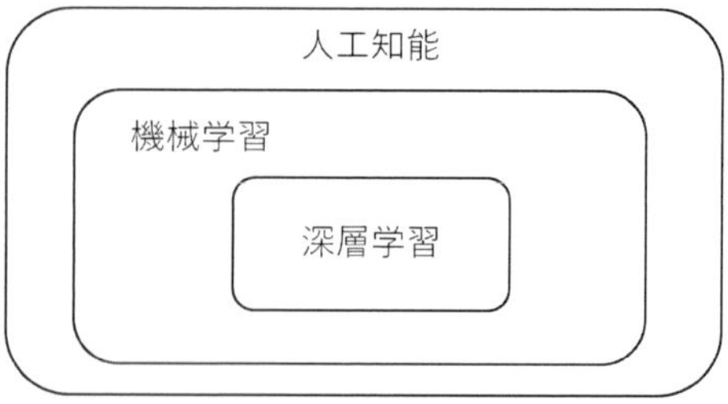

図 1.2　人工知能，機械学習，深層学習の関係

自然言語処理 (Natural Language Processing, NLP) 人間の言語を把握し，文書を生成する技術です．機械翻訳，感情分析，自動要約などが含まれます．近年では，**トランスフォーマー** (Transformer) モデルなどの進歩により，より洗練されたテキスト生成や分析が可能になっています．トランスフォーマーは自己注意機構（self-attention）を用いています．この機構は，文の各単語が他の単語にどれだけ注目すべきかを学習することで，文脈全体を一度に理解する能力を持ちます．これにより，文の意味をより正確に捉えることが可能となり，言語処理の精度が向上します．

コンピュータビジョン (computer vision) 画像や動画から情報を抽出する技術で，顔認識，物体検出，自動運転車の視覚システムなどに利用されています．深層学習によるアプローチが特に有効で，リアルタイムでの処理能力も向上しています．

ロボティクス (robotics) 自律的に動作するロボットを開発する分野です．製造業から医療，サービス業まで多岐にわたる応用が見られます．これらのロボットに複雑なタスクを効率的に行わせるための技術として，人工知能技術が活用されています．

推論と知識表現 (Reasoning and Knowledge Representation) 論理的な推論や決定を行うシステムの開発を指します．知識ベースシステムやエキスパートシステムがこのカテゴリーに含まれます．これらは，特定の専門知識を模倣し，複雑な問題解決に役立てることを目指しています．

1.2.2　AI の種類

人工知能 (AI) は，その能力と適用範囲によって，以下のように分類することができます．

特化型 AI（specialized AI） 特化型 AI は，特定のタスクや問題解決に特化して設計された AI です．例えば，囲碁やチェスなどのゲームで人間に勝つような AI，画像認識や音声認識などの特定のタスクに特化した AI などが含まれます．特化型 AI は，その特定のタスクにおいて非常に高い性能を発揮することができますが，他のタスクには適用できません．

弱い AI（weak AI） 弱い AI は，特定のタスクを実行するために設計された AI ですが，特化型 AI ほどそのタスクに特化しているわけではありません．例えば，音声認識機能，音声合成機能，音楽再生機能，情報検索機能等を搭載したスマートスピーカーなどは，弱い AI に分類されます．弱い AI は，複数のタスクをある程度こなすことができますが，特化型 AI ほどそれぞれのタスクにおいて高い性能を発揮することはできません.

汎用 AI（general AI） 汎用 AI は，人間と同様にさまざまな知的タスクを実行できる AI です．人間が行うあらゆる知的活動をこなすことができる AI を指します．しかし，現時点では，汎用 AI を実現できていません.

強い AI（strong AI） 強い AI は，汎用 AI と同義で使用されることが多いです．しかし，厳密には，強い AI は汎用 AI に加えて，意識や感情を持つことが特徴です．現時点では，強い AI も実現できていません.

1.3 回帰分析の概要

回帰分析 (regression analysis) は，変数間の関係を解析し，一方の変数を用いて他方の変数を予測する手法です．回帰分析の目的は，数値の予測です．たとえば，広告費（x）をもとに売上（y）を予測したいような場合に使います．回帰分析では，変数 x と y の間の関係を表す最適な直線や曲線を求め，それを使って y の値を予測します.

$$x(\text{広告：説明変数}) \rightarrow \boxed{f(x)} \rightarrow y = f(x)(\text{売り上げ：目的変数})$$

予測に用いる変数 x(上の例の場合，広告費) を**説明変数** (explanatory variable)，予測される変数 y(上の例の場合，売り上げ) を**目的変数** (objective variable) といいます．目的変数は，説明変数によって説明される変数です.

回帰分析は機械学習の基礎ともなる重要な手法です．機械学習では，x を分析対象の性質を特徴付ける変数と考えて，**特徴量** (feature) と呼び，y を予測すべき正解を示すものと考えて，**正解ラベル** (label, correct label) と呼ぶことがあります．数学的には，x は**独立変数** (independent variable)，y は**従属変数** (dependent variable) です.

回帰分析を行うことで，説明変数 x が目的変数 y に与える影響や仕組みが明らかになり，結果として因果関係の説明が可能になります．また，説明変数は複数あっても構いません．例えば，座席数 x_1，天気 x_2，最寄駅からの距離 x_3 から店舗の売り上げを $y = f(x_1, x_2, x_3)$ で予測するような場合です．説明変数が 1 つの場合を**単回帰分析** (simple regression analysis)，2 つ以上の場合を**重回帰分析** (multiple regression analysis) と呼びます．特に，説明変数 $x, x_1, \ldots, x_n$ と目的関数の関係 y を直線 $y = ax + b$ や超平面 $y = a_1x_1 + a_2x_2 + \cdots + a_nx_n + b$ で表すことを前提とした回帰

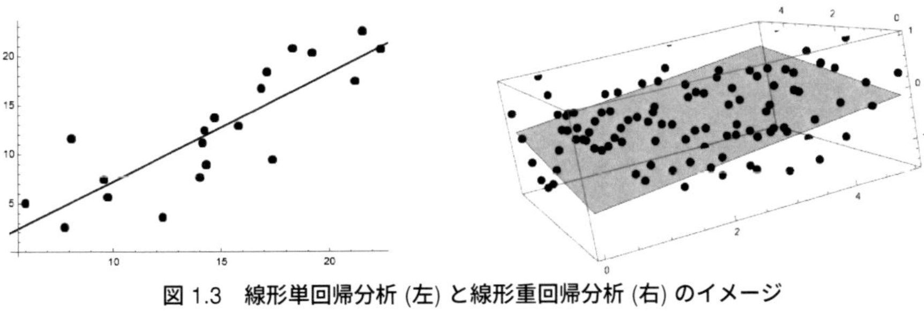

図 1.3 線形単回帰分析 (左) と線形重回帰分析 (右) のイメージ

を**線形回帰** (linear regression) といいます．

なお，変数間の対応を表現した数式 $y = f(x)$ や $y = f(x_1, x_2, x_3)$ などを**モデル** (model) と呼ぶことがあります．そのため，回帰を表現する数式を**回帰モデル** (regression model) と呼ぶこともあります．

1.4　線形単回帰分析

線形単回帰分析の基本から学んでいきましょう．線形単回帰分析は教師あり学習です．

回帰曲線・回帰直線

定義 1.1　変量 x の値 $x_1, x_2, \ldots, x_N$ と変量 y の値 $y_1, y_2, \ldots, y_N$ が与えられたとき，これを平面上の点

$$(x_1, y_1), (x_2, y_2), \ldots, (x_N, y_N)$$

で表したとき，これらの点の分布状況に最も近い曲線を**回帰曲線** (regression curve) という．特に，その曲線が直線のときは，その直線を**回帰直線** (regression line) という．

回帰直線は $y = ax + b$ の形で表され，係数 a（傾き）と b（切片）を決定することで，x と y の関係性が定義されます．言い換えると，データの分布に最も近い直線を見つけて，x と y の関係を明らかにすることが目的です．

回帰直線を求めるには，x_i から予想される y の値 $\hat{y}_i = ax_i + b$ と観測値 y_i との差，$e_i = y_i - \hat{y}_i = y_i - (ax_i + b)$ の 2 乗和

$$Q = \sum_{i=1}^{N} e_i^2 = \sum_{i=1}^{N} (y_i - ax_i - b)^2 \tag{1.1}$$

を最小にする a と b を求めます．このような求め方を**最小 2 乗法** (least squares method) といいます．なお，e_i を**残差** (residual) と呼びます．

回帰直線を求めるには，次の定理を用います．

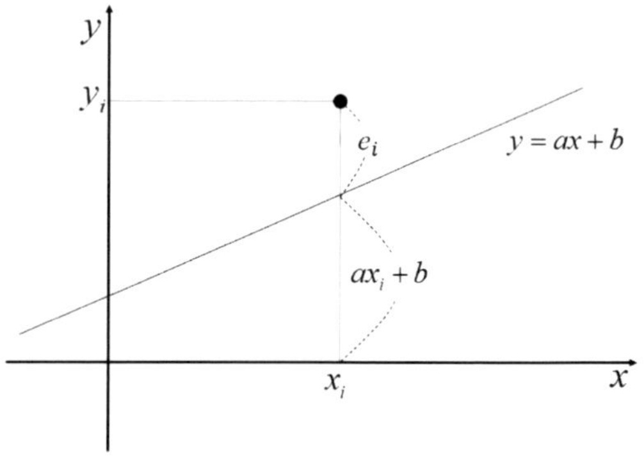

図 1.4　回帰直線の説明図

回帰直線の方程式 (文献 [10]：定理 1.6)

定理 1.1 観測値 $(x_1, y_1), (x_2, y_2), \ldots, (x_N, y_N)$ に対して，y の x への回帰直線は，

$$y - \bar{y} = a(x - \bar{x}) \iff y = ax + b \tag{1.2}$$

で与えられる．ただし，$\bar{x} = \dfrac{1}{N}\displaystyle\sum_{i=1}^{N} x_i$，$\bar{y} = \dfrac{1}{N}\displaystyle\sum_{i=1}^{N} y_i$，$a = \dfrac{\sum_{i=1}^{N}(x_i - \bar{x})(y_i - \bar{y})}{\sum_{i=1}^{N}(x_i - \bar{x})^2}$, $b = \bar{y} - a\bar{x}$ である．なお，a と b を**回帰係数** (regression coefficient) と呼ぶこともある．

定理 1.1 より，回帰直線は，観測値の平均 $(\bar{x}, \bar{y})$ を通り，かつ，(1.1) を最小にするという意味で観測値との差が最小となる直線であることが分かります．また，**共分散** (covariance) $\sigma_{xy} = \frac{1}{N}\sum_{i=1}^{N}(x_i - \bar{x})(y_i - \bar{y})$，**標準偏差** (standard deviation) $\sigma_x = \sqrt{\frac{1}{N}\sum_{i=1}^{N}(x_i - \bar{x})^2}$，$\sigma_y = \sqrt{\frac{1}{N}\sum_{i=1}^{N}(y_i - \bar{y})^2}$，および**相関係数** (correlation coefficient) $r_{xy} = \dfrac{\sigma_{xy}}{\sigma_x \sigma_y}$ を用いると，回帰係数は

$$a = \frac{N\sigma_{xy}}{N\sigma_x^2} \cdot \frac{\sigma_y}{\sigma_y} = \frac{\sigma_{xy}}{\sigma_x \sigma_y} \cdot \frac{\sigma_y}{\sigma_x} = r_{xy}\frac{\sigma_y}{\sigma_x} \tag{1.3}$$

と表せます．この (1.3) より，標準偏差 σ_x，σ_y が分かっていれば，回帰係数 a が決まると相関係数 r_{xy} が決まり，逆に相関係数 r_{xy} が決まると回帰係数 a が定まることが分かります．

以下はこの単回帰モデルの学習と予測アルゴリズムです．

単回帰のアルゴリズム

学習 定理 1.1 に基づいて，a, b を求める．

予測 与えられたデータ x に対して $\hat{y} = ax + b$ を予測値とする．

回帰直線の導出

例 1.1 点 $(2,3), (4,7), (9,11)$ に対して，y の x への回帰直線を $y = ax + b$ の形で求めよ．また，求めた回帰直線が，これら 3 点の平均を通ることを確認せよ．

(解答)

$$\bar{x} = \frac{1}{3}(2 + 4 + 9) = 5, \quad \bar{y} = \frac{1}{3}(3 + 7 + 11) = 7$$

$$\sum_{i=1}^{3}(x_i - \bar{x}_i)(y_i - \bar{y}) = (2-5)(3-7) + (4-5)(7-7)$$
$$+(9-5)(11-7) = (-3)(-4) + 4 \cdot 4 = 28$$
$$\sum_{i=1}^{3}(x_i - \bar{x})^2 = (-3)^2 + (-1)^2 + 4^2 = 9 + 1 + 16 = 26$$

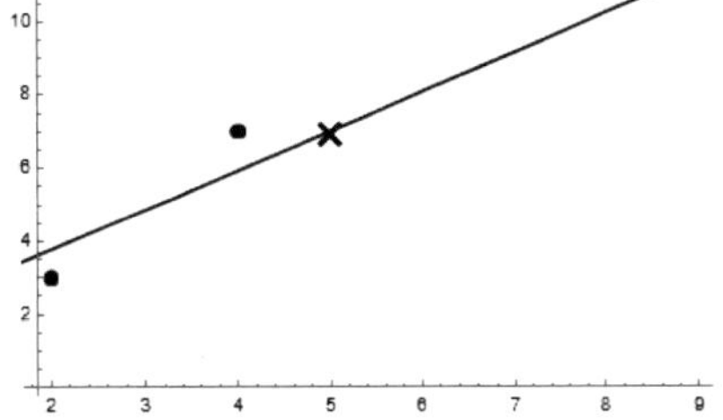

なので，(1.2) より，

$$a = \frac{\sum_{i=1}^{3}(x_i - \bar{x})(y_i - \bar{y})}{\sum_{i=1}^{3}(x_i - \bar{x})^2} = \frac{28}{26} = \frac{14}{13}, \qquad b = \bar{y} - a\bar{x} = 7 - \frac{14}{13} \cdot 5 = \frac{91 - 70}{13} = \frac{21}{13}$$

を得る．したがって，求めるべき回帰直線は $y = \frac{14}{13}x + \frac{21}{13}$ である．
このとき，$\frac{14}{13} \cdot 5 + \frac{21}{13} = \frac{70+21}{13} = 7$ なので，確かに回帰直線は 3 点の平均を通っている． ■

回帰直線の解釈

例 1.2　あるアイスクリーム店で，6 月から 9 月における気温 (°C) とアイスクリームの売上 (千円) を調べ，単回帰分析を行ったところ，回帰直線 $y = 20x - 350$ が得られた．この意味を解釈せよ．

(解答)
この回帰直線は，気温が 1 ℃上昇するごとに売上が 20 千円増加することを示している．切片が −350 であり，理論的には気温が 0 ℃の場合の売上はマイナスとなるが，これは実際的な意味を持たない．このモデルは気温が高いときの売上増加を示している． ■

問 1.1　xy 平面上の点 $(1,2), (3,5), (8,6)$ が与えられたとき，y の x への回帰直線を $y = ax + b$ の形で求めよ．

問 1.2　例 1.2 の回帰直線から，気温が 24 度のときのアイスクリームの売上を予測せよ．

問 1.3　$\frac{\sum_{i=1}^{N} x_i y_i - N\bar{x}\bar{y}}{\sum_{i=1}^{N} x_i^2 - N\bar{x}^2} = \frac{\sum_{i=1}^{N}(x_i - \bar{x})(y_i - \bar{y})}{\sum_{i=1}^{N}(x_i - \bar{x})^2}$ が成り立つことを確認せよ．

問 1.4　残差の平均 $\bar{e} = \frac{1}{N}\sum_{i=1}^{N} e_i$ は 0 となることを示せ．

1.5　相関

相関という言葉は，高校数学でも登場していますが，これ以降の章でも登場するので，念のため簡単に復習しておきましょう．詳しくは文献 [10] の第 1.7 節を参照してください．

相関

定義 1.2　2 つの変量 x, y の間にある種の相互関係が見られるとき，x と y の間には**相関関係** (correlation relationship) があるという．特に，変量 x が増加するとき，変量 y も増加する傾向にあれば，変量 x と y は**正の相関** (positive correlation) にあるという．逆に，x が増加するとき，y が減少傾向にあれば，x と y は**負の相関** (negative correlation) にあるという．また，正の相関と負の相関のどちらでもなく，特別な傾向も見られないときは**無相関** (no correlation, uncorrelated) であるという．

変量 x と y の相関係数 r_{xy} は，x と y 相関関係を数値で表したもので，次のような性質があります．

- $-1 \leq r_{xy} \leq 1$
- 正の相関が強いほど，相関係数は 1 に近づきます．$r_{xy} = 1$ のとき，x と y は**正の完全相関** (perfect positive correlation) であるといいます．

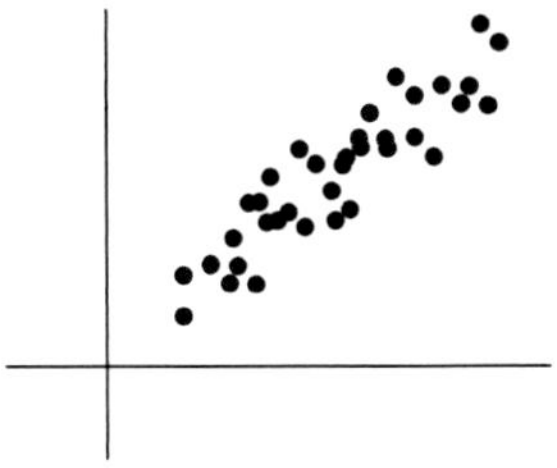
図 1.5　正の相関

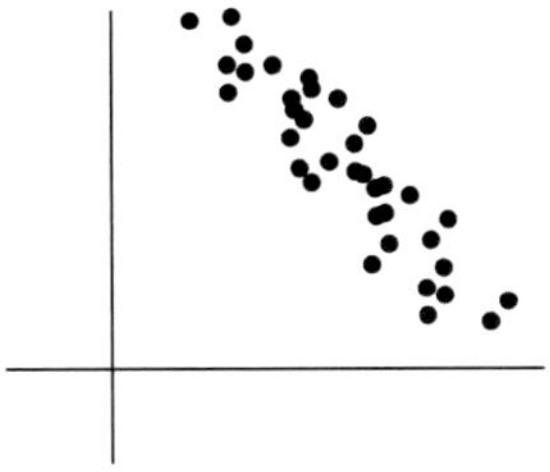
図 1.6　負の相関

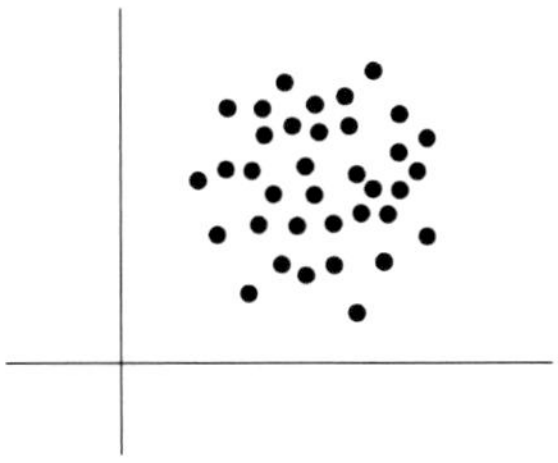
図 1.7　無相関

- 負の相関が強いほど，相関係数は -1 に近づきます．$r_{xy} = -1$ のとき，x と y は**負の完全相関** (perfect negative correlation) であるといいます．
- 相関関係がないとき，相関係数 r_{xy} は 0 になります．

1.6　決定係数

ここでは，決定係数について説明します．一般に，相関係数を r と表しますが，後で見るように決定係数は相関係数の 2 乗 (r^2) と一致するので，これを R^2 と表します．習慣的に相関係数は小文字の r を，決定係数では大文字の R を使います．

決定係数

定義 1.3　回帰モデルを $y = f(x)$ で表し，観測値 x_i に対して，モデルの予測値を $\hat{y}_i = f(x_i)$ と表すとき，**決定係数** (coefficient of determination) R^2 は，次式で定義される．

$$R^2 = \frac{\sum_{i=1}^{N}(\hat{y}_i - \bar{y})^2}{\sum_{i=1}^{N}(y_i - \bar{y})^2} \tag{1.4}$$

ここで，$\sum_{i=1}^{N}(y_i - \bar{y})^2$ を**全平方和** (total sum of squares)，$\sum_{i=1}^{N}(\hat{y}_i - \bar{y})^2$ を**回帰平方和** (regression sum of squares)，という．

全平方和 $\sum_{i=1}^{N}(y_i - \bar{y})^2$ は観測値の変動を，回帰平方和 $\sum_{i=1}^{N}(\hat{y}_i - \bar{y})^2$ は予測値の変動を表しています．

決定係数は，観測値の変動のうち予測値の変動が占める割合を表しており，モデルがどれだけ精度良く観測値を予測できているかを表す指標になります．例えば，$R^2 = 0.8$ のときは，回帰モデルによって説明できる変動の割合は 80% である，と解釈します．

また，予測値と観測値の差を $\sum_{i=1}^{N}(y_i - \hat{y}_i)^2$ で定義し，これを**残差平方和** (residual sum of squares) あるいは**誤差平方和** (error sum of squares) といいます．

全平方和，回帰平方和，残差平方和については，三平方の定理に相当する関係があります．

全平方和，回帰平方和，残差平方和の関係

定理 1.2　全平方和 SST，回帰平方和 SSR，残差平方和 SSE について，次式が成立する．

$$\sum_{i=1}^{N}(y_i - \bar{y})^2 = \sum_{i=1}^{N}(y_i - \hat{y}_i)^2 + \sum_{i=1}^{N}(\hat{y}_i - \bar{y})^2 \iff SST = SSE + SSR \quad (1.5)$$

したがって，決定係数は，次のように表せる．

$$R^2 = \frac{\sum_{i=1}^{N}(\hat{y}_i - \bar{y})^2}{\sum_{i=1}^{N}(y_i - \bar{y})^2} = 1 - \frac{\sum_{i=1}^{N}(y_i - \hat{y}_i)^2}{\sum_{i=1}^{N}(y_i - \bar{y})^2} \iff R^2 = \frac{SSR}{SST} = \frac{SST - SSE}{SST} = 1 - \frac{SSE}{SST} \quad (1.6)$$

[証明] 文献 [10] の (1.23) より，以下が成り立つ．

$$\begin{aligned}\sum_{i=1}^{N}(y_i - \bar{y})^2 = \sum_{i=1}^{N}(y_i - \hat{y}_i + \hat{y}_i - \bar{y})^2 &= \sum_{i=1}^{N}(y_i - \hat{y}_i)^2 + 2\sum_{i=1}^{N}(y_i - \hat{y}_i)(\hat{y}_i - \bar{y}) + \sum_{i=1}^{N}(\hat{y}_i - \bar{y})^2 \\ &= \sum_{i=1}^{N}(y_i - \hat{y}_i)^2 + \sum_{i=1}^{N}(\hat{y}_i - \bar{y})^2\end{aligned}$$

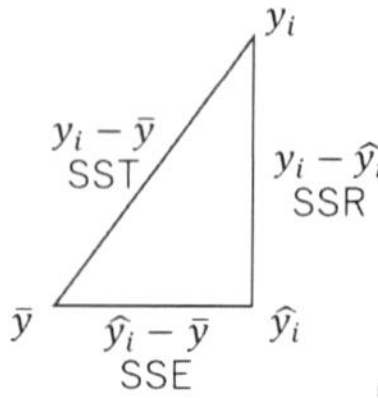

一般には，すべての i に対して $y_i \neq \bar{y}$ となることはない，つまり，$SST > 0$ と仮定しても問題ないので，(1.5) より (1.6) が得られる． ■

定理 1.2 より，次のことがすぐに分かります．

決定係数の範囲

定理 1.3　決定係数 R^2 は，$0 \leq R^2 \leq 1$ を満たす．

[証明] $SSR \geq 0, SST > 0$ に注意すれば，定理 1.2 より $0 \leq R^2 = \frac{SSR}{SST} = \frac{SSR}{SSE + SSR} \leq 1$ が成り立つ． ■

すべての観測点が回帰モデル $y = f(x)$ に完全に一致する場合，$y_i = \hat{y}_i$ が成り立つので，$R^2 = 1$ となり，モデルの予測が完璧であることを意味します．これより，R^2 が 1 に近ければ近いほど，$y = f(x)$ は良い回帰モデルだといえます．

また，次の定理より，相関係数の 2 乗が決定係数と一致することも分かります．

決定係数と相関係数の関係 (文献 [10]：補題 1.2)

定理 1.4　相関係数を r_{xy}，決定係数を R^2 とするとき，$r_{xy}^2 = R^2$ が成立する．

定理 1.2，1.3，および 1.4 は定理 1.1 が成り立つという条件下で成立していることに注意してください．そのため，定理 1.1 を満たさない直線に対しては，(1.5) が成立しないので，$SSR > SST$ という条件下では R^2 が 1 以上になることもあるし，$SSE > SST$ という条件下では R^2 が負になることもあり得ます．問 1.6 で見るように，回帰直線を原点を通るような直線に制限すると，このようなことが起こり得ます．ただし，このようなときは，SSR や SST が回帰分析における本来の意味を失っているため，統計的な解釈は難しくなります．

回帰分析を行った場合は，(1.5) が成立するので決定係数が 1 を超えるようなことはありませんが，次のような場合は，$SSE > SST$ となり，決定係数が負の値になることはあり得ます．

- 予測に有効な特徴量がない状態で無理やりモデルを学習させた場合.
  この場合，モデルはノイズのみを学習してしまい，実際のデータの傾向を捉えられません.
  そのため，予測値が実際の値から大きく外れ，$SSE > SST$ となる可能性があります.
- 学習に利用したデータとは全く関係のないデータで決定係数を計算した場合.
  この場合，モデルが未知のデータに対して全く予測性能を持たないので，予測値が実際の値から大きく外れ $SSE > SST$ となる可能性があります. 学習のときにデータを標準化していたのに，テストデータで予測性能を調べるときに標準化していなかった，といった場合もこのケースに当てはまります.

決定係数の導出

例 1.3 例 1.1 で得られた回帰直線に対して，決定係数を求めよ.

(解答)

$$SSE = \sum_{i=1}^{3}(y_i - \hat{y}_i)^2 = \left(3 - \frac{14}{13}\cdot 2 - \frac{21}{13}\right)^2 + \left(7 - \frac{14}{13}\cdot 4 - \frac{21}{13}\right)^2 + \left(11 - \frac{14}{13}\cdot 9 - \frac{21}{13}\right)^2$$

$$= \left(-\frac{10}{13}\right)^2 + \left(\frac{14}{13}\right)^2 + \left(-\frac{4}{13}\right)^2 = \frac{24}{13}$$

$$SST = \sum_{i=1}^{N}(y_i - \bar{y})^2 = (3-7)^2 + (7-7)^2 + (11-7)^2 = 16 + 16 = 32$$

$$R^2 = 1 - \frac{SSE}{SST} = 1 - \frac{24/13}{32} = 1 - \frac{3}{13\cdot 4} = \frac{49}{52} \approx 0.94$$

R^2 の値が約 0.94 となり，回帰直線が観測値の 94% を説明できている，つまり，変数 x と y の間の関係を非常によく捉えていると判断できる. ■

問 1.5 $R^2 = 0$ となるのは，どのようなときか？

問 1.6 点 $(-1, 2), (1, 3), (3, 1), (5, 2)$ に対する回帰直線および決定係数を求めよ. また，直線 $y = x$ に対する決定係数を求めよ.

■■■■■■ 確認問題 ■■■■■■■■■■■■■■■■■■■■■■■■■■■■■■■

確認問題 1.1 教師あり学習の手法として，最も適切なものを選べ.

(1) データから特徴的な構造を抽出する.
(2) 新しいデータの生成を通じてデータ分布を学習する.
(3) 経験を通じて，最終的に最大の報酬を獲得する行動戦略を学習する.
(4) 説明変数と目的変数の関係性を分析して規則やパターンを見つける.

確認問題 1.2 回帰問題の一例として，最も適切なものを選べ.

(1) クレジットカードの利用額，最終学歴，職歴から個人の年収を推定する.
(2) 映画レビューのテキストを分析し，高評価か低評価かを判定する.
(3) 過去の購入データとユーザープロファイルを基に，購入する可能性がある製品カテゴリーを予測する.
(4) 画像を入力して，写っている物体を識別する.

確認問題 1.3　教師なし学習の一例として，最も不適切なものを選べ.

(1) 類似したドキュメントをグループ化する.　(2) 顧客の購買履歴からセグメントを識別する.

(3) 新規顧客のクレジットスコアを予測する.　(4) 画像データ内の類似性に基づいてカテゴリーを分ける.

確認問題 1.4　強化学習の適用例として最も適切なものを選べ.

(1) 大量の株価データを解析して，特定の銘柄の株価を予測する.

(2) 大量のスパムメールを解析して，メールフィルタリングを行う.

(3) 歩行距離を報酬として，ロボットの歩行制御を学習する.

(4) 顧客の購入データを用いて，顧客をいくつかの層に分類する.

確認問題 1.5　決定係数 R^2 が 0 のとき，以下のどの記述が正しいか.

(1) 回帰モデルは完全に従属変数を説明できる　(2) 回帰モデルは平均値しか説明できない

(3) 独立変数と従属変数の間に正の相関がある　(4) 独立変数と従属変数の間に負の相関がある

確認問題 1.6　決定係数 R^2 が 1 に近いとき，以下のどの記述が正しいか.

(1) 回帰モデルの予測精度が低い　(2) 残差平方和が大きい

(3) 独立変数と従属変数の相関が弱い　(4) 回帰モデルの予測精度が高い

確認問題 1.7　ある喫茶点で，毎日の平均気温とアイスコーヒーの注文数の関係を調べた．その結果，両者の間に相関関係が見られたので，単回帰分析を行ったところ，下記のような結果を得た.

$$y = 2x - 10$$

ただし，y はアイスコーヒーの注文数，x は平均気温である．この分析結果に基づいて，平均気温が 18 度のときのアイスコーヒーの注文数を予想せよ.

確認問題 1.8　点 $(-1, 1), (1, 3), (3, 2), (5, 6)$ に対して，y の x への回帰直線を $y = ax + b$ の形で求めよ．また，この回帰直線に対する決定係数を求めよ.

第2章 多項式回帰

多項式回帰では，多項式を用いて，説明変数と目的変数の間の非線形関係をモデル化します．これにより，単回帰分析では捉えきれない複雑な関係を表現できます．本章では，まず多項式回帰モデルの構成法について述べ，このモデルで生じる過学習について説明します．そして，訓練データとテストデータの概念，モデルの性能評価方法，過学習を防ぐための正則化手法について解説します．さらに，モデルの性能をより深く理解するためにバイアス・バリアンス分解についても触れます．

2.1　多項式回帰

多項式を用いた回帰分析を**多項式回帰分析** (polynomial regression analysis) といいます．(1.1) と同様に考えると，p 次回帰多項式を求めるには，

$$E(\boldsymbol{w}) = \frac{1}{2}\sum_{i=1}^{N}\left\{y_i - (w_0 + w_1 x_i + \cdots + w_p x_i^p)\right\}^2 = \frac{1}{2}\|\boldsymbol{y} - A\boldsymbol{w}\|_2^2 \tag{2.1}$$

を最小にする係数ベクトル $\boldsymbol{w} = {}^t[w_0, w_1, \ldots, w_p]$ を求めることになります．また，$w_0, w_1, \ldots, w_p$ を回帰係数と呼ぶことがあります．ここで，^{t} はベクトルもしくは行列の転置を表します．$E(\boldsymbol{w})$ のように予測値と正解値の差 (残差) を計算する関数のことをを**損失関数** (loss function)，**コスト関数** (cost function)，**目的関数** (objective function) などと呼びます．ただし，行列 A は，$A = \begin{bmatrix} 1 & x_1 & \cdots & x_1^p \\ 1 & x_2 & \cdots & x_2^p \\ \vdots & \vdots & \vdots & \vdots \\ 1 & x_N & \cdots & x_N^p \end{bmatrix}$ であり，ベクトル $\boldsymbol{x} = \begin{bmatrix} x_1 \\ x_2 \\ \vdots \\ x_N \end{bmatrix}$ に対して，$\|\boldsymbol{x}\|_2^2 = \sum_{i=1}^{N} x_i^2$ です．$\|\cdot\|$ を **2 乗ノルム** (square norm)，**ユークリッドノルム** (Euclidean norm)，**2 ノルム** (2-norm) などと呼ぶこともあります．ベクトル $\boldsymbol{x}, \boldsymbol{y}$ に対して内積を $(\boldsymbol{x}, \boldsymbol{y})$ と表せば，$\|\boldsymbol{x}\|_2^2 = (\boldsymbol{x}, \boldsymbol{x})$ が成り立ちます．

回帰多項式の方程式 (文献 [13]：定理 2.1)

定理 2.1　観測値 $(x_1, y_1), (x_2, y_2), \ldots, (x_N, y_N)$ に対して，y の x への p 次回帰多項式を $y = \sum_{k=0}^{p} w_k x^k$ と表す．このとき，$p + 1 \leq N$，つまり，データ数よりも次数の方が小さければ，係数ベクトル $\boldsymbol{w}$ は，

$$\boldsymbol{w} = ({}^tAA)^{-1}({}^tA\boldsymbol{y}) \tag{2.2}$$

によってただ 1 つに定まる．ただし，${}^t\boldsymbol{y} = [y_1, y_2, \ldots, y_N]$ である．

なお，(2.2) は

$${}^tAA\boldsymbol{w} = {}^tA\boldsymbol{y} \tag{2.3}$$

表せますが，これを**正規方程式** (normal equation) といいます．また，コンピュータで $\boldsymbol{w}$ を求める際，(2.2) を直接的に使うと，逆行列 $({}^tAA)^{-1}$ を求めなければなりません．しかし，逆行列の計算コストは高いため，逆行列を求めずに正規方程式 (2.3) を解く方がいいでしょう．

多項式回帰のアルゴリズム

学習 (2.2) もしくは (2.3) に基づいて，$\boldsymbol{w}$ を求める．

予測 与えられたデータ x に対して $y = \sum_{k=0}^{p} w_k x^k$ を予測値とする．

多項式回帰

例 2.1 点 $(-2,-8), (-1,-3), (0,7), (1,7), (2,12)$ に対して，2 次回帰多項式に対する正規方程式を求め，2 次回帰多項式を $y = ax^2 + bx + c$ の形で求めよ．

(解答)

$$A = \begin{bmatrix} 1 & -2 & (-2)^2 \\ 1 & -1 & (-1)^2 \\ 1 & 0 & 0^2 \\ 1 & 1 & 1^2 \\ 1 & 2 & 2^2 \end{bmatrix} = \begin{bmatrix} 1 & -2 & 4 \\ 1 & -1 & 1 \\ 1 & 0 & 0 \\ 1 & 1 & 1 \\ 1 & 2 & 4 \end{bmatrix}$$ とおくと，

$${}^t\!AA\boldsymbol{w} = {}^t\!A\boldsymbol{y} \iff \begin{bmatrix} 1 & 1 & 1 & 1 & 1 \\ -2 & -1 & 0 & 1 & 2 \\ 4 & 1 & 0 & 1 & 4 \end{bmatrix} \begin{bmatrix} 1 & -2 & 4 \\ 1 & -1 & 1 \\ 1 & 0 & 0 \\ 1 & 1 & 1 \\ 1 & 2 & 4 \end{bmatrix} \begin{bmatrix} w_0 \\ w_1 \\ w_2 \end{bmatrix} = \begin{bmatrix} 1 & 1 & 1 & 1 & 1 \\ -2 & -1 & 0 & 1 & 2 \\ 4 & 1 & 0 & 1 & 4 \end{bmatrix} \begin{bmatrix} -8 \\ -3 \\ 7 \\ 7 \\ 12 \end{bmatrix}$$

$$\iff \begin{bmatrix} 5 & 0 & 10 \\ 0 & 10 & 0 \\ 10 & 0 & 34 \end{bmatrix} \begin{bmatrix} w_0 \\ w_1 \\ w_2 \end{bmatrix} = \begin{bmatrix} 15 \\ 50 \\ 20 \end{bmatrix} \iff \begin{bmatrix} 1 & 0 & 2 \\ 0 & 1 & 0 \\ 5 & 0 & 17 \end{bmatrix} \begin{bmatrix} w_0 \\ w_1 \\ w_2 \end{bmatrix} = \begin{bmatrix} 3 \\ 5 \\ 10 \end{bmatrix} \iff \begin{bmatrix} 1 & 0 & 2 \\ 0 & 1 & 0 \\ 0 & 0 & 7 \end{bmatrix} \begin{bmatrix} w_0 \\ w_1 \\ w_2 \end{bmatrix} = \begin{bmatrix} 3 \\ 5 \\ -5 \end{bmatrix}$$

より，$w_2 = -\dfrac{5}{7}, w_1 = 5, w_0 = 3 - 2w_2 = \dfrac{21-2(-5)}{7} = \dfrac{31}{7}$ である．

よって，求めるべき 2 次回帰多項式は $y = -\dfrac{5}{7}x^2 + 5x + \dfrac{31}{7}$ である． ■

多項式回帰分析においても，多項式の当てはまりの良さを表す指標として (1.4) で定義される決定係数が使えます．

直線の当てはまりの良さを表す決定係数が，多項式で表現される曲線の当てはまりの良さを表す指標として使える，というのは不思議に思うかもしれません．しかし，$x_1 = x, x_2 = x^2, \ldots, x_p = x^p$ とすれば，回帰多項式は $f(x_1, x_2, \ldots, x_p) = w_0 + w_1x_1 + w_2x_2 + \cdots + w_px_p$ と表され，この形は第 3.1 章の重回帰式 (3.1) と同じになります．これは，多項式回帰は，線形重回帰分析と実質的に同じであることを意味します．したがって，線形重回帰分析における超平面の当てはまりの良さを表す指標として決定係数が使えることが分かれば，多項式回帰にも決定係数が使えることが分かります．そのため，ここでは，これ以上は決定係数について触れず，第 3.1 節であらためて取り上げることにします．

問 2.1 点 $(0,2), (0,3), (1,0), (-1,0)$ に対して，2 次回帰多項式に対する正規方程式を求め，2 次回帰多項式を $y = ax^2 + bx + c$ の形で求めよ．

2.2 訓練データとテストデータ

これまで見てきたように，回帰モデルのパラメータを決定する，つまり，回帰モデルの学習を行う際には，データセットのデータをすべて使用していました．機械学習の目的は，既存のデータから学習し，未知のデータに対して正確に予測や分類を行えるようにすることです．この能力を**汎化性能**（generalization ability）といいます．しかし，未知のデータを実際に用意することはできないため，既存のデータから疑似的な未知データを生成する必要があります．これを実現するために，データを**訓練データ**（training data）と**テストデータ**（test data）に分けて評価します．この評価方法を**交差検証**（cross validation）といい，その一形態として一部を訓練データ，残りをテストデータとする**ホールドアウト検証**（hold-out validation）があります．ただし，ホールドアウト検証は，たまたまテストデータに対する評価が高くなる可能性があります．

より信頼性の高い方法として，訓練データとテストデータを複数回にわたり分割し，テストデータを交換しながら学習と評価を繰り返す k **分割交差検証**（k-fold cross validation）があります．k 回の検証を行うため計算量は多くなりますが，k 回の平均精度を用いることで，データの偏りがあってもその影響を受けにくくなり，データ数 (サンプル数) が少ない場合でも信頼できる精度を得ることが可能です．理論的には，k 個の並列処理を用いれば，ホールドアウト法と同程度の時間で計算を行うことが可能です．

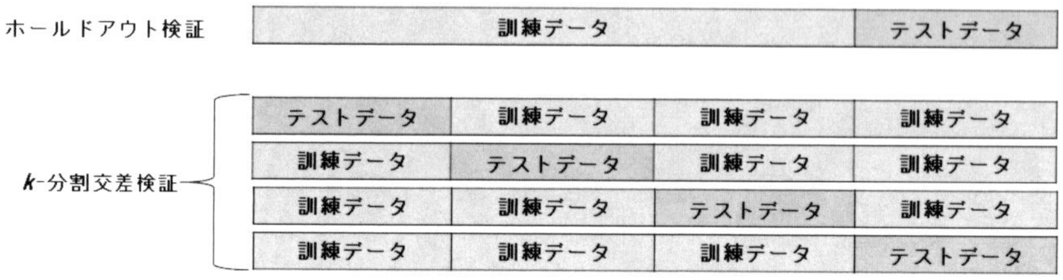

図 2.1　ホールドアウト検証と k– 分割交差検証

また，訓練データをさらに 2 つに分けて，全データを訓練データ，**検証データ** (validation data)，テストデータの 3 つに分けることもあります．このときは，いったん検証データでモデルの評価を行ってモデルのパラメータを調整した後，テストデータで再び評価を行うことになります．それぞれのデータの役割は次のようになります．

訓練データ　モデルの学習，つまり，モデルのパラメータを自動的に決定するために使うデータ．

検証データ　多項式回帰分析における多項式の次数のように，人間が事前に調整しなければならないパラメータのことを**ハイパーパラメータ**という．このハイパーパラメータを調整するために使われるデータ．

テストデータ　学習済みモデルの汎化性能を評価するためのデータ．

この過程を入学試験で例えると，テストデータは本番の試験，検証データが模擬試験，訓練データが日常の学習に使用する教材となります．

問 2.2　ホールドアウト検証において，テストデータに対する評価がよくなるケースとしてはどのようなことが考えられるか？

2.3　モデルの性能評価

回帰モデルの性能評価には決定係数以外にも，**平均二乗誤差** (MSE : Mean Squared Error)

$$MSE = \frac{1}{N}\sum_{i=1}^{N}(y_i - \hat{y}_i)^2 \tag{2.4}$$

が使われます．これは，実際の値 y_i と予測値 $\hat{y}_i$ の差 (残差) の 2 乗を平均したものであり，値が 0 に近いほどいいモデルだといえます．また，2 乗の影響を補正するために MSE の平方根

$$RMSE = \sqrt{\frac{1}{N}\sum_{i=1}^{N}(y_i - \hat{y}_i)^2} \tag{2.5}$$

を考え，これを**二乗平均平方根誤差** (RMSE : Root Mean Squared Error) と呼び，モデルの評価にも広く使われています．

訓練データセットにおける決定係数 R^2 は $0 \leq R^2 \leq 1$ の範囲で表されますが，テストデータセットにおいては負の値をとることもあります．なお，y の分散を $Var(y)$ とすると，決定係数は次のように表せます．

$$R^2 = 1 - \frac{SSE}{SST} = 1 - \frac{\frac{1}{N}\sum_{i=1}^{N}(y_i - \hat{y}_i)^2}{\frac{1}{N}\sum_{i=1}^{N}(y_i - \bar{y})^2} = 1 - \frac{MSE}{Var(y)} \tag{2.6}$$

このため，MSE は，R^2 の見方を変えた尺度であることが分かります．

2.4　過学習と正則化

機械学習の目的は，訓練データに共通するパターンを見つけ出すことですが，訓練データにのみ適合するモデルは望ましくありません．訓練データだけに過剰に適合してしまう現象を**過学習** (over-fitting) と呼びます．そして，**正則化** (regularization) とは，学習の際に用いる式に**正則化項** (regularization term) と呼ばれる項を追加することによって，とりうる重みの範囲を制限し，過学習を抑制するための手法です．一方で，正則化をしすぎてしまうと，モデルが単純になりすぎて (多項式回帰の場合，次数が低すぎる，あるいは高次の項の影響が少なくなりすぎる)，全体の汎化性能が低下する可能性があります．これを過学習に対して**未学習** (underfitting) といい，モデルがデータの特徴を十分に捉えられていない状態を指します．

図 2.2〜2.4 は，あるデータに対して多項式の次数を変えて多項式回帰を行った例です．2 次多項式では次数が低すぎて未学習になっています．また，10 次多項式では，無理やり訓練データに曲線をあわせており過学習の状態になっていいます．図 2.3 を見る限り，5 次多項式が妥当のようです．

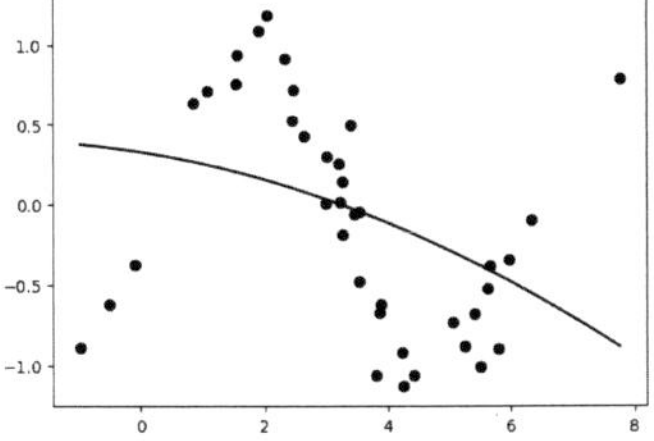

図 2.2　2 次のとき (未学習)

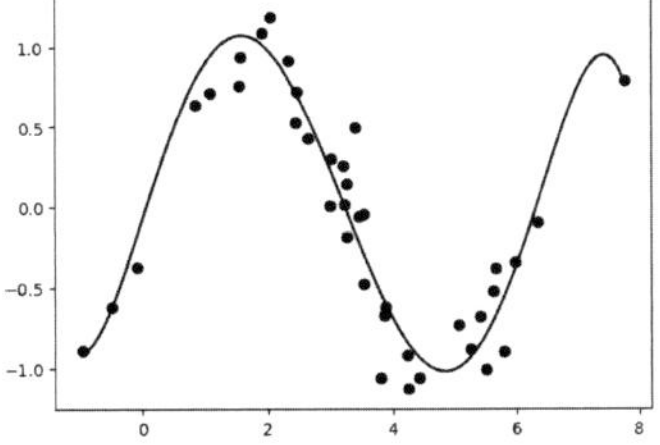

図 2.3　5 次のとき

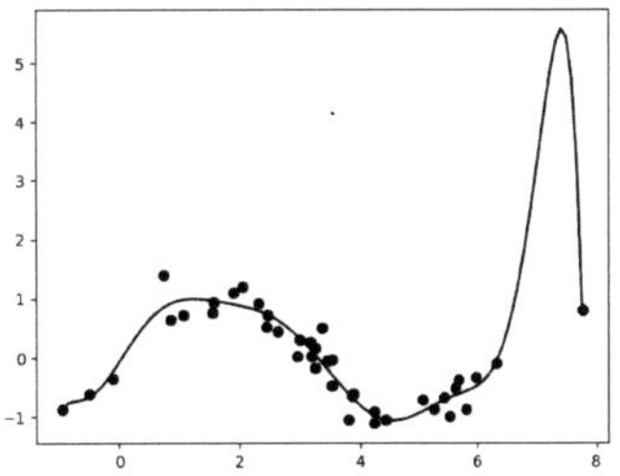

図 2.4　10 次のとき (過学習)

図 2.5 と図 2.6 は，モデルの次数が増加するにつれて過学習が生じやすくなり，訓練データとテストデータの RMSE や決定係数が乖離することを示しています．訓練データに対する RMSE と決定係数は実線で，テストデータに対するそれらは点線で示されています．また，横軸はモデルの次数です．

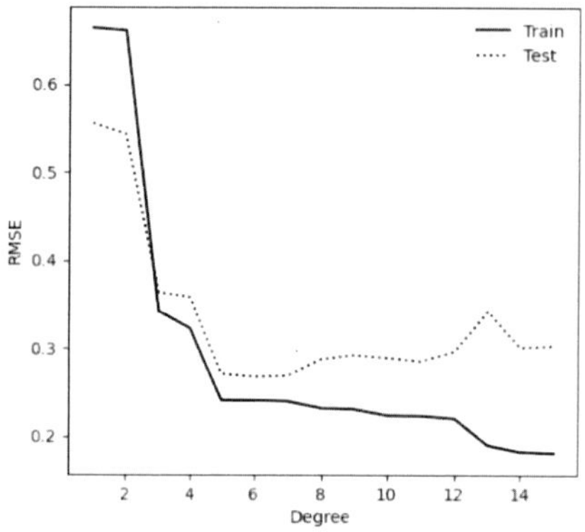

図 2.5　RMSE の様子

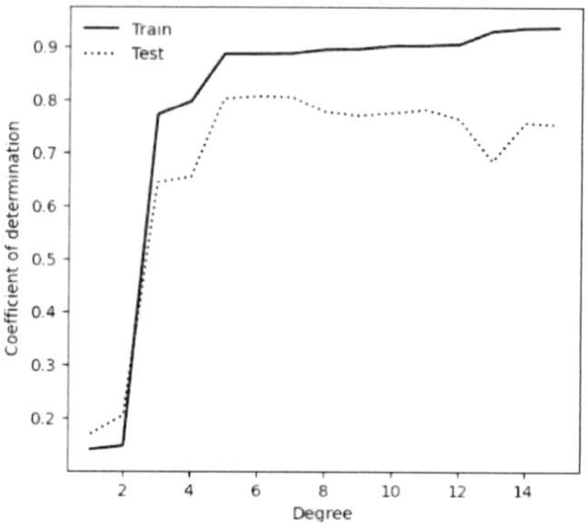

図 2.6　決定係数の様子

なお，図 2.5 の実線部分を訓練誤差，点線部をテスト誤差と呼びます．これらについてまとめておきましょう．

訓練誤差 (training error) モデルが訓練データに対してどの程度適合しているかを示す誤差です．訓練誤差が小さいほど，モデルは訓練データによく適合しています．

テスト誤差 (test error) モデルが未知のデータ，つまり，テストデータに対してどの程度適合しているかを示す誤差です．テスト誤差が小さいほど，モデルは新しいデータによく適合しています．テスト誤差はモデルの汎化能力を評価するための主要な指標です．

訓練誤差が小さく，テスト誤差が大きい場合，モデルが過学習している可能性があります．逆に，訓練誤差とテスト誤差が両方とも大きい場合，モデルが未学習している可能性があります．最適なモデルは訓練誤差とテスト誤差のバランスがとれているものです．そのために，モデルの複雑さを適切に調整することが一般的に必要です．

よく用いられる正則化項としては，L1 正則化 (L1 regularization) と L2 正則化 (L2 regularization) があります．それぞれの特徴は次の通りです．

L1 正則化 重要でない説明変数の影響をゼロにします．これは，説明変数が多く，モデルが複雑になりがちな場合に適しています．

L2 正則化 モデルを複雑化させている (多項式回帰でいえば，特定の項の影響が大きい) 説明変数の影響を小さくしてモデル全体を滑らかにします．説明変数自体の数を減らさずに係数を調整することでモデルを改善するため，全体としてバランスのとれたモデルが得られます．

データ数も説明変数の数も多い場合は，L1 正則化によって説明変数の数自体を減らすのが効果的です．一方，データが少なく，説明変数の数も多くない場合は，L2 正則化によって回帰係数を最適化するのが適切です．データ数が多いか少ないかの目安としては，10 万件以上かどうかが 1 つの基準となります．ただし，これらはあくまでも一般的な目安であり，具体的な問題やデータの特性によって異なることがあります．

回帰に対して，L1 正則化を適用した手法を**ラッソ回帰** (LASSO : Least Absolute Shrinkage and Selection Operator)，L2 正則化を適用した手法を**リッジ回帰** (Ridge regression) といいます．また，両者を組み合わせた手法を**エラスティックネット** (Elastic net) といいます．

$\boldsymbol{w} = {}^t[w_1, w_2, \ldots, w_p]$ に対して，$\|\boldsymbol{x}\|_r^r = \sum_{i=1}^{p} |w_i|^r$ とするとき，α_1, α_2 をハイパーパラメータとして損失関数 $E(\boldsymbol{w})$ は次のように変更されます．

ラッソ回帰 $$E_{LASSO}(\boldsymbol{w}) = E(\boldsymbol{w}) + \alpha_1\|\boldsymbol{w}\|_1 = E(\boldsymbol{w}) + \alpha_1 \sum_{j=0}^{p} |w_j|$$

リッジ回帰 $$E_{Ridge}(\boldsymbol{w}) = E(\boldsymbol{w}) + \alpha_2\|\boldsymbol{w}\|_2^2 = E(\boldsymbol{w}) + \alpha_2 \sum_{j=0}^{p} w_j^2$$

エラスティックネット $$E_{Elastic}(\boldsymbol{w}) = E(\boldsymbol{w}) + \alpha_1\|\boldsymbol{w}\|_1 + \alpha_2\|\boldsymbol{w}\|_2^2 = E(\boldsymbol{w}) + \alpha_1 \sum_{j=0}^{p} |w_j| + \alpha_2 \sum_{j=0}^{p} w_j^2$$

図 2.7〜2.9 に，ラッソ回帰，リッジ回帰，エラスティックネットを適用した例を示します．もとの多項式に比べて，過学習が抑えられていることが分かります．

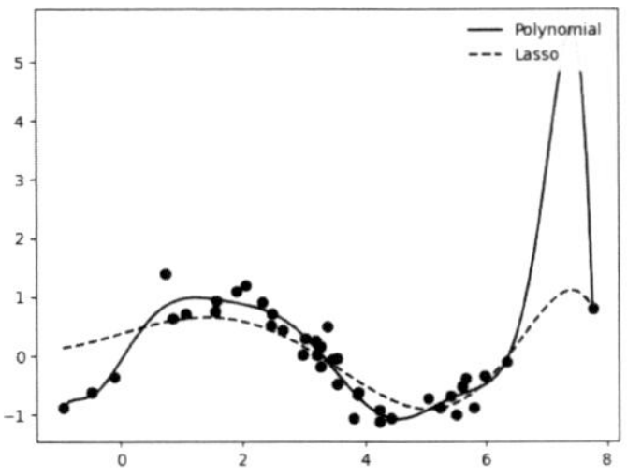

図 2.7　ラッソ回帰

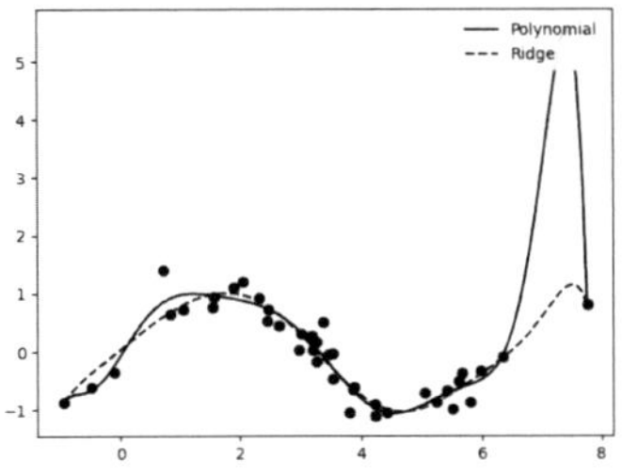

図 2.8　リッジ回帰

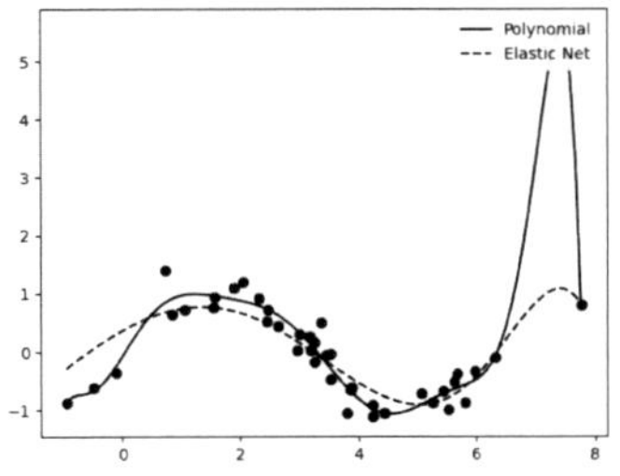

図 2.9　エラスティックネット

2.5　バイアス・バリアンス分解

バイアス・バリアンス分解 (bias-variance decomposition) は，教師あり学習において予測誤差を理解するための重要な概念です．**予測誤差** (prediction error) または **モデル誤差** (model error) とは，モデルが現実のデータをどれだけ正確に表現できていないかを示す一般的な概念です．予測誤差の例としては，先ほど登場した MSE や RMSE が挙げられます．残差は特定の観測点における観測値と予測値との差であるのに対し，予測誤差はモデルの予測能力の限界を示すより包括的な概念であり，バイアス，バリアンス，そして，ノイズという三つの要素に分解されます．

$$\text{予測誤差} = \text{バイアス} + \text{バリアンス} + \text{ノイズ} \tag{2.7}$$

バイアス（bias）　学習アルゴリズムが本質的に持つ誤差であり，単純なモデルほど顕著になります．バイアスが高いモデルはデータの本質的な関係性を捉えきれず，未学習を起こす可能性があります．バイアスは，異なる訓練データで構築したモデルの予測値が，正しい値からどれだけ平均的に離れているかを計測します．

バリアンス（bariance） 異なる訓練データセットを用いた際に，モデルの予測がどれだけ変動するかを示します．バリアンスが高いモデルは，訓練データに過敏に反応しやすく，過学習を起こしやすい傾向があります．

ノイズ (noise) データ自体に存在する誤差であり，測定誤差やデータ収集過程での不完全さなどが原因です．ノイズはモデルやアルゴリズムでは制御できないため，完全に除去することはできません．ノイズは必ず発生する避けられない誤差であり，分析者はモデルチューニングやデータ加工を通じて残りのバイアスとバリアンスを下げることを目指します．

MSE に基づいて (2.7) を簡単に示しましょう．理想的なモデル $f(x)$ と誤差 ε を用いて，説明変数 x と目的変数 y は $y_i = f(x_i) + \varepsilon_i$ と表されるとします．ただし，$\bar{\varepsilon} = \frac{1}{N}\sum_{i=1}^{N}\varepsilon_i = 0$, $\sigma^2 = \frac{1}{N}\sum_{i=1}^{N}(\varepsilon_i - \bar{\varepsilon})^2 = \frac{1}{N}\sum_{i=1}^{N}\varepsilon_i^2$ とします．また，モデルの予測値を $\hat{y}_i = \hat{f}(x_i)$ と表し，誤差 ε はモデルの予測値 $\hat{y}$ および理想モデル $f(x)$ とは無相関である，つまり，$\sum_{i=1}^{N}\varepsilon_i\hat{y}_i = 0$, $\sum_{i=1}^{N}\varepsilon_i f(x_i) = 0$ と仮定します．このとき，(2.4) より，

$$
\begin{aligned}
MSE &= \frac{1}{N}\sum_{i=1}^{N}(y_i - \hat{y}_i)^2 = \frac{1}{N}\sum_{i=1}^{N}(f(x_i) + \varepsilon_i - \bar{\hat{y}} + \bar{\hat{y}} - \hat{y}_i)^2 \\
&= \frac{1}{N}\sum_{i=1}^{N}(f(x_i) - \bar{\hat{y}})^2 + \frac{1}{N}\sum_{i=1}^{N}(\hat{y}_i - \bar{\hat{y}})^2 + \frac{1}{N}\sum_{i=1}^{N}\varepsilon_i^2 \\
&\quad + \frac{2}{N}\sum_{i=1}^{N}\left\{(f(x_i) - \bar{\hat{y}})\varepsilon_i - (f(x_i) - \bar{\hat{y}})(\hat{y}_i - \bar{\hat{y}}) - (\hat{y}_i - \bar{\hat{y}})\varepsilon_i\right\} \\
&= \frac{1}{N}\sum_{i=1}^{N}(f(x_i) - \bar{\hat{y}})^2 + \frac{1}{N}\sum_{i=1}^{N}(\hat{y}_i - \bar{\hat{y}})^2 + \frac{1}{N}\sum_{i=1}^{N}\varepsilon_i^2 - \frac{2}{N}\sum_{i=1}^{N}\left\{(f(x_i) - \bar{\hat{y}})(\hat{y}_i - \bar{\hat{y}})\right\}
\end{aligned}
$$

ここで，

$$
\frac{1}{N}\sum_{i=1}^{N}\left\{(f(x_i) - \bar{\hat{y}})(\hat{y}_i - \bar{\hat{y}})\right\} = \frac{1}{N}\sum_{i=1}^{N}\left\{f(x_i)\hat{y}_i - f(x_i)\bar{\hat{y}} - \bar{\hat{y}}\hat{y}_i + \bar{\hat{y}}^2\right\} = \frac{1}{N}\sum_{i=1}^{N}f(x_i)(\hat{y}_i - \bar{\hat{y}})
$$

なので，$f(x_i)$ と $\hat{y}_i - \bar{\hat{y}}$ が無相関，つまり，$\frac{1}{N}\sum_{i=1}^{N}f(x_i)(\hat{y}_i - \bar{\hat{y}}) = 0$ を仮定すると，結局，以下が成り立ちます．

$$
MSE = \underbrace{\frac{1}{N}\sum_{i=1}^{N}(f(x_i) - \bar{\hat{y}})^2}_{\text{バイアス}} + \underbrace{\frac{1}{N}\sum_{i=1}^{N}(\hat{y}_i - \bar{\hat{y}})^2}_{\text{バリアンス}} + \underbrace{\sigma^2}_{\text{ノイズ}}
$$

バイアスを小さくするには，予測値の平均 $\bar{\hat{y}}$ と真の関数 $f(x)$ の差を小さくします．そのためには，モデルを複雑に，多項式回帰でいえば，次数を大きくします．しかし，これは過学習を招き，未知のデータに対しては性能が低下する可能性があり，結果として予測値 $\hat{y}_i$ とその平均 $\bar{\hat{y}}$ の差が大きくなります．逆に，バリアンスを小さくするには，モデルを単純化するか正則化して，個々のデータ点に過剰に反応するのを防ぎます．しかし，これは未学習の可能性が高くなるた

め，真の関係を正確に捉えられなくなり真のモデル $f(x_i)$ と予測値の平均 $\bar{\hat{y}}$ との差が大きくなります．つまり，バイアスとバリアンスはトレードオフの関係にあります．理想的なモデルは，両者のバランスがとれており，全体の誤差が最小化されるものです．バイアス・バリアンス分解を理解することで，モデルの性能改善のためにどちらを優先的に改善すべきかを判断することができます．

バイアスとバリアンスの典型的な状況を以下にまとめます．

バリアンスが低く，バイアスが高い (未学習の可能性) 予測値 $\hat{y}_i$ は密集しているが，予測値の平均 $\bar{\hat{y}}$ が予測すべき値 $f(x_i)$ から大きく離れている．

バイアスが低く，バリアンスが高い (過学習の可能性) 予測値の平均 $\bar{\hat{y}}$ は予測すべき値 $f(x_i)$ に近いが，予測値 $\hat{y}_i$ のばらつき $\frac{1}{N}\sum_{i=1}^{N}(\hat{y}_i - \bar{\hat{y}})^2$ が大きい．

■■■■■■ 確認問題 ■■■■■■■■■■■■■■■■■■■■■■■■■■■■■■■■■

確認問題 2.1　データセットの一部を検証データに用いる場合について，最も適切なものを選べ．

(1) 訓練データの一部を検証データとして使用し，進捗状況を評価する．
(2) 訓練データの一部を検証データとして使用し，ハイパーパラメータの調整に用いる．
(3) テストデータから検証データを切り出し，進捗状況を評価する．
(4) テストデータから検証データを切り出し，ハイパーパラメータの調整に用いる．

確認問題 2.2　k-分割交差検証について，最も不適切なものを選べ．

(1) データ件数が比較的少ない場合に用いると効果的である．
(2) 各分割内でのデータの分布が大きく異なる場合，モデルの性能評価が不正確になることがある．
(3) ホールドアウト検証と比べて計算コストが小さい．
(4) 検証結果の偏りが少ない．

確認問題 2.3　ハイパーパラメータに関する説明として，最も適切なものを選べ．

(1) モデルの学習を通じて決定されるパラメータの中で最も重要なもの．
(2) 現在の学習済みモデルから他のモデルに転用できるパラメータ．
(3) オートエンコーダを用いて事前に良い初期値に設定されたパラメータ．
(4) 学習プロセスの中で自動的に最適化されないパラメータ．

確認問題 2.4　バイアスが高いモデルの特徴について，最も適切なものを選べ．

(1) 新しいデータに対して高い予測精度がある．
(2) モデルがデータの本質的なパターンを捉えきれず，予測が一貫して誤っている．
(3) トレーニングデータに対して予測が非常に敏感．
(4) データのランダムな変動に対して強い耐性がある．

確認問題 2.5　バイアスとバリアンスのバランスの重要性について，最も適切なものを選べ．

(1) バイアスを極端に減らせば，バリアンスが増大する問題は生じない．
(2) バリアンスを減らすことは，一般にモデルのバイアスを減らすことにつながる．
(3) バイアスとバリアンスの両方を最小限に抑えれば，モデルは最も高い精度を達成できる．

(4) バイアスとバリアンスはトレードオフの関係にあり，理想的なモデルはこれらのバランスがとれているものである．

確認問題 2.6　未学習を示唆する状況として，最も適切なものを選べ．

(1) 訓練誤差もテスト誤差も大きい．　(2) 訓練誤差もテスト誤差も小さい．

(3) 訓練誤差は小さく，テスト誤差は大きい．　(4) 訓練誤差が訓練データセットによって大きくばらつく．

確認問題 2.7　データセットでモデルの複雑さを増やすにつれて訓練データに対する性能が向上するが，ある点を超えると未知のデータ（テストデータ）に対する性能が悪化する場合，最も可能性の高い説明はどれか？

(1) データセットが実世界のデータを代表していない．

(2) テストデータにノイズが多すぎる．

(3) モデルが過学習を起こしている．

(4) このパターンはバイアス・バリアンスのトレードオフで説明できない．

確認問題 2.8　単純な線形回帰モデルに特徴量を追加していくと，バイアスとバリアンスにどのような影響があるか？

(1) バイアスが減少し，バリアンスも減少する．　(2) バイアスが減少し，バリアンスが増加する．

(3) バイアスが増加し，バリアンスが減少する．　(4) バイアスが増加し，バリアンスも増加する．

確認問題 2.9　機械学習において，正則化の主な目的はどれか？

(1) モデルの複雑さを減らし，過学習を防ぐ．

(2) 訓練データに対するモデルの能力を向上させる．

(3) モデルのバイアスを減らし，精度を向上させる．

(4) モデルのバリアンスを増やし，予測をより頑健にする．

確認問題 2.10　正則化について述べた文章として，最も不適切なものを選べ．

(1) 学習の際，モデルにペナルティとなる項を追加することで過学習を防ぐ．

(2) 汎化性能を高め，モデルが実際に運用された際の性能を向上させるために利用する．

(3) 特徴量を 0〜1 の範囲に変換し，特徴量間のスケールを揃える．

(4) 正則化には，L1 正則化といわれる Lasso 回帰と，L2 正則化と呼ばれる Ridge 回帰がある．

確認問題 2.11　点 $(-1, 6), (0, 1), (1, 0), (2, 7)$ に対して，2 次回帰多項式に対する正規方程式を求め，2 次回帰多項式を $y = ax^2 + bx + c$ の形で求めよ．

第3章

重回帰分析

これまでに，線形単回帰と多項式回帰について学びました．これらの手法では，1つの説明変数（特徴量）を用いて目的変数を予測しました．しかし，現実の多くの問題では，1つの説明変数だけでは不十分であり，複数の説明変数を用いることが必要です．例えば，家賃の予測を考えると，広さだけでなく，築年数や最寄り駅からの距離，周辺の施設なども考慮する必要があります．これら複数の説明変数を用いる回帰分析を**重回帰分析** (multiple regression analysis) と呼びます．本章では，この重回帰分析について説明します．

3.1　重回帰分析

説明変数が 2 つ以上の場合，重回帰分析では，**重回帰式** (multiple regression equation/function)

$$y = w_0 + w_1x_1 + w_2x_2 + \cdots + w_px_p \tag{3.1}$$

で観測値の分布状況に最も近い超平面を定めます．重回帰式のことを**重回帰モデル** (multiple regression model) と呼ぶこともあります．上記の形の重回帰モデルを用いた重回帰分析を特に**線形重回帰分析** (multiple linear regression analysis) といいます．また，重回帰モデルにおける回帰係数 $w_0, w_1, \ldots, w_p$ を**偏回帰係数** (partial regression coefficient) といいます．

線形単回帰や多項式回帰のように，N 個の観測値 $(x_1^{(i)}, x_2^{(i)}, \ldots, x_p^{(i)}, y_i)$, $i = 1, 2, \ldots, N$ に対して，損失関数を最小化することによって所望の超平面が得られます．(2.2) と同様に考えると，N 個の観測値 $(x_1^{(i)}, x_2^{(i)}, \ldots, x_p^{(i)}, y_i)$ に対して，損失関数は次のようになります．

$$E(\boldsymbol{w}) = \frac{1}{2}\sum_{i=1}^{N}\left\{y_i - (w_0^{(i)} + w_1x_1^{(i)} + w_2x_2^{(i)} + \cdots + w_px_p^{(i)})\right\}^2 \tag{3.2}$$

ここで，(3.2) は (2.2) と同じ形なので，$\boldsymbol{w} = \begin{bmatrix} w_0 \\ w_1 \\ \vdots \\ w_p \end{bmatrix}, A = \begin{bmatrix} 1 & x_1^{(1)} & \cdots & x_p^{(1)} \\ 1 & x_1^{(2)} & \cdots & x_p^{(2)} \\ \vdots & \vdots & \vdots & \vdots \\ 1 & x_1^{(N)} & \cdots & x_p^{(N)} \end{bmatrix}$ とすれば，次の定理が得られます．これは，定理 2.1 と同様です．

重回帰分析 (文献 [13]：定理 3.1)

定理 3.1　観測値 $(x_1^{(1)}, x_2^{(1)}, \ldots, x_p^{(1)}, y_1), \ldots, (x_1^{(N)}, x_2^{(N)}, \ldots, x_p^{(N)}, y_N)$ に対して，重回帰式を $y = \sum_{k=0}^{p} w_kx_k$ と表す．このとき，$p + 1 \leq N$，つまり，データ数よりも説明変数の数が少なければ，係数ベクトル $\boldsymbol{w}$ は，

$$\boldsymbol{w} = ({}^tAA)^{-1}({}^tA\boldsymbol{y}) \tag{3.3}$$

で与えられる．

また，定理 2.1 の場合と同様に，(3.3) は次のように表せます．

$${}^tAA\boldsymbol{w} = {}^tA\boldsymbol{y} \tag{3.4}$$

この式を**正規方程式** (normal equation) といいます．

重回帰のアルゴリズム

学習　(3.3) もしくは (3.4) に基づいて，$\boldsymbol{w}$ を求める．

予測　与えられたデータ $\boldsymbol{x} = {}^t[1, x_1, \ldots, x_p]$ に対して $y = \sum_{k=0}^{p} w_kx_k$ を予測値とする．

重回帰分析

例 3.1 以下のデータを用いて，家賃（千円）を予測する重回帰式を求めよ．説明変数は「広さ（m^2）」と「築年数（年）」とする．

広さ (m^2) x_1	30	20	20	40	30
築年数 (年) x_2	5	5	10	20	10
家賃 (千円)y	112	82	72	112	102

(解答)

$A = \begin{bmatrix} 1 & 30 & 5 \\ 1 & 20 & 5 \\ 1 & 20 & 10 \\ 1 & 40 & 20 \\ 1 & 30 & 10 \end{bmatrix}$ とおくと，

$$
{}^tAA\boldsymbol{w} = {}^tA\boldsymbol{y} \iff \begin{bmatrix} 1 & 1 & 1 & 1 & 1 \\ 30 & 20 & 20 & 40 & 30 \\ 5 & 5 & 10 & 20 & 10 \end{bmatrix} \begin{bmatrix} 1 & 30 & 5 \\ 1 & 20 & 5 \\ 1 & 20 & 10 \\ 1 & 40 & 20 \\ 1 & 30 & 10 \end{bmatrix} \begin{bmatrix} w_0 \\ w_1 \\ w_2 \end{bmatrix} = \begin{bmatrix} 1 & 1 & 1 & 1 & 1 \\ 30 & 20 & 20 & 40 & 30 \\ 5 & 5 & 10 & 20 & 10 \end{bmatrix} \begin{bmatrix} 112 \\ 82 \\ 72 \\ 112 \\ 102 \end{bmatrix}
$$

$$
\Rightarrow \begin{bmatrix} 5 & 140 & 50 \\ 140 & 4200 & 1550 \\ 50 & 1550 & 650 \end{bmatrix} \begin{bmatrix} w_0 \\ w_1 \\ w_2 \end{bmatrix} = \begin{bmatrix} 480 \\ 13980 \\ 4950 \end{bmatrix} \Rightarrow \begin{bmatrix} 1 & 28 & 10 \\ 14 & 420 & 155 \\ 1 & 31 & 13 \end{bmatrix} \begin{bmatrix} w_0 \\ w_1 \\ w_2 \end{bmatrix} = \begin{bmatrix} 96 \\ 1398 \\ 99 \end{bmatrix}
$$

$$
\Rightarrow \begin{bmatrix} 1 & 28 & 10 \\ 0 & 28 & 15 \\ 0 & 1 & 1 \end{bmatrix} \begin{bmatrix} w_0 \\ w_1 \\ w_2 \end{bmatrix} = \begin{bmatrix} 96 \\ 54 \\ 1 \end{bmatrix} \Rightarrow \begin{bmatrix} 1 & 0 & -18 \\ 0 & 0 & -13 \\ 0 & 1 & 1 \end{bmatrix} \begin{bmatrix} w_0 \\ w_1 \\ w_2 \end{bmatrix} = \begin{bmatrix} 68 \\ 26 \\ 1 \end{bmatrix}
$$

よって，$w_2 = -2, w_1 = 1 - w_2 = 3, w_0 = 68 + 18w_2 = 32$ なので，重回帰式は，

$$y = 32 + 3x_1 - 2x_2$$

となる．この結果より，以下のことが分かる．

- 広さを固定したとき，築年数が 1 年長いと家賃は 2000 円安い．
- 築年数を固定したとき，部屋が $1m^2$ 広いと家賃は 3000 円高い． ■

問 3.1 2 つの説明変数 x_1, x_2 と目的変数 y に対して，これらの値を (x_1, x_2, y) と表す．観測値 $(2, 0, -5), (4, 4, 4), (0, 2, 4), (2, 4, 7)$ に対して，重回帰式を $y = w_0 + w_1x_1 + w_2x_2$ の形で求めよ．

問 3.2 球速 (km/h) を目的変数 y とし，遠投 x_1(m)，懸垂 x_2(回)，握力 x_3(kg) を説明変数として重回帰分析を行ったところ，次のような結果が得られた．この重回帰式において，遠投以外の変数がすべて固定された状態で，遠投が 50cm 増加したときの球速の予測値の増加量はいくらか？

$$y = 0.824x_1 + 0.354x_2 + 0.068x_3 + 28.233$$

3.2 重相関係数と決定係数

求めた重回帰式の当てはまりの良さを測る指標としては，観測値 y_i と予測値 $\hat{y}_i$ との間の相関係数

$$R = \frac{\sum_{i=1}^{N}(y_i - \bar{y})(\hat{y}_i - \bar{\hat{y}})}{\sqrt{\sum_{i=1}^{N}(y_i - \bar{y})^2 \sum_{i=1}^{N}(\hat{y}_i - \bar{\hat{y}})^2}} \tag{3.5}$$

が考えられます．ここで，$\bar{y}$ と $\bar{\hat{y}}$ はそれぞれ観測値 y_i と予測値 $\hat{y}_i$ の平均です．この R を**重相関係数** (multiple correlation coefficient) といいます．重相関係数の 2 乗 R^2 については，次の定理が成り立ちます．つまり，重相関係数の 2 乗 R^2 は，(1.4) と一致するため，決定係数であることが分かります．そのため，線形重回帰分析においても当てはまりの良さを表す指標として決定係数 R^2 が利用できます．

重相関係数と SSR，SST(文献 [13]：式 (3.7))

補題 3.1

$$R^2 = \frac{\left\{\sum_{i=1}^{N}(y_i - \bar{y})(\hat{y}_i - \bar{\hat{y}})\right\}^2}{\sum_{i=1}^{N}(y_i - \bar{y})^2 \sum_{i=1}^{N}(\hat{y}_i - \bar{\hat{y}})^2} = \frac{\sum_{i=1}^{N}(\hat{y}_i - \bar{y})^2}{\sum_{i=1}^{N}(y_i - \bar{y})^2} = \frac{SSR}{SST} \tag{3.6}$$

また，問 3.3 より，R^2 は次式のように表されます．

$$R^2 = \frac{SSR}{SST} = 1 - \frac{SSE}{SST} \tag{3.7}$$

ここで，SSR は回帰平方和，SST は全平方和，SSE は残差平方和を表します．このことから，重回帰分析における決定係数 R^2 も，単回帰分析や多項式回帰分析における決定係数と同じ性質をもつことが分かります．具体的には，決定係数 R^2 は，モデルがデータの分散をどれだけ説明するかを示し，R^2 が 1 に近いほどモデルの当てはまりが良いことを意味します．

問 3.3　線形重回帰分析においても，(1.5) が成り立つことを示せ．

3.3　自由度調整済み決定係数

決定係数 R^2 は，説明変数の個数 p が等しいモデル間の比較には利用できますが，p が異なる場合の比較には利用できません．説明変数の候補のうち，p 個を用いたモデルに対する残差平方和を $SSE(p)$ とし，そのモデルに説明変数を追加したモデルの残差平方和を $SSE(p+1)$ とするとき，

$$SSE(p) = \sum_{i=1}^{N}\left\{y_i - (w_0 + w_1^{(i)} + \cdots + w_p x_p^{(i)})\right\}^2 \geq \sum_{i=1}^{N}\left\{y_i - (w_0 + w_1^{(i)} + \cdots + w_p x_p^{(i)} + w_{p+1} x_{p+1}^{(i)})\right\}^2$$
$$= SSE(p+1)$$

が成り立ちます．等号は，追加した変数が p 個の変数の 1 次結合で表され，y の予測に関して全く寄与しない場合に限られます．これは，意味のない変数を説明変数に追加することによって決定係数が大きくなることを意味します．極端な場合，説明変数を $N-1$ 個まで増やすと $SSE(N-1) = 0$, $R^2 = 1$ となります．

この欠点を解消して，p の異なるモデルの比較に利用するために提案された指標の 1 つが**自由度調整済み決定係数**または**自由度修正済み決定係数** (adjusted R^2)

$$R^{*2} = 1 - \frac{SSE/(N-p-1)}{SST/(N-1)} \tag{3.8}$$

です．実際の観測値 y_i を含んでいる SSE と SST の自由度を考慮して R^{*2} が定義されていることに注意してください．

	SSR : $\sum_{i=1}^{N}(\hat{y}_i - \bar{y})^2$	SSE : $\sum_{i=1}^{N}(y_i - \hat{y}_i)^2$	SST : $\sum_{i=1}^{N}(y_i - \bar{y})^2$
自由度	p	$N - p - 1$	$N - 1$

$\hat{y} = w_0 + w_1 x_1 + w_2 x_2 + \cdots + w_p x_p$ は，p 個のパラメータ $w_1, \ldots, w_p$ で決まるので自由度を p と考えます．w_0 は $w_1, \ldots, w_p$ が決まれば正規方程式から自動的に決まります．SSE は，観測値数 N の自由度がありますが，$\nabla E(\boldsymbol{w}) = \boldsymbol{0}$，つまり，

$$\frac{\partial E}{\partial w_k}(\boldsymbol{w}) = 0 \Longrightarrow \sum_{i=1}^{N}\{y_i - (w_0^{(i)} + w_1 x_1^{(i)} + \cdots w_p x_p^{(i)})\}x_k^{(i)} = 0 \Longrightarrow \sum_{i=1}^{N}(y_i - \hat{y}_i)x_k^{(i)} = 0, \quad k = 0, 1, \ldots, p$$

より $p + 1$ 個の制約があるので，自由度は $N - (p + 1)$ と考えます．

SST は，観測値数 N の自由度がありますが平均を 1 つ引いているので，自由度が 1 つ減ると考えます．なぜなら，平均と $N - 1$ 個のデータから，残りの 1 つは自動的に決定されるからです．

自由度調整済み決定係数

例 3.2 以下の線形回帰モデルにおいて，決定係数と自由度調整済み決定係数を求めよ．

説明変数の数: $p = 3$　標本数: $N = 200$　回帰平方和: $SSR = 80000$
誤差平方和: $SSE = 40000$　全平方和: $SST = 120000$

(解答)

$$R^2 = \frac{SSR}{SST} = \frac{80000}{120000} = \frac{2}{3}\left(= 1 - \frac{SSE}{SST} = 1 - \frac{40000}{120000}\right)$$

$$R^{*2} = 1 - \frac{SSE/(200 - 3 - 1)}{SST/(200 - 1)} = 1 - \frac{40000/196}{120000/199} = 1 - \frac{1}{3} \cdot \frac{199}{196} = \frac{389}{588} \approx 0.66$$

■

問 3.4 $SSR = 104210$ でその自由度は 3，$SSE = 17700$ でその自由度は 184，$SST = 121910$ でその自由度は 187 とする．このときの決定係数と自由度調整済み決定係数を求めよ．

問 3.5 (3.8) より，次式が成り立つことを示せ．

$$R^{*2} = \frac{1}{N - p - 1}\left\{\frac{SSR}{SST}(N - 1) - p\right\}$$

3.4 多重共線性

次節で述べるように説明変数間の相関が高いと，個々の偏回帰係数に対する推定精度が悪く（標準誤差が大きく）なり，回帰係数について解釈が難しくなります．

例えば，x_1 と x_2 が強く相関している場合，以下のように表すことができます．

$$x_2 = \alpha x_1 + \epsilon$$

ここで，α は定数で，ϵ は誤差項です．また，説明変数が x_1 と x_2 の重回帰式は以下のように

書けます．

$$y = \beta_0 + \beta_1 x_1 + \beta_2 x_2$$

この場合，x_2 を x_1 の線形結合で置き換えると，次のようになります．

$$y = \beta_0 + \beta_1 x_1 + \beta_2(\alpha x_1 + \epsilon) = \beta_0 + (\beta_1 + \beta_2\alpha)x_1 + \beta_2\epsilon$$

このように，x_1 と x_2 が強く相関している場合，x_2 を x_1 の線形結合で表現できるため，実質的に x_1 だけがモデルの予測に影響し，x_2 はモデルの予測には寄与しません．

この問題は，説明変数間の**多重共線性** (multicollinearity) と呼ばれます．x と y が共通の直線上にあるような状況で起こる問題です．多重共線性を回避するには，変量間の相関係数が高い場合，どちらか一方を重回帰分析から外す必要があります．

また，多重共線性がある場合，偏回帰係数が求まらないことがあります．例えば，例 3.1 において，x_1 と x_2 の相関係数が 1 の場合，つまり，正の完全相関の場合は，行列 A が $A = \begin{bmatrix} 1 & 30 & 3 \\ 1 & 20 & 2 \\ 1 & 20 & 2 \\ 1 & 40 & 4 \\ 1 & 30 & 3 \end{bmatrix} \to \begin{bmatrix} 1 & 0 & 3 \\ 1 & 0 & 2 \\ 1 & 0 & 2 \\ 1 & 0 & 4 \\ 1 & 0 & 3 \end{bmatrix}$ のようになり，A の行列のランクが 1 つ下がります．したがって，${}^tAA$ の逆行列は存在しません．実際，${}^tAA = \begin{bmatrix} 5 & 140 & 14 \\ 140 & 4200 & 420 \\ 14 & 420 & 42 \end{bmatrix}$ となり，$\det({}^tAA) = 0$ であるため，逆行列は存在しません．そのため，偏回帰係数が求まりません．

問 3.6

x_1	x_2	x_3	y
4	1	2	10
6	3	3	15
8	5	4	20

このデータに対して，線形重回帰分析を行うとき，どの変数を削除すべきか？ 理由も述べよ．ただし，x_1〜x_3 が説明変数，y が目的変数である．

3.5　偏回帰係数の区間推定

詳細は省略しますが，偏回帰係数 $w_0, w_1, \ldots, w_p$ を求める際に，区間推定を使うこともできます．x_j を他の説明変数に回帰したときの残差平方和を SSR_j とし，偏回帰係数 w_j の標準誤差を

$$se(w_j) = \sqrt{\frac{\hat{\sigma}^2}{SSR_j}} \tag{3.9}$$

と定義します．ただし，$\hat{\sigma}^2$ は不偏分散

$$\hat{\sigma}^2 = \frac{1}{N - p - 1}\sum_{i=1}^{N}(y_i - \hat{y}_i)^2 \tag{3.10}$$

です．

このとき，回帰係数 w_j の $100(1 - \alpha)\%$ の信頼区間は

$$w_j \pm t_{\alpha/2}(p - N - 1) \times se(w_j)$$

で求められます．ここで，$t_{\alpha/2}(p-N-1)$ は自由度 $N-p-1$ の t 分布の上側 $\frac{\alpha}{2}$ 点です．

多重共線性があると，偏回帰係数の標準誤差 $se(w_j)$ が大きくなります．これは，説明変数間の相関が高いと，それぞれの変数が目的変数に与える影響を分離することが難しくなり，偏回帰係数の推定値が不安定になり，不偏分散が大きくなるためです．標準誤差が大きくなると，信頼区間も広くなります．つまり，多重共線性があると，偏回帰係数の推定値の信頼性が低下し，区間推定の精度も悪くなります．

偏回帰係数の区間推定

例 3.3 偏回帰係数と標準誤差が以下のように与えられているとき，空欄を埋めよ．

	偏回帰係数	標準誤差	下限 (95%)	上限 (95%)
w_1	2.81	0.0966		
w_2	−1.17	0.129		
w_3	−0.524	0.243		
w_4	0.552	1.65		

ただし，自由度は 183，自由度 183 の t 分布の上側 2.5% 点は 1.97 であることを利用してよい．

(解答)
例えば，w_1 については

下限 $2.81 - 1.97 \times 0.0966 = 2.6197$ **上限** $2.81 + 1.97 \times 0.0966 = 3.0003$

となる．同様の計算を行えば，以下を得る．

	偏回帰係数	標準誤差	下限 (95%)	上限 (95%)
w_1	2.81	0.0966	2.6197	3.0003
w_2	−1.17	0.129	−1.4241	−0.9159
w_3	−0.524	0.243	−1.0027	−0.0453
w_4	0.552	1.65	−2.6985	3.8025

■

問 3.7 ある偏回帰係数 w の値は 2.3 で，その標準誤差は 0.2 であった．また，自由度は 183 である．このとき，w の 95% 信頼区間を求めよ．ただし，自由度 183 の t 分布の上側 2.5% 点は 1.97 であることを利用してよい．

■■■■■■ 確認問題 ■■■■■■■■■■■■■■■■■■■■■■■■■■■■■■■■■■

確認問題 3.1　ある賃貸アパートの調査結果を重回帰分析したところ，家賃を y(千円)，広さを $x_1(m^2)$，築年数を x_2(年)，最寄駅からの徒歩時間を x_3(分) としたとき，重回帰式

$$y = 2.83x_1 - 1.23x_2 - 0.453x_3 + 45.2$$

が得られた．このとき，次の選択肢から適切な解釈をすべて選べ．

(1) 他の説明変数を一定にした場合，広さが $1m^2$ 広ければ家賃が平均して 2.83 円上がる．
(2) 他の説明変数を一定にした場合，広さが $1m^2$ 広ければ家賃が平均して 2830 円上がる．
(3) 他の説明変数を一定にした場合，築年数が 1 年古ければ家賃は平均して 1.23 円上がる．
(4) 他の説明変数を一定にした場合，築年数が 1 年古ければ家賃は平均して 1.23 円下がる．
(5) 他の説明変数を一定にした場合，築年数が 1 年古ければ家賃は平均して 1230 円下がる．
(6) 他の説明変数を一定にしなくても，広さが $1m^2$ 広ければ家賃が平均して 2.83 円上がる．
(7) 他の説明変数を一定にしなくても，広さが $1m^2$ 広ければ家賃が平均して 2830 円上がる．
(8) 上記の記述はすべて間違い．

確認問題 3.2　決定係数 $R^2 = 0.75$ の重回帰モデルについて，最も適切なものを選べ．

(1) 目的変数の変動の 75% が説明変数によって説明できる．
(2) 目的変数の変動の 25% が説明変数によって説明できない．
(3) モデルの予測精度は 75% である．
(4) 上記のすべてが正しい．

確認問題 3.3　多重共線性について，最も不適切なものを選べ．

(1) 説明変数間に高い相関がある場合に発生する．
(2) 偏回帰係数の推定値が不安定になる．
(3) 決定係数 R^2 が低くなる．
(4) モデルの予測精度には影響を与えない．

確認問題 3.4　偏回帰係数の区間推定について，最も適切なものを選べ．

(1) 区間推定は，偏回帰係数の点推定値の信頼性を評価するために用いられる．
(2) 多重共線性があると，信頼区間が狭くなる．
(3) 信頼区間は，t 分布を用いて計算される．
(4) (1) と (3) が正しい．

確認問題 3.5　自由度調整済み決定係数 R^{*2} について，最も適切なものを選べ．

(1) 決定係数 R^2 と同じ値になる．
(2) 説明変数の数が増えると常に増加する．
(3) 説明変数の数を考慮してモデルの当てはまりを評価する．
(4) R^{*2} は常に負の値をとる．

確認問題 3.6　2 つの説明変数 x_1, x_2 と目的変数 y に対して，これらの値を (x_1, x_2, y) と表す．観測値 $(0, 0, 1)$, $(1, 0, 2)$, $(0, 1, 3)$, $(1, 1, 4)$ に対して，重回帰式を $y = w_0 + w_1x_1 + w_2x_2$ の形で求めよ．

確認問題 3.7　あるスマートフォンアプリの月間利用者数を重回帰分析したところ，利用者数を y（万人），アプリの機能数を x_1，アプリのダウンロードサイズを x_2（MB），広告費用を x_3（百万円）としたとき，重回帰式

$$y = 10x_1 - 0.5x_2 + 0.8x_3 + 50$$

が得られた．このとき，次の問に答えよ．

(1) アプリの機能数が 1 つ増えると，利用者数はどのように変化すると予想されるか？

(2) アプリのダウンロードサイズが 10MB 増えると，利用者数はどのように変化すると予想されるか？

(3) 広告費用が 10 百万円増えると，利用者数はどのように変化すると予想されるか？

確認問題 3.8　あるアパートの家賃調査を重回帰分析したところ，家賃を y（千円），アパートの広さを x_1（平方メートル），駅からの距離を x_2（メートル），ペット可（1:可，0:不可）を x_3 としたとき，重回帰式

$$y = 7.2x_1 - 0.005x_2 + 10.2x_3 + 8.2$$

が得られた．このとき，次の問に答えよ．

なお，金額だけでなく，高くなるのか，安くなるのかも明記すること．

(1) アパートの広さが 1 平方メートル増えると，家賃は何円変わると予想されるか？

(2) 駅から 10 メートル遠くなると，家賃は何円変わると予想されるか？

(3) ペットが飼えるアパートは，飼えないアパートに比べて，家賃が何円変わると予想されるか？

確認問題 3.9

x_1	x_2	x_3	y
1	2	1	6
5	4	2	12
2	6	3	18

このデータに対して，線形重回帰分析を行うとき，どの変数を削除すべきか？ 理由も述べよ．ただし，x_1〜x_3 が説明変数，y が目的変数である．

確認問題 3.10　ある重回帰モデルにおいて，決定係数 $R^2 = 0.85$，説明変数の数 $p = 5$，標本数 $N = 100$ であった．このときの自由度調整済み決定係数 R^{*2} を求めよ．(ヒント) $R^2 = 1 - \frac{SSE}{SST}$ より $SSE = (1 - R^2)SST$

確認問題 3.11　2 つの重回帰モデル A と B がある．モデル A の説明変数の数は 2，標本数は 100，決定係数は 0.7 である．モデル B の説明変数の数は 4，標本数は 100，決定係数は 0.75 である．どちらのモデルがより良いモデルと言えるか，自由度調整済み決定係数を用いて説明せよ．

第4章

ロジスティック回帰による二値分類

入力を2つのクラスあるいはカテゴリーに分けることを**二値分類** (binary classification) といいます．二値分類を**2クラス分類** (two-class classification) ということもあります．ロジスティック回帰は，二値分類に用いられる教師あり学習アルゴリズムの1つであり，ロジスティック回帰の目的変数は，0と1という2つの値だけをもちます．回帰と名前がついていますが，ロジスティック回帰の目的は値の予測ではなく，分類であることに注意してください．

4.1　ロジスティック回帰

説明変数の個数を p 個とし，$\boldsymbol{w} = {}^t[w_0, w_1, \ldots, w_p]$, $\boldsymbol{x} = {}^t[1, x_1, \ldots, x_p]$ とすれば，線形回帰は，

$$y = w_0 + w_1x_1 + w_2x_2 + \cdots + w_px_p = {}^t\boldsymbol{wx}$$

と表せます．関数 $f(x)$ を使って，これを

$$y = f(w_0 + w_1x_1 + w_2x_2 + \cdots + w_px_p) = f({}^t\boldsymbol{wx})$$

のように表現したものを**一般化線形モデル** (generalized linear model) といいます．

この $f(x)$ として，

$$f(x) = \frac{1}{1+e^{-x}} = \frac{1}{1+\exp(-x)} \tag{4.1}$$

と選んだものが**ロジスティック回帰** (logistic regression) であり，(4.1) を**ロジスティック関数** (logistic function) といいます．なお，ロジスティック関数は，出力を 0 から 1 に制限します．このように出力を特定の範囲，例えば，0 から 1 や −1 から 1 に制限することを**正規化** (normalization) といいます．

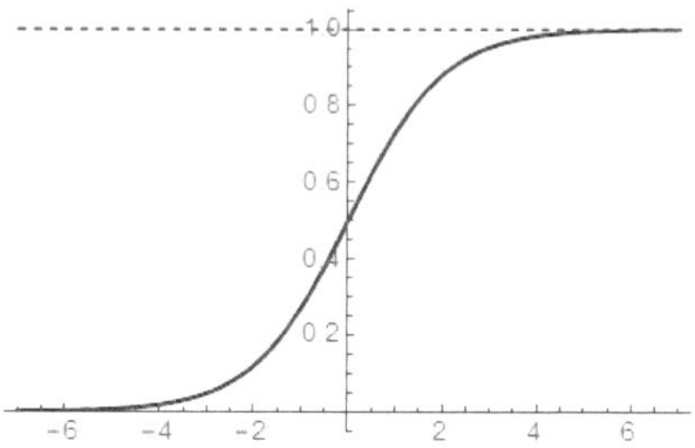

図 4.1　$f(x) = \frac{1}{1+e^{-x}}$ のグラフ．

ロジスティック回帰モデルは，以下の式で表される二値分類モデルです．

$$f({}^t\boldsymbol{wx}) = \frac{1}{1+\exp(-{}^t\boldsymbol{wx})}$$

このモデルは，入力データ $\boldsymbol{x}$ とパラメータ $\boldsymbol{w}$ を受け取り，クラス 1 に属する確率を 0 から 1 の範囲で出力します．この確率に基づいて，以下のルールでクラスを予測します．

${}^t\boldsymbol{wx} > 0$ の場合　$f({}^t\boldsymbol{wx}) \geq 0.5$ であり，クラス 1 と分類する (クラス 1 に属する確率が 0.5 以上)
${}^t\boldsymbol{wx} < 0$ の場合　$f({}^t\boldsymbol{wx}) < 0.5$ であり，クラス 0 と分類する (クラス 1 に属する確率が 0.5 未満)

ここで，${}^t\boldsymbol{wx}$ は，入力データ $\boldsymbol{x}$ とパラメータ $\boldsymbol{w}$ の線形結合を表します．この線形結合の値が正であればクラス 1，負であればクラス 0 に分類されることになります．このとき，${}^t\boldsymbol{wx} = 0$ となる直線や平面，超平面は，**決定境界** (decision boundary) と呼ばれます．決定境界は，2 つのクラスを分ける境界線となります．

図 4.2 は，2 次元の特徴空間におけるロジスティック回帰の決定境界と分類の様子を示しています．図中の直線が決定境界であり，この直線によって特徴空間が 2 つの領域に分割されています．それぞれの領域は，クラス 0 とクラス 1 に対応しており，新しいデータが入力された場合，そのデータがどちらの領域に属するかによってクラスが予測されます．

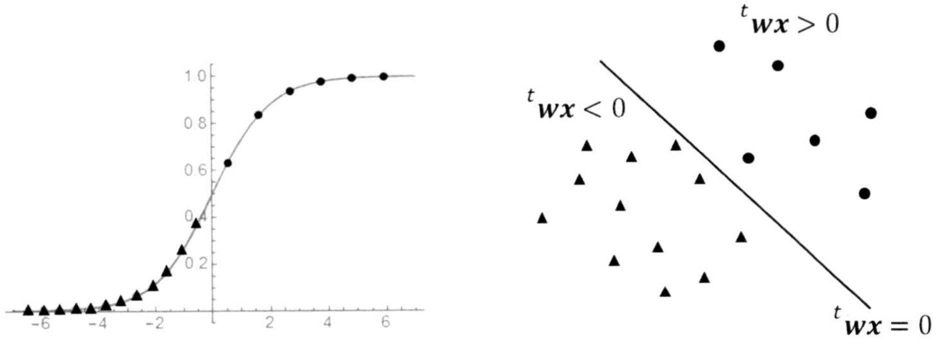

図 4.2 ロジスティック回帰の決定境界と分類

ロジスティック回帰による分離可能性

例 4.1 次の問に答えよ．

(1) $\boldsymbol{x}_1 = {}^t[1, 1, -1]$ と $\boldsymbol{x}_2 = {}^t[-1, -1, 1]$ はクラス 1 に，$\boldsymbol{x}_3 = {}^t[1, -1, 1]$ と $\boldsymbol{x}_4 = {}^t[-1, 1, -1]$ はクラス 0 に属している．このとき，ロジスティック回帰によってこれらのデータを正しく分類できるか？ 理由を述べて答えよ．

(2) $\boldsymbol{x}_1 = {}^t[1, 2, 1]$ と $\boldsymbol{x}_2 = {}^t[1, 1, 2]$ はクラス 1 に，$\boldsymbol{x}_3 = {}^t[-1, -2, -1]$ と $\boldsymbol{x}_4 = {}^t[-1, -1, -2]$ はクラス 0 に属している．このとき，ロジスティック回帰によってこれらのデータを正しく分類できるか？ 理由を述べて答えよ．

(解答)

(1) $\boldsymbol{w} = {}^t[w_0, w_1, w_2, w_3]$ とすれば，

$$ {}^t\boldsymbol{w}\boldsymbol{x}_1 = w_0 + w_1 + w_2 - w_3 \geq 0, \quad {}^t\boldsymbol{w}\boldsymbol{x}_2 = w_0 - w_1 - w_2 + w_3 \geq 0 \tag{4.2} $$

$$ {}^t\boldsymbol{w}\boldsymbol{x}_3 = w_0 + w_1 - w_2 + w_3 < 0, \quad {}^t\boldsymbol{w}\boldsymbol{x}_4 = w_0 - w_1 + w_2 - w_3 < 0 \tag{4.3} $$

(4.2) より $w_0 \geq 0$ であるが，(4.3) より $w_0 < 0$ である．これを同時に満たす w_0 は存在しないので，ロジスティック回帰によって，これらのデータを正しく分類できない．

(2) $\boldsymbol{w} = {}^t[w_0, w_1, w_2, w_3]$ とすれば，

$$ {}^t\boldsymbol{w}\boldsymbol{x}_1 = w_0 + w_1 + 2w_2 + w_3 \geq 0, \quad {}^t\boldsymbol{w}\boldsymbol{x}_2 = w_0 + w_1 + w_2 + 2w_3 \geq 0 \tag{4.4} $$

$$ {}^t\boldsymbol{w}\boldsymbol{x}_3 = w_0 - w_1 - 2w_2 - w_3 < 0, \quad {}^t\boldsymbol{w}\boldsymbol{x}_4 = w_0 - w_1 - w_2 - 2w_3 < 0 \tag{4.5} $$

(4.4) より

$$ 2w_0 + 2w_1 + 3w_2 + 3w_3 \geq 0 \tag{4.6} $$

であり，(4.5) より

$$ 2w_0 - 2w_1 - 3w_2 - 3w_3 < 0 \iff -2w_0 + 2w_1 + 3w_2 + 3w_3 > 0 \tag{4.7} $$

である．(4.6) と (4.7) より，

$$ 4w_1 + 6w_2 + 6w_3 > 0 \iff 2w_1 + 3w_2 + 2w_3 > 0 $$

であり，これを満たす w_1, w_2, w_3 を決めることができるため，ロジスティック回帰によって，これらのデータを正しく分類できる． ■

ロジスティック回帰においても，線形重回帰と同様の注意が必要です．特に，多重共線性（複数の説明変数が高い相関を持つこと）に注意しなければなりません．例えば，説明変数 x_1 を前学期の GPA(0 から 4)，x_2 を TOEIC の結果，x_3 を夏期インターンシップの成績とし，目的変数を後期の成績 (上がった 1，上がってない 0) としたとき，偏回帰係数が $w_0 = -13.02$, $w_1 = 2.83$, $w_2 = 0.1$, $w_3 = 2.82$ だったとします．つまり，次式が成り立つとします．

$$ {}^t\boldsymbol{w}\boldsymbol{x} = -13.02 + 2.83x_1 + 0.1x_2 + 2.82x_3 \tag{4.8} $$

w_2 の値が他の係数よりも小さいので，TOEIC の結果 x_2 は後期の成績にあまり影響していないといえます．一方，w_1 と w_3 の値を見ると，前学期の成績 x_1 の方が夏期インターンシップの成績 x_3 に比べて若干影響が強いとは言えますが，相関係数を調べてその値が高ければどちらかを取り除くことが考えられます．

問 4.1　$\boldsymbol{x}_1 = {}^t[1, 1, -1, -1]$ と $\boldsymbol{x}_2 = {}^t[-1, -1, 1, 1]$ はクラス 1 に，$\boldsymbol{x}_3 = {}^t[1, -1, 1, -1]$ と $\boldsymbol{x}_4 = {}^t[-1, 1, -1, 1]$ はクラス 0 に属している．このとき，ロジスティック回帰によってこれらのデータを正しく分類できるか？ 理由を述べて答えよ．

4.2　ロジスティック回帰の原理

ロジスティック回帰モデルの出力 $\hat{y} = f({}^t\boldsymbol{w}\boldsymbol{x})$ は，入力 $\boldsymbol{x}$ が $y = 1$（クラス 1）に属する条件付き確率 $p(y = 1|\boldsymbol{x})$ を表します．確率を利用するメリットは，未知のデータ属性を推定する際に，「このデータはクラス 1 に属する」という単純な推定ではなく，「このデータがクラス 1 に属する確率は 70%」というように確率的な推定ができる点にあります．この確率的な推定を行うために**尤度** (likelihood) という概念を導入します．尤度とは，あるモデルの下で，そのデータが得られるであろう確率のことです．事象 A が起こったという条件下で，事象 B が起こる条件付き確率を $P(B|A)$ と表せば，$y = 1$ に対する尤度は $p(y = 1|\boldsymbol{x})$ であり，$y = 0$ に対する尤度は $p(y = 0|\boldsymbol{x})$ です．これらをまとめて書くと，

$$ p(y = 1|\boldsymbol{x})^y p(y = 0|\boldsymbol{x})^{1-y} $$

となります．これが二値分類における 1 つのデータに対する尤度です．ここで，$\boldsymbol{x}_n = {}^t[1, x_1^{(n)}, x_2^{(n)}, \ldots, x_p^{(n)}]$ とし，全データの組を $(\boldsymbol{x}_n, y_n)(n = 1, 2, \ldots, N)$ と表すと，$p(y_n = 1|\boldsymbol{x}_n)$ はモデルの出力 $\hat{y}_n = f({}^t\boldsymbol{w}\boldsymbol{x}_n)$ であることから，$p(y_n = 0|\boldsymbol{x}_n)$ は $1 - \hat{y}_n$ と書けます．

このとき，全データに対する尤度は，

$$ L(\boldsymbol{w}) = \prod_{n=1}^{N} p(y_n = 1|\boldsymbol{x}_n)^{y_n} p(y_n = 0|\boldsymbol{x}_n)^{1-y_n} = \prod_{n=1}^{N} \hat{y}_n^{y_n}(1 - \hat{y}_n)^{1-y_n} $$

となります．ロジスティック回帰では，この尤度を最大にするようにパラメータ $\boldsymbol{w}$ を決定します．これが**最尤推定法** (maximum likelihood estimation) です．

しかし，尤度をそのまま扱うには，以下の問題点があります．

- 確率の値は 0 から 1 の間なので，データの数が多いと，尤度の値が非常に小さくなり，コン

ピュータで計算する際にアンダーフローを起こす可能性がある．
- 尤度は積の形で表現されているため，微分計算が複雑になる．

これらの問題を解消するため，尤度を最大化する問題を，尤度の対数をとって符号を反転させた**負の対数尤度** (negative log-likelihood) を最小化する問題に置き換えます．

尤度 $L(\boldsymbol{w})$ に対する負の対数尤度は次のように書けます．

$$E(\boldsymbol{w}) = -\sum_{n=1}^{N} \{y_n \log \hat{y}_n + (1 - y_n) \log(1 - \hat{y}_n)\} \tag{4.9}$$

負の対数尤度を最小化することで，尤度を最大化することと同様の結果が得られます．

負の対数尤度の計算

例 4.2 実際のクラスが $(y_1, y_2, y_3) = (1, 1, 0)$ であるデータに対して，あるロジスティック回帰モデルに予測をさせたところ予測結果が $(\hat{y}_1, \hat{y}_2, \hat{y}_3) = (0.8, 0.7, 0.2)$ となった．このとき，負の対数尤度を求めよ．

(解答)

$$\begin{aligned}
E &= -\sum_{n=1}^{3}[y_n \log(\hat{y}_n) + (1 - y_n) \log(1 - \hat{y}_n)] \\
&= -[(1 \times \log(0.8) + (1 - 1) \times \log(1 - 0.8)) + (1 \times \log(0.7) + (1 - 1) \times \log(1 - 0.7)) \\
&\quad +(0 \times \log(0.2) + (1 - 0) \times \log(1 - 0.2))] \\
&= -[\log(0.8) + \log(0.7) + \log(0.8)] = -2(\log(8) - \log(10)) - (\log(7) - \log(10)) = -2\log(8) - \log(7) + 3\log(10)
\end{aligned}$$

■

問 4.2 実際のクラスが $(y_1, y_2, y_3) = (1, 1, 0)$ であるデータに対して，あるロジスティック回帰モデルに予測をさせたところ予測結果が $(\hat{y}_1, \hat{y}_2, \hat{y}_3) = (0.1, 0.6, 0.9)$ となった．このとき，負の対数尤度を求めよ．ただし，対数関数 $\log x$ の変数 x は自然数とすること．

4.3 オッズと結果の解釈

ロジスティック回帰では，オッズや対数オッズといった概念を用いて，モデルの出力を解釈できます．これらの概念は，各特徴量がクラス分類にどのように影響するかを理解する上で役立ちます．

オッズ (odds) とは，事象の起こりやすさを表すもので，事象が起こる確率 p を起こらない確率 $1 - p$ で割ったもの，つまり，$\dfrac{p}{1-p}$ です．また，$\log\left(\dfrac{p}{1-p}\right)$ を**対数オッズ** (log odds) または**ロジット関数** (logit function) といいます．ロジスティック回帰モデルの出力 $\hat{y}$ をクラス 1 に属する確率とすれば，オッズは

$$\frac{p(y = 1|\boldsymbol{x})}{p(y = 0|\boldsymbol{x})} = \frac{\hat{y}}{1 - \hat{y}} \tag{4.10}$$

となります．オッズが 1 より大きい場合は $p(y = 1|\boldsymbol{x})$ の方が $p(y = 0|\boldsymbol{x})$ よりも大きく（つまり，$y = 1$ が起こりやすく），オッズが 1 より小さい場合は $p(y = 0|\boldsymbol{x})$ の方が $p(y = 1|\boldsymbol{x})$ よりも大きい

（つまり，$y = 1$ が起こりにくい）ことを意味します．オッズが 1 の場合は $p(y = 1|\boldsymbol{x}) = p(y = 0|\boldsymbol{x})$ です．

(4.10) より，オッズは

$$\frac{\hat{y}}{1-\hat{y}} = \frac{\frac{1}{1+\exp(-{}^t\boldsymbol{w}\boldsymbol{x})}}{1-\frac{1}{1+\exp(-{}^t\boldsymbol{w}\boldsymbol{x})}} = \frac{1}{1+\exp({}^t\boldsymbol{w}\boldsymbol{x})-1} = \exp({}^t\boldsymbol{w}\boldsymbol{x}) \tag{4.11}$$

として求められます．これより，

$$\log\left(\frac{\hat{y}}{1-\hat{y}}\right) = {}^t\boldsymbol{w}\boldsymbol{x}$$

が成り立つことが分かります．これは，ロジスティック回帰は，対数オッズを線形回帰したものであることを示しています．

ちなみに，賭け事におけるオッズは，これと同じ考え方です．賭け事に勝つ確率を p とすれば，オッズは $\frac{p}{1-p}$ となりますが，配当金は $1 + \frac{1-p}{p} = \frac{1}{p}$ で計算されます．この $\frac{1}{p}$ をオッズと呼ぶこともあります．これは配当金の倍率を示します．例えば，$p = 0.5$ のとき，1 万円をかけておくと，勝ったときに $\frac{1-0.5}{0.5}$ =1 万円を加えた 2(= 1/0.5) 万円をもらえることを意味します．同様に，$p = 0.2$ のとき，勝ったときには元の賭け金に $\frac{1-0.2}{0.2} = 4$ 万円を加えた合計 5(= 1/0.2) 万円を，$p = 0.8$ のときは 1.25(= 1/0.8) 万円をもらえます．

また，ある特徴量 x_i が 1 だけ増加するとき，$\boldsymbol{x}$ は $\tilde{\boldsymbol{x}} = {}^t[1, x_1, \ldots, x_{i-1}, x_i + 1, x_{i+1}, \ldots, x_p]$ となるので，

$${}^t\boldsymbol{w}\tilde{\boldsymbol{x}} = w_0 + w_1x_1 + \cdots + w_{i-1}x_{i-1} + w_i(x_i + 1) + w_{i+1}x_{i+1} + \cdots + w_px_p = {}^t\boldsymbol{w}\boldsymbol{x} + w_i$$

より，このときのモデルの出力を $\tilde{y}$ とすれば，オッズは

$$\frac{\tilde{y}}{1-\tilde{y}} = \exp({}^t\boldsymbol{w}\boldsymbol{x} + w_i) = \exp(w_i)\exp({}^t\boldsymbol{w}\boldsymbol{x}) \tag{4.12}$$

となります．つまり，オッズは $\exp(w_i)$ 倍されます．この $\exp(w_i)$ を**オッズ比** (odds ratio) といいます．オッズ比は，各特徴量が 1 単位増加したときに，クラス 1 に属するオッズが何倍になるかを示す指標です．オッズ比の値が大きいほど，その特徴量によってクラス 1 に属する確率が大きく変動することを意味します．先ほどの式 (4.8) では，GPA のオッズは $e^{2.83} \approx 16.945$，TOEIC の結果のオッズは $e^{0.1} \approx 1.105$ であり，GPA の影響の方が大きいと言えます．ただし，GPA が 1 増えると，成績が上がる確率が約 15.3($\approx$ 16.945/1.105) 倍になるという解釈はできません．オッズと確率は異なる概念です．あくまでも，ロジスティック回帰のオッズ比は，説明変数の変化による目的変数のオッズの変化を表しているだけです．

オッズ

例 4.3　ある説明変数 x_i のオッズ比が 10 で，x_i がある値のときのクラス 1 に属する確率が 0.2 だったとする．このとき，x_i が 1 単位増加したときのクラス 1 に属する確率を求めよ．

(解答)

$\tilde{\boldsymbol{x}}$ に対するオッズを $odds(\tilde{\boldsymbol{x}})$ とすれば，(4.12) より $\tilde{y} = \dfrac{odds(\tilde{\boldsymbol{x}})}{1 + odds(\tilde{\boldsymbol{x}})}$ である．

一方，(4.11) と (4.12) より，

$$odds(\tilde{\boldsymbol{x}}) = \exp(w_i)\exp({}^t\boldsymbol{w}\boldsymbol{x}) = \exp(w_i)odds(\boldsymbol{x}) = \exp(w_i)\left(\frac{\hat{y}}{1-\hat{y}}\right) \tag{4.13}$$

なので，求めるべき確率は，以下のようになる．

$$odds(\tilde{\boldsymbol{x}}) = 10 \cdot \frac{0.2}{1-0.2} = 2.5 \Longrightarrow \tilde{y} = \frac{2.5}{1+2.5} = \frac{2.5}{3.5} = \frac{5}{7} \approx 0.714$$

である．

これより，x_i が 1 単位増加すると，クラス 1 に属する確率は 0.2 から 0.714，つまり，0.714/0.2=3.57 倍に増加する．10 倍に増加するわけではない． ■

なお，2 つの事象 A, B があるとき，事象 A のオッズ比は「事象 A のオッズ/事象 B のオッズ」で定義されます．これは事象 A の起こりやすさを表しています．

コイン投げのオッズ比

例 4.4 表が出る確率が 0.65 の重み付きコインについて考える．

(1) 1 回投げたときに表が出るオッズを求めよ．

(2) 表のオッズ比を求めよ．

(3) (2) で求めたオッズ比について説明せよ．

(解答)

(1) 裏が出る確率 = 1 - 表が出る確率 = 1 - 0.65 = 0.35 なので，
表が出るオッズ = 表が出る確率/(1 − 表が出る確率) = 0.65/(1 − 0.65) = 0.65/0.35 ≈ 1.857

(2) 表のオッズ比 = (表が出るオッズ)/(裏が出るオッズ) = 1.857/(0.35/0.65) ≈ 3.45

(3) このコインで表が出るオッズは，裏が出るオッズの 3.45 倍である．つまり，このコインは表が出やすいように偏っていることが分かる．
ただし，表が出る確率は裏が出る確率の 3.45 倍ではないことに注意する．実際の表が出る確率は裏が出る確率の 0.6/0.4=1.5 倍である． ■

問 4.3 ある説明変数 x_i のオッズ比が 2 で，x_i がある値のときのクラス 0 に属する確率が 0.6 だったとする．このとき，x_i が 1 単位増加したときのクラス 1 に属する確率を求めよ．

4.4 ニュートン法

ロジスティック回帰を行うには，(4.9) の $E(\boldsymbol{w})$ を最小化します．そのためには，

$$\nabla E(\boldsymbol{w}) = \boldsymbol{0} \tag{4.14}$$

を解けばいいのですが，その理由については，本章の最後で述べることにして，ここからは，(4.14) を解く方法について述べましょう．本章では，ニュートン法を使うことにします．まずは，1 変数のニュートン法について説明します．

関数 $f(x)$ は

$$f(x) = 0 \tag{4.15}$$

の解 α の近傍で C^2 級とします．解 α の近くにある点 x_0 の周りでテイラーの公式を適用すると，

$$0 = f(\alpha) = f(x_0) + f'(x_0)(\alpha - x_0) + \frac{1}{2}f''(\xi)(\alpha - x_0)^2, \quad \xi \in (x_0, \alpha) \text{ または } \xi \in (\alpha, x_0) \tag{4.16}$$

となります．これより，$\Delta x = \alpha - x_0$ が十分に小さければ，

$$0 = f(\alpha) \approx f(x_0) + f'(x_0)\Delta x$$

なので，

$$f(x_0) + f'(x_0)\Delta x = 0 \tag{4.17}$$

は (4.16) の近似式と考えることができます．(4.17) より，Δx の近似として Δx_0 を $\Delta x_0 = -\dfrac{f(x_0)}{f'(x_0)}$ と選ぶと，$x_1 = x_0 + \Delta x_0 \approx x_0 + \Delta x = \alpha$ は x_0 より α に対する良い近似となっているはずです．これを繰り返して得られる次の反復を (4.15) に対する**ニュートン法** (または**ニュートン反復列**) といいます．

$$x_{n+1} = x_n - \frac{f(x_n)}{f'(x_n)}, \qquad n = 0, 1, 2, \cdots \tag{4.18}$$

ニュートン法

例 4.5　$f(x) = x^2 - \dfrac{8}{x}$ とするとき，$f(x) = 0$ に対するニュートン法を書け．

(解答)

$f'(x) = \dfrac{8}{x^2} + 2x$ より $x - \dfrac{f(x)}{f'(x)} = \dfrac{16x + x^4}{8 + 2x^3}$ なので，ニュートン法は

$$x_{n+1} = \frac{16x_n + x_n^4}{8 + 2x_n^3}$$

となる．■

問 4.4　$f(x) = x^4 - 8x^3 + 18x^2 - 27$ とするとき，$f(x) = 0$ に対するニュートン法を書け．

4.5　連立非線形方程式に対するニュートン法

n 元連立非線形方程式

$$\begin{aligned} f_1(x_1, x_2, \ldots, x_n) &= 0 \\ f_2(x_1, x_2, \ldots, x_n) &= 0 \\ &\vdots \\ f_n(x_1, x_2, \ldots, x_n) &= 0 \end{aligned} \tag{4.19}$$

に対するニュートン法を考えましょう．

$$\boldsymbol{x} = (x_1, x_2, \ldots, x_n), \quad f_i(\boldsymbol{x}) = f_i(x_1, x_2, \ldots, x_n), \quad \boldsymbol{f}(\boldsymbol{x}) = {}^t[f_1(\boldsymbol{x}), f_2(\boldsymbol{x}), \ldots, f_n(\boldsymbol{x})]$$

とおくと，(4.19) は

$$\boldsymbol{f}(\boldsymbol{x}) = \boldsymbol{0} \tag{4.20}$$

と書くことができます．次に，(4.20) を $\boldsymbol{x} = \boldsymbol{g}(\boldsymbol{x})$ と同値変形して，不動点反復

$$\boldsymbol{x}^{(k+1)} = \boldsymbol{g}(\boldsymbol{x}^{(k)}), \qquad k = 0, 1, 2, \ldots$$

を作ります．例えば，(4.20) の解 $\boldsymbol{\alpha}$ の近くで正則な n 次正方行列 $A(\boldsymbol{x}) = [a_{ij}(\boldsymbol{x})]$ をとって，

$$\boldsymbol{g}(\boldsymbol{x}) = \boldsymbol{x} - A(\boldsymbol{x})\boldsymbol{f}(\boldsymbol{x}) \tag{4.21}$$

と選ぶことが考えられます．このとき，$A(\boldsymbol{x})$ をどのように構成するかが問題になります．

ここでは，この $A(\boldsymbol{x})$ を第 4.4 節のニュートン法を拡張して構成することにします．

そのために，まず，$\boldsymbol{f}(\boldsymbol{x})$ は (4.20) の解 $\boldsymbol{\alpha}$ の近くで C^2 級であるとします．このとき，解 $\boldsymbol{\alpha}$ の近くの点 $\boldsymbol{x}^{(0)}$ の周りでテイラー展開を適用すると，$k = 1, 2, \ldots, n$ に対して

$$f_k(\boldsymbol{\alpha}) = f_k(\boldsymbol{x}^{(0)}) + \sum_{i=1}^{n} \frac{\partial f_k}{\partial x_i}(\boldsymbol{x}^{(0)})(\alpha_i - x_i^{(0)}) + \frac{1}{2!}\sum_{i=1}^{n}\sum_{j=1}^{n} \frac{\partial f_k}{\partial x_i \partial x_j}(\boldsymbol{x}^{(0)})(\alpha_i - x_i^{(0)})(\alpha_j - x_j^{(0)}) + \cdots$$

となります．ここで，$\Delta\boldsymbol{x} = \boldsymbol{\alpha} - \boldsymbol{x}^{(0)}$ が十分に小さければ，

$$0 = f_k(\boldsymbol{\alpha}) \approx f_k(\boldsymbol{x}^{(0)}) + \sum_{i=1}^{n} \frac{\partial f_k}{\partial x_i}(\boldsymbol{x}^{(0)})(\alpha_i - x_i^{(0)}) = 0$$

となります．これより

$$\begin{bmatrix} f_1(\boldsymbol{x}^{(0)}) \\ f_2(\boldsymbol{x}^{(0)}) \\ \vdots \\ f_n(\boldsymbol{x}^{(0)}) \end{bmatrix} + \begin{bmatrix} \frac{\partial f_1}{\partial x_1}(\boldsymbol{x}^{(0)}) & \frac{\partial f_1}{\partial x_2}(\boldsymbol{x}^{(0)}) & \cdots & \frac{\partial f_1}{\partial x_n}(\boldsymbol{x}^{(0)}) \\ \frac{\partial f_2}{\partial x_1}(\boldsymbol{x}^{(0)}) & \frac{\partial f_2}{\partial x_2}(\boldsymbol{x}^{(0)}) & \cdots & \frac{\partial f_2}{\partial x_n}(\boldsymbol{x}^{(0)}) \\ \vdots & & & \vdots \\ \frac{\partial f_n}{\partial x_1}(\boldsymbol{x}^{(0)}) & \frac{\partial f_n}{\partial x_2}(\boldsymbol{x}^{(0)}) & \cdots & \frac{\partial f_n}{\partial x_n}(\boldsymbol{x}^{(0)}) \end{bmatrix} \begin{bmatrix} \alpha_1 - x_1^{(0)} \\ \alpha_2 - x_2^{(0)} \\ \vdots \\ \alpha_n - x_n^{(0)} \end{bmatrix} = \begin{bmatrix} 0 \\ 0 \\ \vdots \\ 0 \end{bmatrix} \tag{4.22}$$

を得ます．ここで，$J(\boldsymbol{x}^{(0)}) = \begin{bmatrix} \frac{\partial f_1}{\partial x_1}(\boldsymbol{x}^{(0)}) & \frac{\partial f_1}{\partial x_2}(\boldsymbol{x}^{(0)}) & \cdots & \frac{\partial f_1}{\partial x_n}(\boldsymbol{x}^{(0)}) \\ \frac{\partial f_2}{\partial x_1}(\boldsymbol{x}^{(0)}) & \frac{\partial f_2}{\partial x_2}(\boldsymbol{x}^{(0)}) & \cdots & \frac{\partial f_2}{\partial x_n}(\boldsymbol{x}^{(0)}) \\ \vdots & & & \vdots \\ \frac{\partial f_n}{\partial x_1}(\boldsymbol{x}^{(0)}) & \frac{\partial f_n}{\partial x_2}(\boldsymbol{x}^{(0)}) & \cdots & \frac{\partial f_n}{\partial x_n}(\boldsymbol{x}^{(0)}) \end{bmatrix}$ を $\boldsymbol{x}^{(0)}$ における**ヤコビ行列** (Jacobian matrix) といいます．

(4.22) より，

$$\boldsymbol{f}(\boldsymbol{x}^{(0)}) + J(\boldsymbol{x}^{(0)})\Delta\boldsymbol{x} = \boldsymbol{0}$$

なので，$J(\boldsymbol{x}^{(0)})$ が正則ならば，

$$\Delta\boldsymbol{x}_0 = -[J(\boldsymbol{x}^{(0)})]^{-1}\boldsymbol{f}(\boldsymbol{x}^{(0)})$$

とおくことにより，$\boldsymbol{x}^{(0)}$ より精度の良い近似 $\boldsymbol{x}^{(1)} = \boldsymbol{x}^{(0)} + \Delta\boldsymbol{x}_0$ を求めることができると考えられます．

これを繰り返して，得られる次の反復法が連立非線形方程式 (4.20) に対するニュートン法です．

$$\boldsymbol{x}^{(k+1)} = \boldsymbol{x}^{(k)} - [J(\boldsymbol{x}^{(k)})]^{-1}\boldsymbol{f}(\boldsymbol{x}^{(k)}), \qquad k = 0, 1, 2, \ldots \tag{4.23}$$

これより，ニュートン法は (4.21) の $A(\boldsymbol{x})$ としてヤコビ行列の逆行列を選んだものなっていることが分かります．なお，コンピュータで実際に $\boldsymbol{x}^{(k+1)}$ を求めるときには $\boldsymbol{d} = -[J(\boldsymbol{x}^{(k)})]^{-1}\boldsymbol{f}(\boldsymbol{x}^{(k)})$ とおき，連立 1 次方程式

$$J(\boldsymbol{x}^{(k)})\boldsymbol{d} = -\boldsymbol{f}(\boldsymbol{x}^{(k)}) \tag{4.24}$$

を解いて $\boldsymbol{d}$ を求め，

$$\boldsymbol{x}^{(k+1)} = \boldsymbol{x}^{(k)} + \boldsymbol{d}$$

を計算します．

2 変数のニュートン法

例 4.6　非線形方程式

$$\boldsymbol{f}(\boldsymbol{x}) = \begin{bmatrix} f_1(x_1, x_2) \\ f_2(x_1, x_2) \end{bmatrix} = \begin{bmatrix} x_1^2 + x_2^3 - 12 \\ x_1^3 + \frac{1}{2}x_2^2 - 10 \end{bmatrix} = \begin{bmatrix} 0 \\ 0 \end{bmatrix} = 0$$

に対するニュートン法を書け．

(解答)
$f(\boldsymbol{x})$ に対するヤコビ行列 $J(\boldsymbol{x})$ は

$$J(\boldsymbol{x}) = \begin{bmatrix} \frac{\partial f_1(\boldsymbol{x})}{\partial x_1} & \frac{\partial f_1(\boldsymbol{x})}{\partial x_2} \\ \frac{\partial f_2(\boldsymbol{x})}{\partial x_1} & \frac{\partial f_2(\boldsymbol{x})}{\partial x_2} \end{bmatrix} = \begin{bmatrix} 2x_1 & 3x_2^2 \\ 3x_1^2 & x_2 \end{bmatrix}$$

なので，$J(\boldsymbol{x})$ の行列式が 0 でない (つまり $J(\boldsymbol{x})$ が正則) ならば，

$$[J(\boldsymbol{x})]^{-1} = \frac{1}{2x_1x_2 - 9x_1^2}\begin{bmatrix} x_2 & -3x_2^2 \\ -3x_1^2 & 2x_1 \end{bmatrix}$$

である．
よって，求めるニュートン反復列は，$\boldsymbol{x}^{(n+1)} = \boldsymbol{x}^{(n)} - [J(\boldsymbol{x}^{(n)})]^{-1}\boldsymbol{f}(\boldsymbol{x}^{(n)})$ より

$$\begin{bmatrix} x_1^{(n+1)} \\ x_2^{(n+1)} \end{bmatrix} = \begin{bmatrix} x_1^{(n)} \\ x_2^{(n)} \end{bmatrix} - \frac{1}{2x_1^{(n)}x_2^{(n)} - 9(x_1^{(n)})^2}\begin{bmatrix} x_2^{(n)} & -3(x_2^{(n)})^2 \\ -3(x_1^{(n)})^2 & 2x_1^{(n)} \end{bmatrix}\begin{bmatrix} (x_1^{(n)})^2 + (x_2^{(n)})^3 - 12 \\ (x_1^{(n)})^3 + \frac{1}{2}(x_2^{(n)})^2 - 10 \end{bmatrix}$$ となる．■

問 4.5　非線形方程式

$$\boldsymbol{f}(\boldsymbol{x}) = \begin{bmatrix} f_1(x, y) \\ f_2(x, y) \end{bmatrix} = \begin{bmatrix} x^2 - y^2 - x + 4 \\ xy - 2x - 3y + 6 \end{bmatrix} = \begin{bmatrix} 0 \\ 0 \end{bmatrix} = \boldsymbol{0}$$

に対するニュートン法を書け．

4.6　ロジスティック回帰の実装

(4.9) の E を最小化するために，(4.14) をニュートン法で解きましょう．
(4.23) より，$\boldsymbol{f}(\boldsymbol{w}) = \boldsymbol{0}$ に対するニュートン法は，

$$\boldsymbol{w}_{new} = \boldsymbol{w}_{old} - [J(\boldsymbol{w}_{old})]^{-1}\boldsymbol{f}(\boldsymbol{w}_{old}) \tag{4.25}$$

です．ここで $J(\boldsymbol{w}_{old})$ はヤコビ行列で，今の場合，具体的に書き下せば，

$$J(\boldsymbol{w}) = \begin{bmatrix} \frac{\partial^2 E}{\partial w_0^2} & \frac{\partial^2 E}{\partial w_1 \partial w_0} & \cdots & \frac{\partial^2 E}{\partial w_p \partial w_0} \\ \frac{\partial^2 E}{\partial w_0 \partial w_1} & \frac{\partial^2 E}{\partial w_1^2} & \cdots & \frac{\partial^2 E}{\partial w_p \partial w_1} \\ \vdots & \vdots & \ddots & \vdots \\ \frac{\partial^2 E}{\partial w_0 \partial w_p} & \frac{\partial^2 E}{\partial w_1 \partial w_p} & \cdots & \frac{\partial^2 E}{\partial w_p^2} \end{bmatrix} \tag{4.26}$$

となります．これはヘッセ行列なので，ここでは $J(\boldsymbol{w})$ を $H = H(\boldsymbol{w})$ と表すことにすれば，(4.25) は

$$\boldsymbol{w}_{new} = \boldsymbol{w}_{old} - [H(\boldsymbol{w}_{old})]^{-1} \nabla E(\boldsymbol{w}_{old}) \tag{4.27}$$

となります．

また，ロジスティック回帰モデルの出力は，

$$\hat{y} = f({}^t\boldsymbol{w}\boldsymbol{x}) \tag{4.28}$$

であり，ロジスティック関数の導関数は，

$$f'(x) = -\frac{(1+e^{-x})'}{(1+e^{-x})^2} = \frac{e^{-x}}{(1+e^{-x})^2} = \frac{e^{-x}}{1+e^{-x}} \cdot \frac{1}{1+e^{-x}} = \frac{1+e^{-x}-1}{1+e^{-x}} \cdot f(x) = f(x)(1-f(x)) \tag{4.29}$$

と表せるので，$m = 0, 1, \ldots, p$ に対して，

$$\frac{\partial \hat{y}_n}{\partial w_m} = f'({}^t\boldsymbol{w}\boldsymbol{x}_n) \frac{\partial ({}^t\boldsymbol{w}\boldsymbol{x}_n)}{\partial \boldsymbol{w}_m} = \hat{y}_n(1-\hat{y}_n)x_m^{(n)} \tag{4.30}$$

となります．ただし，$\boldsymbol{x}_n = {}^t[1, x_1^{(n)}, x_2^{(n)}, \ldots, x_p^{(n)}] (n = 1, 2, \ldots, N)$，$x_0^{(n)} = 1$, $\boldsymbol{y} = {}^t[y_1, y_2, \ldots, y_N]$, $\hat{\boldsymbol{y}} = {}^t[\hat{y}_1, \hat{y}_2, \ldots, \hat{y}_N]$ です．これより，

$$\begin{aligned} \frac{\partial E(\boldsymbol{w})}{\partial w_m} &= -\sum_{n=1}^{N} \frac{\partial}{\partial w_m} \{y_n \log \hat{y}_n + (1-y_n)\log(1-\hat{y}_n)\} \\ &= -\sum_{n=1}^{N} \left\{ y_n \frac{\frac{\partial \hat{y}_n}{\partial w_m}}{\hat{y}_n} + (1-y_n)\frac{\frac{\partial(1-\hat{y}_n)}{\partial w_m}}{1-\hat{y}_n} \right\} = -\sum_{n=1}^{N} \left\{ \frac{y_n}{\hat{y}_n} - \frac{1-y_n}{1-\hat{y}_n} \right\} \frac{\partial \hat{y}_n}{\partial w_m} \\ &= -\sum_{n=1}^{N} \left\{ \frac{y_n}{\hat{y}_n} - \frac{1-y_n}{1-\hat{y}_n} \right\} \hat{y}_n(1-\hat{y}_n)x_m^{(n)} = -\sum_{n=1}^{N} \{y_n(1-\hat{y}_n) - (1-y_n)\hat{y}_n\} x_m^{(n)} \\ &= \sum_{n=1}^{N} (\hat{y}_n - y_n) x_m^{(n)} \end{aligned} \tag{4.31}$$

となります．ここで，

$$X = \begin{bmatrix} x_0^{(1)} & x_1^{(1)} & \cdots & x_p^{(1)} \\ x_0^{(2)} & x_1^{(2)} & \cdots & x_p^{(2)} \\ \vdots & \vdots & \ddots & \vdots \\ x_0^{(N)} & x_1^{(N)} & \cdots & x_p^{(N)} \end{bmatrix} = \begin{bmatrix} 1 & x_1^{(1)} & \cdots & x_p^{(1)} \\ 1 & x_1^{(2)} & \cdots & x_p^{(2)} \\ \vdots & \vdots & \ddots & \vdots \\ 1 & x_1^{(N)} & \cdots & x_p^{(N)} \end{bmatrix} \tag{4.32}$$

とすれば，(4.31) より，

$$\nabla E(\boldsymbol{w}) = \begin{bmatrix} \frac{\partial E}{\partial w_0} \\ \frac{\partial E}{\partial w_1} \\ \vdots \\ \frac{\partial E}{\partial w_p} \end{bmatrix} = \begin{bmatrix} 1 & 1 & \cdots & 1 \\ x_1^{(1)} & x_1^{(2)} & \cdots & x_1^{(N)} \\ \vdots & \cdots & \ddots & \vdots \\ x_p^{(1)} & x_p^{(2)} & \cdots & x_p^{(N)} \end{bmatrix} \begin{bmatrix} \hat{y}_1 - y_1 \\ \hat{y}_2 - y_2 \\ \vdots \\ \hat{y}_N - y_N \end{bmatrix} = {}^tX(\hat{\boldsymbol{y}} - \boldsymbol{y}) \tag{4.33}$$

と表せます．また，(4.30) と (4.31) より，E のヘッセ行列 H は，

$$\begin{aligned} H_{ij} &= \frac{\partial^2 E}{\partial w_i \partial w_j} = \frac{\partial}{\partial w_i}\left(\frac{\partial E}{\partial w_j}\right) = \frac{\partial}{\partial w_i}\left\{\sum_{n=1}^{N}(\hat{y}_n - y_n)x_j^{(n)}\right\} = \sum_{n=1}^{N}\frac{\partial \hat{y}_n}{\partial w_i}x_j^{(n)} \\ &= \sum_{n=1}^{N}\hat{y}_n(1-\hat{y}_n)x_i^{(n)}x_j^{(n)} = \sum_{n=1}^{N}\sum_{m=1}^{N}\hat{y}_n(1-\hat{y}_n)\delta_{nm}x_i^{(n)}x_j^{(m)} \\ &= \sum_{n=1}^{N}x_i^{(n)}\sum_{m=1}^{N}R_{nm}x_j^{(m)} \end{aligned} \tag{4.34}$$

となるので，$H = {}^tXRX$ と表せます．ここで，δ_{nm} はクロネッカーのデルタ

$$\delta_{nm} = \begin{cases} 1 & n = m \\ 0 & n \neq m \end{cases}$$

であり，

$$R = [R_{mn}] = [\hat{y}_n(1-\hat{y}_n)\delta_{nm}] = \begin{bmatrix} \hat{y}_1(1-\hat{y}_1) & & \\ & \ddots & \\ & & \hat{y}_N(1-\hat{y}_N) \end{bmatrix} \tag{4.35}$$

となります．

したがって，(4.27) は

$$\boldsymbol{w}_{new} = \boldsymbol{w}_{old} - ({}^tXRX)^{-1}\left\{{}^tX(\hat{\boldsymbol{y}} - \boldsymbol{y})\right\} \tag{4.36}$$

と表せます．(4.36) で $\boldsymbol{w}$ を更新する方法を**反復再重み付け最小二乗法** (IRLS : Iterative Reweighted Least Squares method) といいます．

なお，反復終了判定は，

$$\frac{\|\boldsymbol{w}_{new} - \boldsymbol{w}_{old}\|_2}{\|\boldsymbol{w}_{old}\|_2} < \varepsilon \tag{4.37}$$

とします．ここで，$\|\cdot\|_2$ は (2.1) で登場した 2 乗ノルムです．ε は要求する有効桁数によりますが，例えば，少なくとも 2 桁を求めるなら $\varepsilon = 0.001$ とします．

なお，

$$X\boldsymbol{w} = \begin{bmatrix} {}^t\boldsymbol{x}_1 \\ {}^t\boldsymbol{x}_2 \\ \cdots \\ {}^t\boldsymbol{x}_N \end{bmatrix} \boldsymbol{w} = \begin{bmatrix} {}^t\boldsymbol{x}_1\boldsymbol{w} \\ {}^t\boldsymbol{x}_2\boldsymbol{w} \\ \cdots \\ {}^t\boldsymbol{x}_N\boldsymbol{w} \end{bmatrix} \tag{4.38}$$

および ${}^t\boldsymbol{w}\boldsymbol{x}_n = {}^t\boldsymbol{x}_n\boldsymbol{w}$ より，${}^t\boldsymbol{w}\boldsymbol{x}_n$ は $X\boldsymbol{w}$ の各成分であることが分かります．そして，分類は，

$$ {}^t\boldsymbol{w}\boldsymbol{x}_n \geq 0 \text{ ならば } 1, \quad {}^t\boldsymbol{w}\boldsymbol{x}_n < 0 \text{ ならば } 0 \tag{4.39} $$

で行います．

ロジスティック回帰のアルゴリズム

学習 (1) $\boldsymbol{w}_{old}$ の初期値を適当に与える．例えば，$\boldsymbol{w}$ の初期値をゼロベクトル $\boldsymbol{0}$ にする．
(2) 終了判定条件 (4.37) を満たすまで，(4.36) を計算する．
(3) (2) で求めた $\boldsymbol{w}_{new}$ を $\boldsymbol{w}$ とする．

予測 (1) 入力 $\boldsymbol{x}$ に対して ${}^t\boldsymbol{w}\boldsymbol{x}$ を計算する．
(2) ${}^t\boldsymbol{w}\boldsymbol{x} \geq 0$ ならばクラス 1，${}^t\boldsymbol{w}\boldsymbol{x} < 0$ ならばクラス 0 に分類する．

IRLS 法における初期値の選択には，いくつかの方法があります．最も単純な方法は，全ての係数を 0 に設定する方法です．多くの場合，初期値を 0 にしても IRLS アルゴリズムは適切に収束します．実際，ロジスティック回帰の負の対数尤度 $E(\boldsymbol{w})$ の勾配 $\nabla E(\boldsymbol{w})$ は，(4.33) 以下のように表されます．

$$ \nabla E(\boldsymbol{w}) = {}^tX(\hat{\boldsymbol{y}} - \boldsymbol{y}) $$

初期値として $\boldsymbol{w} = \boldsymbol{0}$ を考えると，予測値 $\hat{y}_n$ は全て

$$ \hat{y}_n = f({}^t\boldsymbol{0}\boldsymbol{x}_n) = f(0) = \frac{1}{1+e^0} = \frac{1}{2} $$

となります．一方，ベクトル $\boldsymbol{y}$ の各要素は 0 または 1 の値を持つため，$\hat{\boldsymbol{y}} - \boldsymbol{y}$ の各要素は $-\frac{1}{2}$ または $\frac{1}{2}$ となります．行列 X は，通常，全成分が 0 であることはない (少なくとも第 1 列の値はすべて 1) ので，${}^tX(\hat{\boldsymbol{y}} - \boldsymbol{y})$ はゼロベクトルにはなりません．

したがって，初期値を $\boldsymbol{w} = \boldsymbol{0}$ とした場合でも，勾配 $\nabla E(\boldsymbol{w})$ はゼロベクトルにならず，パラメータ更新が行われます．つまり，初期値が 0 であっても，IRLS アルゴリズムはパラメータ更新を繰り返し，最適なパラメータに向かって収束していくことが期待されます．

また，線形回帰モデルで得られた係数を初期値として利用する方法も有効です．ロジスティック回帰と線形回帰はどちらも一般化線形モデルの一種であり，モデルの形式が似ています．そのため，線形回帰モデルで得られた係数を初期値として利用することで，収束を早められる場合があります．

最後に，なぜ (4.9) の $E(\boldsymbol{w})$ を最小化するためには (4.14) を解けばよいのか，その理由について述べましょう．

$0 < \hat{y}_n < 1$ に注意すれば，任意の $\boldsymbol{u} \neq \boldsymbol{0}$ に対して，

$$ \begin{aligned} {}^t\boldsymbol{u}H\boldsymbol{u} &= \sum_{i=0}^{p}\sum_{j=0}^{p} H_{ij}u_iu_j = \sum_{i=0}^{p}\sum_{j=0}^{p}\left(\sum_{n=1}^{N}\hat{y}_n(1-\hat{y}_n)x_i^{(n)}x_j^{(n)}\right)u_iu_j \\ &= \sum_{n=1}^{N}\hat{y}_n(1-\hat{y}_n)\left(\sum_{i=0}^{p}x_i^{(n)}u_i\right)\left(\sum_{j=0}^{p}x_j^{(n)}u_j\right) = \sum_{n=1}^{N}\hat{y}_n(1-\hat{y}_n)\left(\sum_{i=0}^{p}x_i^{(n)}u_i\right)^2 > 0 \end{aligned} $$

が成り立ちます．したがって，ヘッセ行列 H は正定値[1]なので，文献 [13] の補題 2.1[2] より，(4.14) を満たす $\boldsymbol{w}$ は $E(\boldsymbol{w})$ の極小点です．

■■■■■■ 確認問題 ■■■■■■■■■■■■■■■■■■■■■■■■■■■■■■

確認問題 4.1　ロジスティック回帰モデルの出力 $\hat{y}$ は何を表しているか？

(1) クラス 1 に属する確率　(2) クラス 0 に属する確率　(3) 2 つのクラスの境界線　(4) オッズ比

確認問題 4.2　ロジスティック回帰モデルの決定境界は，どのような形状になるか？

(1) 直線または平面，超平面　(2) 双曲線　(3) 放物線　(4) 楕円

確認問題 4.3　ロジスティック回帰モデルのパラメータ推定に用いられる手法はどれか？

(1) 最小二乗法　(2) 最尤推定法　(3) 確率的勾配降下法　(4) 正規方程式

確認問題 4.4　ロジスティック回帰モデルにおいて，負の対数尤度を最小化する理由は何か？

(1) 勾配が 0 になるまで繰り返すため

(2) パラメータの変化が一定の閾値を上回るようにするため

(3) 尤度を最大化するため

(4) 学習率が 0 になるまで繰り返すため

確認問題 4.5　オッズ比が 1 より大きい場合，次のどれを意味するか？

(1) 事象が起こる確率と起こらない確率が等しい

(2) 事象が起こらない確率の方が高い

(3) 事象が起こる確率の方が高い

(4) 事象が起こらない確率が 2 倍

確認問題 4.6　ロジスティック回帰モデルで，ある説明変数のオッズ比が 2 だった場合，その説明変数が 1 単位増加すると，目的変数がクラス 1 に分類されるオッズはどうなるか？

(1) 0.5 倍　(2) 1 倍　(3) 2 倍　(4) 4 倍

確認問題 4.7　ロジスティック回帰モデルで，ある説明変数の係数が正の値だった場合，その説明変数が 1 単位増加すると，目的変数がクラス 1 に分類される確率はどうなるか？

(1) 増加する　(2) 減少する　(3) 変わらない　(4) 0 になる

確認問題 4.8　ロジスティック回帰で係数 w_i が増加したとき，オッズ比にどのような影響を与えるか？

(1) オッズ比が増加する　(2) オッズ比が減少する

(3) オッズ比は変わらない　(4) オッズ比が 1 になる

確認問題 4.9　IRLS の更新ステップでパラメータ $\boldsymbol{w}$ を更新するための式は次のうちどれか？

(1) $\boldsymbol{w}_{new} = \boldsymbol{w}_{old} - \alpha\nabla E(\boldsymbol{w}_{old})$　(2) $\boldsymbol{w}_{new} = \boldsymbol{w}_{old} - [H(\boldsymbol{w}_{old})]^{-1}\nabla E(\boldsymbol{w}_{old})$

(3) $\boldsymbol{w}_{new} = \boldsymbol{w}_{old} - ({}^tXRX)^{-1}({}^tX(\hat{\boldsymbol{y}} - \boldsymbol{y}))$　(4) $\boldsymbol{w}_{new} = \boldsymbol{w}_{old} - \lambda\boldsymbol{w}_{old}$

1　正定値行列については，定義 9.2 を参照してください．

2　補題 2.1 の主張は「点 $\boldsymbol{x}_0$ を n 変数関数 $f(\boldsymbol{x})$ の停留点，つまり，$\nabla f(\boldsymbol{x}_0) = \boldsymbol{0}$ が成り立つとする．このとき，点 $\boldsymbol{x}_0$ における f のヘッセ行列 $H(\boldsymbol{x}_0)$ が正定値行列ならば，$\boldsymbol{x}_0$ は f の極小点である．」です．

確認問題 4.10　ロジスティック回帰において，反復再重み付け最小二乗法（IRLS）の終了条件は次のうちどれか？

(1) 勾配が 0 になるまで繰り返す　　(2) パラメータの変化が一定の閾値を下回るまで繰り返す
(3) 尤度が最大値になるまで繰り返す　　(4) 学習率が 0 になるまで繰り返す

確認問題 4.11　実際のクラスが $(y_1, y_2, y_3) = (1, 0, 0)$ であるデータに対して，あるロジスティック回帰モデルに予測をさせたところ予測結果が $(\hat{y}_1, \hat{y}_2, \hat{y}_3) = (0.8, 0.1, 0.1)$ となった．このとき，負の対数尤度を求めよ．ただし，対数関数 $\log x$ の変数 x は自然数とすること．

確認問題 4.12　ある説明変数 x_i のオッズ比が 0.5 で，x_i がある値のときのクラス 1 に属する確率が 0.8 だったとする．このとき，x_i が 1 単位増加したときのクラス 1 に属する確率を求めよ．

確認問題 4.13　$f(x) = x^3 - 5x^2 + 3x + 9$ とするとき，$f(x) = 0$ に対するニュートン法を書け．

確認問題 4.14　$f(x, y) = \log(2x + 3y)$ とするとき，勾配 $\nabla f(x, y)$ およびヘッセ行列 H を求めよ．

第5章

ソフトマックス回帰による多値分類

ロジスティック回帰では二値分類を扱いました．しかし，世の中には「赤・青・黄」のように複数の選択肢から１つを選ぶ**多値分類** (multiclass classification) 問題も数多く存在します．多値分類問題としては，以下のようなものがあります．

手書き文字認識：「0〜9」の数字や「あ〜ん」のひらがなを画像から判別する

医療診断： 患者の症状から病名を特定する

商品推薦： 顧客の購入履歴から次に購入しそうな商品を予測する

多値分類は**多クラス分類**とも呼ばれます．

このような多値分類問題を解決するための手法として，ソフトマックス回帰があります．本章では，最初に，二値分類の手法を多値分類に拡張する代表的なアプローチである One-VS-Rest と One-VS-One について説明した後，このソフトマックス回帰の仕組みや特徴について詳しく解説します．

5.1 One-VS-Rest

One-VS-Rest または **One-VS-All** は，多値分類問題を複数の二値分類問題に分解する手法です．それぞれのクラスに対して，「そのクラスに属するか，属さないか」を判定する 2 値分類器を作成します[1]．クラス数が K の場合，K 個の 2 値分類器が必要となります．

例えば，3 クラス分類問題（クラス A, B, C）であれば，図 5.1 のように，

分類器 1： クラス A vs クラス B と C
分類器 2： クラス B vs クラス A と C
分類器 3： クラス C vs クラス A と B

の分類器を作成します．

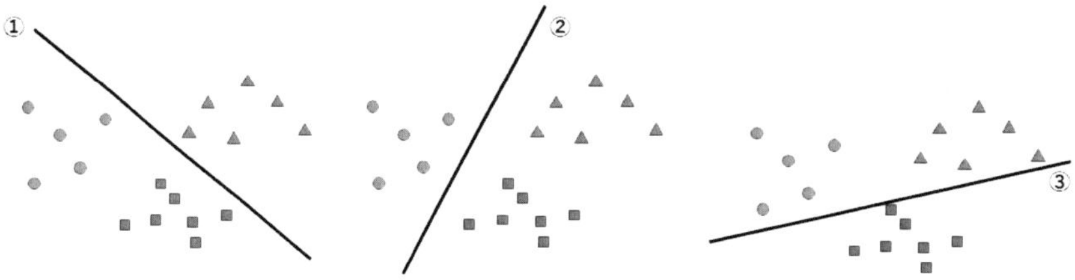

図 5.1　3 つの二値分類器

新しいデータに対しては，全ての分類器で予測を行い，最も高い確率で「属する」と判定したクラスを最終的な予測結果とします．

メリット 概念がシンプルで理解しやすい．クラス数と同じ数の分類器を学習すればよい．
デメリット 各分類器の学習データにおけるクラスの割合が不均衡になりやすい．分類器によっては，どのクラスにも属さないと予測してしまう場合がある．

5.2 One-VS-One

One-VS-One は，全てのクラスのペアに対して二値分類器を作成する手法です．例えば，3 クラス分類問題（クラス A, B, C）であれば，

分類器 1： クラス A vs クラス B
分類器 2： クラス A vs クラス C
分類器 3： クラス B vs クラス C

のように分類器を作成します．

1　「器」という言葉は，一般に何かを行うための道具や装置を示すので，ロジスティック回帰モデルのように二値分類を行うモデルを二値分類器と呼びます．このように，機械学習では「器」はその機能を表すために使われます．

クラス数が K の場合，${}_K C_2 = \frac{K(K-1)}{2}$ 個の 2 値分類器が必要となります．例えば，10 クラスを分類する場合，One-VS-Rest だと 10 種類の分類器を作ればいいのですが，One-VS-One の場合は，${}_{10}C_2 = 45$ 種類の分類器が必要となります．

新しいデータに対しては，全ての分類器で予測を行い，最も多く判定されたクラスを最終的な予測結果とします．

メリット 各分類器の学習データにおけるクラスの偏りが比較的小さい．

デメリット クラス数が多い場合，One-VS-Rest よりも必要な分類器の数が多くなる．

5.3 ソフトマックス回帰

ソフトマックス回帰は，多値分類問題に適した手法です．モデルの出力に対して，どのクラスが最も可能性が高いかをソフトマックス関数によって確率として表現し，学習を行います．

ソフトマックス回帰では，**One-hot 表現** (One-hot encoding) を利用します．One-hot 表現とは，クラスを表すベクトルの中で，該当するクラスの要素のみが 1 で，それ以外の要素は 0 となる表現方法です．例えば，4 つのクラス A, B, C, D を One-hot 表現で表すと，それぞれ以下のようになります．

$$ {}^t[1,0,0,0], \quad {}^t[0,1,0,0], \quad {}^t[0,0,1,0], \quad {}^t[0,0,0,1] $$

クラスを $C_k(k = 1, 2, \ldots, K)$ とし，$P(x, C_k)$ を入力 x とクラス C_k が同時に起こる確率とすれば，クラス C_k の事後確率 $P(C_k|\boldsymbol{x})$ は，条件付き確率の定義とベイズの定理より，

$$ P(C_k|\boldsymbol{x}) = \frac{P(\boldsymbol{x}, C_k)}{\sum_{j=1}^{K} P(\boldsymbol{x}, C_j)} \tag{5.1} $$

となります[2]．ここで，$y_k = P(C_k|\boldsymbol{x}), u_k = \log\{P(\boldsymbol{x}, C_k)\}$ とおくと，$P(\boldsymbol{x}, C_k) = \exp(u_k)$ なので，(5.1) 式は，

$$ y_k = \frac{\exp(u_k)}{\sum_{j=1}^{K} \exp(u_j)}, \quad \sum_{k=1}^{K} y_k = 1 \tag{5.2} $$

と表せます．これを**ソフトマックス関数** (softmax function) と呼びます．

y_k は，与えられた入力 $\boldsymbol{x}$ がクラス C_k に属する確率を表します．ソフトマックス回帰では，入力 $\boldsymbol{x}$ をこの確率が最大になるクラスに分類します．

ソフトマックス関数の出力

例 5.1 ソフトマックス関数 $y_k = \dfrac{\exp(u_k)}{\sum_{j=1}^{3} \exp(u_j)} (k = 1, 2, 3)$ の入力が $\boldsymbol{u} := {}^t[u_1, u_2, u_3] = {}^t[\log 3, \log 5, \log 6]$ であったとき，出力 $\boldsymbol{y} = {}^t[y_1, y_2, y_3]$ を求めよ．

2 ベイズの定理は，定理 7.1 で説明しています．

(解答)
$\sum_{j=1}^{3} \exp(u_j) = \exp(\log 3) + \exp(\log 5) + \exp(\log 6) = 3 + 5 + 6 = 14$ より，

$$y_1 = \frac{\exp(\log 3)}{14} = \frac{3}{14}, \quad y_2 = \frac{\exp(\log 5)}{14} = \frac{5}{14}, \quad y_3 = \frac{\exp(\log 6)}{14} = \frac{6}{14} = \frac{3}{7}$$

なので，$\boldsymbol{y} = {}^t\left[\frac{3}{14}, \frac{5}{14}, \frac{3}{7}\right]$ である．これは，3 クラス分類問題において，入力 $\boldsymbol{u}$ が与えられたとき，クラス C_1, C_2, C_3 に属する確率がそれぞれ $\frac{3}{14}, \frac{5}{14}, \frac{3}{7}$ であることを意味する．■

クラス $C_1, C_2, \ldots, C_K$ に対する尤度は，それぞれ $P(C_1|\boldsymbol{x}), P(C_2|\boldsymbol{x}), \ldots, P(C_K|\boldsymbol{x})$ なので，1 つのデータに対する尤度は次のように表せます．

$$\prod_{k=1}^{K} P(C_k|\boldsymbol{x})^{d_k} = P(C_1|\boldsymbol{x})^{d_1} P(C_2|\boldsymbol{x})^{d_2} \cdots P(C_K|\boldsymbol{x})^{d_K}$$

ただし，各クラスは One-hot 表現で表されているため，$d_k (k = 1, 2, \ldots, K)$ は対応するクラスが正解クラスであったときのみ 1 で，それ以外は 0 となります．

したがって，入力 $\boldsymbol{x}_n$ と One-hot 表現で与えられた正解クラス $\boldsymbol{d}_n (n = 1, 2, \ldots, N)$ の組が与えられたとき，学習すべき重み $\boldsymbol{w}$ に対する尤度は，次のようになります．

$$L(\boldsymbol{w}) = \prod_{n=1}^{N} P(\boldsymbol{d}_n|\boldsymbol{x}_n) = \prod_{n=1}^{N} \prod_{k=1}^{K} P(C_k|\boldsymbol{x}_n)^{d_{nk}} = \prod_{n=1}^{N} \prod_{k=1}^{K} y_k(\boldsymbol{x}_n, \boldsymbol{w})^{d_{nk}}$$

ただし，$\boldsymbol{d}_n = {}^t[d_{n1}, d_{n2}, \ldots, d_{nK}]$ で，$\boldsymbol{d}_n$ の各成分は，対応するクラスが正解クラスであったときのみ 1 で，それ以外は 0 です．また，出力 y_k は入力 $\boldsymbol{x}_n$ と重み $\boldsymbol{w}$ に依存するので，$y_k(\boldsymbol{x}_n, \boldsymbol{w})$ と表します．

よって，この尤度の対数を考え，符号を反転させると，損失関数として，

$$E(\boldsymbol{w}) = -\sum_{n=1}^{N} \sum_{k=1}^{K} d_{nk} \log(y_k(\boldsymbol{x}_n, \boldsymbol{w})) \tag{5.3}$$

が得られ，これを**交差エントロピー** (cross entropy) と呼びます．これを最小化することにより，重み $\boldsymbol{w}$ が定まります．

交差エントロピーの計算

例 5.2　正解クラスが第 2 クラスであるデータに対して，モデルが正しく予測して，$y = {}^t[0.1, 0.4, 0.3, 0.2]$ と出力した場合，この例に対する交差エントロピーの値を求めよ．

(解答)
正解クラスが第 2 クラスであるため，正解ラベル d は $d = {}^t[0, 1, 0, 0]$ となる．
交差エントロピー損失は次のようになる．

$$E = -(0 \cdot \log(0.1) + 1 \cdot \log(0.4) + 0 \cdot \log(0.3) + 0 \cdot \log(0.2)) = -\log(0.4)$$

■

問 5.1　ソフトマックス関数 $y_k = \frac{\exp(u_k)}{\sum_{j=1}^{3} \exp(u_j)} (k = 1, 2, 3)$ の入力が $\boldsymbol{u} := {}^t[u_1, u_2, u_3] = {}^t[\log \frac{1}{10}, \log \frac{6}{10}, \log \frac{3}{10}]$ であったとき，出力 $\boldsymbol{y} = {}^t[y_1, y_2, y_3]$ を求めよ．

問 5.2　正解クラスが第 2 クラスのデータに対して，モデルが訓練後に誤って第 4 クラスとして予測し，$y = {}^t[0, 0.3, 0, 0.7]$ と出力した場合，この例に対する交差エントロピーの値を求めよ．

5.4 ソフトマックス関数に関する注意

ソフトマックス関数は，多クラス分類に用いられる関数ですが，2 クラスの場合にはロジスティック関数と一致します．実際，$K = 2$ とすると，ソフトマックス関数は次のように書き換えられます．

$$y_1 = \frac{e^{u_1}}{e^{u_1} + e^{u_2}} = \frac{1}{1 + e^{-(u_1 - u_2)}}, \qquad y_2 = \frac{e^{u_2}}{e^{u_1} + e^{u_2}} = \frac{1}{1 + e^{-(u_2 - u_1)}}$$

これらはロジスティック関数に相当し，y_1 と y_2 は入力の差 $u_1 - u_2$ のみに依存していることが分かります．さらに，y_1 と y_2 の比は次のように表せます．

$$\frac{y_1}{y_2} = \exp(u_1 - u_2)$$

同様に，ソフトマックス関数における任意の 2 クラス間の確率の比は次のように表せます．

$$\frac{y_k}{y_i} = \frac{\frac{\exp(u_k)}{\sum_{j=1}^{K} \exp(u_j)}}{\frac{\exp(u_i)}{\sum_{j=1}^{K} \exp(u_j)}} = \exp(u_k - u_i)$$

つまり，入力 u_i と u_k に対するソフトマックス関数の値の比は，入力の差 $u_i - u_k$ のみに依存していることが分かります．このことから，ソフトマックス関数は，入力の値ではなく，各入力間の相対的な大小関係に基づいて出力を決定していることが分かります．そのため，ソフトマックス関数の出力 y_k は，入力 $\boldsymbol{x}$ がクラス C_k に属する確率を表す，より正確には，各クラス間の相対的な確信度を表していると解釈できます．

さらに，ソフトマックス関数への入力 $u_1, u_2, \ldots, u_K$ に一律に定数 C を加算しても，その出力は変化しません．

$$\frac{\exp(u_k + C)}{\sum_{j=1}^{K} \exp(u_j + C)} = \frac{\exp(u_k)\exp(C)}{\sum_{j=1}^{K} \exp(u_j)\exp(C)} = \frac{\exp(u_k)}{\sum_{j=1}^{K} \exp(u_j)} = \frac{1}{\sum_{j=1}^{K} \exp(u_j - u_k)}$$

これから，ソフトマックス関数が入力の差のみに依存することが分かります．

ソフトマックス関数と交差エントロピーをそのまま計算すると，指数関数の計算でオーバーフローが発生する可能性があります．これを防ぐために，入力の最大値 $C = \max_{1 \le j \le K} u_{nj}$ を用いて，$y_{nk} = y_k(\boldsymbol{x}_n, \boldsymbol{w})$ を

$$y_{nk} = \frac{\exp(u_{nk} - C)}{\sum_{j=1}^{K} \exp(u_{nj} - C)}$$

と計算します．こうすることで，指数関数の値が 1 を超えることがなくなり，オーバーフローが起こりにくくなります．

ソフトマックス関数を計算する際，分母に比べて分子が小さくなりすぎると，コンピュータ上では $y_{nk} = 0$ となる可能性があります．この場合，$\log y_{nk}$ が $-\infty$ となり，$d_{nk} = 0$ との積で不定形（NaN:Not a Number）となることがあります．これを避けるために，十分小さい $\varepsilon > 0$ を用いて $d_{nk} \log y_{nk}$ 次のように計算します．

$$d_{nk} \log(\varepsilon + (1 - \varepsilon) y_{nk})$$

なお，交差エントロピーを計算する際，$d_{nk} = 0$ が分かっている場合は，その部分の計算を省略することができます．これは，$E(\boldsymbol{w})$ の結果に影響しないためです．

5.5　ソフトマックス回帰の行列表現

ここでは，ソフトマックス回帰の計算を効率的に行うために，行列表現を用いてモデルを記述します．まず，入力 $\boldsymbol{x}$ を p 次元ベクトル，重み $\boldsymbol{w}$ を $(p+1)$ 次元ベクトルで表します．

$$\boldsymbol{x} = {}^t[x_1, \ldots, x_p], \quad \boldsymbol{w} = {}^t[w_0, w_1, \ldots, w_p]$$

このとき，入力 $\boldsymbol{x}$ に対する出力 u は，

$$u = w_0 + w_1 x_1 + \cdots + w_p x_p$$

と表せます．これを $\boldsymbol{x}$ と $\boldsymbol{w}$ の内積 ${}^t\boldsymbol{w}\boldsymbol{x}$ として表現する場合は，入力 $\boldsymbol{x}$ の第 0 成分として 1 を追加します．そこで，訓練データの入力 $\boldsymbol{x}_n$ を次のように定義します．

$$\boldsymbol{x}_n = {}^t[x_{n0}, x_{n1}, \ldots, x_{np}] \quad (x_{n0} = 1,\ n = 1, 2, \ldots, N)$$

これに対する出力 $\boldsymbol{u}_n$ は次のように表せます．行列の添え字の順序が通常の行列とは異なることに注意してください．

$$\begin{bmatrix} u_{n1} \\ u_{n2} \\ \vdots \\ u_{nK} \end{bmatrix} = \begin{bmatrix} w_{01} & w_{11} & \cdots & w_{p1} \\ w_{02} & w_{12} & \cdots & w_{p2} \\ \vdots & \vdots & \ddots & \vdots \\ w_{0K} & w_{1K} & \cdots & w_{pK} \end{bmatrix} \begin{bmatrix} x_{n0} \\ x_{n1} \\ \vdots \\ x_{np} \end{bmatrix} \iff \boldsymbol{u}_n = W\boldsymbol{x}_n = \begin{bmatrix} {}^t\boldsymbol{w}_0 \\ {}^t\boldsymbol{w}_1 \\ \vdots \\ {}^t\boldsymbol{w}_p \end{bmatrix} \boldsymbol{x}_n \tag{5.4}$$

ここで，W は重み行列であり，各行 ${}^t\boldsymbol{w}_i$ は異なるクラスに対応する重みベクトルです．

よって，ソフトマックス関数を用いて，各クラスに対する確率 $\boldsymbol{y}_n$ は次のように計算されます．

$$\begin{bmatrix} y_{n1} \\ y_{n2} \\ \vdots \\ y_{nK} \end{bmatrix} = \frac{1}{\sum_{j=1}^{K} \exp(u_{nj})} \begin{bmatrix} \exp(u_{n1}) \\ \exp(u_{n2}) \\ \vdots \\ \exp(u_{nK}) \end{bmatrix} \iff \boldsymbol{y}_n = \boldsymbol{f}(\boldsymbol{u}_n) = \boldsymbol{f}(W\boldsymbol{x}_n)$$

そして，(5.3) において，$y_{nk} = y_k(\boldsymbol{x}_n, \boldsymbol{w})$ と表せば，交差エントロピーは，

$$E(\boldsymbol{w}) = -\sum_{n=1}^{N} \sum_{k=1}^{K} d_{nk} \log y_{nk} \tag{5.5}$$

となります．ここで，y_{nk} はソフトマックス関数を用いて計算される予測確率であり，d_{nk} は One-hot 表現での正解クラスを示します．

この損失関数 $E(\boldsymbol{w})$ を最小化することで，モデルのパラメータ $\boldsymbol{w}$ を最適化します．具体的には，勾配降下法などの最適化アルゴリズムを用いて重み $\boldsymbol{w}$ を更新していきます．

5.6 勾配降下法によるソフトマックス回帰

ソフトマックス回帰の学習では，交差エントロピー $E(\boldsymbol{w})$ を最小化する重み $\boldsymbol{w}$ を求める必要があります．このために，勾配降下法という最適化アルゴリズムを用います．

勾配降下法を説明する前に，損失関数 $E(\boldsymbol{w})$ の解に関連する用語を整理しておきましょう．

大域的最適解 (global optimum) $E(\boldsymbol{w})$ を最小にする点．

局所最適解 (local optimum) $E(\boldsymbol{w})$ の極小点にはなっているが，最小値になるとは限らない点．

停留点 (stationary point) $E(\boldsymbol{w})$ の勾配がゼロになる点．機械学習では，局所最適解でも大域的最適解でもない点を指すことがある．

鞍点 (saddle point) 停留点のうち，ある方向から見ると極小値だが，別の方向から見ると極大値になる点．

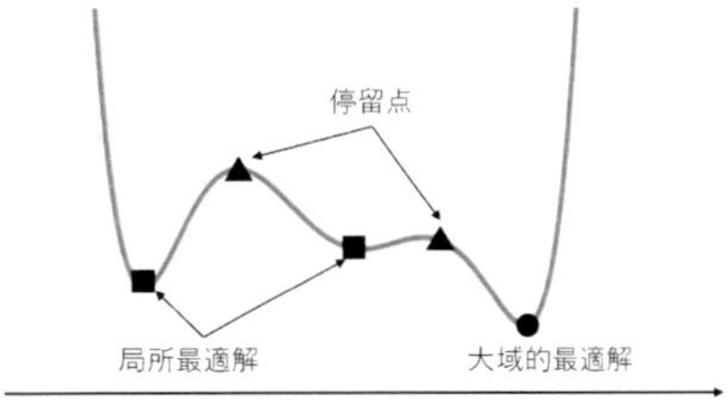

図 5.2　損失関数の解の種類

図 5.2 は，これらの概念を視覚的に示しています．

ソフトマックス回帰の損失関数 $E(\boldsymbol{w})$ は，一般に凸関数ではないため，大域的最適解を直接求めることは困難です．そこで，勾配降下法を用いて，局所最適解を反復的に求めます．

勾配降下法 (gradient descent method) のアルゴリズムは，以下の 2 つのステップからなります．

(1) 損失関数の勾配 ∇E を計算します：

$$\nabla E = \frac{\partial E}{\partial W} = \begin{bmatrix} \frac{\partial E}{\partial \boldsymbol{w}_0} \\ \frac{\partial E}{\partial \boldsymbol{w}_1} \\ \vdots \\ \frac{\partial E}{\partial \boldsymbol{w}_p} \end{bmatrix} = \left[\frac{\partial E}{\partial w_{ij}} \right], \quad i = 0, 1, \ldots, p, j = 1, 2, \ldots, K \tag{5.6}$$

(2) 現在の重み $\boldsymbol{w}^{(t)}$ を，次式で更新します．

$$\boldsymbol{w}^{(t+1)} = \boldsymbol{w}^{(t)} - \eta \nabla E \tag{5.7}$$

ここで，η は**学習率** (learning rate) と呼ばれるハイパーパラメータで，更新のステップ幅を制御します．

初期値 $\boldsymbol{w}^{(0)}$ を適当に決め，式 (5.7) を $t = 0, 1, 2, \ldots$ に対して逐次計算することで，$\boldsymbol{w}^{(1)}, \boldsymbol{w}^{(2)}, \ldots$ を求めます．学習率 η が適切であれば，t が増えるにつれて $E(\boldsymbol{w}^{(t)})$ は確実に減少します．これは，$\nabla E(\boldsymbol{w}^{(t)})$ が $E(\boldsymbol{w})$ を最も大きく増加させる方向を示しているため，勾配の逆方向 $-\nabla E(\boldsymbol{w}^{(t)})$ に進むことで $E(\boldsymbol{w})$ を減少させるからです．これらのステップを繰り返し実行することで，重み $\boldsymbol{w}$ は徐々に $E(\boldsymbol{w})$ を減少させる方向に更新され，最終的に局所最適解に収束します．一般に，極小点は複数存在するため，必ずしも最小点とは限りません．また，$E(\boldsymbol{w})$ の形状と η の大きさによっては，$E(\boldsymbol{w})$ が増大することもあります．また，η が小さすぎると，更新量が小さくなりすぎて反復回数が増大し，学習に時間がかかることになります．

具体的に ∇E を求めましょう．まず，式 (5.5) より，$0 \leq i \leq p, 1 \leq j \leq K$ として，

$$
\begin{aligned}
\frac{\partial E}{\partial w_{ji}} &= -\sum_{n=1}^{N}\sum_{k=1}^{K} d_{nk}\frac{\partial}{\partial w_{ji}}(\log y_{nk}) \\
&= -\sum_{n=1}^{N}\sum_{k=1}^{K} d_{nk}\frac{\partial(\log y_{nk})}{\partial y_{nk}}\frac{\partial y_{nk}}{\partial w_{ji}} \\
&= -\sum_{n=1}^{N}\sum_{k=1}^{K} d_{nk}\frac{\partial(\log y_{nk})}{\partial y_{nk}}\left(\sum_{l=1}^{K}\frac{\partial y_{nk}}{\partial u_{nl}}\frac{\partial u_{nl}}{\partial w_{ji}}\right) \\
&= -\sum_{n=1}^{N}\sum_{k=1}^{K} d_{nk}\frac{\partial(\log y_{nk})}{\partial y_{nk}}\left\{\sum_{l=1}^{K}\frac{\partial y_{nk}}{\partial u_{nl}}\left(\sum_{m=0}^{p}\frac{\partial(w_{ml}x_{nm})}{\partial w_{ji}}\right)\right\} \\
&= -\sum_{n=1}^{N}\sum_{k=1}^{K} d_{nk}\frac{\partial(\log y_{nk})}{\partial y_{nk}}\left(\frac{\partial y_{nk}}{\partial u_{ni}}x_{nj}\right) \quad m=j, l=i \text{ の項のみ残る} \\
&= -\sum_{n=1}^{N}\sum_{k=1}^{K} d_{nk}\frac{1}{y_{nk}}\left(\frac{\partial y_{nk}}{\partial u_{ni}}x_{nj}\right)
\end{aligned}
$$

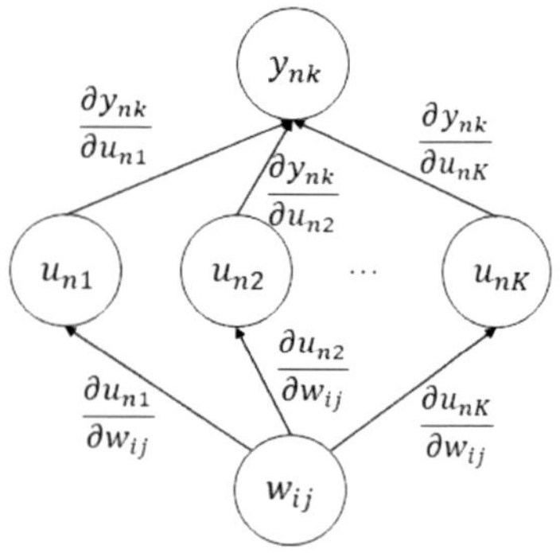

図 5.3 $\frac{\partial y_{nk}}{\partial w_{ji}} = \sum_{l=1}^{K}\frac{\partial y_{nk}}{\partial u_{nl}}\frac{\partial u_{nl}}{\partial w_{ji}}$ における変数の対応

が成り立ちます．

ここで，ソフトマックス関数は次のように定義されます．

$$
y_{nk} = \frac{\exp(u_{nk})}{\sum_{j=1}^{K}\exp(u_{nj})} \tag{5.8}
$$

これを用いて，$i \neq k$ の場合には次のように計算されます．

$$
\frac{\partial y_{nk}}{\partial u_{ni}} = \exp(u_{nk})\left\{-\frac{\frac{\partial}{\partial u_{ni}}\left(\sum_{j=1}^{K}\exp(u_{nj})\right)}{\left(\sum_{j=1}^{K}\exp(u_{nj})\right)^2}\right\} = -\frac{\exp(u_{nk})\exp(u_{ni})}{\left(\sum_{j=1}^{K}\exp(u_{nj})\right)^2} = -y_{nk}y_{ni}
$$

また，$i = k$ の場合には次のように計算されます．

$$
\begin{aligned}
\frac{\partial y_{nk}}{\partial u_{ni}} &= \frac{\frac{\partial}{\partial u_{ni}}(\exp(u_{ni}))\left(\sum_{j=1}^{K}\exp(u_{nj})\right) - \exp(u_{ni})\frac{\partial}{\partial u_{ni}}\left(\sum_{j=1}^{K}\exp(u_{nj})\right)}{\left(\sum_{j=1}^{K}\exp(u_{nj})\right)^2} \\
&= \frac{\exp(u_{ni})\left(\sum_{j=1}^{K}\exp(u_{nj})\right) - \exp(u_{ni})\exp(u_{ni})}{\left(\sum_{j=1}^{K}\exp(u_{nj})\right)^2} \\
&= \frac{\exp(u_{ni})}{\sum_{j=1}^{K}\exp(u_{nj})} - \left(\frac{\exp(u_{ni})}{\sum_{j=1}^{K}\exp(u_{nj})}\right)^2 = y_{ni} - y_{ni}^2 = y_{ni}(1-y_{ni})
\end{aligned}
$$

ゆえに，

$$
\frac{\partial y_{nk}}{\partial u_{ni}} = y_{nk}(\delta_{ki} - y_{ni}), \qquad \delta_{ki} = \begin{cases} 1 & (i = k) \\ 0 & (i \neq k) \end{cases} \tag{5.9}
$$

これを用いると，最終的に次のように表せます．

$$
\frac{\partial E}{\partial w_{ji}} = -\sum_{n=1}^{N}\sum_{k=1}^{K} d_{nk}\frac{1}{y_{nk}}\left(y_{nk}(\delta_{ki}-y_{ni})\right)x_{nj} = -\sum_{n=1}^{N}\sum_{k=1}^{K} d_{nk}(\delta_{ki}-y_{ni})x_{nj}
$$

$$
\begin{aligned}
&= -\sum_{n=1}^{N}\left(\sum_{k=1}^{K} d_{nk}\delta_{ki} - \sum_{k=1}^{K} d_{nk}y_{ni}\right)x_{nj} = -\sum_{n=1}^{N}\left(\sum_{k=1}^{K} d_{nk}\delta_{ki} - y_{ni}\sum_{k=1}^{K} d_{nk}\right)x_{nj} \\
&= -\sum_{n=1}^{N}(d_{ni} - y_{ni})x_{nj} \qquad (5.10)
\end{aligned}
$$

これより，∇E は次のように表せます．

$$
\nabla E = \left[\frac{\partial E}{\partial w_{ij}}\right] = -\begin{bmatrix} 1 & \cdots & 1 \\ x_{11} & \cdots & x_{N1} \\ \vdots & \ddots & \vdots \\ x_{1p} & \cdots & x_{Np} \end{bmatrix}\begin{bmatrix} d_{11} - y_{11} & \cdots & d_{1K} - y_{1K} \\ \vdots & \ddots & \vdots \\ d_{N1} - y_{N1} & \cdots & d_{NK} - y_{NK} \end{bmatrix} = -{}^{t}X(D - Y) \qquad (5.11)
$$

ただし，X は入力行列，D は正解クラスを表す One-hot 表現の行列，Y はソフトマックス関数の出力行列です．

ソフトマックス回帰のアルゴリズム

学習 (1) $\boldsymbol{w}^{(0)}$ の初期値と学習率 η を適当に与える．例えば，$\boldsymbol{w}^{(0)}$ として小さなランダム値を設定し，$\eta = 0.001$ とする．

(2) 最大反復回数もしくは終了判定条件 $\dfrac{\|\boldsymbol{w}^{(t)} - \boldsymbol{w}^{(t-1)}\|_2}{\|\boldsymbol{w}^{(t)}\|_2} < \varepsilon$ を満たすまで，(5.7) と (5.11) を計算する．

(3) (2) で求めた $\boldsymbol{w}^{(t)}$ を $\boldsymbol{w}$ とする．

予測 (1) 入力 $\boldsymbol{x}$ に対して $\boldsymbol{y} = \boldsymbol{f}(W\boldsymbol{x})$ を計算する．

(2) $\mathrm{argmax}_i\, \boldsymbol{y}$ を所属クラスとする．ここで，$\mathrm{argmax}_i\, \boldsymbol{y}$ はベクトル $\boldsymbol{y}$ の要素 y_i が最大となる番号，つまり，ベクトル $\boldsymbol{y}$ の中で最大の要素を持つ位置である．たとえば，$\boldsymbol{y} = {}^{t}[0.2, 0.5, 0.3]$ のとき，$\mathrm{argmax}_i\, \boldsymbol{y} = 2$ である．

勾配計算の練習

例 5.3 ソフトマックス関数を少し変形した関数 $y_k = \dfrac{\exp(2u_k)}{\sum_{j=1}^{K}\exp(2u_j)}$ $(k = 1, 2, \ldots, K)$ を使って，関数 L を $L(\boldsymbol{y}) = -\displaystyle\sum_{k=1}^{K} y_k \log y_k$ と定義する．$i \neq k$ とするとき，$\dfrac{\partial y_k}{\partial u_i}$ および $\dfrac{\partial L}{\partial u_i}$ を y_i, y_k で表せ．

(解答)

$$
\frac{\partial y_k}{\partial u_i} = -\exp(2u_k)\frac{\frac{\partial}{\partial u_i}\left(\sum_{j=1}^{K}\exp(2u_j)\right)}{\left(\sum_{j=1}^{K}\exp(2u_j)\right)^2} = -\frac{2\exp(2u_k)\exp(2u_i)}{\left(\sum_{j=1}^{K}\exp(2u_j)\right)^2} = -2y_k y_i
$$

$$
\frac{\partial L}{\partial u_i} = -\sum_{k=1}^{K}\frac{\partial}{\partial u_i}(y_k \log y_k) = -\sum_{k=1}^{K}\frac{\partial}{\partial y_k}(y_k \log y_k)\frac{\partial y_k}{\partial u_i} = -\sum_{k=1}^{K}\left(\log y_k + y_k\frac{1}{y_k}\right)(-2y_k y_i)
$$

$$= 2y_i \sum_{k=1}^{K} (1 + \log y_k) y_k$$

■

勾配降下法

例 5.4　損失関数 $E(\boldsymbol{w}) = -\sum_{k=1}^{3} d_k \log(y_k(\boldsymbol{x}, \boldsymbol{w}))$ に対して，勾配降下法を適用する際，誤って学習率 η を 0 に設定してしまった．このとき，最初の反復終了時における $E(\boldsymbol{w})$ の平均値はいくらになると予想されるか？ 理由を述べて答えよ．ただし，$\boldsymbol{d} = {}^t[d_1, d_2, d_3]$ は One-hot 表現ベクトル，$y_k(\boldsymbol{x}, \boldsymbol{w})$ は $\boldsymbol{x}$ がクラス k に属する確率であり，訓練データは各クラスが均等に分布しており，重み $\boldsymbol{w}$ は平均が 0，標準偏差が 0.0001 の正規分布からランダムに選ばれているものとする．

(解答)
学習率 η が 0 の場合，勾配降下法による重みの更新が行われない．つまり，初期の重み $\boldsymbol{w}$ での損失関数 $E(\boldsymbol{w})$ の値がそのまま維持されることになる．また，訓練データがクラスに偏りなく均等に用意されているため，各クラスの確率 $y_k(\boldsymbol{x}, \boldsymbol{w})$ はおおよそ均等になると予想される．したがって，各クラスの確率は $\frac{1}{3}$ と考えてよい．
一方，$\boldsymbol{d}$ は One-hot 表現ベクトルのため，各データ点において正解クラスの d_k は 1，それ以外の d_k は 0 となる．
$\boldsymbol{d} = {}^t[1, 0, 0]$, $\boldsymbol{d} = {}^t[0, 1, 0]$, $\boldsymbol{d} = {}^t[0, 0, 1]$ のときの損失関数は，それぞれ以下のようになる．

$$E(\boldsymbol{w}) = -\sum_{k=1}^{3} d_k \log(y_k(\boldsymbol{x}, \boldsymbol{w})) = -\log y_1 = -\log\left(\frac{1}{3}\right) = \log 3, \quad E(\boldsymbol{w}) = -\log y_2 = \log 3, \quad E(\boldsymbol{w}) = -\log y_3 = \log 3$$

したがって，これらの平均は $\frac{1}{3}(\log 3 + \log 3 + \log 3) = \log 3$ である[3]．

■

問 5.3　ソフトマックス関数 $y_k = \frac{\exp(u_k)}{\sum_{j=1}^{K} \exp(u_j)}$ $(k = 1, 2, \ldots, K)$ を使って，関数 L を $L(\boldsymbol{y}) = -\sum_{k=1}^{K} y_k^2 \log y_k$ と定義する．$i \neq k$ とするとき，$\frac{\partial y_k}{\partial u_i}$ および $\frac{\partial L}{\partial u_i}$ を y_i, y_k で表せ．

5.7　重みの初期値

勾配降下法を適用する前に，重み $\boldsymbol{w}$ の初期値を適切に設定する必要があります．初期値の選択は，学習の収束速度や最終的な性能に大きな影響を与える可能性があります．

重みを小さなランダム値に初期化することで，勾配降下法が異なる方向に進みやすくなり，局所最適解に陥るリスクを減らします．例えば，平均 0，標準偏差 0.01 の正規分布に従うランダム値を使用します．これにより，全ての重みが同じ値で初期化されることを防ぎ，学習の初期段階で多様な特徴を捉えることができる可能性が高まります．

一方，重みを全て 0 で初期化すると，全ての重みが同じように更新されるため，学習がうまく進みません．逆に，大きな値で初期化してもうまく進まない可能性が高いです．重みを大きな値

3　この例では，「重み $\boldsymbol{w}$ は平均が 0，標準偏差が 0.0001 の正規分布」という情報に惑わされないようにしましょう．この問題を解く上で重要なのは，これらの数値ではなく，「訓練データは各クラスが均等に分布しており，ランダムに選ばれている」ということです．

で初期化すると，ソフトマックス関数への入力値も大きな値になりやすいです．ソフトマックス関数の出力は，各クラスに属する確率を表しますが，入力値が非常に大きい場合，特定のクラスに属する確率が 1 に非常に近くなり，他のクラスに属する確率は 0 に非常に近くなります．例えば，3 クラス分類問題において，ソフトマックス関数への入力値が $u_1 = 10, u_2 = 15, u_3 = 20$ と非常に大きい値であったとします．このとき，ソフトマックス関数の出力は，

$$y_1 = \frac{\exp(10)}{\exp(10) + \exp(15) + \exp(20)} \approx 0, \qquad y_2 = \frac{\exp(15)}{\exp(10) + \exp(15) + \exp(20)} \approx 0,$$

$$y_3 = \frac{\exp(20)}{\exp(10) + \exp(15) + \exp(20)} \approx 1$$

となります．このように，y_3 の値が 1 に非常に近く，他の出力値は 0 に非常に近くなります．この状態を，ソフトマックス関数が飽和しているといいます．ソフトマックス関数が飽和しているとき，y_{ni} は 0 または 1 に近い値をとります．この状態では $d_{ni} \approx y_{ni}$ となり，式 (5.10) より $\frac{\partial E}{\partial w_{ji}} \approx 0$ となります．このようにソフトマックス関数が飽和すると，勾配が非常に小さくなってしまいます．勾配が小さくなると重みの更新量が小さくなり，学習が遅くなってしまいます．これが**勾配消失問題** (vanishing gradient problem) です．

したがって，ソフトマックス回帰の重みを初期化する際には，小さなランダム値を用いるなど，飽和しにくいように注意する必要があります．

■■■■■■■ 確認問題 ■■■■■■■■■■■■■■■■■■■■■■■■■■■■■■■■

確認問題 5.1　ソフトマックス回帰において，重みの初期値をどのように設定するのが一般的か？

(1) 全て 0　(2) 全て 1　(3) ランダムな小さな値　(4) ランダムな大きな値

確認問題 5.2　One-VS-Rest (One-VS-All) と One-VS-One の違いは何か？

(1) One-VS-Rest は 2 値分類器をクラス数だけ作成し，One-VS-One は 2 つのクラスの組み合わせの数だけ作成する

(2) One-VS-Rest は多クラス分類問題を直接解き，One-VS-One は 2 値分類問題に分解して解く

(3) One-VS-Rest は各クラスの確率を直接出力し，One-VS-One は最も多く判定されたクラスを出力する

(4) One-VS-Rest は線形分離可能なデータに有効で，One-VS-One は非線形分離可能なデータに有効である

確認問題 5.3　ソフトマックス関数において，入力値 $u_1 = 3, u_2 = 1, u_3 = 5$ が与えられたとき，出力値 y_3 はどれに最も近いか？

(1) 0.2　(2) 0.5　(3) 0.8　(4) 1.0

確認問題 5.4　One-hot 表現において，クラス数が 5 の場合，クラス 3 を表すベクトルはどれか？

(1) ${}^t[1,0,0,0,0]$　(2) ${}^t[0,1,0,0,0]$　(3) ${}^t[0,0,1,0,0]$　(4) ${}^t[0,0,0,1,0]$　(5) ${}^t[0,0,0,0,1]$

確認問題 5.5　ソフトマックス回帰において，交差エントロピーを計算する際に，オーバーフローを防ぐためにどのような工夫をするか？

(1) 入力値を正規化する　(2) 入力値の最大値を引く　(3) 入力値の最小値を引く　(4) 入力値の平均値を引く

確認問題 5.6　ソフトマックス関数の目的は何か？

(1) 入力ベクトルの合計を計算する　　(2) 各クラスの確率を計算する

(3) 各クラスの勾配を計算する　　(4) 各クラスの重みを正規化する

確認問題 5.7　ソフトマックス回帰モデルの出力が次のように与えられた場合，最も高い確率を持つクラスはどれか？ $y = {}^t[0.1, 0.3, 0.4, 0.2]$

(1) クラス 1　　(2) クラス 2　　(3) クラス 3　　(4) クラス 4

確認問題 5.8　ソフトマックス回帰のモデルが $\boldsymbol{y} = {}^t[0.2, 0.5, 0.3]$ と予測したとき，正解クラスが第 2 クラスである場合の交差エントロピーはどれか？

(1) $-\log(0.2)$　　(2) $-\log(0.5)$　　(3) $-\log(0.3)$　　(4) $-\log(0.8)$

確認問題 5.9　ソフトマックス回帰の交差エントロピーが最小になるのはどのような場合か？

(1) すべてのクラスの確率が等しい場合　　(2) 正解クラスの確率が最も高い場合

(3) すべてのクラスの確率が 0 の場合　　(4) 学習率が 0 の場合

確認問題 5.10　ソフトマックス関数を少し変形した関数 $y_k = \dfrac{\exp(3u_k)}{\sum_{j=1}^{K}\exp(3u_j)}$ $(k = 1, 2, \dots, K)$ を使って，関数 H を $H(\boldsymbol{y}) = -\displaystyle\sum_{k=1}^{K}\sqrt{y_k}\log y_k$ と定義する．$i \neq k$ とするとき，$\dfrac{\partial y_k}{\partial u_i}$ および $\dfrac{\partial H}{\partial u_i}$ を y_i, y_k で表せ．

確認問題 5.11　ソフトマックス関数への入力 $\boldsymbol{u}$ が $\boldsymbol{u} = {}^t[\log 5, \log 2, \log 8]$ で与えられ，正解クラスが One-hot 表現で $\boldsymbol{d} = {}^t[0, 0, 1]$ であるとき，交差エントロピー E を求めよ．

確認問題 5.12　ある画像分類モデルが 3 クラス分類問題に対して訓練されているとする．モデルがある入力画像に対して，$y = {}^t[0.2, 0.5, 0.3]$ と出力した．

この画像の正解クラスはクラス 3 であった．この場合の交差エントロピーの値を求めよ．

確認問題 5.13　損失関数 $E(\boldsymbol{w}) = -\displaystyle\sum_{k=1}^{4} d_k \log(y_k(\boldsymbol{x}, \boldsymbol{w}))$ に対して，勾配降下法を適用する際，誤って学習率 η を非常に大きな値に設定してしまった．このとき，最初の反復終了時における $E(\boldsymbol{w})$ の平均値はどのようになるか？理由を述べて答えよ．ただし，$\boldsymbol{d} = {}^t[d_1, d_2, d_3, d_4]$ は One-hot 表現ベクトル，$y_k(\boldsymbol{x}, \boldsymbol{w})$ は $\boldsymbol{x}$ がクラス k に属する確率であり，訓練データは各クラスが均等に分布しており，重み $\boldsymbol{w}$ は平均が 0，標準偏差が 1 の正規分布からランダムに選ばれているものとする．

確認問題 5.14

損失関数 $E(\boldsymbol{w}) = -\displaystyle\sum_{k=1}^{4} d_k \log(y_k(\boldsymbol{x}, \boldsymbol{w}))$ に対して，勾配降下法を適用する際，誤って学習率 η を 0 に設定してしまった．このとき，最初の反復終了時における $E(\boldsymbol{w})$ の平均値はいくらになると予想されるか？ 理由を述べて答えよ．ただし，$\boldsymbol{d} = {}^t[d_1, d_2, d_3, d_4]$ は One-hot 表現ベクトル，$y_k(\boldsymbol{x}, \boldsymbol{w})$ は $\boldsymbol{x}$ がクラス k に属する確率であり，訓練データは各クラスが均等に分布しており，重み $\boldsymbol{w}$ は平均が 0，標準偏差が 0.0001 の正規分布からランダムに選ばれているものとする．

第6章 決定木

決定木は，樹木のような構造を持つ機械学習モデルです．根となるノードから始まり，枝分かれを繰り返しながら葉となるノードへと至ります．各ノードはデータの分割条件を表し，葉は最終的な予測結果を表します．この木構造を辿ることで，なぜその予測に至ったのかを視覚的に理解できるため，決定木は説明性が高いモデルとして広く利用されています．また，決定木は，回帰問題と分類問題の両方に適用できます．

本章では，決定木の基本的な概念から，情報利得，ジニ不純度，分類誤差といった指標を用いた学習方法，そして複数の決定木を組み合わせたランダムフォレストや勾配ブースティングといった手法について解説します．

6.1　決定木とは

決定木 (decision tree) とは，図 6.1，6.2 のように樹木のような構造をもった教師あり学習のアルゴリズムです．決定木は回帰と分類の両方に利用できます．回帰に使う決定木を**回帰木** (regression tree)，分類に使う決定木を**分類木** (classification tree) といいます．

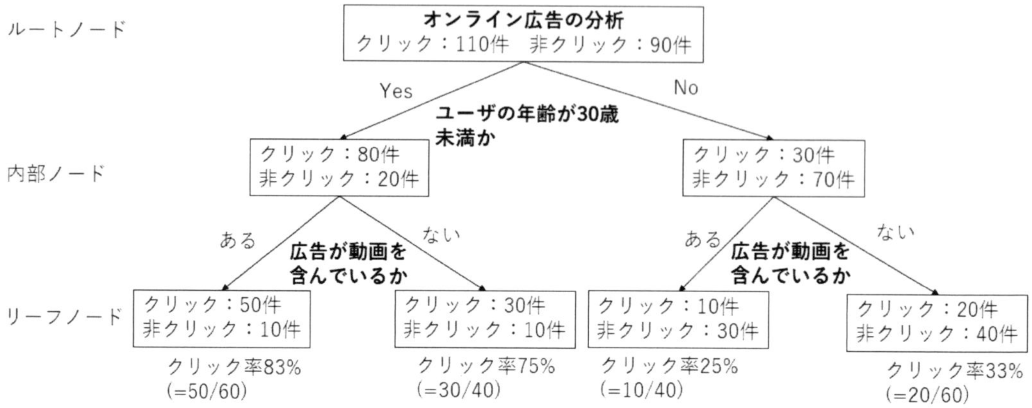

図 6.1　分類木

例えば，年齢が 25 歳で，動画を含む広告をクリックする人は，クリック率 83% のグループに分類されます．

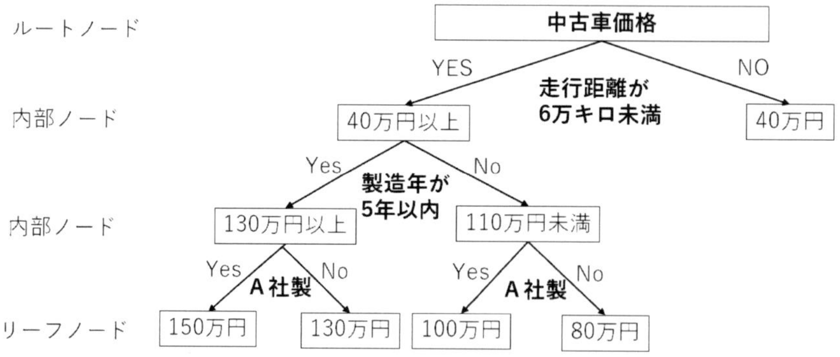

図 6.2　回帰木

例えば，走行距離が 5 万キロ，製造年が 6 年前で A 社製の中古車価格は 100 万円と予想されます．

図 6.1，6.2 の四角で囲まれた部分を**ノード** (node) といい，最上位のノードを**ルートノード** (root node)，最下位のノードを**リーフノード** (leaf node)，ルートノードとリーフノード以外のノードを**内部ノード** (internal node) といいます．また，ノード間を結ぶ線分を**エッジ** (edge) とい

い，あるノードから分岐して下に伸びるエッジの出発点になるノードのことを**親ノード** (parent node) といいます．逆に，あるノードから分岐して下に伸びるエッジの先にあるノードのことを**子ノード** (child node) といいます．

なお，これ以降では，主に分類木について説明します．

6.2 決定木の手順と特徴

決定木の作成手順は以下の通りです．

(1) 各ノードにおいて，不純度が最も減少，つまり，情報利得が最も増加するような条件分岐を作り，データを振り分ける．
(2) このプロセスを事前に定めた停止条件が満たされるまで繰り返す．

この手順は極めて単純です．木の最大深度やノードのデータの最小数という制約は，事前にエンジニアが設定すべきハイパーパラメータです．

もう少し詳しく説明しましょう．決定木を作成するには，まず，決定木のルート (根) から始めて，**情報利得** (information gain: 分割後の集合の要素についてのばらつきの減少) が最大となる特徴量でデータを分割します．そして，あるノードに属する訓練データが全て同じクラスに所属する (すなわち，分割後のデータのばらつきがなくなる）か，事前に定めた停止条件を満たすまで，この分割を再帰的に繰り返します．

あるノードに属する訓練データが全て同じクラスに所属する状態を**純粋** (pure) と表現することがあります．ただし，純粋なノードになるまで分割を繰り返すと非常に多くのノードを持つ深い決定木が生成され，過学習を引き起こす可能性があります．そのため，通常は決定木の最大深度に制限を設けたり，決定木を**剪定** (prune) したりします．

作成された決定木の図を参照すれば，決定木が訓練データセットから判定した分割を正確に辿ることができます．決定木を用いた分類では，分類までの道筋が説明変数による条件分岐として表現されるため，解釈性が非常に高いです．また，決定木は学習結果を木構造で表現することができるため，説明変数と目的変数の因果関係を把握しやすいモデルです．このようなモデルは**意味解釈可能性**（interpretability: 得られた結果の意味を解釈しやすいかどうか）が高いモデルと呼ばれています．ただし，決定木の最大深度が大きくなると，分岐が多くなるため，意味解釈可能性は下がります．

それ以外にも，決定木には，データのスケールを事前に整える必要はない，というメリットがあります．つまり，データの正規化や標準化は不要です．これは，数値の分割条件を値の大小関係として与えるため，特徴量をスケーリングしても，閾値の値が変化するだけで，データ点の分割には影響を及ぼさないためです．

6.3　情報利得と不純度

決定木では，各ノードにおいて，どの特徴量でデータを分割するのが最適かを判断するために情報利得という指標を用います．情報利得は，分割によってデータの「不純度」がどれだけ減少したかを表す指標です．不純度とは，あるノードに属するデータが複数のクラスに混ざり合っている度合いのことです．不純度が低いほど，そのノードに属するデータは同じクラスに属する傾向が強く，予測の精度が高まると期待できます．

最も情報利得の高い特徴量でノードを分割するために，情報利得を，次のように定義します．

$$IG(D_p, f) = I(D_p) - \sum_{j=1}^{m} \frac{N_j}{N_p} I(D_j) \tag{6.1}$$

ここで，f は分割を行う特徴量であり，D_p は親ノードのデータセット，D_j は j 番目の子ノードのデータセット，m は子ノードの数です．I は**不純度** (impurity) と呼ばれる指標で，「クラスの混じり具合」を表します．また，N_p は親ノードのデータ点の総数，N_j は j 番目の子ノードのデータ点の個数です．

式 (6.1) の意味をもう少し詳しく説明しましょう．親ノードの不純度 $I(D_p)$ は，分割前のデータの混じり具合を表します．一方，$\sum_{j=1}^{m} \frac{N_j}{N_p} I(D_j)$ は，分割後の各子ノードの不純度の重み付き平均を表しています．ここで，重み $\frac{N_j}{N_p}$ は，各子ノードに属するデータの割合を表しています．したがって，情報利得 $IG(D_p, f)$ は，分割前後の不純度の差であり，分割によって不純度がどれだけ減少したかを表していると解釈できます．つまり，情報利得が大きいほど，その特徴量で分割した方が，データのクラス分けが明確になり，予測精度が向上すると期待できます．

式 (6.1) では，m 個の子ノードを対象として，情報利得を定式化していますが，話を簡単にするため，最も基本的な二分決定木を考えましょう．つまり，親ノードは 2 つの子ノード D_{left} と D_{right} に分かれるものとします．

$$IG(D_p, f) = I(D_p) - \frac{N_{left}}{N_p} I(D_{left}) - \frac{N_{right}}{N_p} I(D_{right}) \tag{6.2}$$

二分決定木でよく使われる不純度の指標には，**ジニ不純度** (Gini impurity)，**エントロピー** (entropy)，**分類誤差** (classification error) の 3 つがあります．ジニ不純度は I_G，エントロピーは I_H，分類誤差は I_E で表記します．なお，分類誤差は**誤り率** (error rate) とも呼ばれます．

決定木のアルゴリズム

学習 (1) 分割の情報利得と停止条件（例：最大深さ，最小分割サンプル数）を決定する．
(2) ルートノードから開始し，以下の手順を再帰的に繰り返す．
  (a) 現在のノードにおいて，各特徴量でデータを分割した場合の情報利得を計算する．
  (b) 情報利得が最大となる特徴量と閾値を選択し，ノードを分割する．
  (c) 分割された子ノードそれぞれに対して，停止条件を満たすまでステップ 2 を繰り返す．

予測 (1) 新しいデータサンプルを入力として受け取る．
(2) ルートノードから開始し，各ノードの分割条件に基づいて分岐を繰り返す．
(3) データサンプルが到達したリーフノードのクラスを予測結果とする．

6.3.1 エントロピー

クラス数を K としたとき，すべての空ではないクラス i に対して，エントロピーは次式で定義されます．

$$I_H(t) = -\sum_{i=1}^{K} p(i|t)\log_2 p(i|t) \tag{6.3}$$

ここで，空でないクラスとは，$p(i|t) \neq 0$ となるクラス i を指します．また，$p(i|t)$ は，特定のノード t においてクラス i に属しているデータ点の割合を表します．したがって，ノードのデータ点がすべて同じクラスに所属している場合，エントロピーは 0 となります．このとき，ノードは「純粋」であるといいます．

実際，二値分類の場合，式 (6.3) は，

$$I_H(t) = -p(i=1|t)\log_2 p(i=1|t) - p(i=0|t)\log_2 p(i=0|t) \tag{6.4}$$

となります．$p(i=1|t)=1$ のときは $p(i=0|t)=0$ となり，$I_H(t) = -1\times\log_2 1 - 0\times\log_2 0 = 0$ となります．ここで，$0\log_2 0 = 0$ とします．同様に，$p(i=1|t)=0$ のときは $p(i=0|t)=1$ となり，$I_H(t) = -0\times\log_2 0 - 1\times\log_2 1 = 0$ となります．このように，二値分類においてエントロピーが 0 になるのは，$p(i=1|t)=1$ または $p(i=0|t)=0$ の場合です．一方，エントロピーが最大になるのは，各クラスが一様に分布している場合です．二値分類でエントロピーが 1 になるのは，クラスが $p(i=1|t)=0.5$ および $p(i=0|t)=0.5$ で一様に分布している場合です．

このように，エントロピーは 0 から 1 の値をとり，値が大きいほどノードのデータの混じり具合が大きいことを表します．

エントロピーに基づく情報利得

例 6.1 右のような分割に対して，エントロピーに基づく情報利得 IG_H を求めよ．ただし，対数関数の性質 $\log_a(MN) = \log_a M + \log_a N$ を使って式を整理し，IG_H を $\alpha\log_2 7 + \beta\log_2 5 + \gamma\log_2 3$ の形で求めること．

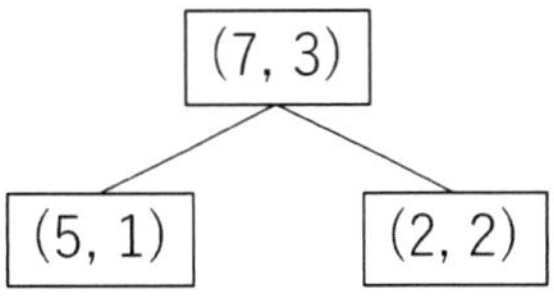

(解答)

$$I_H(D_p) = -\frac{7}{10}\log_2\frac{7}{10} - \frac{3}{10}\log_2\frac{3}{10} = -\frac{7}{10}\log_2 7 - \frac{3}{10}\log_2 3 + \log_2 10$$

$$I_H(D_{left}) = -\frac{5}{6}\log_2\frac{5}{6} - \frac{1}{6}\log_2\frac{1}{6} = -\frac{5}{6}\log_2 5 + \log_2 6$$

$$I_H(D_{right}) = -\frac{2}{4}\log_2\frac{2}{4} - \frac{2}{4}\log_2\frac{2}{4} = -\log_2\frac{2}{4} = \log_2 4 - \log_2 2 = 1$$

$$IG_H = I_H(D_p) - \frac{N_{left}}{N_p}I_H(D_{left}) - \frac{N_{right}}{N_p}I_H(D_{right}) = I_H(D_p) - \frac{5+1}{7+3}I_H(D_{left}) - \frac{2+2}{7+3}I_H(D_{right})$$

$$
\begin{aligned}
&= -\frac{7}{10}\log_2 7 - \frac{3}{10}\log_2 3 + \log_2 10 - \frac{6}{10}\left(-\frac{5}{6}\log_2 5 + \log_2 6\right) - \frac{4}{10} \\
&= -\frac{7}{10}\log_2 7 + \frac{3}{2}\log_2 5 - \frac{9}{10}\log_2 3
\end{aligned}
$$

■

問 6.1　$0\log_2 0 = 0$ としてよいのはなぜか？

問 6.2　右のような分割に対して，エントロピーに基づく情報利得 IG_H を求めよ．ただし，IG_H を $\alpha\log_2 3 + \beta\log_2 5 + \gamma$ の形で求めること．

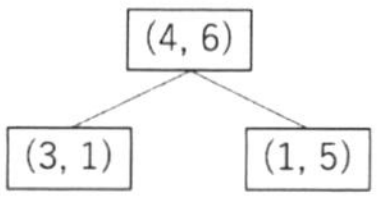

6.3.2　ジニ不純度

ジニ不純度は，次式で定義され，あるノードにおいてランダムに選んだ 2 つのデータが異なるクラスに属する確率と解釈できます．

$$
I_G(t) = \sum_{i=1}^{K} p(i|t)(1 - p(i|t)) = 1 - \sum_{i=1}^{K} p(i|t)^2 \tag{6.5}
$$

エントロピーと同様に，ジニ不純度が最大になるのは，クラスが完全に混合している場合です．二値分類問題 $K = 2$ の場合は次のようになります．

$$
I_G(t) = 1 - \sum_{i=1}^{K} 0.5^2 = 0.5 \tag{6.6}
$$

ジニ不純度とエントロピーは非常によく似た結果となるのが一般的です．

ジニ不純度に基づく情報利得

例 6.2　例 6.1 で示した分割に対して，ジニ不純度 $I_G(D_p), I_G(D_{left}), I_G(D_{right})$ および情報利得 IG を求めよ．

(解答)

$$
\begin{aligned}
I_G(D_p) &= 1 - \left(\frac{7}{10}\right)^2 - \left(\frac{3}{10}\right)^2 = \frac{100 - 49 - 9}{100} = \frac{42}{100} = \frac{21}{50} \\
I_G(D_{left}) &= 1 - \left(\frac{5}{6}\right)^2 - \left(\frac{1}{6}\right)^2 = \frac{36 - 25 - 1}{36} = \frac{10}{36} = \frac{5}{18} \\
I_G(D_{right}) &= 1 - \left(\frac{2}{4}\right)^2 - \left(\frac{2}{4}\right)^2 = \frac{16 - 4 - 4}{16} = \frac{8}{16} = \frac{1}{2} \\
I_G &= I_G(D_p) - \frac{6}{10}I_G(D_{left}) - \frac{4}{10}I_G(D_{right}) = \frac{21}{50} - \frac{6}{10}\cdot\frac{5}{18} - \frac{4}{10}\cdot\frac{1}{2} = \frac{4}{75}
\end{aligned}
$$

■

問 6.3　問 6.2 で与えられた分割に対して，ジニ不純度に基づく情報利得 IG を求めよ．ただし，結果は既約分数で表すこと．

6.3.3　分類誤差

不純度のもう 1 つの指標は分類誤差で，次式で定義されます．

$$
I_E(t) = 1 - \max_i p(i|t) \tag{6.7}
$$

分類誤差 I_E は，直観的には，あるノードにおいてランダムにデータを選び，そのノードで最も数の多いクラスに属すると予測したときに，間違える確率を表す指標です．

なお，分類木では分類誤差はあまり用いられません．例えば，右図のような 2 種類の分割 A と B を考えます．このとき，分割 B の方が望ましいと思うでしょう．しかしながら，

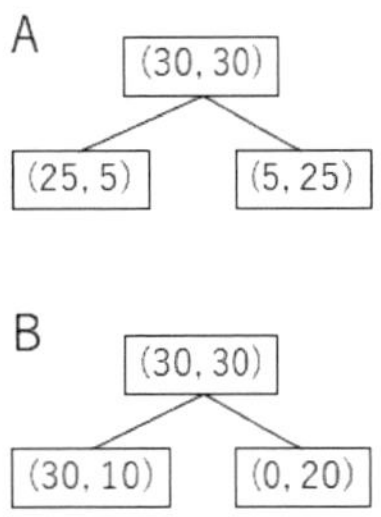

親ノードの不純度 $I_E(D_p) = 1 - \max\left(\frac{30}{60}, \frac{30}{60}\right) = \frac{1}{2}$

分割 A：左側の子ノードの不純度 $I_E(D_{left}) = 1 - \max\left(\frac{25}{30}, \frac{5}{30}\right) = \frac{1}{6}$

分割 A：右側の子ノードの不純度 $I_E(D_{right}) = 1 - \max\left(\frac{25}{30}, \frac{5}{30}\right) = \frac{1}{6}$

分割 A：情報利得 $IG_E = \frac{1}{2} - \frac{30}{60} \cdot \frac{1}{6} - \frac{30}{60} \cdot \frac{1}{6} = \frac{1}{3}$

であり，同様に計算すれば，分割 B の情報利得も $\frac{1}{3}$ であることが分かります．そのため，分割 A と分割 B の優劣が決まりません．

一般的には，エントロピーとジニ不純度のどちらを使っても，決定木の性能に大きな差は出ません．ただし，ジニ不純度の方が計算がわずかに速いため，計算速度を重視する場合はジニ不純度が好まれることがあります．また，エントロピーは不純度の変化に対してより敏感に反応する傾向があるため，より細かい分割を行う場合はエントロピーが好まれることもあります．

分類誤差は，不純度の変化に対してあまり敏感ではありません．例えば，あるノードにおいて，クラス A に属するデータが 51%，クラス B に属するデータが 49% だったとします．このノードをさらに分割して，クラス A に属するデータが 55%，クラス B に属するデータが 45% になったとしても，分類誤差は変化しません．このため，分類誤差を用いると，決定木の学習がうまく進まないことがあります．

問 6.4　分割 B において，情報利得が $\frac{1}{3}$ となることを確認せよ．

問 6.5　以下の親ノードのデータセット D_p と，その子ノード D_{left} および D_{right} に対して，分類誤差に基づく情報利得 IG_E を求めよ．

- 親ノード D_p のクラス 1 のデータ点が 6，クラス 2 のデータ点が 4．
- 左の子ノード D_{left} のクラス 1 のデータ点が 4，クラス 2 のデータ点が 1．
- 右の子ノード D_{right} のクラス 1 のデータ点が 2，クラス 2 のデータ点が 3．

6.4 ランダムフォレスト

どの問題に対しても分類性能が優れている学習器は存在しないということが**ノーフリーランチ定理** (no-free lunch theorem) として知られています．そのため，複数の学習器を組み合わせてひとつの学習器を構築することがよく行われます．このように複数のモデルで学習させることを**アンサンブル学習** (ensemble learning) といいます．また，決定木は不安定な学習器であるといわれています．それは，データが変化すると木構造や判別ルールが大きく変わってしまいがちだからです．実際，ルートノードで分割が変化してしまうと，各ノードにその変化が伝播してしまい，

リーフノードに伝わるころには非常に大きな変化となってしまいます．そのため，決定木にアンサンブル学習を組み合わせて精度を安定させることが行われます．

バギング (Bagging: Bootstrap AGGregatING) とは，アンサンブル学習の一種で，複数のモデルを使用し，それぞれの予測結果を統合して最終的な予測結果とします．これにより，安定して良い精度が出るようになります．バギングでは，元のデータセットから重複を許してランダムにデータを抽出（復元抽出）する**ブートストラップ標本** (bootstrap sampling) を複数生成し，それぞれについて学習アルゴリズム（決定木など）を適用することにより，複数のモデルを訓練します．そして，決定木にバギングを組み合わせた手法を**ランダムフォレスト** (random forest) といいます．

なお，ブートストラップ標本は復元抽出であるため，同じデータが複数回抽出されることもあります．また，一部のデータは一度も抽出されないこともあります．

ランダムフォレストでは，データをリサンプリングすることで，複数の単純な学習器 (**弱学習器** (weak learner)) を生成し，それらを組み合わせることで最終的な学習器を作成します．弱学習器とは，単独ではそれほど高い性能を持たない学習器のことです．ランダムフォレストでは，この弱学習器として決定木を用います．そして，それぞれの弱学習器の分類結果を用いて多数決をとることで最終的な出力を決定します．

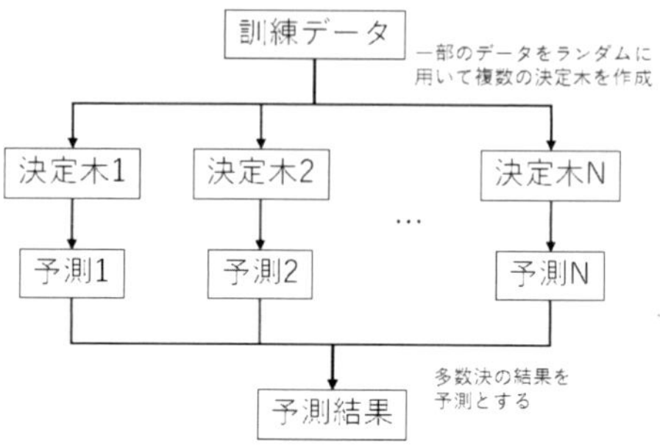

図 6.3　ランダムフォレストのイメージ

ランダムフォレストのアルゴリズムの概略は以下の通りです．

(1) データセットから複数のブートストラップ標本を作成する．
(2) 各々のブートストラップサンプルデータから同数の説明変数をランダムに選び，決定木 (回帰木，分類木) を作成する．
(3) すべての弱学習器の結果を統合し，新しい学習器を構築する．回帰木では結果の算術平均を，分類木では結果の多数決をとることで統合を実現する．

ランダムフォレスト

例 6.3 次の問に答えよ.

(1) 以下の表は，あるランダムフォレストモデルにおいて，5 つの決定木がそれぞれ出力した予測クラスを表している．各決定木は，あるデータサンプルがクラス A かクラス B のどちらに属するかを予測している．

決定木	決定木 1	決定木 2	決定木 3	決定木 4	決定木 5
予測クラス	A	B	A	A	B

このランダムフォレストモデルの最終的な予測結果（クラス A またはクラス B）を求めよ.

(2) 以下の表は，あるランダムフォレストモデルにおいて，3 つの決定木がそれぞれ出力した予測確率を表している．各決定木は，あるデータサンプルがクラス A に属する確率を予測している.

決定木	決定木 1	決定木 2	決定木 3
予測確率（クラス A）	0.6	0.4	0.7

このランダムフォレストモデルの最終的な予測結果（クラス A に属する確率）を求めよ．また，このデータサンプルはクラス A に分類されるか？

(解答)

(1) ランダムフォレストでは，分類問題の場合，各決定木の予測結果の多数決で最終的な予測クラスを決定する．この例では，3 つの決定木がクラス A を予測し，2 つの決定木がクラス B を予測している．したがって，多数決により，このデータサンプルはクラス A に分類される.

(2) ランダムフォレストでは，各決定木の予測確率の平均値を最終的な予測確率とする.
最終的な予測確率 (クラス A) = (0.6 + 0.4 + 0.7) / 3 = 0.567 なので，このランダムフォレストモデルは，このデータサンプルがクラス A に属する確率を 0.567 と予測する.
ランダムフォレストでは，分類問題の場合，最終的な予測確率が 0.5 を超えるクラスに分類されるため，このデータサンプルはクラス A に分類される. ■

6.5 ブースティング

ブースティング (boosting) もバギングと同様，一部のデータを繰り返し抽出し，複数のモデルを学習させるアプローチをとります．バギングとの違いは，複数のモデルを一気に並列に作成するか（バギング），逐次的に作るか（ブースティング）になります.

ブースティングでは，まず 1 つ目のモデルを作成し，学習します．次に作成するモデルでは，1 つ目のモデルで誤って分類されたデータを重点的に学習します．このように，前のモデルでうまく分類できなかったデータに重み付けをして新しいモデルを学習させていき，最終的に各モデルの予測結果を統合して，全体の予測を行います.

ブースティングのアルゴリズムでも決定木が用いられることが多く，**勾配ブースティング** (gradient boosting) や**アダブースト** (AdaBoost: Adaptive Boosting) などが有名です．一般的に，ブースティングはバギングよりも高い精度が得られますが，逐次的に学習を進めるため，並列処理ができず，学習時間が長くなる傾向があります．

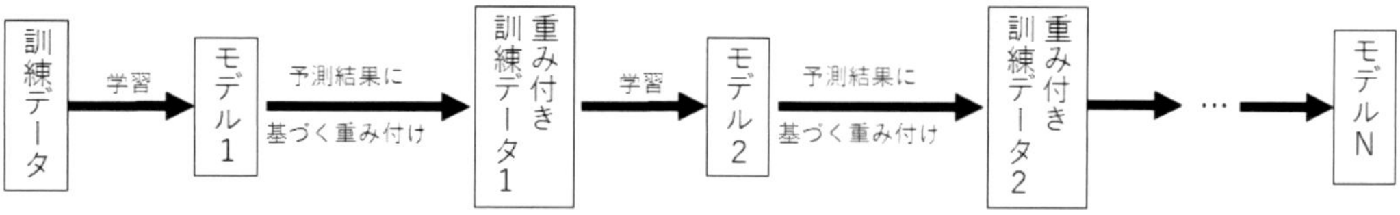

図 6.4　ブースティング

ここでは，勾配ブースティングについて説明します．勾配ブースティングでは，各決定木が予測する値は，回帰問題の場合は実数値，分類問題の場合は対数オッズです．第 4 章で説明した通り，対数オッズは，ある事象（ここではクラス 1）が起こる確率と起こらない確率（ここではクラス 0）の比の対数をとったもので，以下のように定義されます．

$$\text{対数オッズ} = \log\left(\frac{p}{1-p}\right)$$

ここで，p はクラス 1 に属する確率です．確率 p は 0 から 1 の値しかとりませんが，対数オッズは実数全体の値をとります．これにより，勾配ブースティングの学習過程で，確率が 0 または 1 に近づくことによる数値的な不安定性を回避できます．勾配ブースティングのアルゴリズムは次の通りです．

1. **初期化:** 回帰問題の場合は目的変数の平均値，分類問題の場合は対数オッズ 0（どちらのクラスにも属する確率が等しい状態）を初期予測値として設定する．
2. **誤差（残差）の計算:** 現在の予測値と実際の目的変数の間の誤差（残差）を計算する．
3. **決定木の構築:** 誤差を目的変数として，新しい決定木を学習する．この決定木は，回帰問題の場合は実数値を，分類問題の場合は対数オッズを予測するように学習される．
4. **予測値の更新:** 新しく構築した決定木を用いて誤差を予測し，現在の予測値に学習率をかけた値を加算する．学習率は，新しい決定木の予測値をどの程度反映させるかを調整するパラメータである．
5. **ステップ 2-4 の繰り返し:** 誤差が十分に小さくなるか，決定木の数が指定した最大値に達するまで，ステップ 2 から 4 を繰り返す．
6. **最終的な予測値の出力:** 最後に得られた予測値が，勾配ブースティングモデルの最終的な予測値となる．二値分類の場合，この予測値（対数オッズ）を確率に変換し，確率が 0.5 以上であればクラス 1，0.5 未満であればクラス 0 に分類する．

「勾配ブースティング」の名前は，アルゴリズムが勾配降下法の一種であり，各ステップでの誤差（残差）は，損失関数の勾配に対応することに由来します．勾配ブースティングでは，損失関数を最小化する方向にモデルを更新していきます．各ステップで構築される決定木は，前のステップのモデルの誤差を補正するように学習されます．このプロセスは，損失関数の勾配を「ブースト」（強化）することにより，モデルの予測性能を向上させることを目指しています．このように，複数の決定木を逐次的に組み合わせることで，モデル全体の予測精度を向上させていきます．

なお，勾配ブースティングの具体的なアルゴリズムには，XGBoost，LightGBM，CatBoost など，様々なものが存在します．これらのアルゴリズムは，それぞれ独自の工夫が凝らされており，大規模なデータセットに対しても効率的な学習を可能にしています．

勾配ブースティング

例 6.4 ある二値分類問題において，データセットが次のように与えられているとする．

データ番号	1	2	3	4
特徴量 x	3.8	2.2	4.1	1.9
クラス y	1	1	0	0

このデータセットに対して，勾配ブースティングを用いて学習を行う．使用する決定木の数は 2，学習率を $\eta = 0.1$，決定木の深さを 1 とする．また，初期の予測値はすべてのデータで対数オッズ 0（クラス 1 とクラス 0 の確率が等しい状態）とする．ジニ不純度に基づいて情報利得を計算し，最終的な各データの予測値を求めよ．

(解答)

勾配ブースティングのアルゴリズムは以下の手順で進行する．

(1) **初期化**: 初期の予測値（対数オッズ）は $f_0(x) = 0$ である．

(2) **決定木 1 の学習と予測**: 現在の予測値に基づいて残差を計算する．残差 r_i は，現在の予測と実際の目的変数 y_i との間の差である．対数オッズ 0 に対する確率は $p = \frac{1}{1+e^0} = 0.5$ である．これに基づいて残差 $r_i = y_i - p = y_i - 0.5$ を計算する．各データについての残差は以下の通りである．

データ 1: $r_1 = 1 - 0.5 = 0.5$,　データ 2: $r_2 = 1 - 0.5 = 0.5$,
データ 3: $r_3 = 0 - 0.5 = -0.5$,　データ 4: $r_4 = 0 - 0.5 = -0.5$

次に，ジニ不純度を計算して最適な分割点を決定する．

分割点候補: 特徴量 x の分割点候補点を，$x = 2.05, x = 3.0, x = 3.95$ とする．これらは，それぞれ 1.9 と 2.2，2.2 と 3.8，3.8 と 4.1 の中点である．

分割点 $x = 2.05$ **の場合**:

- 左側（$x \leq 2.05$）のデータ: データ 4（残差 $r_4 = -0.5$, クラス $y = 0$），ジニ不純度 = 0
- 右側（$x > 2.05$）のデータ: データ 1, データ 2, データ 3（残差 $r_1 = 0.5, r_2 = 0.5, r_3 = -0.5$）であり，クラス 1 の割合 = $\frac{2}{3}$，クラス 0 の割合 = $\frac{1}{3}$ なので，ジニ不純度 = $1 - (\frac{2}{3})^2 - (\frac{1}{3})^2 = 0.444$

分割点 $x = 3.0$ **の場合**:

- 左側（$x \leq 3.0$）のデータ: データ 2, データ 4（残差 $r_2 = 0.5, r_4 = -0.5$），ジニ不純度 = $1 - (\frac{1}{2})^2 - (\frac{1}{2})^2 = 0.5$
- 右側（$x > 3.0$）のデータ: データ 1, データ 3（残差 $r_1 = 0.5, r_3 = -0.5$），ジニ不純度 = 0.5

分割点 $x = 3.95$ **の場合**:

- 左側（$x \leq 3.95$）のデータ: データ 1, データ 2, データ 4（残差 $r_1 = 0.5, r_2 = 0.5, r_4 = -0.5$），ジニ不純度 = 0.444
- 右側（$x > 3.95$）のデータ: データ 3（残差 $r_3 = -0.5$），ジニ不純度 = 0

情報利得の計算:

- 分割点 $x = 2.05$ の情報利得 = $\left(1 - \left(\frac{1}{2}\right)^2 - \left(\frac{1}{2}\right)^2\right) - \left(\frac{1}{4} \times 0 + \frac{3}{4} \times 0.444\right) = 0.167$

- 分割点 $x = 3.0$ の情報利得 $= 0.5 - \left(\frac{2}{4} \times 0.5 + \frac{2}{4} \times 0.5\right) = 0$
- 分割点 $x = 3.95$ の情報利得 $= 0.5 - \left(\frac{3}{4} \times 0.444 + \frac{1}{4} \times 0\right) = 0.167$

この場合，分割点 $x = 2.05$ と $x = 3.95$ の情報利得が同じだが，ここでは $x = 2.05$ を選ぶことにする．

決定木 1 の予測:

- $x \leq 2.05$ の場合: 平均残差は -0.5
- $x > 2.05$ の場合: 平均残差は $0.1667 \approx \frac{0.5+0.5-0.5}{3}$ (データ 1, データ 2, データ 3 の平均)

(3) **予測値の更新**: 決定木 1 の出力（残差）に学習率をかけて，対数オッズ予測を更新する．更新後の予測値 $f_1(x)$ は次のように計算する．残差は負の値となることがあるため，残差は対数オッズに変換せずに，そのまま利用する．

$$f_1(x) = f_0(x) + \eta \times \text{決定木 1 の予測}$$

各データの更新後の予測値は以下の通りである．

- データ 4: $f_1(x) = 0 + 0.1 \times (-0.5) = -0.05$
- データ 1, データ 2, データ 3: $f_1(x) = 0 + 0.1 \times 0.1667 \approx 0.01667$

(4) **決定木 2 の学習と予測**: 再度，現在の予測値に基づいて新しい残差を計算し，それを目的変数として決定木 2 を構築する．ここでも分割点候補に基づいてジニ不純度を計算し，分割点を選定するが，ジニ不純度と情報利得の結果は決定木 1 と全く同じになるのでこれらの計算については省略する．

ここでは，分割点として $x = 3.95$ を選定する．なお，対数オッズ $f(x)$ から確率 p への変換は，$p = \frac{1}{1+e^{-f(x)}}$ で行う．

新しい残差の計算:

- データ 1: $r_1 = y_1 - \frac{1}{1+e^{-f_1(x)}} = 1 - \frac{1}{1+e^{-0.01667}} \approx 1 - 0.5042 \approx 0.4958$
- データ 2: $r_2 = y_2 - \frac{1}{1+e^{-f_1(x)}} = 1 - \frac{1}{1+e^{-0.01667}} \approx 1 - 0.5042 \approx 0.4958$
- データ 3: $r_3 = y_3 - \frac{1}{1+e^{f_1(x)}} = 0 - \frac{1}{1+e^{0.01667}} \approx 0 - 0.4958 \approx -0.4958$
- データ 4: $r_4 = y_4 - \frac{1}{1+e^{f_1(x)}} = 0 - \frac{1}{1+e^{0.05}} \approx 0 - 0.4875 \approx -0.4875$

決定木 2 の予測:

- $x \leq 3.95$ の場合: 平均残差は $(0.4958 + 0.4958 - 0.4875)/3 \approx 0.168$
- $x > 3.95$ の場合: 残差 = -0.4958

(5) **予測値の更新**: 決定木 2 の予測値に学習率をかけて，現在の予測値に加算する．

$$f_2(x) = f_1(x) + \eta \times \text{決定木 2 の予測}$$

各データの更新後の予測値は以下の通りである．

- データ 1: $f_2(x) = 0.01667 + 0.1 \times 0.168 \approx 0.0335$
- データ 2: $f_2(x) = 0.01667 + 0.1 \times 0.168 \approx 0.0335$
- データ 3: $f_2(x) = 0.01667 + 0.1 \times -0.4958 \approx -0.0333$
- データ 4: $f_2(x) = -0.05 + 0.1 \times 0.168 \approx -0.0332$

(6) **最終予測値の確率への変換**:

各データの確率は以下の通りである．

- データ 1: $p = \frac{1}{1+e^{-0.0335}} \approx 0.508$（クラス 1）
- データ 2: $p = \frac{1}{1+e^{-0.0335}} \approx 0.508$（クラス 1）
- データ 3: $p = \frac{1}{1+e^{0.0333}} \approx 0.491$（クラス 0）
- データ 4: $p = \frac{1}{1+e^{0.0332}} \approx 0.491$（クラス 0）

この結果，データ 1 とデータ 2 はクラス 1 に，データ 3 とデータ 4 はクラス 0 に分類される．　■

■■■■■■ 確認問題 ■■■■■■■■■■■■■■■■■■■■■■■■■■■■■■■■■■■

確認問題 6.1　決定木において，過学習を低減し，モデルを制御するために行われる工夫は何か？

(1) 次元削減　(2) ドロップアウト　(3) 早期終了　(4) 剪定

確認問題 6.2　決定木において，あるノードに属するデータがすべて同じクラスに属している状態を何というか？

(1) 不純　(2) 純粋　(3) 過学習　(4) 剪定

確認問題 6.3　決定木において，情報利得が最大となる特徴量でデータを分割する理由は何か？

(1) 計算コストを削減するため　(2) 過学習を抑制するため

(3) 分岐の数を減らすため　(4) データの不純度を最も減らすため

確認問題 6.4　ジニ不純度の値が 0.5 となるのは，どのような状況か？

(1) すべてのデータが同じクラスに属している　(2) クラスが完全にランダムに混ざり合っている

(3) 二値分類で各クラスのデータ数が等しい　(4) 多クラス分類で各クラスのデータ数が等しい

確認問題 6.5　ランダムフォレストにおいて，各決定木を学習するために用いられるデータセットは何か？

(1) 元のデータセット全体

(2) 元のデータセットから重複を許してサンプリングされたデータセット

(3) 元のデータセットから重複を許さずにサンプリングされたデータセット

(4) 各決定木ごとに異なる特徴量のみを用いたデータセット

確認問題 6.6　勾配ブースティングにおいて，各決定木は何を予測するように学習するか？

(1) 目的変数そのもの　(2) 前の決定木の予測誤差

(3) 各特徴量の重要度　(4) データの不純度

確認問題 6.7　勾配ブースティングにおいて，学習率の役割は何か？

(1) 計算時間を短縮する　(2) 過学習を抑制する

(3) 弱学習器の数を調整する　(4) 各決定木の予測値の影響度を調整する

確認問題 6.8　ランダムフォレストにおいて，複数の決定木を用いることの主な利点は何か？

(1) 計算時間を短縮できる　(2) メモリ使用量を削減できる

(3) 過学習を防ぎ，汎化性能を高めることができる　(4) 特徴量の重要度を正確に評価できる

確認問題 6.9　決定木モデルの意味解釈可能性を高めるためには，どのような方法が有効か？

(1) 決定木の数を増やす　(2) 決定木の深さを制限する　(3) 学習率を小さくする　(4) 特徴量の数を減らす

確認問題 6.10　アンサンブル学習の主な目的は何か？

(1) 計算時間を短縮する　(2) メモリ使用量を削減する

(3) 複数のモデルの予測結果を統合することで，単一のモデルよりも高い性能を得る

(4) それぞれのモデルの弱点を補完し合うことで，よりロバストなモデルを構築する

確認問題 6.11　エントロピーに基づく情報利得を計算する際に，親ノードのエントロピーが最大になるのはどのような場合か？

(1) すべてのデータが同じクラスに属している場合　(2) クラスが均等に混じっている場合

(3) すべてのデータが異なるクラスに属している場合　(4) クラスが 1 つしかない場合

確認問題 6.12　ジニ不純度に基づく情報利得を計算する際に，親ノードのジニ不純度が最小になるのはどのような場合か？

(1) すべてのデータが同じクラスに属している場合　(2) クラスが均等に混じっている場合

(3) すべてのデータが異なるクラスに属している場合　(4) クラスが 1 つしかない場合

確認問題 6.13　ブースティングの主な特徴は次のうちどれか？

(1) 複数のモデルを並列に学習する　(2) 複数のモデルを逐次的に学習する

(3) 単一のモデルを繰り返し学習する　(4) 複数のモデルを無視する

確認問題 6.14　ある決定木の親ノードとその子ノードに，以下のようにデータが分類されているとする．

- 親ノード：クラス A が 5 個，クラス B が 10 個
- 左側の子ノード：クラス A が 4 個，クラス B が 1 個
- 右側の子ノード：クラス A が 1 個，クラス B が 9 個

この分割に対して，以下の 3 つの不純度指標に基づく情報利得を計算せよ．

(1) エントロピー　(2) ジニ不純度　(3) 分類誤差

第7章

ナイーブベイズ分類

ナイーブベイズ（naive Bayes）は，ベイズの定理に基づいた分類アルゴリズムで，テキスト分類などに利用されています．このアルゴリズムは，**単純ベイズ**と呼ばれることもあります．

本章では，ナイーブベイズ分類アルゴリズムについて詳細に説明します．また，分類のモデル性能評価で使用される混同行列と主な指標についても説明します．混同行列は，分類結果を視覚的に分かりやすく表示するのに役立ちます．

7.1　ベイズの定理

まずは，確率統計で学ぶベイズの定理について復習しましょう．ベイズの定理は，条件付き確率を用いて，ある事象が発生したという情報を得たときに，その原因となった事象の確率を更新するための強力なツールです．事前の知識や経験に基づいた，事象の発生確率の推定値（事前確率）と，観測データに基づく情報（尤度）を組み合わせることで，事象の発生確率に関するより確からしい推定（事後確率）を得ることができます．

ベイズの定理

定理 7.1　事象 $A_1, A_2, \ldots, A_n$ が互いに排反であり，標本空間 Ω がこれらの和集合で表される，つまり，

$$\Omega = A_1 \cup A_2 \cup \cdots \cup A_n$$

ならば，任意の事象 B に対して次が成り立つ．

全確率の定理

$$\begin{aligned} P(B) &= P(A_1)P(B|A_1) + \cdots + P(A_n)P(B|A_n) \\ &= \sum_{i=1}^{n} P(A_i)P(B|A_i) \end{aligned}$$

ベイズの定理

$$P(A_i|B) = \frac{P(B \cap A_i)}{P(B)} = \frac{P(A_i)P(B|A_i)}{\sum_{i=1}^{n} P(A_i)P(B|A_i)}$$

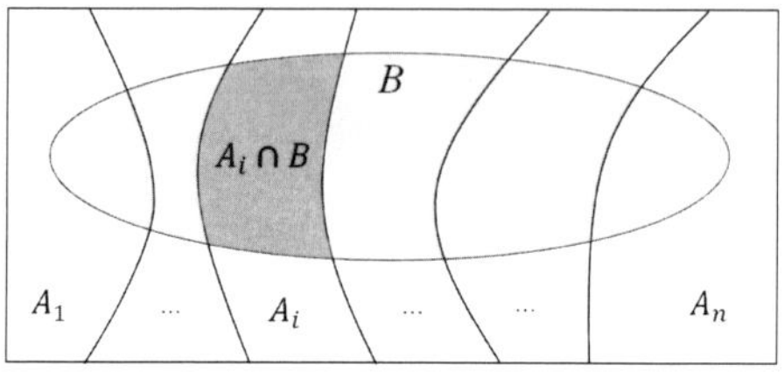

図 7.1　$B = \bigcup_{i=1}^{n}(A_i \cap B)$

ここで，**事前確率** (prior probability) $P(A_i)$ は，観測データ B が得られる前のパラメーター A_i の確率を表します．また，**尤度** (likelihood) $P(B|A_i)$ は，パラメーター A_i が真である (事象 A_i が起こった) と仮定した場合に観測データ B が得られる確率を表します．「尤度が高くなる」ということは，特定のパラメーター値 A_i が与えられたときに観測データ B が得られる確率が高い，つまり，そのパラメーター値 A_i が観測データ B を説明するのに適しているということを意味します．尤度が高いほど，そのパラメーター A_i が真である可能性が高くなります．一方，**事後確率** (posterior probability) $P(A_i|B)$ は，観測データ B が得られた後のパラメーター A_i の確率を表します．

ベイズの定理を使うと，

- メールがスパムである確率を，メールに含まれる単語に基づいて判断する
- 患者が特定の病気にかかっている確率を，検査結果に基づいて予測する

といったことが可能になります．

ベイズの定理

例 7.1 ある薬物検査法について，以下の事象を考える．
事象 A**：** 検査により，被検査者は陽性と判断される
事象 B**：** 被検査者は，実際に薬物を使用している
$P(A|B) = 0.98$ (薬物使用者を陽性と判断する確率), $P(A|B^c) = 0.005$ (薬物非使用者を陽性と判断する確率), $P(B) = 0.001$(薬物使用者の割合) が与えられたとき，検査結果が陽性のときに被検査者が本当に薬物を使用している確率 $P(B|A)$ を求めよ．なお，B^c は B の余事象である．

(解答)
全確率の定理より，

$$\begin{aligned}P(A) &= P(B)P(A|B) + P(B^c)P(A|B^c) = 0.001 \times 0.98 + (1 - 0.001) \times 0.005 \\ &= 0.00098 + 0.999 \times 0.005 = 0.00098 + 0.004995 = 0.005975\end{aligned}$$

なので，ベイズの定理より，

$$P(B|A) = \frac{P(A|B)P(B)}{P(A)} = \frac{0.00098}{0.005975} = \frac{196}{1195} \approx 0.164$$

である．
つまり，検査結果が陽性であっても，実際に薬物を使用している確率は約 16.4% と比較的低いことが分かる．これは，薬物使用者の割合が非常に低いため，誤検出（薬物非使用者を陽性と判断する）の影響が大きくなるためである． ■

問 7.1 A 町は 3 つの地区からなり，それらの地区の世帯数を A_1, A_2, A_3 とすると，これらの割合は，それぞれ 0.3, 0.5, 0.2 である．また，A_1，A_2，A_3 の中で有料動画配信サービスに加入している世帯の割合は，それぞれ 0.3，0.4，0.2 である．このとき，A 町の世帯のうち，有料動画配信サービスに加入している割合を求めよ．また，A 町の世帯のうち，有料動画配信サービスに入っている世帯が A_1 である確率を求めよ．

7.2 ナイーブベイズ分類

ナイーブベイズ分類は，ベイズの定理に基づいた分類アルゴリズムです．説明変数 $x_1, x_2, \ldots, x_p$ が与えられたときに，目的変数 y がどのクラスに属するかを確率的に予測します．テキスト分類やスパムフィルターなど，様々な分野で広く利用されています．

y を目的変数，説明変数を $x_1, x_2, \ldots, x_p$ とします．ベイズの定理において $A_i = \{y\}$, $B = \{x_1, x_2, \ldots, x_p\}$ とすれば，そのサンプルがクラス y に属する確率は次のように計算できます．

$$P(y \mid x_1, \ldots, x_p) = \frac{P(y)P(x_1, \ldots x_p \mid y)}{P(x_1, \ldots, x_p)} \tag{7.1}$$

$P(y)$ が事前確率，$P(x_1, \ldots x_p \mid y)$ が尤度，$P(y \mid x_1, \ldots, x_p)$ が事後確率です．

ナイーブベイズのナイーブは，各説明変数が互いに独立であるという単純な仮定，つまり，

$$P(X|y) = P(x_1, x_2, \ldots, x_p|y) = P(x_1|y)P(x_2|y) \cdots P(x_p|y) = \prod_{i=1}^{p} P(x_i \mid y) \tag{7.2}$$

が成立するという仮定に由来します．ここで，$X = \{x_1, x_2, \ldots, x_p\}$ とします．

この仮定のもとでは，すべての i について，式を次のように変形できます．

$$P(y \mid X) = \frac{P(y)\prod_{i=1}^{p} P(x_i \mid y)}{P(X)} = \frac{P(y)P(X|y)}{P(X)} \tag{7.3}$$

$P(X)$ は手元のデータセットに関して一定の値なので，$P(y \mid X)$ の大小には影響しません．そのため，(7.3) の分子だけを考えます．

$$P(y|X) \propto P(y)\prod_{i=1}^{p} P(x_i \mid y) \tag{7.4}$$

ここで，$\propto$ は比例を表します．

ナイーブベイズ分類器は，計算された確率 $P(y|X)$ に基づいて，サンプル X を最も確率の高いクラス $\hat{y}$ に分類します．

$$\hat{y} = \operatorname*{argmax}_{y} P(y)\prod_{i=1}^{p} P(x_i \mid y) \tag{7.5}$$

ここで，argmax は，関数を最大にする引数を求める演算子です．

ただし，(7.5) の右辺は小さな数の積なので，アンダーフローを起こす可能性があります．そこで，右辺の計算では log を取って積の計算を和に変換し，

$$\hat{y} = \operatorname*{argmax}_{y} \left\{ \log P(y) + \sum_{i=1}^{p} \log P(x_i|y) \right\} \tag{7.6}$$

として $\hat{y}$ を求めます．

例えば，迷惑メール分類において，$X = \{x_1, x_2, x_3, \ldots, x_p\}$ を対象とする単語の集合とすれば，各単語が含まれるか否かの組み合わせは 2^p 通りとなり計算量が多くなります．しかし，ナイーブベイズでは，各単語が使われる事象は独立だと仮定するので，(7.2) より，p 通りの条件付き確率を考えればよいことになります．

迷惑メール分類

例 7.2　事象 A を迷惑メール，その余事象 A^c を通常のメールとし，事前確率を $P(A) = 0.2$ とする．このとき，$P(A^c) = 0.8$ である．また，あるメールに単語 x_1 =「当選」と x_2 =「緊急のご連絡」が含まれているとし，それぞれの単語が迷惑メールと通常のメールに含まれる条件付き確率が以下のように与えられているとする．

$$P(x_1|A) = \frac{1}{3}, \quad P(x_2|A) = \frac{2}{3}, \quad P(x_1|A^c) = \frac{1}{6}, \quad P(x_2|A^c) = \frac{1}{8}$$

ナイーブベイズ分類に基づき，このメールが迷惑メールである確率 $P(A|x_1, x_2)$ を求めよ．

(解答)

ナイーブベイズの仮定（各単語の出現は独立）を用いると，以下の式が成り立つ．

$$P(A|x_1, x_2) \propto P(x_1, x_2|A)P(A) = P(x_1|A)P(x_2|A)P(A) = \frac{1}{3} \times \frac{2}{3} \times 0.2 = \frac{2}{45}$$

$$P(A^c|x_1, x_2) \propto P(x_1, x_2|A^c)P(A^c) = P(x_1|A^c)P(x_2|A^c)P(A^c) = \frac{1}{6} \times \frac{1}{8} \times 0.8 = \frac{1}{60}$$

これより，$P(A|x_1, x_2) > P(A^c|x_1, x_2)$ なので，x_1 と x_2 を含むメールを，迷惑メールと判断する．
したがって，

$$P(A|x_1, x_2) = \frac{P(x_1, x_2|A)P(A)}{P(x_1, x_2|A)P(A) + P(x_1, x_2|A^c)P(A^c)} = \frac{\frac{2}{45}}{\frac{2}{45} + \frac{1}{60}} = \frac{8}{8+3} = \frac{8}{11} \approx 0.727$$

である．つまり，単語「当選」と「緊急のご連絡」を含むメールが迷惑メールである確率は約 72.7% と推定される．
何も情報がないときは，迷惑メールの確率は $P(A) = 0.2$ だが，x_1 と x_2 を含むという情報が入れば，迷惑メールの確率が 0.727 に上がる． ■

7.3 文書分類

文書分類とは，与えられた文書に対して，例えばそのカテゴリー（スポーツ，政治，経済など），トピック，またはタグを割り当てるタスクです．文書分類には，**Bag-of-Words**（BoW）という手法がよく用いられます．

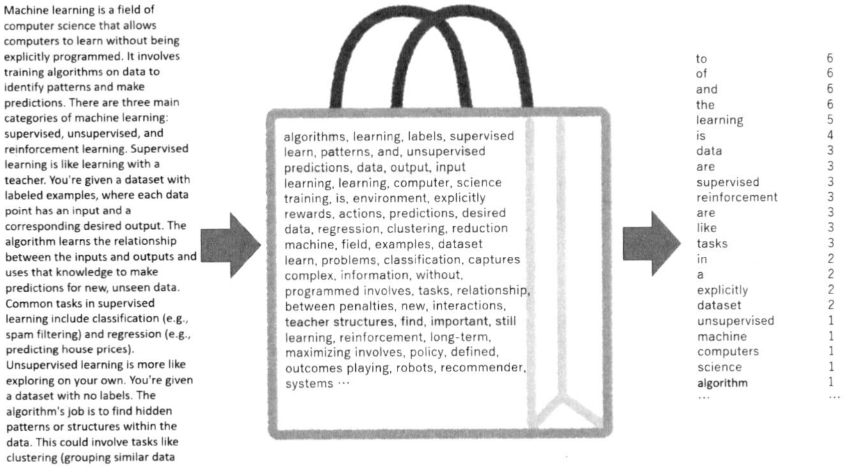

図 7.2　Bag-of-Words のイメージ

Bag-of-Words は，文書を単語の集合として表現する手法です．単語の出現順序や文脈は無視し，各単語の出現頻度のみを考慮します．このモデルは，文書を確率で表す際に以下の仮定を置きます．

(1) 文書は単語の並びである．
(2) 文書中のある単語が現れる確率は他の単語に依存しない．（単語間の独立性）
(3) 文書中のある単語が i 番目に現れる確率は i に依存しない．（単語の出現位置は考慮しない）

これらの仮定と (7.2) より，条件付き確率 $P(X|y)$ は，カテゴリー y の文書が単語の集合 $X = \{x_1, x_2, \ldots, x_p\}$($x_i$ はある単語) で構成されているとき，次のように表されます．

$$P(X|y) = \prod_{i=1}^{p} P(x_i|y) \tag{7.7}$$

これは,

$$P(X|y) = \frac{x_1\text{の出現回数}}{y\text{の総単語数}} \times \frac{x_2\text{の出現回数}}{y\text{の総単語数}} \times \cdots \times \frac{x_p\text{の出現回数}}{y\text{の総単語数}}$$

と表されることを意味します．ここで，カテゴリ y の文書において x_i が 1 回出現する確率を p_i とし，出現回数を c_i とすれば,

$$P(X|y) = \prod_{i=1}^{p} p_i^{c_i} \tag{7.8}$$

(7.8) の右辺は，多項分布とほぼ同じ形をしています．そのため，文書分類でナイーブベイズを用いる際には，**多項分布ナイーブベイズ** (multinomial naive Bayes) が用いられます．念のため，多項分布を示しておきましょう．

多項分布

定理 7.2　事象 $A_1, A_2, \ldots, A_k$ は互いに排反で，各事象が起こる確率を $p_i = P(A_i)(i = 1, 2, \ldots, k, \sum_{i=1}^{k} p_i = 1)$ とし，n 個の無作為標本を抽出したとき，A_i が出現した回数を $X_i(i = 1, 2, \ldots, k, \sum_{i=1}^{k} X_i = n)$ とする．このとき,

$$P(X_1 = x_1, X_2 = x_2, \ldots, X_k = x_k) = \frac{n!}{x_1!x_2!\cdots x_k!} p_1^{x_1} p_2^{x_2} \cdots p_k^{x_k} \tag{7.9}$$

が成り立つ．なお，(7.9) の右辺を**多項分布** (multinomial distribution) といい，$p(n; p_1, p_2, \ldots, p_k)$ で表す．

多項分布は，複数のカテゴリーがどれだけ観測されるかの確率を表しているので，多項分布ナイーブベイズは出現数または出現レートを表す特徴量に適しています．

問 7.2　Bag-of-Words は，意味も考えずにキーワードを拾っているだけです．自分は教科書や試験問題などを読むとき，そのようなことをしていないか？ 振り返ってみよう．

7.4　TF-IDF

文書分類において，全ての文書に頻繁に出現する単語（例：「の」「は」「に」など）は，文書の特徴を捉える上で重要度が低いと考えられます．逆に，特定の文書にのみ出現する単語は，その文書の特徴を強く表していると考えることができます．このような観点から，単語の重要度を調整する手法として，**TF-IDF**（Term Frequency - Inverse Document Frequency）が用いられます．

1つの文書中における単語の出現頻度（TF: Term Frequency）に，全文書におけるその単語の出現頻度（DF: Document Frequency）の逆数を掛けることで，単語の重みを調整します．

文書 d における単語 t の出現回数を $n_{d(t)}$ とし，全単語数を T とすると，TF は

$$TF_{d(t)} = \frac{n_{d(t)}}{\sum_{t=1}^{T} n_{d(t)}}$$

と表せます．

一方，Inverse Document Frequency（IDF:文書頻度の逆数）は，単語 t が出現する文書が全文書中に占める割合の逆数であり，単語 t が一部の文書にどれだけ現れるかを示します．具体的には，$df(t)$ を単語 t が出現する文書数とし，N を全文書数としたとき，単語 t に対する IDF を

$$IDF(t) = \log\left(\frac{N}{df(t)+1}\right)$$

と定義します．

$IDF(t)$ が大きいほど，単語 t が出現する文書数 $df(t)$ は少なくなります．全文書数 N が大きくなるほど，$\frac{N}{df(t)}$ の値が大きくなりやすいため，log を取ることでスケールを調整し，分母に 1 を加えることでゼロ除算を回避しています．

TF-IDF はこれらを掛け合わせたもので，文書 d における単語 t の $TF-IDF_{d(t)}$ は次のようになります．

$$TF-IDF_{d(t)} = TF_{d(t)} \times IDF(t)$$

対象とする文書 d に単語 t が頻繁に登場し（$TF_{d(t)}$ が高くなり），しかも，その単語が他の文書ではあまり現れない（$IDF(t)$ が高くなる）場合，$TF-IDF_{d(t)}$ の値は大きくなります．結局のところ，$TF-IDF_{d(t)}$ は単語 t が文書 d にとってどれだけ重要かを示す指標になっています．

TF-IDF は，文書分類，情報検索，テキストマイニングなど，様々な自然言語処理タスクで広く利用されています．例えば，文書分類では，TF-IDF 値の高い単語を特徴量として用いることで，文書の特徴を効果的に捉え，分類精度を向上させることができます．

7.5　ゼロ頻度問題

訓練データに 1 つも含まれない単語（未知語）があると，その単語の出現頻度は 0 となり，(7.8) の確率が 0 になってしまいます．この問題を**ゼロ頻度問題** (zero frequency problem) と呼びます．ゼロ頻度問題は**頻度ゼロ問題**ともいいます．ゼロ頻度問題が発生すると，未知語を含む文書のクラス確率が 0 となり，正しい分類ができなくなる可能性があります．

ゼロ頻度問題を回避するために，**スムージング** (smoothing) と呼ばれる補正を行います．スムージングは，全ての単語の出現頻度に小さな値を加えることで，ゼロ頻度問題を解消します．代表的なスムージング手法として，**加算スムージング** (additive smoothing) があります．加算スムージングでは，カテゴリー y の文書における単語 x_i の出現回数を $\mathrm{cnt}(x_i, y)$ としたとき，条件付き確率 $P(x_i|y)$ を次のように補正します．

$$P(x_i|y) = \frac{x_i\text{の出現回数}}{y\text{ の総単語数}} = \frac{\mathrm{cnt}(x_i, y)}{\sum_{i=1}^{p} \mathrm{cnt}(x_i, y)} \approx \frac{\mathrm{cnt}(x_i, y) + \alpha}{\sum_{i=1}^{p} \{\mathrm{cnt}(x_i, y) + \alpha\}} = \frac{\mathrm{cnt}(x_i, y) + \alpha}{\sum_{i=1}^{p} \mathrm{cnt}(x_i, y) + p\alpha} \tag{7.10}$$

ここで，α はスムージングの強さを調整するパラメータです．特に，$\alpha = 1$ の場合を**ラプラススムージング** (Laplace smoothing) または **1-加算スムージング** (add-one smoothing) と呼びます．

ナイーブベイズ分類

例 7.3 文書を Y_1, Y_2, Y_3 の 3 つのカテゴリーに分類することを考える．相異なる単語を X_1, X_2 とし，$X = \{X_1, X_2\}$ とするとき，訓練データにより，以下のような事前確率と尤度が得られたとする．

	Y_1	Y_2	Y_3
事前確率	$P(Y_1) = \frac{2}{4}$	$P(Y_2) = \frac{1}{4}$	$P(Y_3) = \frac{1}{4}$

	Y_1	Y_2	Y_3
X_1	$P(X_1\|Y_1) = \frac{3}{6}$	$P(X_1\|Y_2) = \frac{1}{4}$	$P(X_1\|Y_3) = \frac{1}{3}$
X_2	$P(X_2\|Y_1) = \frac{2}{6}$	$P(X_2\|Y_2) = \frac{1}{4}$	$P(X_2\|Y_3) = \frac{0}{3}$

ある文書に単語 X_1, X_2 が 1 つずつ含まれているとき，ナイーブベイズ分類器により，この文書はどのカテゴリーに分類されるか？ 頻度ゼロ問題が発生する場合は，加算スムージング（ラプラススムージング）を行うこととする．ただし，訓練データの全単語数（重複は除く）は 8 とする．

(解答)
まず，スムージングを行う前の事後確率を計算する．

$$P(Y_1|X) \propto P(Y_1)P(X|Y_1) = P(Y_1)P(X_1|Y_1)P(X_2|Y_1) = \frac{2}{4} \cdot \frac{3}{6} \cdot \frac{2}{6} = \frac{1}{12}$$
$$P(Y_2|X) \propto P(Y_2)P(X|Y_2) = P(Y_2)P(X_1|Y_2)P(X_2|Y_2) = \frac{1}{4} \cdot \frac{1}{4} \cdot \frac{1}{4} = \frac{1}{64}$$
$$P(Y_3|X) \propto P(Y_3)P(X|Y_3) = P(Y_3)P(X_1|Y_3)P(X_2|Y_3) = \frac{1}{4} \cdot \frac{1}{3} \cdot \frac{0}{3} = 0$$

スムージングを行う前は，$P(Y_1|X) > P(Y_2|X) > P(Y_3|X)$ より，この文書はクラス Y_1 に分類される．しかし，$P(X_2|Y_3) = 0$ となり，ゼロ頻度問題が発生している．
そこで，ラプラススムージングを適用し，各尤度を以下のように補正する．こうすれば，単語 X_2 がカテゴリー Y_3 になくても確率が 0 とならない．

	Y_1	Y_2	Y_3
X_1	$P(X_1\|Y_1) = \frac{3+1}{6+8} = \frac{4}{14}$	$P(X_1\|Y_2) = \frac{1+1}{4+8} = \frac{2}{12}$	$P(X_1\|Y_3) = \frac{1+1}{3+8} = \frac{2}{11}$
X_2	$P(X_2\|Y_1) = \frac{2+1}{6+8} = \frac{3}{14}$	$P(X_2\|Y_2) = \frac{1+1}{4+8} = \frac{2}{12}$	$P(X_2\|Y_3) = \frac{0+1}{3+8} = \frac{1}{11}$

スムージング後の事後確率を計算すると，

$$P(Y_1|X) \propto P(Y_1)P(X_1|Y_1)P(X_2|Y_1) = \frac{2}{4} \cdot \frac{4}{14} \cdot \frac{3}{14} = \frac{3}{98}$$
$$P(Y_2|X) \propto P(Y_2)P(X_1|Y_2)P(X_2|Y_2) = \frac{1}{4} \cdot \frac{2}{12} \cdot \frac{2}{12} = \frac{1}{144}$$
$$P(Y_3|X) \propto P(Y_3)P(X_1|Y_3)P(X_2|Y_3) = \frac{1}{4} \cdot \frac{2}{11} \cdot \frac{1}{11} = \frac{1}{242}$$

であり，$P(Y_1|X) > P(Y_2|X) > P(Y_3|X)$ より，この文書はクラス Y_1 に分類される． ■

問 7.3 X_1, X_2, X_3 は相異なる単語，Y_1, Y_2 は，それぞれ文書のクラスとする．訓練データの学習により，右のような事前確率と尤度が得られた．ここで，$i = 1, 2, 3$ に対して，$X_i = 0$ は X_i を含まず，$X_i = 1$ は X_i を含むことを表す．また，尤度は加算スムージング後の値である．ある文書に，単語 X_1 と X_2 が含まれておらず，単語 X_3 だけが含まれているとする．このとき，この文書が Y_1 と Y_2 のどちらに分類されるかを単純ベイズ分類器で分類せよ．

	文書 Y_1	文書 Y_2
事前確率	$P(Y_1) = \frac{3}{7}$	$P(Y_2) = \frac{4}{7}$

文書 Y_1	文書 Y_2
$P(X_1 = 0 \mid Y_1) = \frac{2}{3}$ $P(X_1 = 1 \mid Y_1) = \frac{1}{3}$	$P(X_1 = 0 \mid Y_2) = \frac{1}{4}$ $P(X_1 = 1 \mid Y_2) = \frac{3}{4}$
$P(X_2 = 0 \mid Y_1) = \frac{1}{3}$ $P(X_2 = 1 \mid Y_1) = \frac{2}{3}$	$P(X_2 = 0 \mid Y_2) = \frac{1}{2}$ $P(X_2 = 1 \mid Y_2) = \frac{1}{2}$
$P(X_3 = 0 \mid Y_1) = \frac{1}{3}$ $P(X_3 = 1 \mid Y_1) = \frac{2}{3}$	$P(X_3 = 0 \mid Y_2) = \frac{1}{2}$ $P(X_3 = 1 \mid Y_2) = \frac{1}{2}$

7.6 ガウシアンナイーブベイズ分類

説明変数が連続値の場合，ナイーブベイズ分類を適用する際に，各説明変数が正規分布（ガウス分布）に従うと仮定することで，モデルの構築と計算が容易になります．このアプローチを**ガウシアンナイーブベイズ** (Gaussian naive Bayes) と呼びます．例えば，身長や体重，気温などのデータは連続値であり，これらを扱うときはガウシアンナイーブベイズが適しています．

ガウシアンナイーブベイズでは，(7.4) の尤度の部分が正規分布の確率密度関数で表されます．

$$P(y)P(X|y) = P(y)\prod_{i=1}^{p} P(x_i \mid y) = P(y)\prod_{i=1}^{p} \frac{1}{\sqrt{2\pi\sigma_y^2}} \exp\left(-\frac{(x_i - \mu_y)^2}{2\sigma_y^2}\right) \tag{7.11}$$

ここで，μ_y はクラス y における説明変数 x_i の平均値，σ_y^2 はクラス y における説明変数 x_i の分散です．これは，各クラス y ごとに，説明変数 x_i の平均値 μ_y と標準偏差 σ_y を用いてモデル化していることを意味します．これらのパラメータは，訓練データから推定されます．

このとき，(7.6) は以下のようになります．

$$\hat{y} = \underset{y}{\operatorname{argmax}} \left\{ \log P(y) - \frac{1}{2}\sum_{i=1}^{p} \log(2\pi) - \frac{1}{2}\sum_{i=1}^{p} \log(\sigma_y^2) - \frac{1}{2}\sum_{i=1}^{p} \left(\frac{(x_i - \mu_y)^2}{\sigma_y^2} \right) \right\} \tag{7.12}$$

ただし，$P(y)$ と σ_y^2 がコンピュータ上ではゼロになる可能性があるので，実際には，十分小さい $\varepsilon > 0$ を用いて，以下のように計算します．

$$\hat{y} = \underset{y}{\operatorname{argmax}} \left\{ \log(P(y) + \varepsilon) - \frac{1}{2}\sum_{i=1}^{p} \log(2\pi) - \frac{1}{2}\sum_{i=1}^{p} \log(\sigma_y^2 + \varepsilon) - \frac{1}{2}\sum_{i=1}^{p} \left(\frac{(x_i - \mu_y)^2}{\sigma_y^2 + \varepsilon} \right) \right\} \tag{7.13}$$

この式を用いて，新しいデータ X がどのクラスに属するかの確率を計算し，最も確率の高いクラスに分類します．

これまでの説明を踏まえると，ナイーブベイズ分類のアルゴリズムは以下のようになります．

ナイーブベイズ分類のアルゴリズム

学習 (1) 各クラス y_k の事前確率 $P(y_k)$ を計算する．

(2) 各クラス y_k と各特徴量 x_i について，条件付き確率 $P(x_i|y_k)$ を計算する．

(a) 離散特徴量の場合: 各クラスにおける特徴量の出現頻度を数え，ラプラススムージングなどの手法を用いて確率を推定する．

$$P(x_i|y_k) = \frac{\mathrm{cnt}(x_i, y_k) + \alpha}{\sum_{i=1}^{p} \mathrm{cnt}(x_i, y_k) + p\alpha}$$

(b) 連続特徴量の場合: 各クラスにおける特徴量の平均 μ_{y_k} と分散 $\sigma^2_{y_k}$ を計算し，正規分布を仮定して確率を推定する（ガウシアンナイーブベイズ）．

$$P(x_i|y_k) = \frac{1}{\sqrt{2\pi\sigma^2_{y_k}}} \exp\left(-\frac{(x_i - \mu_{y_k})^2}{2\sigma^2_{y_k}}\right)$$

予測 (1) 新しいデータサンプル $X = \{x_1, x_2, \ldots, x_p\}$ を入力として受け取る．

(2) 各クラス y_k について，対数変換した事後確率 $\log P(y_k|X)$ を計算する．

(a) 離散特徴量の場合:

$$\log P(y_k|X) \propto \log P(y_k) + \sum_{i=1}^{p} \log P(x_i|y_k)$$

(b) 連続特徴量の場合:

$$\log P(y_k|X) \propto \log(P(y_k)+\varepsilon) - \frac{1}{2}\sum_{i=1}^{p} \log(2\pi) - \frac{1}{2}\sum_{i=1}^{p} \log(\sigma^2_{y_k}+\varepsilon) - \frac{1}{2}\sum_{i=1}^{p}\left(\frac{(x_i - \mu_{y_k})^2}{\sigma^2_{y_k}+\varepsilon}\right)$$

(3) 対数変換した事後確率が最大となるクラス $\hat{y}$ を予測結果とする．

$$\hat{y} = \underset{y_k}{\mathrm{argmax}} \log P(y_k|X)$$

ガウシアンナイーブベイズ

例 7.4 あるレストランの客層を年齢 (x_1) と年収 (x_2) という 2 つの連続値の説明変数を用いて，「学生 (y_1)」，「会社員 (y_2)」，「その他 (y_3)」の 3 つのクラスに分類することを考える．過去のデータから，各クラスの事前確率と，年齢と年収の平均値と分散が以下のように得られたとする．

クラス	事前確率 $P(y)$	年齢の平均値 μ_{y1}	年齢の分散 σ^2_{y1}	年収の平均値 μ_{y2}	年収の分散 σ^2_{y2}
学生 (y_1)	0.4	20 歳	4	100 万円	16
会社員 (y_2)	0.5	35 歳	9	500 万円	100
その他 (y_3)	0.1	50 歳	25	300 万円	64

ある新しい客の年齢が 25 歳，年収が 200 万円だったとき，この客はどのクラスに分類されるか？ ガウシアンナイーブベイズを使って分類せよ．

(解答)
まず，新しい客のデータ $X = \{x_1 = 25, x_2 = 200\}$ が，各クラスに属する確率を計算する．(7.11) により，

$$P(y_1|X) \propto P(y_1)P(x_1|y_1)P(x_2|y_1)$$
$$= 0.4 \times \frac{1}{\sqrt{2\pi \cdot 4}} \exp\left(-\frac{(25-20)^2}{2 \cdot 4}\right) \times \frac{1}{\sqrt{2\pi \cdot 16}} \exp\left(-\frac{(200-100)^2}{2 \cdot 16}\right) \approx 6.70802 \times 10^{-140}$$

$$P(y_2|X) \propto P(y_2)P(x_1|y_2)P(x_2|y_2)$$
$$= 0.5 \times \frac{1}{\sqrt{2\pi \cdot 9}} \exp\left(-\frac{(25-35)^2}{2 \cdot 9}\right) \times \frac{1}{\sqrt{2\pi \cdot 100}} \exp\left(-\frac{(200-500)^2}{2 \cdot 100}\right) \approx 3.78796 \times 10^{-201}$$

$$P(y_3|X) \propto P(y_3)P(x_1|y_3)P(x_2|y_3)$$
$$= 0.1 \times \frac{1}{\sqrt{2\pi \cdot 25}} \exp\left(-\frac{(25-50)^2}{2 \cdot 25}\right) \times \frac{1}{\sqrt{2\pi \cdot 64}} \exp\left(-\frac{(200-300)^2}{2 \cdot 64}\right) \approx 1.74511 \times 10^{-43}$$

これらの確率を比較すると，$P(y_3|X)$ が最も大きいので，この新しい客は「その他」に分類される[1]． ■

問 7.4 あるテストの結果に基づいて，学生が合格したか不合格だったかを分類する問題を考える．次の表は，過去のデータから得られた各クラスの平均と分散である．

クラス	事前確率 $P(y)$	平均 μ_y	分散 σ_y^2
合格 y_1	0.5	80	64
不合格 y_2	0.5	50	100

ある学生のテストスコアが 70 点だったとき，この学生が合格か不合格かを分類せよ．

7.7 クラス分類の性能評価

二値分類の教師あり学習モデルの性能を評価するために，**混同行列** (confusion matrix) がよく用いられます．次の表に示すように，混同行列とは，実際のクラスとモデルの予測結果をそれぞれ Positive（陽）と Negative（陰）の 2 値で表し，その正誤を示す正方行列です．

表 7.1　混同行列

		クラス分類の予測結果	
		Positive	Negative
実際のクラス	Positive	True Positive (TP) 真陽性	False Negative (FN) 偽陰性 (第 2 種の誤り)
	Negative	False Positive (FP) 偽陽性 (第 1 種の誤り)	True Negative (TN) 真陰性

True Positive (TP): 実際に Positive で，予測も Positive となったデータ数（真陽性）
False Negative (FN): 実際には Positive だが，予測が Negative となったデータ数（偽陰性，第

1　ここでは近似値を示したが，x の値が小さければ小さいほど $\exp(-x)$ の値は大きくなるので，x の大きさだけを考えればよい．例えば，$P(y_1|X)$ では $\frac{5^2}{8} + \frac{100^2}{32} = \frac{2525}{8}$ であり，$P(y_3|X)$ では $\frac{25^2}{50} + \frac{100^2}{128} = \frac{725}{8}$ なので $P(y_1|X) < P(y_3|X)$ であることが分かる．主に指数関数の値が，事後確率 $P(y_i|X)$ の値に影響することに注意せよ．

2種の過誤）

False Positive (FP): 実際にはNegativeだが，予測がPositiveとなったデータ数（偽陽性，第1種の過誤）

True Negative (TN): 実際にNegativeで，予測もNegativeとなったデータ数（真陰性）

なお，統計的仮説検定において，「帰無仮説が間違い（対立仮説が正しい）」および「帰無仮説を棄却する」をPositive,「帰無仮説が正しい」および「帰無仮説を棄却しない」をNegativeとすれば，第1種の誤り「帰無仮説が正しいのに，帰無仮説を棄却する」はFPに，第2種の誤り「帰無仮説が間違いなのに，帰無仮説を棄却しない」はFNに対応します．

混同行列の各要素から，様々な評価指標を計算することができます．以下に，よく使われる指標を示します．

正解率 (accuracy) 全データ中で予測が的中した割合 (ACC).

$$ACC = \frac{TP + TN}{TP + FN + FP + TN}$$

この値が大きいほど，予測性能が高いことを意味します．

適合率 (precision) Positiveと予測したデータのうち，実際にPositiveであった割合 (PRE).

$$PRE = \frac{TP}{TP + FP}$$

適合率が高いほど，偽陽性（FP）が少ない，つまり，モデルがPositiveと予測したものの中で，実際にPositiveであるものの割合が高いことを意味します．そのため，偽陽性を減らしたい場合に重視されます．適合率は，Positiveと予測したデータの信頼性を評価する指標です．

再現率 (recall) 実際にPositiveであるデータのうち，Positiveと予測された割合 (REC).

$$REC = \frac{TP}{TP + FN}$$

再現率が高いほど，偽陰性（FN）が少ない，つまり，実際に正であるものの中で，モデルが正と予測したものの割合が高いことを意味します．そのため，偽陰性を減らしたい場合に重視されます．再現率は，Positiveなデータをどれだけ見つけられたかを評価する指標です．再現率は**感度** (sensitivity) とも呼ばれます．

特異度 (specificity) 実際にNegativeであるデータのうち，Negativeと予測された割合 (SPE).

$$SPE = \frac{TN}{TN + FP}$$

特異度が高いほど，偽陽性（FP）が少ない，つまり，実際に負であるものの中で，モデルが負と予測したものの割合が高いことを意味します．そのため，偽陽性を減らしたい場合に重視されます．特異度は，Negativeなデータをどれだけ見つけられたかを評価する指標です．特異度は**特異率**と呼ぶこともあります．

F値 (F-measure) 適合率と再現率の調和平均 (F1).

$$F1 = \frac{2}{\frac{1}{PRE} + \frac{1}{REC}} = 2\frac{PRE \times REC}{PRE + REC}$$

F 値は，適合率と再現率のバランスを考慮した指標です．どちらの指標もバランス良く高めたい場合に重視されます．適合率を上げようとすると，FP を下げることになります．FP が減るということは，Negative と判断される割合が増えるということですから，これは FN の増加を招きます．一方，再現率を上げようとすると，FN を下げることになりますが，これは FP の増加を招きます．結局，FP と FN は同時に小さくすることはできず，トレードオフの関係にあります．そのため，F 値のような指標が考えられました．F 値は **F1 スコア** (F1-score) とも呼ばれます．

これらの指標は，それぞれ異なる側面からモデルの性能を評価します．どの指標を重視するかは，問題の性質や目的に応じて適切に選択する必要があります．実際，正解率だけに着目するのは危険です．10,000 通のメールのうち，迷惑メールが 1,000 通，通常のメールが 9,000 通だった場合，分類器がすべてを通常メールと判断したとしても

	予測が迷惑メール	予測が正常メール
実際は迷惑メール	0	1,000
実際は正常メール	0	9,000

$$正解率\ (ACC) = \frac{9,000}{10,000} = 90\%, 適合率\ (PRE) = \frac{0}{0} = 計算不能, 再現率\ (REC) = \frac{0}{1,000} = 0\%$$

となります．正解率は 90% ですが，再現率は 0%，適合率は計算不能です．

これらすべての指標を同時に用いて評価するというより，目的に合わせて注目すべき指標を選定することが重要です．例えば，病気の診断など，偽陰性を避けたい場合は再現率を重視し，スパムフィルターなど，偽陽性を避けたい場合は適合率を重視します．

混同行列

例 7.5 2 つのクラス分類器 A，B に対して，それぞれ次の表のような混同行列を得た．これらの結果から，それぞれのクラス分類器の特徴について考察せよ．ただし，P は Positive，N は Negative を表す．

		クラス分類器 A の予測結果	
		P	N
実際のクラス	P	80	20
	N	10	90

		クラス分類器 B の予測結果	
		P	N
実際のクラス	P	40	60
	N	2	98

(解答)
クラス分類器 A，B の各指標は，それぞれの混同行列から以下のように計算される

分類器 A

- 正解率 (ACC):$ACC = \dfrac{TP + TN}{TP + FN + FP + TN} = \dfrac{80 + 90}{80 + 20 + 10 + 90} = 0.85$
- 適合率 (PRE):$PRE = \dfrac{TP}{TP + FP} = \dfrac{80}{80 + 10} = \dfrac{8}{9} \approx 0.89$
- 特異度 (SPE):$SPE = \dfrac{TN}{TN + FP} = \dfrac{90}{90 + 10} = 0.90$
- 再現率 (REC):$REC = \dfrac{TP}{TP + FN} = \dfrac{80}{80 + 20} = 0.80$

- F 値 (F1):$F1 = 2 \cdot \dfrac{PRE \times REC}{PRE + REC} = 2 \cdot \dfrac{\frac{8}{9} \times \frac{4}{5}}{\frac{8}{9} + \frac{4}{5}} = \dfrac{16}{19} \approx 0.84$

分類器 B

正解率 (ACC): $ACC = \dfrac{TP + TN}{TP + FN + FP + TN} = \dfrac{40 + 98}{40 + 60 + 2 + 98} = 0.69$

適合率 (PRE): $PRE = \dfrac{TP}{TP + FP} = \dfrac{40}{40 + 2} = \dfrac{20}{21} \approx 0.95$

特異度 (SPE): $SPE = \dfrac{TN}{TN + FP} = \dfrac{98}{98 + 2} = 0.98$

再現率 (REC): $REC = \dfrac{TP}{TP + FN} = \dfrac{40}{40 + 60} = 0.40$

F 値 (F1):$F1 = 2 \cdot \dfrac{PRE \times REC}{PRE + REC} = 2 \cdot \dfrac{\frac{20}{21} \times \frac{2}{5}}{\frac{20}{21} + \frac{2}{5}} = \dfrac{40}{74} \approx 0.56$

	正解率 (ACC)	適合率 (PRE)	特異度 (SPE)	再現率 (REC)	F 値 (F1)
分類器 A	0.85	0.89	0.90	0.80	0.84
分類器 B	0.69	0.95	0.98	0.40	0.56

分類器 A の特徴

総合的に高い性能: 正解率，適合率，再現率，F 値の全てが比較的高い値を示している．これは，分類器 A が Positive と Negative の両方のクラスをバランス良く高い精度で予測できていることを示している．

バランスの取れた性能: 適合率と再現率が比較的近い値であることから，偽陽性（実際は Negative なのに Positive と予測）と偽陰性（実際は Positive なのに Negative と予測）のバランスがとれていると考えられる．

分類器 B の特徴

高い適合率と特異度: 適合率と特異度が非常に高い値を示している．これは，分類器 B が Positive と予測したデータの信頼性が高く，Negative なデータを Negative と予測する能力が非常に高いことを示している．

低い再現率と F 値: 再現率と F 値が低い値を示している．これは，分類器 B が Positive なデータを見逃しやすい傾向があることを示している．

これらの結果から，以下のようにいえる．

分類器 A: Positive と Negative の両方のクラスを高い精度で予測したい場合に適している．

分類器 B: Positive なデータを見逃してもよいが，Positive と予測したデータの信頼性を重視したい場合に適している．■

問 7.5　あるクラス分類器に対して，下のような混同行列を得た．ただし，P は Positive，N は Negative を表す．このとき，正解率 (ACC)，適合率 (PRE)，特異率 (SPE)，再現率 (REC)，F 値 (F1) を求めよ．結果は既約分数で表示すること．

		クラス分類器の予測結果	
		P	N
実際のクラス	P	50	10
	N	30	10

問 7.6　2 つのクラス分類器 C，D に対して，各指標を計算すると，以下のようになった．これらの結果から，それぞれのクラス分類器の特徴について考察せよ．

	正解率 (ACC)	適合率 (PRE)	特異度 (SPE)	再現率 (REC)	F 値 (F1)
分類器 C	0.85	0.86	0.95	0.95	0.90
分類器 D	0.85	0.70	0.95	0.70	0.70

7.8 ROC 曲線と AUC

ROC 曲線（Receiver Operating Characteristic curve）は，二値分類問題の性能を評価するためのグラフで，偽陽性率（False Positive Rate: FPR）を横軸に，真陽性率（True Positive Rate: TPR）を縦軸にプロットします．

偽陽性率 (FPR): 実際に Negative であるデータのうち，Positive と誤って予測された割合

$$FPR = \frac{FP}{FP + TN}$$

真陽性率 (TPR): 実際に Positive であるデータのうち，Positive と正しく予測された割合（再現率と同義）

$$TPR = \frac{TP}{TP + FN}$$

二値分類問題では，モデルの出力 $\hat{y}$ は確率に相当する値で，$0 \leq \hat{y} \leq 1$ の範囲にあります．通常，0.5 を閾値として，$\hat{y} \geq 0.5$ ならば Positive，$\hat{y} < 0.5$ ならば Negative と予測します．しかし，閾値を 0.2 や 0.8 などに変えることで，予測結果も変わります．このように閾値を 0 から 1 まで変化させたとき，予測の TP, FP, TN, FN がどのように変わるか，すなわち FPR と TPR がどのように変化するかを表すのが ROC 曲線です．

ROC 曲線の形状はモデルの性能を反映します．

ランダムな予測の場合： 完全にランダムな予測をするモデルは，あるデータが Positive であると予測する確率が常に一定です．この確率がちょうど 0.5 である場合，閾値をどのように設定しても，真陽性率（TPR）と偽陽性率（FPR）は同じ値になります．例えば，閾値を 0.3 に設定すると，実際の Positive データの 30% を Positive と予測し，同時に実際の Negative データの 30% も Positive と誤って予測します．同様に，閾値を 0.7 に設定しても，TPR と FPR はどちらも 70% となります．このように，ランダムな予測では，閾値を変化させても TPR と FPR は常に同じ値を取り，ROC 曲線は傾き 45 度の直線になります．

完璧な予測の場合： 完璧に予測できるモデルは，全ての Positive データを Positive と，全ての Negative データを Negative と予測できます．この場合，閾値を任意の値に設定しても，全ての Positive データが Positive と予測され（TPR = 1），Negative データは Positive と予測されません（FPR = 0）．したがって，完璧な予測では，ROC 曲線は左上隅を通り，TPR=1, FPR=0 の直線と一致します．

このように，ROC 曲線により視覚的にモデル性能をとらえることができます．また，ROC 曲線の下の面積を **AUC**（Area Under the Curve）と呼びます．AUC は 0 から 1 までの値を取り，1 に近いほどモデルの性能が高いことを示します．これにより，視覚的だけでなく，数値としてもモデル性能を評価できることになります．

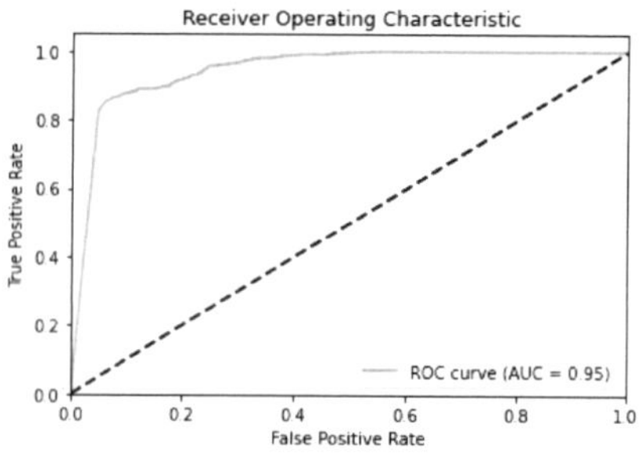

図 7.3　ROC 曲線の例

7.9　多クラス分類の性能評価

多クラス分類の性能評価にも混同行列を使うことができます．例えば，3 クラス分類問題では，混同行列は次のようになります．

	予測がクラス A	予測がクラス B	予測がクラス C
実際はクラス A	$50(TP_A, TN_B, TN_C)$	$20(FN_A, FP_B, TN_C)$	$10(FN_A, TN_B, FP_C)$
実際はクラス B	$10(FP_A, FN_B, TN_C)$	$20(TN_A, TP_B, TN_C)$	$10(TN_A, FN_B, FP_C)$
実際はクラス C	$0(FP_A, TN_B, FN_C)$	$10(TN_A, FP_B, FN_C)$	$20(TN_A, TN_B, TP_C)$

この混同行列をクラスごとに分けると，以下のようになります．

		予測	
		A	A 以外
実際	A	50	30
	A 以外	10	60

		予測	
		B	B 以外
実際	B	20	20
	B 以外	30	80

		予測	
		C	C 以外
実際	C	20	10
	C 以外	20	100

これらの混同行列に対して，各指標を計算します．例えば，

$$A\text{ の正解率} = \frac{50+60}{50+30+10+60} = \frac{11}{15} \approx 73.3\%$$
$$B\text{ の適合率} = \frac{20}{20+30} = \frac{2}{5} = 40\%$$
$$C\text{ の再現率} = \frac{20}{20+10} = \frac{2}{3} \approx 66.7\%$$

となります．

これらの各クラスの評価を用いて，モデル全体の評価もできます．例えば，各クラスの正解率を求め，それらの平均をモデルの評価とします．これを**マクロ平均** (macro average) といいます．例えば，A の正解率が 73.3%，B の正解率が $66.7(\approx (20+80)/150)\%$，C の正解率が $80(=(20+100)/150)\%$ なので，正解率のマクロ平均は $(73.3+66.7+80)/3 \approx 73.3\%$ となります．

マクロ平均は，各クラスを平等に扱い，クラス間のデータ数の偏りを考慮しません．そのため，データ数の少ないクラスの影響を強く受けます．

一方，データ数を考慮する場合は，**マイクロ平均** (micro average) を使います．これは元の混同行列を使う方法で，例えば，マイクロ平均適合率は，

$$\frac{TP}{TP+FP} = \frac{a_{11}+a_{22}+a_{33}}{(a_{11}+a_{22}+a_{33})+(a_{12}+a_{13}+a_{21}+a_{23}+a_{31}+a_{32})}$$
$$= \frac{50+20+20}{(50+20+20)+(20+10+10+10+0+10)} = \frac{3}{5} = 60\%$$

となります．ここで，a_{ij} は元の混同行列における第 i 行第 j 列における値を表します．これは，全データ中で予測が的中した割合と同じなので，正解率にもなっています．

同様に，マイクロ平均適合率は

$$\frac{TP}{TP+FN} = \frac{a_{11}+a_{22}+a_{33}}{(a_{11}+a_{22}+a_{33})+(a_{12}+a_{13}+a_{21}+a_{23}+a_{31}+a_{32})}$$
$$= \frac{50+20+20}{(50+20+20)+(20+10+10+10+0+10)} = \frac{3}{5} = 60\%$$

となるので，結局，

マイクロ平均正解率 = マイクロ平均適合率 = マイクロ平均再現率

が成立します．このようにマイクロ平均では，全てのクラスにわたって a_{ij} が合計されるため，正解率，適合率，再現率は等しくなります．ただし，これは多値分類の問題におけるマイクロ平均の場合であり，マクロ平均の場合には必ずしも等しくならないことに注意してください．また，マイクロ平均では，データ数に依存するため，データ数の多いクラスの性能がマイクロ平均に大きく影響します．データ数が少ないクラスにおいて精度が著しく悪くても，マイクロ平均にはあまり影響しません．そのため，マイクロ平均は高くても，あるクラスの精度が極端に悪い，といったことはあり得ます．

3 クラス分類の性能評価

例 7.6 ある EC サイトにおける商品レビューを「ポジティブ」，「ネガティブ」，「中立」の 3 つのクラスに分類するタスクにおいて，3 つのクラス分類器 J, K, L が開発された．各クラス分類器 J, K, L の各クラスに対する適合率 (PRE), 再現率 (REC), F 値 (F1) を計算すると，以下のようになった．

	クラス	適合率 (PRE)	再現率 (REC)	F 値 (F1)
分類器 J	ポジティブ	0.75	0.75	0.75
	ネガティブ	0.83	0.83	0.83
	中立	0.80	0.80	0.80
分類器 K	ポジティブ	0.65	0.65	0.65
	ネガティブ	0.85	0.85	0.85
	中立	0.70	0.70	0.70
分類器 L	ポジティブ	0.86	0.60	0.71
	ネガティブ	0.93	0.93	0.93
	中立	0.82	0.83	0.82

これらの結果から，それぞれのクラス分類器の各クラスに対する性能を評価し，比較せよ．

(解答)

分類器 J: 3 つのクラス全てに対して，バランスのとれた性能を示している．

分類器 K: 3 つの分類器の中で最も性能が低く，特に「ポジティブ」と「中立」クラスの適合率，再現率，F 値が低いことが分かる.

分類器 L:「ネガティブ」と「中立」クラスに対しては高い性能を示しているが,「ポジティブ」クラスの再現率と F 値が低いことから, ポジティブなレビューを見逃しやすい傾向がある.

したがって, 総合的に判断すると, バランスの取れた性能を求める場合は分類器 J が, ネガティブなレビューの検出精度を重視する場合は分類器 L が, それぞれ適していると考えられる. ■

■■■■■■ 確認問題 ■■■■■■■■■■■■■■■■■■■■■■■■■■■■■■■■■■■

確認問題 7.1　ナイーブベイズ分類の「ナイーブ」という言葉が意味する仮定はどれか？

(1) 各説明変数が互いに独立である　(2) 各説明変数が正規分布に従う

(3) 事前確率が等しい　(4) 事後確率が等しい

確認問題 7.2　製造した製品が不良品かどうかを機械学習で判別するモデルを作成した. テストデータを用いて学習後のモデルの性能を評価したところ, 正解率は 99% だった. この結果について, 最も適切な選択肢を 1 つ選べ

(1) テストデータの 99 %が不良品ではなかったことを示す.

(2) データに含まれる不良品を 99 %の確率で検出できることを示す.

(3) 不良品と判別した製品が 99 %の確率で実際に不良品であることを示す.

(4) 正解率だけではモデルの性能を正しく評価できない.

確認問題 7.3　迷惑メールかどうかを判定する 2 クラス分類モデルの評価指標について, 最も適切な選択肢を 1 つ選べ.

(1) 迷惑メールの見逃し件数が増加すると, 適合率が低下なる.

(2) 非迷惑メールを迷惑メールと誤認する件数が増加すると, 再現率が低下する.

(3) 適合率と再現率は, 一般にトレードオフの関係にある.

(4) 適合率が 0.9, 再現率が 0.6 のとき, F 値は 0.75 である.

確認問題 7.4　文書分類で用いる TF-IDF の説明として, 最も適切な選択肢を 1 つ選べ.

(1) 周辺の単語から, ターゲットとなる単語を推測する手法である.

(2) 一般的な単語の重みを低く, 特定の文書に特有な単語の重みを高く評価する手法である.

(3) 文章中のトピックを潜在変数としてモデル化する手法である.

(4) テキストデータに特異値分解を適用し, トピックが類似するテキストをグループ化する手法である.

確認問題 7.5　ゼロ頻度問題を回避するために, 全ての単語の出現頻度に小さな値を加える手法を何というか？

(1) 正規化　(2) 標準化　(3) スムージング　(4) 離散化

確認問題 7.6　ガウシアンナイーブベイズ分類において, 各説明変数はどのような分布に従うと仮定するか？

(1) 二項分布　(2) ポアソン分布　(3) 多項分布　(4) 正規分布

確認問題 7.7　ROC 曲線において，横軸と縦軸は何を表すか？

(1) 横軸：真陽性率，縦軸：偽陽性率　(2) 横軸：偽陽性率，縦軸：真陽性率

(3) 横軸：適合率，縦軸：再現率　(4) 横軸：再現率，縦軸：適合率

確認問題 7.8　AUC (Area Under the Curve) が 1 に近いほど，モデルの性能はどうなるか？

(1) 低い　(2) 高い　(3) 関係ない　(4) 一概には言えない

確認問題 7.9　多クラス分類の評価指標であるマクロ平均は，何を重視しているか？

(1) 各クラスのデータ数　(2) 各クラスの予測精度　(3) 全体の予測精度　(4) モデルの複雑さ

確認問題 7.10　多クラス分類の評価指標であるマイクロ平均は，何を重視しているか？

(1) 各クラスのデータ数　(2) 各クラスの予測精度　(3) 全体の予測精度　(4) モデルの複雑さ

確認問題 7.11　A さん，B さん，C さん，D さんのサッカーの PK の成功率は，それぞれ 50%, 60%, 80%, 90% である．4 人のうち誰か 1 人が PK を成功させた場合，それが B さんである確率を求めよ．

確認問題 7.12　X_1, X_2, X_3 は相異なる単語，Y_1, Y_2 は，それぞれ文書のクラスとする．訓練データの学習により，以下のような事前確率と尤度が得られた．ここで，$i = 1, 2, 3$ に対して，$X_i = 0$ は X_i を含まず，$X_i = 1$ は X_i を含むことを表す．また，尤度は加算スムージング後の値である．ある文書に，単語 X_2 と X_3 が含まれておらず，単語 X_1 だけが含まれているとする．このとき，この文書が Y_1 と Y_2 のどちらに分類されるかを単純ベイズ分類器で分類せよ．

	文書 Y_1	文書 Y_2
事前確率	$P(Y_1) = \frac{5}{9}$	$P(Y_2) = \frac{4}{9}$

文書 Y_1	文書 Y_2
$P(X_1 = 0 \mid Y_1) = \frac{2}{7}$ $P(X_1 = 1 \mid Y_1) = \frac{5}{7}$	$P(X_1 = 0 \mid Y_2) = \frac{3}{5}$ $P(X_1 = 1 \mid Y_2) = \frac{2}{5}$
$P(X_2 = 0 \mid Y_1) = \frac{4}{7}$ $P(X_2 = 1 \mid Y_1) = \frac{3}{7}$	$P(X_2 = 0 \mid Y_2) = \frac{2}{5}$ $P(X_2 = 1 \mid Y_2) = \frac{3}{5}$
$P(X_3 = 0 \mid Y_1) = \frac{5}{7}$ $P(X_3 = 1 \mid Y_1) = \frac{2}{7}$	$P(X_3 = 0 \mid Y_2) = \frac{1}{5}$ $P(X_3 = 1 \mid Y_2) = \frac{4}{5}$

確認問題 7.13　あるクラス分類器に対して，以下のような混同行列を得た．ただし，P は Positive，N は Negative を表す．このとき，正解率 (ACC)，適合率 (PRE)，特異率 (SPE)，再現率 (REC)，F 値 (F1) を求めよ．結果は既約分数で表示すること．

		クラス分類の予測結果	
		P	N
実際のクラス	P	60	40
	N	20	80

確認問題 7.14　ある SNS における投稿を「政治」,「スポーツ」,「エンタメ」,「その他」の 4 つのクラスに分類するタスクにおいて，3 つのクラス分類器 X, Y, Z が開発された．各クラス分類器 X, Y, Z の各クラスに対する適合率 (PRE), 再現率 (REC), F 値 (F1) を計算すると，以下のようになった．

	クラス	適合率 (PRE)	再現率 (REC)	F 値 (F1)
分類器 X	政治	0.86	0.90	0.88
	スポーツ	0.88	0.88	0.88
	エンタメ	0.90	0.90	0.90
	その他	0.78	0.78	0.78
分類器 Y	政治	0.80	0.80	0.80
	スポーツ	0.93	0.93	0.93
	エンタメ	0.85	0.85	0.85
	その他	0.78	0.78	0.78
分類器 Z	政治	0.85	0.85	0.85
	スポーツ	0.91	0.95	0.93
	エンタメ	0.88	0.88	0.88
	その他	0.78	0.78	0.78

これらの結果から，それぞれのクラス分類器の各クラスに対する性能を評価し，比較せよ．

確認問題 7.15　次の混同行列が与えられたとき，マクロ平均正解率とマイクロ平均正解率を求めよ．

	予測がクラス A	予測がクラス B	予測がクラス C
実際はクラス A	30	10	10
実際はクラス B	5	20	10
実際はクラス C	5	10	25

第8章

k 近傍法と *k*-means 法

本章では，*k* 近傍法と *k*-means 法について説明します．これらの名前には共に「*k*」が含まれているので，同じようなものではないかと思いがちですが，目的やアルゴリズムは異なります．

k 近傍法

k 近傍法（*k*-Nearest Neighbors, *k*NN）は分類を目的とした手法で，教師あり学習の1つです．この手法は *k* 最近傍法とも呼ばれます．*k* 近傍法は，新しいデータがどのクラスに属するかを判断する際に，そのデータに最も近い *k* 個の訓練データのクラス情報を利用します．

k-means 法

k-means 法（*k*-means）はクラスタリングを目的とした手法で，教師なし学習の1つです．*k*-means 法は，データ間の距離に基づいてデータを *k* 個のグループ（クラスタ）に分割します．なお，*k*-means 法は *k* 平均法とも呼ばれます．この手法は，データの構造やパターンを明らかにするために用いられます．

8.1　パラメトリックモデルとノンパラメトリックモデル

機械学習のアルゴリズムは，そのモデルの複雑さと柔軟性に基づいて，**パラメトリックモデル** (parametric model) と**ノンパラメトリックモデル** (non-parametric model) に分類できます．

パラメトリックモデル　パラメトリックモデルは，モデルの構造があらかじめ固定されており，有限個のパラメータによって特徴付けられます．例えば，単回帰モデルでは，直線の傾きと切片という 2 つのパラメータによってモデルが表現されます．パラメトリックモデルは，訓練データからこれらのパラメータを推定することで学習を行います．既知の数のパラメータでモデルを特徴付けられるため，モデルの解釈がしやすいという利点がありますが，複雑なデータの構造を表現できない場合があります．

パラメトリックモデルの例としては以下が挙げられます．

- 線形回帰やロジスティック回帰（回帰係数がパラメータ）
- 第 10 章の SVM（決定境界を定義する係数とバイアス項がパラメータ）
- 第 12 章の深層学習（ネットワークの重みがパラメータ）

ノンパラメトリックモデル　ノンパラメトリックモデルは，モデルの構造が固定されておらず，データの量や複雑さに応じてモデルの複雑さが変化します．訓練データが増えるにつれてパラメータの数も増加する可能性があります．そのため，複雑なデータの構造を柔軟に表現できるという利点があります．しかし，パラメータの数が多いため，計算コストが高く，過学習を起こしやすいという欠点もあります．ノンパラメトリックモデルの場合，既知の数のパラメータで特徴付けることはできません．ノンパラメトリックモデルの例としては以下が挙げられます．

- k 近傍法，k-means 法
- 決定木やランダムフォレスト
- 第 11 章のカーネル SVM

カーネル SVM は，一見するとパラメトリックモデルのように見えますが，カーネルトリックを用いることで高次元の特徴空間で学習を行うため，ノンパラメトリックモデルとして扱われます．これは，カーネル関数の選択によってモデルの複雑さを調整できるためです．

8.2　k 近傍法

最近傍法（nearest neighbor）とは，データ間の距離に基づいて分類を行う教師あり学習の手法で，新しいデータがどのクラスに属するかを判断する際に，そのデータと最も近い訓練データを探し，その訓練データと同じクラスに割り当てて分類します．そして，k **最近傍法**（k-Nearest Neighbors, kNN）あるいは k **近傍法**は，新たなデータが与えられたとき，その周りの k 個のデータを調べ，その中で最も個数が多い正解ラベルの値を目的変数（分類結果）とする方法です．こ

の k 個のデータは「近傍」と呼ばれ，k は近傍の数を表すパラメータです．

k 近傍法のアルゴリズムは非常にシンプルです．

k 近傍法のアルゴリズム

学習 訓練データセット $\mathcal{D} = \{(\boldsymbol{x}_1, y_1), (\boldsymbol{x}_2, y_2), ..., (\boldsymbol{x}_N, y_N)\}$ をメモリ上に保持する．k 近傍法では，この段階でモデルの学習は行わない．

予測 (1) 新しいデータサンプル $\boldsymbol{x}_{\mathrm{new}}$ を入力として受け取る．

(2) k の値と距離尺度を指定する．
k は分類に用いる近傍の数で，多数決で同点になる可能性を減らすため，奇数とするのが一般的である．また，データ間の距離を測る距離尺度としては，ユークリッド距離，マンハッタン距離，コサイン類似度などがある．

(3) $\boldsymbol{x}_{\mathrm{new}}$ と訓練データセット $\mathcal{D}$ の各データ点 $\boldsymbol{x}_i$ との距離 $d(\boldsymbol{x}_{\mathrm{new}}, \boldsymbol{x}_i)$ を計算する．

(4) 距離 $d(\boldsymbol{x}_{\mathrm{new}}, \boldsymbol{x}_i)$ が小さい順に k 個のデータ点を選ぶ．

(5) 選ばれた k 個のデータ点のラベルについて多数決を行い，最頻値を $\hat{y}$ とする．

(6) $\hat{y}$ を $\boldsymbol{x}_{\mathrm{new}}$ の予測ラベルとする．

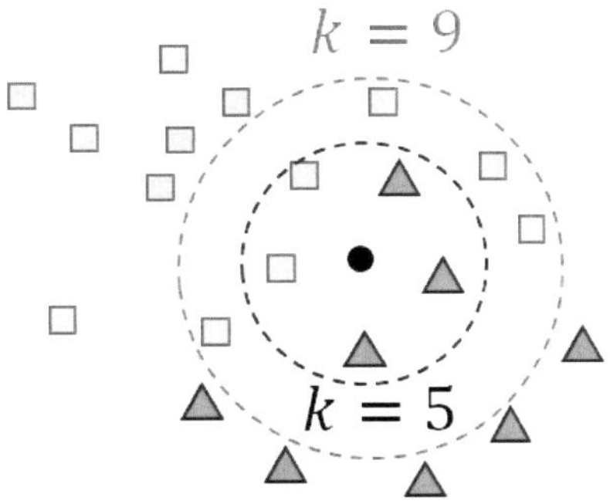

図 8.1　k 近傍法の例．新しいデータ●は，$k = 5$ のときは▲のクラスに，$k = 9$ のときは■のクラスに分類される．

k 近傍法はノンパラメトリックな手法であり，決定境界を明示的な式で表現しません．そのため，データの分布に対して柔軟に対応できるという利点があります．しかし，k 近傍法は，各クラスのデータ数に偏りがあったり，各クラスが十分に分離していなかったりする場合には，分類性能が低下する可能性があります．

また，図 8.1 で示したように，k 近傍法におけるパラメータ k の値は，モデルの振る舞いに大きな影響を与えます．

k が小さい場合:

- 決定境界が複雑になり，個々の訓練データの影響を強く受けます．
- ノイズや外れ値の影響を受けやすく，過学習を起こしやすくなります．

k が大きい場合:

- 決定境界が滑らかになり，個々の訓練データの影響が小さくなります．
- ノイズや外れ値の影響を受けにくくなり，より安定した予測が可能になります．
- しかし，k が大きすぎると，異なるクラスのデータ点が近傍に含まれるようになり，分類性能が低下する可能性があります．

また，k 近傍法は，**怠惰学習** (lazy learning) と呼ばれるアプローチの一種です．怠惰学習とは，訓練データから事前にモデルを構築するのではなく，新しいデータが与えられた時点で初めて必要な計算を行う学習方法です．k 近傍法の場合，新しいデータが与えられるたびに，そのデータと全ての訓練データとの距離を計算し，最近傍点に基づいて分類を行います．このため，訓練データが多い場合には計算コストが高くなるという欠点もあります．

kNN の例

例 8.1　点 $A(1,1)$, $B(5,4)$ $C(2,5)$ はクラス 1 に，点 $D(1,7)$, $E(3,3)$ はクラス 2 に分類されているとする．$k=3$ として，k 近傍法 (kNN) を適用したとき，点 $F(3,6)$ はどちらのクラスに分類されるか？ ただし，2 点 $P(x,y)$, $Q(u,v)$ の距離は $d(P,Q)=|x-u|+|y-v|$ とする．

(解答)

$$d(F,A)=|3-1|+|6-1|=7$$
$$d(F,B)=|3-5|+|6-4|=4$$
$$d(F,C)=|3-2|+|6-5|=2$$
$$d(F,D)=|3-1|+|6-7|=3$$
$$d(F,E)=|3-3|+|6-3|=3$$

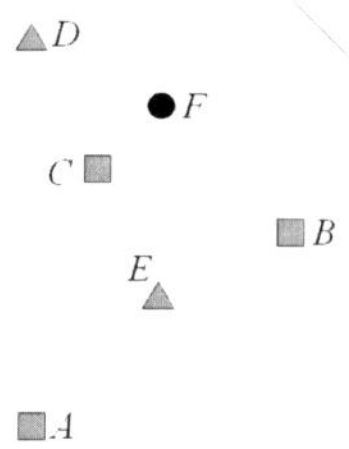

であり，点 F に近い 3 点は C, D, E である．C がクラス 1 で，D, E がクラス 2 なので，点 F はクラス 2 に分類される．■

問 8.1　点 $P(1,2)$, $Q(4,4)$, $R(2,6)$ はクラス A に，点 $S(1,8)$, $T(3,3)$ はクラス B に分類されている．$k=3$ として，k 近傍法 (kNN) を適用したとき，点 $U(3,5)$ はどちらのクラスに分類されるか？ ただし，2 点 $M(x,y)$, $N(u,v)$ の距離は $d(M,N)=\sqrt{(x-u)^2+(y-v)^2}$ とする．

8.3　k-means 法

k-means 法は，データの集合を k 個のグループ（クラスタ）に分割する教師なし学習のアルゴリズムです．各クラスタは，その中心（セントロイド）によって代表されます．k-means 法は，各データ点とセントロイドとのユークリッド距離 $\|\cdot\|_2$ を最小化するように，クラスタを形成します．

8.3.1 *k*-means 法のアルゴリズム

k-means 法のアルゴリズムは以下のステップで構成されます．*k*-means 法はユークリッド距離に基づいた手法ですが，これ以外の距離を使うこともできます．

k-means 法のアルゴリズム

(1) *k* 個のクラスタに対応する代表ベクトル（**セントロイド**（centroid）：中心点，重心）をランダムに選択する．
(2) 次の操作を繰り返す．上限回数に達するか，またはセントロイドの移動距離が十分に小さくなったら終了とする．
  (a) 各入力データとセントロイドとの距離を求める．
  (b) 各入力データをそれぞれ最も近いセントロイドのクラスタへ割り当てる．
  (c) 更新後のクラスタに属するデータの平均ベクトルを求める．
  (d) 得られた平均ベクトルをそれぞれ新たなセントロイドとする．

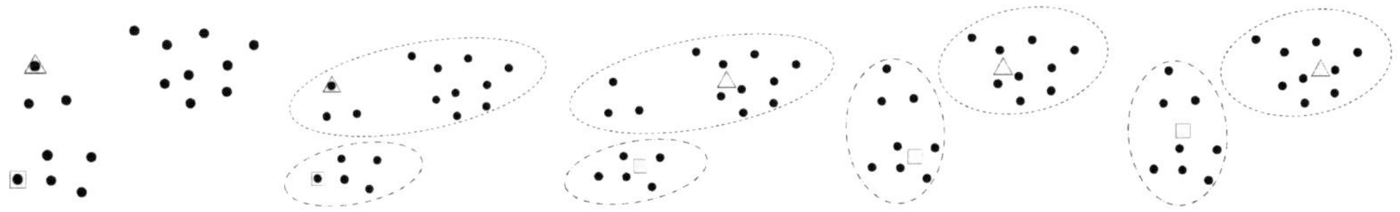

(a) 手順 (1)．△ と □ が選択された点．　(b) 手順 (2a, b)　(c) 手順 (2c, d)　(d) 手順 (2a, b)　(e) 手順 (2c, d)

図 8.2 *k*-means 法の例 ($k = 2$)

N をデータ点の数，K をクラスタの数とし，i 番目のデータ点 $\boldsymbol{x}_i \in \mathbb{R}^n (i = 1, 2, \ldots, N)$ と k 番目のクラスタのセントロイド $\boldsymbol{\mu}_k \in \mathbb{R}^n (k = 1, 2, \ldots, K)$ を考え，

$$w_{ik} = \begin{cases} 1 & (\boldsymbol{x}_i\text{がセントロイド } \boldsymbol{\mu}_k \text{のクラスタに属する}) \\ 0 & (\text{それ以外}) \end{cases}$$

とし，

$$J = \sum_{i=1}^{N} \sum_{k=1}^{K} w_{ik} \|\boldsymbol{x}_i - \boldsymbol{\mu}_k\|_2^2 \tag{8.1}$$

とします．

式 (8.1) は各データについての「$\boldsymbol{x}_i$ が所属するクラスタのセントロイドからの距離の二乗」の合計であり，**クラスタ内誤差平方和**（SSE: Sum of Squared Errors of Prediction）あるいは**クラスタ内平方和**（WCSS: Within-Cluster Sum of Squares）と呼ばれます．

k-means 法のアルゴリズムは，J を最小化するように設計されています．このことを確認しましょう．

J を小さくするということは，$\|\boldsymbol{x}_i - \boldsymbol{\mu}_k\|_2^2$ を小さくする，つまり，それぞれのクラスタにおいて「セントロイドのなるべく近くにデータが集まるように分類する」ことに対応します．

まず，手順 (2b) で J の値が大きくなることはありません．なぜなら，各データ $\boldsymbol{x}_i$ について，$\|\boldsymbol{x}_i - \boldsymbol{\mu}_k\|_2^2$ が最も小さいクラスタが選択されるからです．

したがって，手順 (2b) は

$$w_{ik} = \begin{cases} 1 & (k = \mathrm{argmin}_{k'} \|\boldsymbol{x}_i - \boldsymbol{\mu}_{k'}\|_2) \\ 0 & (\text{それ以外}) \end{cases}$$

と定義するのと同じです．

式 (8.1) は，$\boldsymbol{\mu}_k$ について下に凸な 2 次関数なので，$\dfrac{\partial J}{\partial \boldsymbol{\mu}_k} = 0$ という条件で最小化できます．ここで，$\boldsymbol{x}_i = \begin{bmatrix} x_{i1} \\ \vdots \\ x_{in} \end{bmatrix}, \boldsymbol{\mu}_k = \begin{bmatrix} \mu_{k1} \\ \vdots \\ \mu_{kn} \end{bmatrix}, \|\boldsymbol{x}_i - \boldsymbol{\mu}_k\|_2^2 = \sum_{j=1}^{n} (x_{ij} - \mu_{kj})^2$ とすれば，式 (8.1) は以下のように表せます．

$$J = \sum_{i=1}^{N} \sum_{k=1}^{K} \left\{ w_{ik} \sum_{j=1}^{n} (x_{ij} - \mu_{kj})^2 \right\} \tag{8.2}$$

そして，w_{ik} を固定しつつ，$\boldsymbol{\mu}_k$ について J を最小化します．つまり，

$$\frac{\partial J}{\partial \mu_{kj}} = \sum_{i=1}^{N} w_{ik} \sum_{j=1}^{n} \frac{\partial}{\partial \mu_{kj}} (x_{ij} - \mu_{kj})^2 = -2 \sum_{i=1}^{N} w_{ik} (x_{ij} - \mu_{kj}) = 0$$

より，

$$\mu_{kj} = \frac{\sum_{i=1}^{N} w_{ik} x_{ij}}{\sum_{i=1}^{N} w_{ik}} \Longrightarrow \boldsymbol{\mu}_k = \frac{\sum_{i=1}^{N} w_{ik} \boldsymbol{x}_i}{\sum_{i=1}^{N} w_{ik}}$$

となります．

ここで，分母は k 番目のセントロイドのクラスタに所属する点の数であり，分子は k 番目のセントロイドのクラスタに所属する点についてのみ加えることを意味します．

これは手順 (2c), (2d) に相当します．また，この式は $\boldsymbol{\mu}_k$ は k 番目のクラスタに割り当てられたすべてのデータ点 $\boldsymbol{x}_i$ の平均値とおいているものと単純に解釈できます．k-means（k 平均）アルゴリズムという名の由来はここにあります．

なお，k-means 法によるクラスタリングの結果はセントロイドの初期値に依存するため，初期値を変えて複数回実行するなどの工夫が必要です．また，k-means 法は，各データ点を必ずいずれかのクラスタに割り当てるため，外れ値に敏感であるという点にも注意が必要です．外れ値が存在する場合は，事前に除去するか，k-medoids 法など，外れ値に頑健なクラスタリング手法を検討する必要があります．また，$\boldsymbol{x}_i$ と $\boldsymbol{\mu}_k$ の距離（ユークリッド距離とは限らない）を $d(\boldsymbol{x}_i, \boldsymbol{\mu}_k)$ とすれば，式 (8.1) は $J = \sum_{i=1}^{N} \sum_{k=1}^{K} w_{ik} d(\boldsymbol{x}_i, \boldsymbol{\mu}_k)^2$ となります．

k-means 法

例 8.2　初期セントロイドを $\boldsymbol{\mu}_1 = (2,2)$, $\boldsymbol{\mu}_2 = (3,2)$ とし，2 点 $\boldsymbol{x} = (x_1, x_2), \boldsymbol{y} = (y_1, y_2)$ の距離を $d(\boldsymbol{x}, \boldsymbol{y}) = |x_1 - y_1| + |x_2 - y_2|$ とするとき，$\boldsymbol{x}_1 = (0,0), \boldsymbol{x}_2 = (2,0), \boldsymbol{x}_3 = (0,4), \boldsymbol{x}_4 = (2,4)$ $\boldsymbol{x}_5 = (4,4)$ を k-means 法で 2 つにクラスタリングせよ．また，この結果に対するクラスタ内平方和 (WCSS) を求めよ．

(解答)

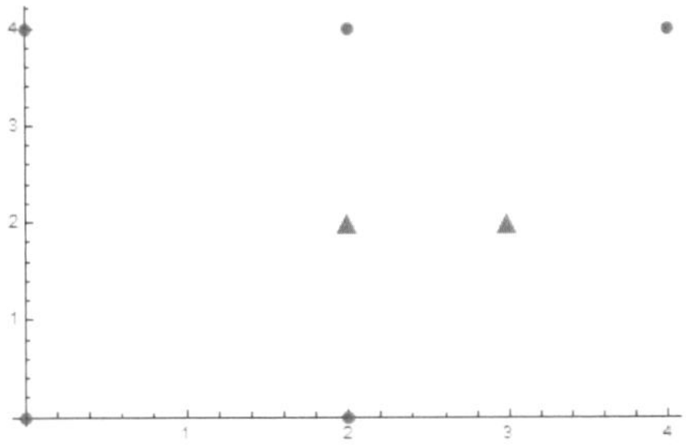

2 つのクラスタを A, B とする．

$$d(\boldsymbol{x}_1,\boldsymbol{\mu}_1) = 2+2 = 4,\ d(\boldsymbol{x}_2,\boldsymbol{\mu}_1) = 0+2 = 2,\ d(\boldsymbol{x}_3,\boldsymbol{\mu}_1) = 2+2 = 4,\ d(\boldsymbol{x}_4,\boldsymbol{\mu}_1) = 0+2 = 2,\ d(\boldsymbol{x}_5,\boldsymbol{\mu}_1) = 2+2 = 4,$$
$$d(\boldsymbol{x}_1,\boldsymbol{\mu}_2) = 3+2 = 5,\ d(\boldsymbol{x}_2,\boldsymbol{\mu}_2) = 1+2 = 3,\ d(\boldsymbol{x}_3,\boldsymbol{\mu}_2) = 3+2 = 5,\ d(\boldsymbol{x}_4,\boldsymbol{\mu}_2) = 1+2 = 3,\ d(\boldsymbol{x}_5,\boldsymbol{\mu}_2) = 1+2 = 3$$

より，$A = \{\boldsymbol{x}_1, \boldsymbol{x}_2, \boldsymbol{x}_3, \boldsymbol{x}_4\}, B = \{\boldsymbol{x}_5\}$ となるので，次のセントロイドは

$$\boldsymbol{\mu}_1^{(1)} = \frac{1}{4}(\boldsymbol{x}_1 + \boldsymbol{x}_2 + \boldsymbol{x}_3 + \boldsymbol{x}_4) = \frac{1}{4}(0+2+0+2, 0+0+4+4) = (1,2),\ \boldsymbol{\mu}_2^{(1)} = \boldsymbol{x}_5 = (4,4)$$

となる．したがって，

$$d(\boldsymbol{x}_1,\boldsymbol{\mu}_1^{(1)}) = 1+2 = 3,\ d(\boldsymbol{x}_2,\boldsymbol{\mu}_1^{(1)}) = 1+2 = 3,\ d(\boldsymbol{x}_3,\boldsymbol{\mu}_1^{(1)}) = 1+2 = 3,\ d(\boldsymbol{x}_4,\boldsymbol{\mu}_1^{(1)}) = 1+2 = 3,\ d(\boldsymbol{x}_5,\boldsymbol{\mu}_1^{(1)}) = 3+2 = 5,$$
$$d(\boldsymbol{x}_1,\boldsymbol{\mu}_2^{(1)}) = 4+4 = 8,\ d(\boldsymbol{x}_2,\boldsymbol{\mu}_2^{(1)}) = 2+4 = 6,\ d(\boldsymbol{x}_3,\boldsymbol{\mu}_2^{(1)}) = 4+0 = 4,\ d(\boldsymbol{x}_4,\boldsymbol{\mu}_2^{(1)}) = 2+0 = 2,\ d(\boldsymbol{x}_5,\boldsymbol{\mu}_2^{(1)}) = 0+0 = 0$$

より，$A = \{\boldsymbol{x}_1, \boldsymbol{x}_2, \boldsymbol{x}_3\}, B = \{\boldsymbol{x}_4, \boldsymbol{x}_5\}$ となるので，次のセントロイドは

$$\boldsymbol{\mu}_1^{(2)} = \frac{1}{3}(\boldsymbol{x}_1 + \boldsymbol{x}_2 + \boldsymbol{x}_3) = \frac{1}{3}(0+2+0, 0+0+4) = \left(\frac{2}{3}, \frac{4}{3}\right),\quad \boldsymbol{\mu}_2^{(1)} = \frac{1}{2}(\boldsymbol{x}_4 + \boldsymbol{x}_5) = \frac{1}{2}(2+4, 4+4) = (3,4)$$

となる．したがって，

$$d(\boldsymbol{x}_1,\boldsymbol{\mu}_1^{(2)}) = \frac{2+4}{3} = 2,\ d(\boldsymbol{x}_2,\boldsymbol{\mu}_1^{(2)}) = \frac{4+4}{3} = \frac{8}{3},\ d(\boldsymbol{x}_3,\boldsymbol{\mu}_1^{(2)}) = \frac{2+12}{3} = \frac{14}{3},\ d(\boldsymbol{x}_4,\boldsymbol{\mu}_1^{(2)}) = \frac{16}{3},\ d(\boldsymbol{x}_5,\boldsymbol{\mu}_1^{(2)}) = 8,$$
$$d(\boldsymbol{x}_1,\boldsymbol{\mu}_2^{(2)}) = 3+4 = 7,\ d(\boldsymbol{x}_2,\boldsymbol{\mu}_2^{(2)}) = 1+4 = 5,\ d(\boldsymbol{x}_3,\boldsymbol{\mu}_2^{(2)}) = 3+0 = 3,\ d(\boldsymbol{x}_4,\boldsymbol{\mu}_2^{(2)}) = 1,\ d(\boldsymbol{x}_5,\boldsymbol{\mu}_2^{(2)}) = 1$$

より，$A = \{\boldsymbol{x}_1, \boldsymbol{x}_2\}, B = \{\boldsymbol{x}_3, \boldsymbol{x}_4, \boldsymbol{x}_5\}$ となるので，次のセントロイドは

$$\boldsymbol{\mu}_1^{(3)} = \frac{1}{2}(\boldsymbol{x}_1 + \boldsymbol{x}_2) = \frac{1}{2}(0+2, 0+0) = (1,0),\quad \boldsymbol{\mu}_2^{(3)} = \frac{1}{3}(\boldsymbol{x}_3 + \boldsymbol{x}_4 + \boldsymbol{x}_5) = \frac{1}{3}(0+2+4, 4+4+4) = (2,4)$$

となる．したがって，

$$d(\boldsymbol{x}_1,\boldsymbol{\mu}_1^{(3)}) = 1+0 = 1,\ d(\boldsymbol{x}_2,\boldsymbol{\mu}_1^{(3)}) = 1+0 = 1,\ d(\boldsymbol{x}_3,\boldsymbol{\mu}_1^{(3)}) = 1+4 = 5,\ d(\boldsymbol{x}_4,\boldsymbol{\mu}_1^{(3)}) = 1+4 = 5,\ d(\boldsymbol{x}_5,\boldsymbol{\mu}_1^{(3)}) = 3+4 = 7,$$
$$d(\boldsymbol{x}_1,\boldsymbol{\mu}_2^{(3)}) = 2+4 = 6,\ d(\boldsymbol{x}_2,\boldsymbol{\mu}_2^{(3)}) = 0+4 = 4,\ d(\boldsymbol{x}_3,\boldsymbol{\mu}_2^{(3)}) = 2+0 = 2,\ d(\boldsymbol{x}_4,\boldsymbol{\mu}_2^{(3)}) = 0+0 = 0,\ d(\boldsymbol{x}_5,\boldsymbol{\mu}_2^{(3)}) = 2+0 = 2$$

より，$A = \{\boldsymbol{x}_1, \boldsymbol{x}_2\}, B = \{\boldsymbol{x}_3, \boldsymbol{x}_4, \boldsymbol{x}_5\}$ となり，クラスタリングが前のステップと同じ，つまり，セントロイドが変わらないので，ここで処理を終了する．
この結果に対する WCSS は，以下のようになる．

$$\begin{aligned}\mathrm{WCSS} &= d(\boldsymbol{x}_1,\boldsymbol{\mu}_1^{(3)})^2 + d(\boldsymbol{x}_2,\boldsymbol{\mu}_1^{(3)})^2 + d(\boldsymbol{x}_3,\boldsymbol{\mu}_2^{(3)})^2 + d(\boldsymbol{x}_4,\boldsymbol{\mu}_2^{(3)})^2 + d(\boldsymbol{x}_5,\boldsymbol{\mu}_2^{(3)})^2 \\ &= 1+1+4+0+4=10\end{aligned}$$

■

問 8.2　k-means 法を使って，データ $\{2,5,8,9,11\}$ を 2 つのクラス C_1 と C_2 にクラスタリングすることを考える．C_1 と C_2 に対する初期セントロイドをそれぞれ $\mu_1=4, \mu_2=13$ とし，2 点 x, y の距離を $|x-y|$ とするとき，以下の問に答えよ．

(1) 初期セントロイドに対して，C_1 と C_2 に割り当てられるデータを求めよ．

(2) (1) の結果に対するクラスタ内平方和 (WCSS) を求めよ．

(3) (1) のように割り当てを行った後のセントロイド $\mu_1^{(1)}, \mu_2^{(1)}$ を求めよ．

(4) (3) で求めたセントロイド $\mu_1^{(1)}, \mu_2^{(1)}$ に対して，C_1 と C_2 に割り当てられるデータを求めよ．

8.3.2　*k*-means 法の注意点

k-means 法は強力なクラスタリング手法ですが，いくつかの注意点があります．

データの標準化の必要性: *k*-means 法はデータ点間の距離に基づいてクラスタリングを行うため，各特徴量のスケール（値の範囲）が大きく異なる場合，スケールの大きい特徴量が結果に過度に影響を与えてしまう可能性があります．

この問題を回避するためには，データの標準化を行うことが重要です．標準化とは，各特徴量の平均を 0，標準偏差を 1 に変換する操作です．これにより，各特徴量が同じスケールで扱われるようになり，*k*-means 法が適切に機能するようになります．

クラスタサイズの不均一性への対応: *k*-means 法は，各クラスタのサイズ（データ点の数）が均等であることを暗黙的に仮定しています．しかし，現実のデータでは，クラスタサイズが大きく異なる場合があります．例えば，顧客データをクラスタリングする場合，一部の顧客層が非常に多く，他の顧客層が少ないという状況が起こり得ます．このような場合，*k*-means 法はクラスタサイズが大きいグループに偏った結果を生成する可能性があります．

この問題に対応するためには，**階層的クラスタリング** (hierarchical clustering) などの，クラスタサイズが不均一な場合でも適切にクラスタリングできる手法を検討する必要があります．階層的クラスタリングは，データ間の類似度に基づいて樹形図（デンドログラム）を作成し，任意のレベルで樹形図を切断することでクラスタを形成する手法です．この手法は，*k*-means 法とは異なり，クラスタの数 k を事前に指定する必要がありません．

8.3.3　エルボー法

k-means 法では，クラスタ数 k を事前に指定する必要があります．k の値は，小さすぎるとデータの構造を十分に捉えられず，大きすぎると過学習が起こりやすくなるため，k を適切に設定することが大切です．この k の値を推定する方法として**エルボー法** (elbow method) があります．

エルボー法では，クラスタ数 k を 1 から順に増加させながら *k*-means 法を実行し，各 k におけるクラスタ内誤差平方和（WCSS）を計算します．そして，k を横軸に，WCSS を縦軸にプロットします．WCSS は，各データ点とその所属するクラスタのセントロイドとの距離の二乗和を表します．k が増加するにつれて WCSS は減少しますが，ある k の値を超えると WCSS の減少幅が小さくなります．これは，k を増やしてもクラスタリングの精度が大きく向上しないことを意味します．エルボー法では，WCSS の減少が緩やかになる「エルボー」（肘）のような点における k の値を，最適なクラスタ数として選択します．

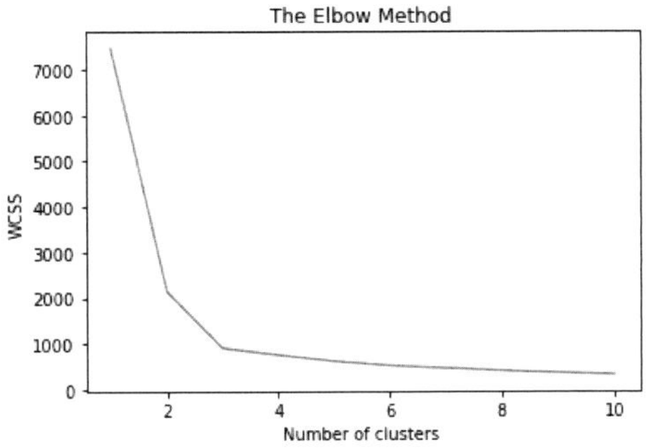

図 8.3　エルボー法の例．この例だとクラスタ数を $k = 3$ とする．

問 8.3　以下の表は，あるデータセットに対して k-means 法を適用した際の，クラスタ数 k とクラスタ内誤差平方和 (WCSS) の関係を示している．エルボー法を用いて，最適なクラスタ数 k を決定せよ．

k	1	2	3	4	5	6
WCSS	800	350	180	110	80	70

8.3.4　*k*-means++ によるセントロイドの初期化

k-means 法のクラスタリング結果は，初期セントロイドの位置に大きく依存します．初期セントロイドが互いに近すぎると，クラスタリング結果が悪くなる可能性があります．そこで，より良い初期セントロイドを選択するための手法として，***k*-means++** が提案されています．

k-means++ の目的は，以下の 3 点です．

(a) *k*-means 法の計算速度を向上させる: 初期セントロイドが適切に選ばれることで，*k*-means 法の収束が早くなります．

(b) *k*-means 法のクラスタリング結果を改善する: 偏りの少ない初期セントロイドが選ばれることで，より良いクラスタリング結果が得られる可能性が高まります．

(c) *k*-means 法の初期セントロイドをより良い位置に配置する: *k*-means++ は，セントロイド間の距離を考慮し，より分散した初期セントロイドを生成します．

k-means++ は，最初のセントロイドをランダムに選択する代わりに，以下のアルゴリズムに従って，互いに離れた位置にセントロイドを配置します．

_k_-means++ のアルゴリズム

(1) **最初のセントロイドの選択:**
入力データの中からランダムに 1 つ選び，それを最初のセントロイドとする．

(2) **k 個のセントロイドが選ばれるまで，以下の手順を繰り返す:**

(a) **距離の計算:**

各データ点と既に選択されているセントロイドとの距離を求める．

(b) **確率の計算:**

各データ点 $\boldsymbol{x}_i$ について，最も近いセントロイドとの距離 $D(\boldsymbol{x}_i)$ の二乗に比例する確率 $p(\boldsymbol{x}_i)$ を求める．

$$p(\boldsymbol{x}_i) = \frac{D(\boldsymbol{x}_i)^2}{\sum_{j=1}^{N} D(\boldsymbol{x}_j)^2}$$

データ $\boldsymbol{x}_i$ とセントロイドの距離が短いほど選択確率 $p(\boldsymbol{x}_i)$ は低く，距離が長いほど高くなる．

(c) **次のセントロイドの選択:**

求めた確率 $p(\boldsymbol{x}_i)$ に基づいて，次のセントロイドとなるデータ点を 1 つ選択する．この選択方法は，**ルーレット選択** (roulette selection) と呼ばれる．ルーレット選択では，各データ点に割り当てられた確率に応じた大きさの領域を持つルーレットを作成し，ルーレットを回転させて (乱数を生成させて) 選択された領域に対応するデータ点を次のセントロイドとして採用する．

k-means++ を用いることで，初期セントロイドがより分散された状態になり，k-means 法の収束速度が向上し，より良いクラスタリング結果が得られる可能性が高まります．

k-means++

例 8.3　点 $A(-2,1), B(0,-2), C(3,0), D(1,3)$ が与えられたとき，k-means++ アルゴリズムを用いて初期セントロイドを 3 つ選択する過程を説明せよ．ただし，距離はユークリッド距離とする．

(解答)

(1) **最初のセントロイドの選択:** データ点集合からランダムに 1 点を選び，最初のセントロイドとする．ここでは，点 $A(-2,1)$ を選択したとする．

(2) **2 番目のセントロイドの選択:**

(a) **距離の計算:** 各データ点とセントロイド A との距離を計算する．

$$D(B) = \sqrt{(0-(-2))^2 + (-2-1)^2} = \sqrt{13}, \quad D(C) = \sqrt{(3-(-2))^2 + (0-1)^2} = \sqrt{26},$$
$$D(D) = \sqrt{(1-(-2))^2 + (3-1)^2} = \sqrt{13}$$

(b) **確率の計算:** 各データ点の確率を計算する．

$$p(B) = \frac{(\sqrt{13})^2}{(\sqrt{13})^2 + (\sqrt{26})^2 + (\sqrt{13})^2} = \frac{13}{52}, \quad p(C) = \frac{(\sqrt{26})^2}{(\sqrt{13})^2 + (\sqrt{26})^2 + (\sqrt{13})^2} = \frac{26}{52}$$
$$p(D) = \frac{(\sqrt{13})^2}{(\sqrt{13})^2 + (\sqrt{26})^2 + (\sqrt{13})^2} = \frac{13}{52}$$

(c) **ルーレット選択:**

上記の確率に基づいてルーレット選択を行う．確率が最も高い点 $C(3,0)$ が 2 番目のセントロイドとして選択される可能性が最も高くなる．生成された乱数が 0.6 だとしたら，$C(3,0)$ がセントロイドとして選択される．

(3) **3 番目のセントロイドの選択:**

(a) **距離の計算:**

各データ点とセントロイド A, C との距離を計算し，それぞれについて近い方の距離を採用する．

$$D(B) = \min(\sqrt{13}, \sqrt{(0-3)^2+(-2-0)^2}) = \sqrt{13}, \quad D(D) = \min(\sqrt{13}, \sqrt{(1-3)^2+(3-0)^2}) = \sqrt{13}$$

(b) **確率の計算:** 各データ点の確率を計算する．

$$p(B) = \frac{(\sqrt{13})^2}{(\sqrt{13})^2+(\sqrt{13})^2} = \frac{1}{2}, \quad p(D) = \frac{(\sqrt{13})^2}{(\sqrt{13})^2+(\sqrt{13})^2} = \frac{1}{2}$$

(c) **ルーレット選択:** 上記の確率に基づいてルーレット選択を行う．点 $B(0,-2)$ または $D(1,3)$ が 3 番目のセントロイドとして選択される可能性は同じである．生成された乱数が 0.6 であれば，D がセントロイドとして選択される． ■

問 8.4 点 $A(1,4), B(2,2), C(5,1), D(4,3)$ が与えられたとき，k-means++ アルゴリズムを用いて初期セントロイドを 2 つ選択する過程を説明せよ．ただし，距離はユークリッド距離とする．

8.3.5 ルーレット選択の実装

ルーレット選択について，もう少し詳しく説明しましょう．次に定めるセントロイドを $\boldsymbol{\mu}_{next}$ とします．ルーレット選択を実装する際には，0 ~ 1 の一様乱数 u_{next} を生成し，各データの選択確率 $p(\boldsymbol{x}_i)$ を順に足していき，つまり，累積確率 $\sum_i p(\boldsymbol{x}_i)$ を考え，u がこの累積確率を超えた点をセントロイドとします．具体的には，

$$\sum_{i=1}^{k} p(\boldsymbol{x}_i) \leq u_{next} \leq \sum_{i=1}^{k+1} p(\boldsymbol{x}_i) \tag{8.3}$$

を満たしたとき，$\boldsymbol{\mu}_{next} = \boldsymbol{x}_{k+1}$ とします．

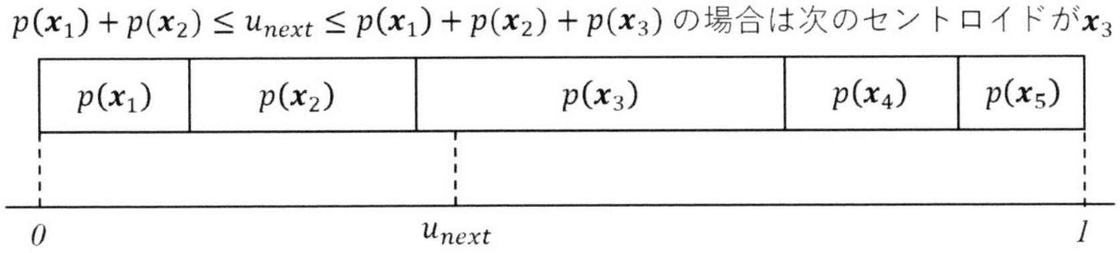

図 8.4 ルーレット選択のイメージ

(8.3) より，

$$\sum_{i=1}^{k} \frac{D(\boldsymbol{x}_i)^2}{\sum_{j=1}^{N} D(\boldsymbol{x}_j)^2} \leq u_{next} \leq \sum_{i=1}^{k+1} \frac{D(\boldsymbol{x}_i)^2}{\sum_{j=1}^{N} D(\boldsymbol{x}_j)^2} \iff \sum_{i=1}^{k} D(\boldsymbol{x}_i)^2 \leq u_{next} \sum_{j=1}^{N} D(\boldsymbol{x}_j)^2 \leq \sum_{i=1}^{k+1} D(\boldsymbol{x}_i)^2 \tag{8.4}$$

なので，プログラミング言語でルーレット選択を実装する場合は，(8.4) を使って距離 $D(\boldsymbol{x}_i)$ を計算すれば構いません．

なお，初期セントロイドをよりランダムかつ効果的に分散させるために一様乱数を用いています．これにより，初期セントロイドが偏る可能性を低減し，より良いクラスタリング結果を得られる可能性が高まります．

■■■■■■ 確認問題 ■■■■■■■■■■■■■■■■■■■■■■■■■■■■■■■■

確認問題 8.1　k 近傍法について正しい記述はどれか？

(1) 教師なし学習の手法である．

(2) 決定境界を明示的な式で表現できる．

(3) 新しいデータが与えられるたびに，そのデータとすべての訓練データとの距離を計算する必要がある．

(4) 訓練データが多い場合に計算時間が短くなる．

確認問題 8.2　k 近傍法において，k の値を小さくするとどうなるか？

(1) 決定境界が滑らかになる．　(2) 過学習が起こりにくくなる．

(3) 計算時間が長くなる．　(4) ノイズの影響を受けやすくなる．

確認問題 8.3　k 近傍法と k-means 法の共通点として正しいものはどれか？

(1) どちらも教師あり学習の手法である．　(2) どちらもデータ点間の距離に基づいて計算を行う．

(3) どちらもモデルの複雑さを自動的に調整する．　(4) どちらも外れ値に強い．

確認問題 8.4　k 近傍法と k-means 法について，正しいものはどれか？

(1) k 近傍法はノンパラメトリックモデルで，k-means 法はパラメトリックモデル．

(2) k 近傍法と k-means 法ともにノンパラメトリックモデル．

(3) k 近傍法はパラメトリックモデルで，k-means 法はノンパラメトリックモデル．

(4) k 近傍法と k-means 法ともにパラメトリックモデル．

確認問題 8.5　k 近傍法において，k の値を大きくするとどうなるか？

(1) 決定境界が複雑になる．　(2) 過学習が起こりやすくなる．

(3) 計算時間が短くなる．　(4) ノイズの影響を受けにくくなる．

確認問題 8.6　k-means 法における「セントロイド」とは何か？

(1) データセット全体の平均　(2) 各クラスタの中心点

(3) データセットの最小値　(4) データセットの最大値

確認問題 8.7　k-means 法の収束条件として正しいものはどれか？

(1) セントロイドが指定された値に達する　(2) 全てのデータ点が同じクラスタに属する

(3) セントロイドが移動しなくなる　(4) クラスタ間の距離が一定になる

確認問題 8.8

k-means 法において，クラスタ内誤差平方和（WCSS）を最小化することは何を意味するか？

(1) 各クラスタ内のデータ点が互いに近くに集まっている．　(2) 各クラスタのサイズが均等である．

(3) 各クラスタが明確に分離されている．　(4) クラスタの数が適切に選択されている．

確認問題 8.9　k-means 法において，クラスタ数が多すぎるとどうなるか？

(1) 過学習が起こりやすくなる．　(2) 計算時間が短くなる．

(3) クラスタリング結果が解釈しやすくなる．　(4) クラスタ間の距離が大きくなる．

確認問題 8.10　k-means++ において，2 番目以降のセントロイドはどのように選択されるか？

(1) データ点の中からランダムに選択される．

(2) 他のセントロイドから最も遠いデータ点が選択される．

(3) 他のセントロイドとの距離の二乗和が最大となるデータ点が選択される．

(4) 他のセントロイドとの距離の二乗に比例する確率で選択される．

確認問題 8.11　k-means++ のセントロイド初期化手順で使用される選択方法は何と呼ばれるか？

(1) ブートストラップ選択　(2) 確率選択　(3) ルーレット選択　(4) グリッド選択

確認問題 8.12　点 $S(2,4), T(5,5), U(3,3)$ はクラス 1 に，点 $V(6,2), W(4,6)$ はクラス 2 に分類されているとする．$k=3$ として，k 近傍法 (kNN) を適用したとき，点 $X(3,5)$ はどちらのクラスに分類されるか？ ただし，2 点 $P(x,y), Q(u,v)$ の距離は $d(P,Q)=|x-u|+|y-v|$ とする．

確認問題 8.13　初期セントロイドを $\mu_1=3, \mu_2=4$，2 点 x,y の距離を $|x-y|$ として，データ $\{0,2,4,6,24,26\}$ を k-means 法を使って，2 つにクラスタリングせよ．

確認問題 8.14　以下の表は，あるデータセットに対して k-means 法を適用した際の，クラスタ数 k とクラスタ内誤差平方和 (WCSS) の関係を示している．エルボー法を用いて，最適なクラスタ数 k を決定せよ．

k	1	2	3	4	5	6	7
WCSS	500	200	120	90	75	65	60

第9章
主成分分析

機械学習モデルの性能を高めるには，一般的に変数や特徴量を増やすことが有効です．しかし，扱うデータの次元が増えるにつれて，モデルのパラメータ数や計算量が指数関数的に増加し，過学習を起こしたり，モデルの学習が困難になったりします．これを**次元の呪い**（the curse of dimensionality）と呼びます．

次元の呪いを緩和するためには，主に2つのアプローチがあります．

(1) **特徴量選択** (feature selection): 多くの特徴量の中から，モデルの性能に最も貢献する重要な特徴量を選び出す手法です．

(2) **次元圧縮**（dimensionality compression）: データの情報をできるだけ保持しつつ，データを低次元に圧縮する手法です．次元圧縮は**次元削減**（dimensionality reduction）とも呼ばれます．

本章では，次元削減の手法の1つである**主成分分析**（PCA: Principal Component Analysis）について説明します．主成分分析は，教師なし学習の一種であり，データから分散を最大に捉える新たな特徴（主成分）を生成し，それに基づいてデータを低次元に圧縮する方法です．

9.1　2 次形式と正定値行列

主成分分析を理解するためには線形代数で登場する 2 次形式と正定値行列の知識が必要です．まずは，これらについて復習しましょう．

2 次形式

定義 9.1　$A = [a_{ij}]$ を n 次実対称行列とし，$\boldsymbol{x} = {}^t[x_1, x_2, \ldots, x_n] \in \mathbb{R}^n$ とする．このとき，$x_1, x_2, \ldots, x_n$ の 2 次の項のみからなる式

$$F(\boldsymbol{x}) = {}^t\boldsymbol{x}A\boldsymbol{x} = (\boldsymbol{x}, A\boldsymbol{x}) = \sum_{i=1}^{n}\sum_{j=1}^{n} a_{ij}x_ix_j \tag{9.1}$$

を A で定まる $x_1, x_2, \ldots, x_n$ についての **2 次形式** (quadratic form) といい，A を F の**係数行列** (coefficient matrix) という．ここで，$(\cdot,\cdot)$ は $\mathbb{R}^n$ の内積である．

対称行列 A は対角化可能であり，その固有値を $\lambda_1, \lambda_2, \ldots, \lambda_n$ とし，それぞれに属する単位固有ベクトルを $\boldsymbol{p}_1, \boldsymbol{p}_2, \ldots, \boldsymbol{p}_n$ とすると，直交行列 $P = [\boldsymbol{p}_1, \boldsymbol{p}_2, \ldots, \boldsymbol{p}_n]$ によって，$B = {}^tPAP$ とできます．ただし，$B = \begin{bmatrix} \lambda_1 & & & \\ & \lambda_2 & & \\ & & \ddots & \\ & & & \lambda_n \end{bmatrix}$ です．ここで，$\boldsymbol{y} = {}^tP\boldsymbol{x}$，つまり，$\boldsymbol{x} = P\boldsymbol{y}$ とおくと，

$$F(\boldsymbol{x}) = {}^t\boldsymbol{x}A\boldsymbol{x} = {}^t(P\boldsymbol{y})A(P\boldsymbol{y}) = {}^t\boldsymbol{y}({}^tPAP)\boldsymbol{y} = {}^t\boldsymbol{y}B\boldsymbol{y}$$

です．したがって，$\boldsymbol{y} = {}^t[y_1, y_2, \ldots, y_n]$ とすれば，$F(\boldsymbol{x})$ は

$$G(\boldsymbol{y}) = [y_1, y_2, \ldots, y_n]\begin{bmatrix} \lambda_1 & & & \\ & \lambda_2 & & \\ & & \ddots & \\ & & & \lambda_n \end{bmatrix}\begin{bmatrix} y_1 \\ y_2 \\ \vdots \\ y_n \end{bmatrix} = \lambda_1y_1^2 + \lambda_2y_2^2 + \cdots + \lambda_ny_n^2 \tag{9.2}$$

と変形でき，(9.2) を 2 次形式の**標準形** (canonical form) といいます．

2 次形式は，データ解析や画像処理などでしばしば登場し，その標準形を使えば最大値や最小値を把握することができます．ここでは，その原理と計算例を示します．

2 次形式の最大・最小

定理 9.1　n 次実対称行列 A の最大固有値を $\lambda_{\max}$，最小固有値を $\lambda_{\min}$ とする．このとき，$\|\boldsymbol{x}\|_2 = 1$ となる任意のベクトル $\boldsymbol{x} \in \mathbb{R}^n$ に対して，

$$\lambda_{\min} \leq (\boldsymbol{x}, A\boldsymbol{x}) \leq \lambda_{\max}$$

が成り立つ．また，2 次形式 $(\boldsymbol{x}, A\boldsymbol{x})$ を最大にするベクトルは $\lambda_{\max}$ に属する単位固有ベクトルであり，逆に最小にするベクトルは $\lambda_{\min}$ に属する単位固有ベクトルである．

[証明]　まず，2 次形式 $F(\boldsymbol{x}) = (\boldsymbol{x}, A\boldsymbol{x})$ は直交行列 P および変換 $\boldsymbol{x} = P\boldsymbol{y}$ によって，標準形 (9.2) として表されることに注意する．また，P が直交行列ならば ${}^tP$ も直交行列なので，$\|\boldsymbol{y}\|_2 = \|{}^tP\boldsymbol{x}\|_2 = \|\boldsymbol{x}\|_2$ である．したがって，

$$F(\boldsymbol{x}) = (\boldsymbol{x}, A\boldsymbol{x}) = G(\boldsymbol{y}) = \sum_{i=1}^{n} \lambda_i y_i^2 \leq \sum_{i=1}^{n} \lambda_{\max} y_i^2 = \lambda_{\max} \sum_{i=1}^{n} y_i^2 = \lambda_{\max} \|\boldsymbol{y}\|_2^2 = \lambda_{\max}$$

同様に，$\lambda_{\min} = \lambda_{\min} \sum_{i=1}^{n} y_i^2 \leq (\boldsymbol{x}, A\boldsymbol{x})$ を得るので，結局，次が成り立つ．

$$\lambda_{\min} \leq (\boldsymbol{x}, A\boldsymbol{x}) \leq \lambda_{\max}$$

ここで，$\lambda_{\min} = \lambda_\nu, \lambda_{\max} = \lambda_\mu$ とし，$y_i = 0 (i \neq \nu), y_\nu = 1$ となるベクトル $\boldsymbol{y}_\nu$ に対して $\boldsymbol{x}_\nu = P\boldsymbol{y}_\nu$ とすると，$(\boldsymbol{x}_\nu, A\boldsymbol{x}_\nu) = (P\boldsymbol{y}_\nu, AP\boldsymbol{y}_\nu) = \boldsymbol{y}_\nu{}^t PAP\boldsymbol{y}_\nu = \lambda_\nu \|\boldsymbol{y}\|_2^2 = \lambda_\nu$ が成り立ち，$y_i = 0 (i \neq \mu), y_\mu = 1$ となるベクトル $\boldsymbol{y}_\mu$ に対して $\boldsymbol{x}_\mu = P\boldsymbol{y}_\mu$ とすると $\lambda_\mu = (\boldsymbol{x}_\mu, A\boldsymbol{x}_\mu)$ が成り立つ．

そして，

$$\boldsymbol{x}_\nu = P\boldsymbol{y}_\nu = [\boldsymbol{p}_1, \ldots, \boldsymbol{p}_\nu, \ldots, \boldsymbol{p}_n]^t [0, \ldots, 0, 1, 0, \ldots, 0] = \boldsymbol{p}_\nu, \quad \boldsymbol{x}_\mu = P\boldsymbol{y}_\mu = \boldsymbol{p}_\mu$$

に注意すれば，$\boldsymbol{x}_\nu$ と $\boldsymbol{x}_\mu$ はそれぞれ λ_ν, λ_μ に属する単位固有ベクトル $\boldsymbol{p}_\nu, \boldsymbol{p}_\mu$ に一致することが分かる． ■

次に，2 次形式 $(\boldsymbol{x}, A\boldsymbol{x})$ が正となる場合を考えてみましょう．

正定値行列

定義 9.2 n 次実正方行列 A が，$\boldsymbol{x} \neq \boldsymbol{0}$ である任意のベクトル $\boldsymbol{x} \in \mathbb{R}^n$ に対して

$$(\boldsymbol{x}, A\boldsymbol{x}) > 0 \tag{9.3}$$

を満たすとき，A は**正定値行列** (positive definite matrix) であるといい，

$$(\boldsymbol{x}, A\boldsymbol{x}) \geq 0 \tag{9.4}$$

を満たすとき，A は**半正定値行列** (positive semidefinite matrix) という．

正定値行列に対しては次のようなことが成り立ちます．

正定値行列と固有値

定理 9.2 対角化可能な n 次実正方行列 A が正定値であるための必要十分条件は，A の固有値がすべて正となることである．また，A が半正定値であるための必要十分条件は A の固有値がすべて非負となることである．

[証明] $(\Longrightarrow)$ A の固有値を λ_i，対応する固有ベクトルを $\boldsymbol{v}_i \neq \boldsymbol{0}$ とすると，

$$A\boldsymbol{v}_i = \lambda_i \boldsymbol{v}_i \qquad (i = 1, 2, \ldots, n)$$

なので，次が成り立つ．

$$(\boldsymbol{v}_i, A\boldsymbol{v}_i) = \lambda_i (\boldsymbol{v}_i, \boldsymbol{v}_i) = \lambda_i \|\boldsymbol{v}_i\|_2^2$$

ここで，A は正定値なので，$(\boldsymbol{v}_i, A\boldsymbol{v}_i) > 0$ が成り立つ．よって，$\lambda_i > 0$ である．

$(\Longleftarrow)$ A は対角化可能なので，任意の $\boldsymbol{x} \in \mathbb{R}^n$ を固有ベクトル $\boldsymbol{v}_i$ で展開して，

$$\boldsymbol{x} = \sum_{i=1}^{n} c_i \boldsymbol{v}_i, \qquad c_i \text{はスカラー}$$

と表せる．ここで，直交化により $\boldsymbol{v}_i$ は正規直交系をなすとしてよいので，

$$(\boldsymbol{v}_i, \boldsymbol{v}_j) = \begin{cases} 1 & (i = j) \\ 0 & (i \neq j) \end{cases}$$

とすると，

$$(\boldsymbol{x}, A\boldsymbol{x}) = \left(\sum_{i=1}^{n} c_i \boldsymbol{v}_i, \sum_{j=1}^{n} \lambda_j c_j \boldsymbol{v}_j \right) = \sum_{i=1}^{n} \lambda_i c_i^2 (\boldsymbol{v}_i, \boldsymbol{v}_i) = \sum_{i=1}^{n} \lambda_i c_i^2$$

である．よって，$\lambda_i > 0$ ならば $(\boldsymbol{x}, A\boldsymbol{x}) > 0$ となるので，A は正定値である．

A が半正定値の場合の証明は，上記の証明において，単純不等号 $>$ を等号付不等号 $\geq$ とすればよい． ■

ここで，「A が正定値 $\Longrightarrow$ A の固有値が正」の証明において対角化可能性を使っていないことに注意してください．したがって，「A が正定値 $\Longrightarrow$ A の固有値が正」は，対角化可能性を仮定しなくても成り立ちます．

対称行列は対角化可能なので，定理 9.2 の直接的な結果として次が成り立ちます．

対称行列と固有値

系 9.1　n 次実対称行列 A が正定値であるための必要十分条件は，A の固有値がすべて正となることである．また，n 次対称行列 A が半正定値であるための必要十分条件は，A の固有値がすべて非負となることである．

2 次形式

例 9.1　次の問に答えよ．

(1) $x^2 + y^2 + z^2 = 1$ のとき，$F(\boldsymbol{x}) = 2xy + 2yz + 2zx$ の最大値と最小値（およびそれらを与える点）を求めよ．

(2) 2 次形式 $5x^2 + 5y^2 + 2z^2 + 8xy + 4xz + 4yz$ の係数行列は正定値行列であることを示せ．

(解答)

(1) $F(\boldsymbol{x})$ の係数行列 A は，$A = \begin{bmatrix} 0 & 1 & 1 \\ 1 & 0 & 1 \\ 1 & 1 & 0 \end{bmatrix}$，$A$ の固有値は $\lambda_1 = -1, \lambda_2 = -1, \lambda_3 = 2$ であり，それぞれに属する単位固有ベクトルは

$$\boldsymbol{x}_1 = \pm\frac{1}{\sqrt{2}}\begin{bmatrix} -1 \\ 0 \\ 1 \end{bmatrix}, \quad \boldsymbol{x}_2 = \pm\frac{1}{\sqrt{2}}\begin{bmatrix} -1 \\ 1 \\ 0 \end{bmatrix}, \quad \boldsymbol{x}_3 = \pm\frac{1}{\sqrt{3}}\begin{bmatrix} 1 \\ 1 \\ 1 \end{bmatrix}$$

である．したがって，定理 9.1 より，$F(\boldsymbol{x})$ は $(x, y, z) = \pm\left(-\frac{1}{\sqrt{2}}, 0, \frac{1}{\sqrt{2}}\right)$ あるいは $\pm\left(-\frac{1}{\sqrt{2}}, 1, 0\right)$ において最小値 -1 をとり，$(x, y, z) = \pm\left(\frac{1}{\sqrt{3}}, \frac{1}{\sqrt{3}}, \frac{1}{\sqrt{3}}\right)$ において最大値 2 をとる．

(2) 与えられた 2 次形式の係数行列は $A = \begin{bmatrix} 5 & 4 & 2 \\ 4 & 5 & 2 \\ 2 & 2 & 2 \end{bmatrix}$ であり，A の固有値は $\lambda_1 = 1, \quad \lambda_2 = 1, \quad \lambda_3 = 10$ である．よって，固有値がすべて正なので系 9.1 より，A は正定値行列である． ■

問 9.1　$x^2 + y^2 + z^2 = 1$ のとき，

$$F(\boldsymbol{x}) = x^2 + y^2 + z^2 + xy + yz + zx$$

の最大値と最小値を求めよ．また，この 2 次形式の係数行列は正定値行列であることを示せ．

9.2　共分散行列

主成分分析において，共分散行列はデータのばらつき具合や各変数間の関係性を把握するための重要なツールです．この節では，共分散行列の定義とその性質について見ていきましょう．

共分散行列

定義 9.3 N 個の p 次元ベクトル $\boldsymbol{x}_n = {}^t[x_{n1},\ldots,x_{np}]$ $(n = 1,2\ldots,N)$ の平均を $\bar{\boldsymbol{x}} = \frac{1}{N}\sum_{n=1}^{N}\boldsymbol{x}_n = {}^t[\bar{x}_1,\ldots,\bar{x}_p]$ とし，各ベクトルから平均を引いた**平均偏差ベクトル** (mean-deviation vector) を $\boldsymbol{y}_n = \boldsymbol{x}_n - \bar{\boldsymbol{x}} = {}^t[y_{n1},\ldots,y_{np}]$ とする．このとき，**共分散行列** (covariance matrix) V を次式で定義する．

$$V = \frac{1}{N}\sum_{n=1}^{N}\boldsymbol{y}_n{}^t\boldsymbol{y}_n = \frac{1}{N}\sum_{n=1}^{N}\begin{bmatrix} y_{n1}y_{n1} & y_{n1}y_{n2} & \cdots & y_{n1}y_{np} \\ y_{n2}y_{n1} & y_{n2}y_{n2} & \cdots & y_{n2}y_{np} \\ \vdots & \vdots & \ldots & \vdots \\ y_{np}y_{n1} & y_{np}y_{n2} & \cdots & y_{np}y_{np} \end{bmatrix} \tag{9.5}$$

(9.5) より共分散行列 V は対称行列であることが分かります．また，

$$\frac{1}{N}\sum_{n=1}^{N}\boldsymbol{y}_n = \frac{1}{N}\sum_{n=1}^{N}(\boldsymbol{x}_n - \boldsymbol{x}) = \frac{1}{N}\left(\sum_{n=1}^{N}\boldsymbol{x}_n - \sum_{n=1}^{N}\bar{\boldsymbol{x}}\right) = \frac{1}{N}(N\bar{\boldsymbol{x}} - N\bar{\boldsymbol{x}}) = \boldsymbol{0}$$

なので，$\boldsymbol{y}_n (n = 1,2,\ldots,N)$ の平均は原点 O です．さらに，定理 9.3 が示す通り，共分散行列 V は半正定値です．

共分散行列の半正定値対称性

定理 9.3 共分散行列 V は半正定値対称行列である．

[証明] 対称性は明らかなので，半正定値性のみ示す．$\boldsymbol{0}$ でない任意の $\boldsymbol{x} \in \mathbb{R}^p$ に対して，

$$(\boldsymbol{x}, V\boldsymbol{x}) = \left(\boldsymbol{x}, \left(\frac{1}{N}\sum_{n=1}^{N}\boldsymbol{y}_n{}^t\boldsymbol{y}_n\right)\boldsymbol{x}\right) = \frac{1}{N}\sum_{n=1}^{N}(\boldsymbol{x}, \boldsymbol{y}_n{}^t\boldsymbol{y}_n\boldsymbol{x}) = \frac{1}{N}\sum_{n=1}^{N}{}^t\boldsymbol{x}\boldsymbol{y}_n{}^t\boldsymbol{y}_n\boldsymbol{x} = \frac{1}{N}\sum_{n=1}^{N}(\boldsymbol{x}, \boldsymbol{y}_n)(\boldsymbol{y}_n, \boldsymbol{x}) = \frac{1}{N}\sum_{n=1}^{N}(\boldsymbol{x}, \boldsymbol{y}_n)^2 \geq 0$$

なので，V は半正定値である． ■

定理 9.3 と系 9.1 より，共分散行列の固有値は非負であることが分かります．また，共分散行列の対角成分は，各変数の分散を表しています．分散は，データが平均値からどれくらいばらついているかを示す指標であり，分散が大きいほどデータのばらつきが大きいことを意味します．一方，共分散行列の非対角成分は，2 つの変数間の共分散を表しています．共分散は，2 つの変数の相関を示す指標であり，共分散が正であれば正の相関，負であれば負の相関があることを意味します．

共分散行列は，これらの情報を含んでいるため，データのばらつき具合や各変数間の関係性を把握する上で非常に役立ちます．主成分分析では，この共分散行列を用いて，データの分散を最大化する方向を求めます．

9.3 主成分分析と分散

データの次元を削減する際，単に次元を減らすだけでなく，データの持つ情報をなるべく保持したいと考えます．主成分分析では，データを低次元空間に射影する際に，データの分散が最大

となる方向を見つけ出し，その方向に射影することで，情報の損失を最小限に抑えることを目指します．図 9.1 に示すように，分散が最大となる方向を見つけ，その方向にデータを射影することで，データの広がりを最もよく捉えることができます．この分散が最大となる方向を**主軸** (principal axis) と呼ぶことがあります．

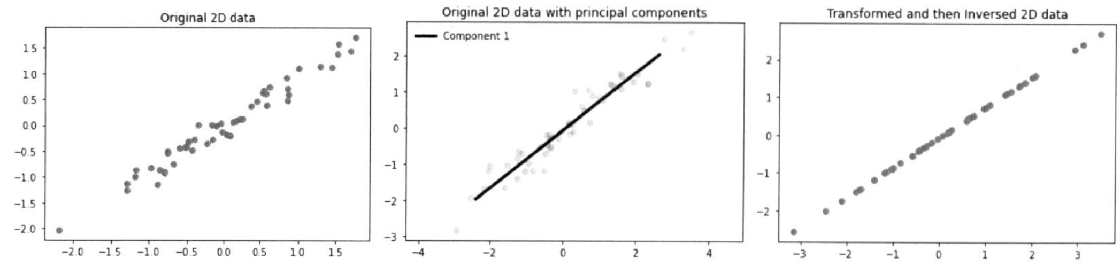

(a) 元のデータ　(b) 分散が最大になる軸 (主軸) を探す　(c) 主軸に射影する

図 9.1　主成分分析のイメージ

そこで，p 次元の平均偏差ベクトル $\boldsymbol{y}_n \in \mathbb{R}^p$ を次の形で r 次元ベクトルに射影して次元削減することを考えます．

$$\boldsymbol{f}_n = {}^t W \boldsymbol{y}_n \in \mathbb{R}^r \quad (r \leq p, n = 1, 2, \ldots, N) \tag{9.6}$$

ここで，W は**射影行列** (projection matrix) と呼ばれるもので，以下のように定義されます．

$$W := [\boldsymbol{w}_1, \boldsymbol{w}_2, \ldots, \boldsymbol{w}_r] \in \mathbb{R}^{p \times r} \tag{9.7}$$

また，W の列ベクトルは互いに正規直交すると仮定します．つまり，$i \neq j$ のとき $(\boldsymbol{w}_i, \boldsymbol{w}_j) = {}^t\boldsymbol{w}_i \boldsymbol{w}_j = 0$ で，$\|\boldsymbol{w}_i\|_2^2 = (\boldsymbol{w}_i, \boldsymbol{w}_i) = {}^t\boldsymbol{w}_i \boldsymbol{w}_i = 1$ と仮定します．

そして，分散の最大化という考えに基づき，$\boldsymbol{y} \in \mathbb{R}^p$ の射影 $\boldsymbol{f} = {}^t W \boldsymbol{y} \in \mathbb{R}^r$ の第 1 成分 f_1 の分散

$$\sigma_{f_1}^2 = \frac{1}{N} \sum_{n=1}^{N} f_{n1}^2 \tag{9.8}$$

を最大にするような $\boldsymbol{w}_1 \in \mathbb{R}^p$ を求めることを考えます．ただし，

$$\boldsymbol{f} = {}^t[f_1, \ldots, f_r], \boldsymbol{f}_n = {}^t[f_{n1}, \ldots, f_{nr}]$$

です．

$\boldsymbol{y}_n$ を $\boldsymbol{w}_1$ へ射影した座標が f_{n1} なので，

$$(\boldsymbol{y}_n - f_{n1}\boldsymbol{w}_1, \boldsymbol{w}_1) = (\boldsymbol{y}_n, \boldsymbol{w}_1) - f_{n1}(\boldsymbol{w}_1, \boldsymbol{w}_1) = 0$$

であり，これより，

$$f_{n1} = {}^t\boldsymbol{w}_1 \boldsymbol{y}_n = {}^t\boldsymbol{y}_n \boldsymbol{w}_1, \quad \boldsymbol{y}_n \in \mathbb{R}^p \tag{9.9}$$

が成り立ちます．

(9.9) を (9.8) に代入すると，次のようになります．

$$\sigma_{f_1}^2 = \frac{1}{N}\sum_{n=1}^{N}({}^t\boldsymbol{w}_1\boldsymbol{y}_n)^2 = \frac{1}{N}\sum_{n=1}^{N}{}^t\boldsymbol{w}_1\boldsymbol{y}_n{}^t\boldsymbol{y}_n\boldsymbol{w}_1 = {}^t\boldsymbol{w}_1\left(\frac{1}{N}\sum_{n=1}^{N}\boldsymbol{y}_n{}^t\boldsymbol{y}_n\right)\boldsymbol{w}_1 = {}^t\boldsymbol{w}_1 V\boldsymbol{w}_1 \tag{9.10}$$

V は (9.5) で定義された共分散行列です．(9.10) の導出過程から $\sigma_{f_1}^2 \geq 0$ が分かりますが，このことは定理 9.3 より $(\boldsymbol{w}_1, V\boldsymbol{w}_1) \geq 0$ が成り立つことからも分かります．

ここで，ベクトル $\boldsymbol{w}_1$ を変えると，$\sigma_{f_1}^2$ も変わることに注意してください．$\boldsymbol{w}_1$ に何らかの制約を課しておかないと，f_1 もそれに応じて変わってしまい，分散の最大化そのものに意味がなくなってしまいます．そのため，$\boldsymbol{w}_i$ は互いに正規直交するという制約条件を課しています．

結局，分散を最大とするベクトル $\boldsymbol{w}_1$ を見つけるためには，次の制約付き最適化問題を解けばよいことになります．

$$\underset{\boldsymbol{w}_1\in\mathbb{R}^p}{\text{maximize}}\ {}^t\boldsymbol{w}_1 V\boldsymbol{w}_1, \quad \text{subject to } \|\boldsymbol{w}_1\|_2^2 = 1 \tag{9.11}$$

(9.11) は，「$\|\boldsymbol{w}_1\|_2^2 = 1$ という条件下で，${}^t\boldsymbol{w}_1 V\boldsymbol{w}_1$ を最大化する $\boldsymbol{w}_1 \in \mathbb{R}^p$ を求める」という意味です．

この最適化問題を解くことで，分散を最大化する方向を表すベクトル $\boldsymbol{w}_1$ を求めることができます．この $\boldsymbol{w}_1$ を第 1 **主成分** (first principal component) といいます．また，この軸に射影して得られる $f_1 = {}^t\boldsymbol{w}_1\boldsymbol{y}$ を $\boldsymbol{y}$ の第 1 主成分得点 (principal component score) といいます．

9.4　主成分分析の導出

主成分分析の目的は，データの分散を最大化するような互いに直交する新しい座標軸を見つけることです．より具体的には，以下の条件を満たす p 個の単位ベクトル $\boldsymbol{w}_i$ $(i = 1, 2, \ldots, p)$ を見つけることを目指します．

1. **正規直交性:** 各ベクトル $\boldsymbol{w}_i$ は，それまでのベクトル $\boldsymbol{w}_1, \boldsymbol{w}_2, \ldots, \boldsymbol{w}_{i-1}$ と正規直交する．これは，各主成分が互いに独立した情報を捉えることを保証します．
2. **分散最大化:** 各ベクトル $\boldsymbol{w}_i$ は，データの分散 $\sigma_{f_i}^2 = {}^t\boldsymbol{w}_i V\boldsymbol{w}_i$ を最大化する．ここで，$f_i = {}^t\boldsymbol{w}_i\boldsymbol{y}$ は，データ $\boldsymbol{y}$ をベクトル $\boldsymbol{w}_i$ に射影した結果を表します．分散を最大化することで，各主成分がデータのばらつきを最もよく説明できるようにします．

それでは，「1. 正規直交性」と「2. 分散最大化」を満たすベクトル $\boldsymbol{w}_i$ を第 i 主成分と名付け，これを見つけることにしましょう．この作業は大変そうに見えますが，実は 2 次形式の性質を使うと，簡単に求められます．

主方向と共分散行列の固有ベクトル

定理 9.4　N 個の n 次元ベクトル $\boldsymbol{x}_j (j = 1, 2, \ldots, N)$ の第 1 主成分 $\boldsymbol{w}_1$ は共分散行列 V の最大固有値 λ_1 に属する単位固有ベクトルであり，その分散 $(\boldsymbol{w}_1, V\boldsymbol{w}_1)$ は λ_1 である．

[証明]　定理 9.1 より，2 次形式 $(\boldsymbol{x}, V\boldsymbol{x})$ を最大にする単位ベクトル $\boldsymbol{w}_1$ は V の最大固有値 λ_1 に属する単位固有ベクトルであり，その最大値は λ_1 である．■

これで，第 1 主成分が求まったので，次に第 2 主成分を求めてみましょう．そのためには，次の補題が必要となります．

2 次形式の最大

補題 9.1　n 次実対称行列 A の最大固有値 λ_1 に属する単位固有ベクトルを $\boldsymbol{p}_1$ とする．このとき，2 次形式 $(\boldsymbol{x}, A\boldsymbol{x})$ を最大にし，$\boldsymbol{p}_1$ に直交する単位ベクトル $\boldsymbol{x} \in \mathbb{R}^n$ は，A の 2 番目に大きい固有値 λ_2 に属する単位固有ベクトル $\boldsymbol{p}_2$ であり，その最大値は λ_2 である．

[証明] A の固有値を $\lambda_1 \geq \lambda_2 \geq \cdots \geq \lambda_n$ と順序付けると，2 次形式 $(\boldsymbol{x}, A\boldsymbol{x})$ は変換

$$\boldsymbol{x} = P\boldsymbol{y} = [\boldsymbol{p}_1, \boldsymbol{p}_2, \ldots, \boldsymbol{p}_n]\begin{bmatrix} y_1 \\ y_2 \\ \vdots \\ y_n \end{bmatrix} = y_1\boldsymbol{p}_1 + y_2\boldsymbol{p}_2 + \cdots + y_n\boldsymbol{p}_n$$

によって標準形になる．

ここで，$\boldsymbol{p}_1$ と $\boldsymbol{x}$ および $\boldsymbol{p}_i$ と $\boldsymbol{p}_j (i \neq j)$ はそれぞれ直交しているので，

$$0 = (\boldsymbol{x}, \boldsymbol{p}_1) = (y_1\boldsymbol{p}_1 + y_2\boldsymbol{p}_2 + \cdots + y_n\boldsymbol{p}_n, \boldsymbol{p}_1) = y(\boldsymbol{p}_1, \boldsymbol{p}_1) + y_2(\boldsymbol{p}_2, \boldsymbol{p}_1) + \cdots + y_n(\boldsymbol{p}_n, \boldsymbol{p}_1) = y_1$$

となることに注意すれば，定理 9.1 の証明と同様に考えて，次を得る．

$$(\boldsymbol{x}, A\boldsymbol{x}) = \lambda_2 y_2^2 + \lambda_3 y_3^2 + \cdots + \lambda_n y_n^2 \leq \lambda_2 \sum_{i=2}^{n} y_i^2 = \lambda_2 \sum_{i=1}^{n} y_i^2 = \lambda_2$$

したがって，$y_2 = 1, y_3 = y_4 = \cdots = y_n = 0$ となるベクトル $\boldsymbol{y}_2$ に対して $\boldsymbol{x}_2 = P\boldsymbol{y}_2$ とすると，$\lambda_2 = (\boldsymbol{x}_2, A\boldsymbol{x}_2)$ が成り立つ．また，このとき，

$$\boldsymbol{x}_2 = P\boldsymbol{y}_2 = [\boldsymbol{p}_1, \boldsymbol{p}_2, \ldots, \boldsymbol{p}_n]^t[0, 1, 0, \ldots, 0] = \boldsymbol{p}_2$$

なので，$\boldsymbol{x}_2$ は 2 番目に大きい固有値 λ_2 に属する単位固有ベクトル $\boldsymbol{p}_2$ に等しい．■

補題 9.1 より，第 2 主成分は次のように求められます．

第 2 主成分と共分散行列の固有ベクトル

定理 9.5　N 個の n 次元ベクトル $\boldsymbol{x}_j (j = 1, 2, \ldots, N)$ の主方向 $\boldsymbol{w}_1$ に直交する方向で分散の最も大きい方向は，共分散行列 V の 2 番目に大きい固有値 λ_2 に属する単位固有ベクトルの方向 $\boldsymbol{w}_2$ であり，その分散は λ_2 である．

[証明] 補題 9.1 において，$n = p, A = V, \boldsymbol{p}_1 = \boldsymbol{w}_1$ とおけばよい．■

定理 9.5 を $\boldsymbol{w}_2$ に対して適用すれば，$\boldsymbol{w}_1$ と $\boldsymbol{w}_2$ に直交し，分散が最大になる方向は，共分散行列 V の 3 番目に大きい固有値 λ_3 に対する単位固有ベクトル $\boldsymbol{w}_3$ の方向であることが分かります．

同様にして，第 i 主成分の軸は，共分散行列 V の i 番目に大きい固有値 λ_i に対応する固有ベクトル $\boldsymbol{w}_i$ となります．

以上をまとめると，次のようになります．

主成分と分散

定理 9.6　共分散行列 V の固有値を大きい順に並べて $\lambda_1 \geq \lambda_2 \geq \cdots \geq \lambda_p \geq 0$ とすると，これらに属する固有ベクトルの正規直交系 $\boldsymbol{w}_1, \boldsymbol{w}_2, \ldots, \boldsymbol{w}_p$ は分散の大きい順にとった座標系となり，$\lambda_1, \lambda_2, \ldots, \lambda_p$ がそれぞれの方向の分散となる．

このようにして，p 次元ベクトル $\boldsymbol{y}$ を

$$\boldsymbol{f} = {}^t W \boldsymbol{y}, W = [\boldsymbol{w}_1, \boldsymbol{w}_2, \ldots, \boldsymbol{w}_r] \tag{9.12}$$

という操作で，低次元の r 次元ベクトル $\boldsymbol{f}$ に変換することを**主成分分析**（PCA: Principal Component Analysis）といいます．

(9.12) は線形計算なので，主成分分析は線形計算による次元削減です．そのため，データが非線形の構造を持つ場合にはうまく機能しない可能性があります．

なお，(9.12) の転置を考えると，

$$[f_1, f_2, \ldots, f_r] = [y_1, \ldots, y_r, \ldots, y_p] \begin{bmatrix} w_{11} & \cdots & w_{r1} \\ w_{12} & \cdots & w_{r2} \\ \vdots & & \vdots \\ w_{1p} & \cdots & w_{rp} \end{bmatrix}$$

となります．これは，

$$[f_1, \ldots, f_r, f_{r+1}, \ldots, f_p] = [y_1, \ldots, y_r, \ldots, y_p] \left[\begin{array}{ccc|ccc} w_{11} & \cdots & w_{r1} & w_{r+1,1} & \cdots & w_{p1} \\ w_{12} & \cdots & w_{r2} & w_{r+1,2} & \cdots & w_{p2} \\ \vdots & & \vdots & \vdots & & \vdots \\ w_{1p} & \cdots & w_{rp} & w_{r+1,p} & \cdots & w_{pp} \end{array}\right]$$

のグレー部分を削除したものです．

主成分分析

例 9.2 4 つのデータ $\boldsymbol{x}_1 = \begin{bmatrix} 1 \\ 2 \end{bmatrix}, \boldsymbol{x}_2 = \begin{bmatrix} 2 \\ 4 \end{bmatrix}, \boldsymbol{x}_3 = \begin{bmatrix} 3 \\ 6 \end{bmatrix}, \boldsymbol{x}_4 = \begin{bmatrix} 6 \\ 12 \end{bmatrix}$ に対して，次の問に答えよ．

(1) これらのデータの平均偏差ベクトル $\boldsymbol{y}_1, \boldsymbol{y}_2, \boldsymbol{y}_3, \boldsymbol{y}_4$ および共分散行列を求めよ．

(2) (1) の共分散行列の固有値をすべて求め，第 1 主成分を求めよ．

(3) $\boldsymbol{y}_1$ の第 1 主成分得点を求めよ．

(解答)

(1) 平均ベクトルは $\bar{x} = \frac{1}{4}\begin{bmatrix} 1+2+3+6 \\ 2+4+6+12 \end{bmatrix} = \begin{bmatrix} 3 \\ 6 \end{bmatrix}$ なので

$$\boldsymbol{y}_1 = \boldsymbol{x}_1 - \bar{\boldsymbol{x}} = \begin{bmatrix} -2 \\ -4 \end{bmatrix}, \boldsymbol{y}_2 = \boldsymbol{x}_2 - \bar{\boldsymbol{x}} = \begin{bmatrix} -1 \\ -2 \end{bmatrix}, \boldsymbol{y}_3 = \boldsymbol{x}_3 - \bar{\boldsymbol{x}} = \begin{bmatrix} 0 \\ 0 \end{bmatrix}, \boldsymbol{y}_4 = \boldsymbol{x}_4 - \bar{\boldsymbol{x}} = \begin{bmatrix} 3 \\ 6 \end{bmatrix},$$

よって，共分散行列は

$$V = \frac{1}{4}\left(\boldsymbol{y}_1{}^t\boldsymbol{y}_1 + \boldsymbol{y}_2{}^t\boldsymbol{y}_2 + \boldsymbol{y}_3{}^t\boldsymbol{y}_3 + \boldsymbol{y}_4{}^t\boldsymbol{y}_4\right) = \frac{1}{4}[\boldsymbol{y}_1, \boldsymbol{y}_2, \boldsymbol{y}_3, \boldsymbol{y}_4]\begin{bmatrix} {}^t\boldsymbol{y}_1 \\ {}^t\boldsymbol{y}_2 \\ {}^t\boldsymbol{y}_3 \\ {}^t\boldsymbol{y}_4 \end{bmatrix}$$

$$= \frac{1}{4}\left(\begin{bmatrix} -2 \\ -4 \end{bmatrix}[-2\ -4] + \begin{bmatrix} -1 \\ -2 \end{bmatrix}[-1\ -2] + \begin{bmatrix} 0 \\ 0 \end{bmatrix}[0\ 0] + \begin{bmatrix} 3 \\ 6 \end{bmatrix}[3\ 6]\right)$$

$$= \frac{1}{4}\left(\begin{bmatrix} 4 & 8 \\ 8 & 16 \end{bmatrix} + \begin{bmatrix} 1 & 2 \\ 2 & 4 \end{bmatrix} + \begin{bmatrix} 0 & 0 \\ 0 & 0 \end{bmatrix} + \begin{bmatrix} 9 & 18 \\ 18 & 36 \end{bmatrix}\right) = \frac{1}{4}\begin{bmatrix} 14 & 28 \\ 28 & 56 \end{bmatrix} = \begin{bmatrix} \frac{7}{2} & 7 \\ 7 & 14 \end{bmatrix}$$

(2) $V = \begin{bmatrix} \frac{7}{2} & 7 \\ 7 & 14 \end{bmatrix}$ である．また，V の固有値は

$$|\lambda E_2 - V| = \begin{vmatrix} \lambda - \frac{7}{2} & -7 \\ -7 & \lambda - 14 \end{vmatrix} = \lambda^2 - \frac{35}{2}\lambda + 49 - 49 = \lambda\left(\lambda - \frac{35}{2}\right) = 0$$

より，$\lambda_1 = \dfrac{35}{2}$, $\lambda_2 = 0$ である．$\lambda_1 > \lambda_2$ であり，

$$V - \frac{35}{2}E_2 = \begin{bmatrix} \frac{7}{2} - \frac{35}{2} & 7 \\ 7 & 14 - \frac{35}{2} \end{bmatrix} = \begin{bmatrix} -14 & 7 \\ 7 & -\frac{7}{2} \end{bmatrix} \to \begin{bmatrix} 2 & -1 \\ 0 & 0 \end{bmatrix}$$

なので，α を任意の数とすると，λ_1 に対応する固有ベクトルは $\boldsymbol{x}_1 = \alpha\begin{bmatrix} 1 \\ 2 \end{bmatrix}$ と表せる．よって，第 1 主成分は，

$$\boldsymbol{w}_1 = \frac{\boldsymbol{x}_1}{\|\boldsymbol{x}_1\|_2} = \frac{1}{\sqrt{1+2^2}}\begin{bmatrix} 1 \\ 2 \end{bmatrix} = \frac{1}{\sqrt{5}}\begin{bmatrix} 1 \\ 2 \end{bmatrix}$$

(3) 第 1 主成分得点を f_1 とすれば，

$$f_1 = {}^t\boldsymbol{w}_1\boldsymbol{y}_1 = \frac{1}{\sqrt{5}}[1, 2]\begin{bmatrix} -2 \\ -4 \end{bmatrix} = \frac{-2-8}{\sqrt{5}} = -2\sqrt{5}$$

■

問 9.2　4 つのデータ $\boldsymbol{x}_1 = \begin{bmatrix} 12 \\ -8 \end{bmatrix}, \boldsymbol{x}_2 = \begin{bmatrix} -6 \\ 10 \end{bmatrix}, \boldsymbol{x}_3 = \begin{bmatrix} -4 \\ 12 \end{bmatrix}, \boldsymbol{x}_4 = \begin{bmatrix} 14 \\ -6 \end{bmatrix}$ に対して，次の問に答えよ．

(1) これらのデータの平均偏差ベクトル $\boldsymbol{y}_1, \boldsymbol{y}_2, \boldsymbol{y}_3, \boldsymbol{y}_4$ および共分散行列を求めよ．

(2) (1) の共分散行列の固有値をすべて求め，第 1 主成分を求めよ．

(3) $\boldsymbol{y}_1$ の第 1 主成分得点を求めよ．

9.5　寄与率

主成分分析では，データを低次元化する際に，情報の損失を最小限に抑えることを目指します．しかし，削減後の次元数をどこまで減らすべきか，つまり，いくつの主成分を残すべきかは自明ではありません．そこで，各主成分がデータ全体の分散をどれだけ説明しているかを示す指標として，**寄与率** (contribution ratio) を導入し，これに基づいて各主成分の重要度を評価し，適切な次元数を決定します．

共分散行列 V は p 次正方行列なので，その固有値の数は重複も含めて p 個あります．第 i 主成分に射影されたデータの分散は，定理 9.6 より $\sigma_{f_i}^2 = \lambda_i$ です．第 i 主成分の寄与率 Q_i は，

$$Q_i = \frac{\lambda_i}{\lambda_1 + \lambda_2 + \cdots + \lambda_p} = \frac{\lambda_i}{\sum_{j=1}^{p}\lambda_j} \tag{9.13}$$

と定義されます．これは，全体の分散に対するその主成分の分散の割合を表しており，寄与率が高いほど，その主成分が持つ情報が多いことを意味します．寄与率は，, **分散説明率** (explained variance ratio) と呼ぶこともあります．

そして，第 k 主成分までの寄与率の総和

$$R_k = Q_1 + Q_2 + \cdots + Q_k = \sum_{j=1}^{k} Q_j \tag{9.14}$$

を**累積寄与率** (cumulative contribution ratio) あるいは**累積分散説明率** (cumulative explained variance ratio) といいます．特定の数の主成分がデータの全体的な分散をどれだけ説明しているかを示す指標です．一般的には，累積寄与率が 0.8（80%）程度になるまで主成分を残すことが多いですが，データの種類や目的に応じて適切な値を選ぶ必要があります．

これまでの議論を踏まえ，主成分分析のアルゴリズムをまとめると以下のようになります．

主成分分析のアルゴリズム

(1) p 次元の特徴量ベクトル $\boldsymbol{x}_i$ $(i = 1, 2, \ldots, N)$ から，平均ベクトル $\bar{\boldsymbol{x}} = \frac{1}{N}\sum_{i=1}^{N} \boldsymbol{x}_i$ を計算し，各データ点を平均偏差ベクトル $\boldsymbol{y}_i = \boldsymbol{x}_i - \bar{\boldsymbol{x}}$ に変換する．

(2) 平均偏差ベクトル $\boldsymbol{y}_i$ から，$p \times p$ の共分散行列 V を作成する．

$$V = \frac{1}{N} Y^t Y, \qquad Y = [\boldsymbol{y}_1, \boldsymbol{y}_2, \ldots, \boldsymbol{y}_N]$$

(3) 共分散行列 V の固有値 λ_i と単位固有ベクトル $\boldsymbol{w}_i$ を求める．

(4) 固有値を大きい順に並べ替え，対応する単位固有ベクトルを並べて射影行列 $W_p = [\boldsymbol{w}_1, \boldsymbol{w}_2, \ldots, \boldsymbol{w}_p]$ を作成する．

(5) $p \times p$ の射影行列 W_p の r 列より後の列を削除し，$p \times r$ の射影行列 $W = [\boldsymbol{w}_1, \boldsymbol{w}_2, \ldots, \boldsymbol{w}_r]$ に変換する．r は累積寄与率に基づいて定める．

(6) p 次元の平均偏差ベクトル $\boldsymbol{y}_i$ に射影行列 W を掛けて，r 次元の主成分得点 $\boldsymbol{f}_i = {}^tW\boldsymbol{y}_i$ を求める．

9.6 主成分分析の例

主成分分析は，様々な用途で用いられています．

ノイズ除去: データからノイズ成分を取り除き，重要な情報を抽出する．
データ可視化: 高次元データを低次元空間に射影し，データの分布や特徴を視覚的に把握する．
特徴量抽出: データから重要な特徴量を抽出し，機械学習モデルの入力として利用する．
異常検知: データの主成分空間における分布から外れているデータを異常値として検出する．

特徴量抽出の例としては，顔画像の圧縮があります．顔画像は，ピクセルごとに輝度値を持つ高次元データとみなすことができます．主成分分析を用いると，顔画像の分散を最大化するような主要な特徴（例えば，目や鼻の形など）を捉える主成分を抽出することができます．これらの主成分を用いて顔画像を表現することで，元の画像よりも少ない情報量で顔画像を近似的に再現することができます．この利用例は，拙著 [13] の第 11 章で扱っています．

このように，主成分分析は，データの次元を削減しながらも，重要な情報を保持するための強力なツールです．

ここでは，データ可視化の例として，表 9.1 に示す 2023 年度のサッカー J リーグの J1 チームのデータ[1] を用いて主成分分析を行い，その結果を解釈してみましょう．

表 9.1　2023 年度 J リーグチームごとのデータ

順位	チーム	得点	PK 得点	PK	失点	PK 失点	被 PK	シュート	被シュート	FK	CK	反則	警告	退場
1	神戸	60	6	6	29	4	6	346	318	432	179	400	45	1
2	横浜 FM	63	2	2	40	3	5	403	426	542	169	427	34	4
3	広島	42	4	4	28	0	0	484	239	480	213	477	44	0
4	浦和	42	7	8	27	0	0	327	278	440	153	415	43	2
5	鹿島	43	3	4	34	6	6	331	296	516	148	475	48	6
6	名古屋	41	2	3	36	3	3	321	332	471	158	465	46	0
7	福岡	37	5	6	43	3	4	278	308	407	115	483	57	0
8	川崎	51	6	7	45	4	4	356	323	463	132	481	42	7
9	C 大阪	39	3	3	34	1	2	288	308	535	157	405	27	1
10	新潟	36	1	1	40	6	8	356	312	454	161	374	41	2
11	東京	42	3	5	46	4	4	294	322	568	147	465	66	3
12	札幌	56	3	5	61	6	6	434	300	456	180	497	55	2
13	京都.	40	4	4	45	4	5	305	345	430	153	553	46	3
14	鳥栖	43	4	5	47	4	4	237	401	378	167	450	42	3
15	湘南	40	5	5	56	6	8	326	408	401	201	550	60	1
16	G 大阪	38	3	4	61	4	5	337	367	371	155	486	59	1
17	柏	33	3	3	47	5	5	307	319	429	188	485	59	4
18	横浜 FC	31	4	5	58	5	5	293	421	456	171	421	55	1

表 9.2 に，このデータに主成分分析を適用した結果を示します．第 1〜3 主成分について，値の絶対値が 0.2 以上のものを太字で強調しています．

表 9.2　主成分分析結果

主成分	1	2	3	4	5	6	7	8	9	10	11	12	13
固有値	3.773	2.655	1.780	1.736	1.176	0.755	0.637	0.524	0.368	0.178	0.135	0.043	0.005
累積寄与率	0.274	0.467	0.596	0.722	0.808	0.863	0.909	0.947	0.974	0.987	0.997	1.0	1.0
得点	0.131	0.153	**-0.228**	0.576	-0.299	-0.039	0.267	0.302	0.258	-0.395	0.278	-0.107	0.103
PK 得点	0.144	**-0.529**	-0.099	0.239	-0.210	0.097	-0.061	-0.220	0.079	0.333	-0.188	-0.353	0.500
PK	0.096	**-0.552**	-0.158	0.236	-0.051	0.068	0.237	-0.137	-0.109	0.136	0.169	0.419	-0.536
失点	**-0.454**	-0.066	0.077	0.051	-0.013	-0.270	0.257	0.168	-0.543	0.223	0.400	-0.324	0.063
PK 失点	**-0.460**	0.136	-0.158	0.137	0.064	0.366	-0.034	-0.110	0.037	0.128	0.190	0.558	0.458
被 PK	**-0.428**	0.193	-0.134	0.132	-0.127	0.414	-0.031	0.027	0.285	0.302	-0.172	-0.373	-0.462
シュート	0.160	**0.236**	**0.324**	0.529	0.113	0.059	0.073	0.227	-0.367	0.226	-0.495	0.172	0.004
被シュート	**-0.322**	0.061	-0.149	-0.078	-0.547	-0.521	0.125	-0.140	0.042	-0.021	-0.447	0.238	-0.002
FK	**0.217**	**0.352**	**-0.218**	0.036	0.352	-0.270	0.472	-0.383	0.225	0.394	0.072	-0.047	0.035
CK	-0.021	0.168	**0.545**	0.280	-0.243	-0.048	-0.214	-0.624	0.019	-0.088	0.280	-0.041	-0.103
反則	**-0.245**	**-0.224**	0.170	0.266	0.372	-0.476	-0.350	0.244	0.461	0.143	0.050	0.082	-0.037
警告	**-0.335**	**-0.250**	**0.201**	0.062	0.375	0.110	0.448	-0.222	0.078	-0.509	-0.303	-0.134	0.053
退場	-0.057	0.082	**-0.568**	0.277	0.265	-0.132	-0.434	-0.289	-0.362	-0.252	-0.101	-0.133	-0.092

主成分分析結果を解釈してしましょう．この結果から分かるように，主成分は，必ずしも元の変数に対応するとは限りません．解釈が難しい主成分が得られる場合もあります．

第 1 主成分：攻撃性と守備の強度: この主成分は，得点やシュート数といった攻撃的な指標と，失点や被シュート数といった守備的な指標で構成されています．正の値が大きいチームは攻撃的で，負の値が大きいチームは守備的な傾向を示します．

正の値が大きいチームの特徴: 得点が多い，シュート数が多い，フリーキック (FK) が多い

1　https://data.j-league.or.jp/SFRT01/

負の値が大きいチームの特徴: 失点が多い，被シュート数が多い，PK を与えた数が多い，反則・警告が多い (ペナルティエリア近くでの守備時間が長い可能性が高い)

第 2 主成分：セットプレー獲得とゴール近くでの攻撃: この主成分は，セットプレーの指標と反則・警告の指標で構成されています．正の値が大きいチームはセットプレーの獲得が多く，負の値が大きいチームはペナルティーエリア近くでの攻撃が少ない，あるいは守備時間が長い可能性があります．

正の値が大きいチームの特徴: シュート数が多い，フリーキック (FK) が多い，コーナーキック (CK) が多い

負の値が大きいチームの特徴: PK が少ない，PK による得点が少ない，反則・警告が多い

第 3 主成分：ゴール近くでの攻撃と退場のリスク この主成分は，主に CK，警告，シュート数と退場の指標で主に警告と退場の指標で構成されています．正の値が大きいチームは警告は多いものの，シュート数も CK 数も多いです．ペナルティエリア近くでの攻撃がアグレッシブで，相手のカウンター攻撃を警告覚悟で止めるような傾向にある可能性があります．負の値が大きいチームは攻撃力が弱く，退場者も多い傾向にあります．

正の値が大きいチームの特徴: CK が多い，シュートが多い，警告が多い

負の値が大きいチームの特徴: フリーキックが少ない，得点が少ない，退場が多い

これらの主成分分析の結果は，チームのプレースタイルや戦略を理解する上で役立ちます．各チームがどの主成分において高い/低い値を示すかを見ることで，そのチームの強みや弱みを把握し，より効果的な戦術を立てることができるでしょう．

図 9.2〜9.4 に，第 1〜3 主成分の関係を散布図として可視化したものを示します．これらの図から，各チームのプレースタイルや特徴を視覚的に把握することができます．また，図 9.5 に，主成分数と累積寄与率の関係を示します．この図および表 9.2 から，最初の数個の主成分でデータの分散の大部分を説明できることが分かります．より具体的には，第 3 成分までで約 60%，第 5 成分までで約 80% が説明できることが分かります．

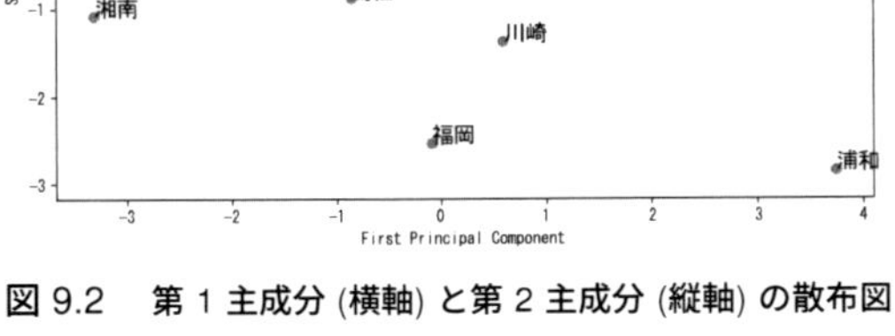

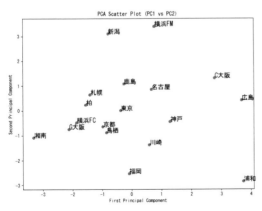

図 9.2　第 1 主成分 (横軸) と第 2 主成分 (縦軸) の散布図

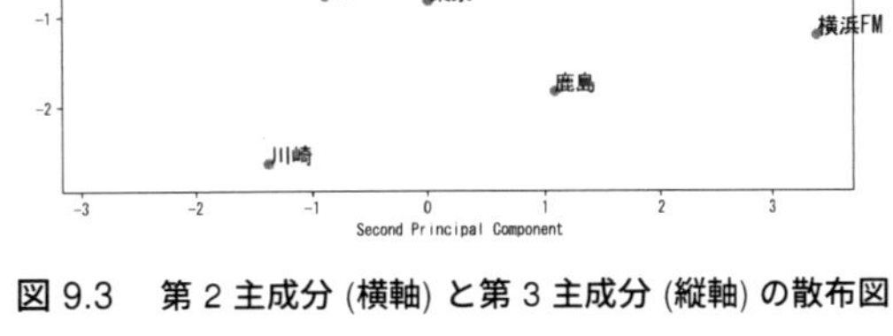

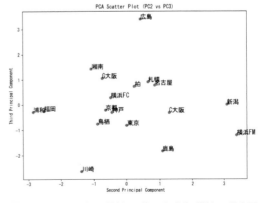

図 9.3　第 2 主成分 (横軸) と第 3 主成分 (縦軸) の散布図

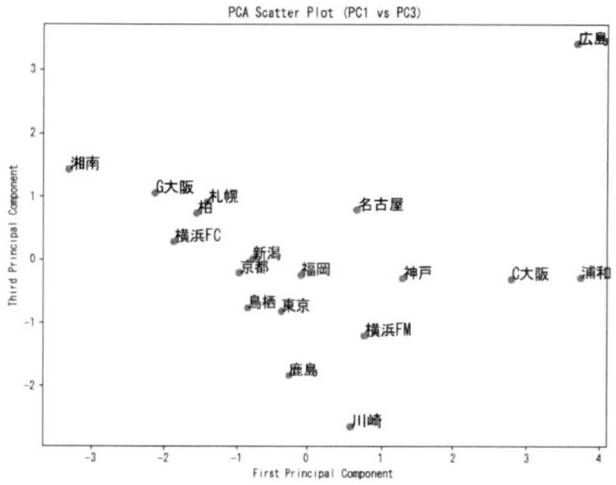

図 9.4　第 1 主成分 (横軸) と第 3 主成分 (縦軸) の散布図

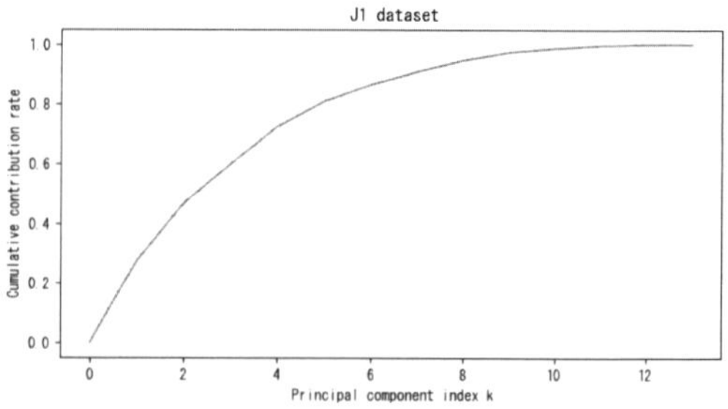

図 9.5　主成分数 (横軸) と累積寄与率 (縦軸) の関係

問 9.3　図 9.2 〜9.5 より，どのようなことが読み取れるか？

■■■■■■ 確認問題 ■■■■■■■■■■■■■■■■■■■■■■■■■■■■■■■■

確認問題 9.1　主成分分析の目的として，最も適切なものを選べ.

(1) データの次元を増やし，表現力を高める.　(2) データ間の類似度を計算し，クラスタリングを行う.
(3) データの次元を削減し，可視化や分析を容易にする.　(4) データの欠損値を補完する.

確認問題 9.2　主成分分析は，どのような種類のデータに対して適切でないか.

(1) 線形的な関係を持つデータ　(2) 非線形な関係を持つデータ　(3) 高次元データ　(4) 低次元データ

確認問題 9.3　主成分分析において，次元削減後のデータの解釈が難しい場合があるのはなぜか.

(1) 主成分が常に元の変数に対応するとは限らないから　(2) 主成分の数が多すぎるから
(3) 主成分の数が少なすぎるから　(4) 主成分分析は解釈性が高い手法だから

確認問題 9.4　主成分分析における第 1 主成分の説明として，最も適切なものを選べ.

(1) データの分散を最小化する方向　(2) データの分散を最大化する方向
(3) データの平均値を通る方向　(4) データの原点を通る方向

確認問題 9.5　主成分分析における第 2 主成分の説明として，最も適切なものを選べ.

(1) 第 1 主成分と同じ方向　(2) 第 1 主成分に直交し，分散を最小化する方向
(3) 第 1 主成分に直交し，分散を最大化する方向　(4) データの平均値に最も近い方向

確認問題 9.6　サッカーの試合データにおいて，主成分分析によって「攻撃性」を表す主成分が得られたとする.この主成分の値が正の値であるチームは，どのような特徴を持つと考えられるか.

(1) 得点が少ない　(2) シュートが少ない　(3) 失点が多い　(4) 得点が多い

確認問題 9.7　累積寄与率が 0.6~0.8 の範囲になるように主成分の個数を決めることの利点は？

(1) 主成分数を増やすことで計算時間を短縮できる　(2) データの冗長性を高められる
(3) 必要最小限の情報を失わずにデータの次元を削減できる　(4) データのノイズを完全に除去する

確認問題 9.8 主成分分析において，寄与率が 0.8 の主成分は，全体の分散の何%を説明しているか.

(1) 20% (2) 40% (3) 60% (4) 80%

確認問題 9.9 主成分分析において，第 1 主成分の寄与率が 0.5，第 2 主成分の寄与率が 0.3 の場合，累積寄与率はいくらか.

(1) 0.3 (2) 0.5 (3) 0.8 (4) 1.5

確認問題 9.10 主成分分析の結果を可視化する場合，主成分は通常どのように表示されるか？

(1) 元の次元のグラフ (2) 低次元空間のグラフ (3) テーブル形式 (4) ヒストグラム

確認問題 9.11 主成分分析の結果，累積寄与率が示すものは？

(1) 全ての主成分の寄与率の合計 (2) 特定の数の主成分がデータの全体の分散に占める割合

(3) 最小の主成分の寄与率 (4) データ全体の平均値

確認問題 9.12 ある 5 つの 2 次元データに対して，共分散行列 V を求めたところ $V = \begin{bmatrix} 9 & -8 \\ -8 & 21 \end{bmatrix}$ となった.
共分散行列 V の固有値をすべて求め，第 1 主成分を求めよ.

確認問題 9.13 3 つのデータ $(2, 1), (4, 2), (6, 3)$ に対して，次の問に答えよ.

(1) これらのデータに対する共分散行列を求めよ.

(2) (1) の共分散行列の固有値をすべて求め，第 1 主成分を求めよ.

第10章

サポートベクトルマシン (SVM)

サポートベクトルマシン（SVM: Support Vector Machine）は，教師あり学習法の1つで，主に二分類問題に活用されます．第5章で説明した One-VS-Rest や One-VS-One と併用することで，多値分類にも適用できます．この手法の主な特徴は，「マージン」の最大化によるデータの分類という考え方にあります．また，SVM には，ハードマージン SVM とソフトマージン SVM の2種類があります．本章では，SVM の考え方，ハードマージン SVM とソフトマージン SVM の定式化，そして，それらのアルゴリズムについて解説します．

10.1　サポートベクトルマシンの概要

マージン（margin）とは，分類を行う超平面（決定境界）H とこの超平面に最も近い訓練データとの間の距離です．この超平面から最も近い位置にある点を**サポートベクトル**（support vector）といいます．SVM は，このマージンを最大化する 2 つの超平面 H_+ と H_- を見つけることにより，データを 2 つのクラスに分類します．

また，SVM には，大きく分けてハードマージンとソフトマージンの 2 つのアプローチがあります．

ハードマージン（hard margin）SVM: これは，線形（直線で）分離可能な場合，つまり，データがきれいに 2 つのグループに分けられる場合に有効です． 全てのデータ点を誤りなく分類できる境界線を見つけます．

ソフトマージン（soft margin）SVM: 現実のデータは，必ずしも直線できれいに分けられるとは限りません．ソフトマージン SVM は，多少の誤分類を許容することで，より柔軟な分類を可能にします．

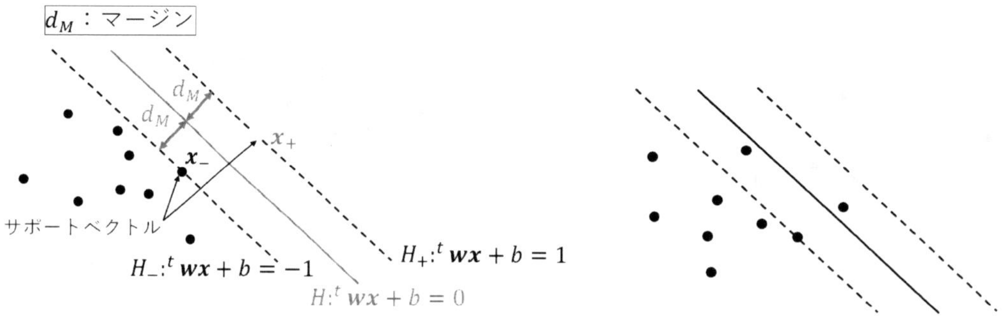

(a) ハードマージン　　(b) ソフトマージン

図 10.1　SVM のイメージ

SVM は，これまでに紹介した他の分類手法と比べて，いくつかの優れた点を持っています．

高次元データへの対応力: データの特徴が多い場合でも，SVM は安定した性能を発揮します．特に，入力次元が高い場合でも効果的に動作します．

汎用性の高さ: 線形分類だけでなく，次章で述べるカーネルトリックを使用することで非線形分類にも適用可能です．これにより，様々な種類のデータに対して適用できます．

過学習への耐性: マージンの最大化に基づいているため，過学習のリスクが低く，未知のデータに対しても良い予測性能を示します．

10.2　ハードマージンSVMの定式化

p 次元ベクトル $\boldsymbol{x} = {}^t[x_1, \ldots, x_p]$，$p$ 次元のパラメータベクトル $\boldsymbol{w} = {}^t[w_1, \ldots, w_p]$，およびスカラー b を用いて，超平面 H は以下のように表現できます．

$$ {}^t\boldsymbol{w}\boldsymbol{x} + b = 0 \tag{10.1} $$

ハードマージン SVM の目標は，全てのデータ点が決定境界から十分に離れているという条件の下で，マージンを最大化することです．そのために，マージン d_M を最大化する超平面を見つけ出します．この考え方は，直感的には「できるだけ 2 つのクラスを離して分類したい」ということに対応します．

マージン d_M は，サポートベクトル $\boldsymbol{x}_+, \boldsymbol{x}_-$ と決定境界（超平面）との間の距離であるため，次の等式が成り立ちます．

$$ d_M = \frac{|{}^t\boldsymbol{w}\boldsymbol{x}_+ + b|}{\|\boldsymbol{w}\|_2} = \frac{|{}^t\boldsymbol{w}\boldsymbol{x}_- + b|}{\|\boldsymbol{w}\|_2} \tag{10.2} $$

ここで，最適な決定境界 ${}^t\hat{\boldsymbol{w}}\boldsymbol{x} + \hat{b} = 0$ を求める際には，超平面 H_+ と H_- の間にデータが存在しないという仮定をおきます．そうすると，ハードマージンのサポートベクトルマシンの問題は，「全てのデータは超平面からの距離が少なくとも d_M 以上であるという条件の下で，マージン d_M を最大化する $\boldsymbol{w}, b$ を求める」という問題

$$ \{\hat{\boldsymbol{w}}, \hat{b}\} = \underset{\boldsymbol{w}, b}{\operatorname{argmax}}\, d_M(\boldsymbol{w}, b), \quad \text{subject to } \frac{|{}^t\boldsymbol{w}\boldsymbol{x}_n + b|}{\|\boldsymbol{w}\|_2} \geq d_M, \quad n = 1, 2, \ldots, N \tag{10.3} $$

に帰着できます．ここで，d_M は $\boldsymbol{w}$ と b に依存しているため，$d_M = d_M(\boldsymbol{w}, b)$ と表記し，データを $\boldsymbol{x}_n (n = 1, 2, \ldots, N)$ と表しました．

超平面の上側のクラスを K_1，下側のクラスを K_2 とすれば，

$$ \begin{aligned} &{}^t\boldsymbol{w}\boldsymbol{x}_n + b > 0 \quad (\boldsymbol{x}_n \in K_1) \\ &{}^t\boldsymbol{w}\boldsymbol{x}_n + b < 0 \quad (\boldsymbol{x}_n \in K_2) \end{aligned} \tag{10.4} $$

が成立します．

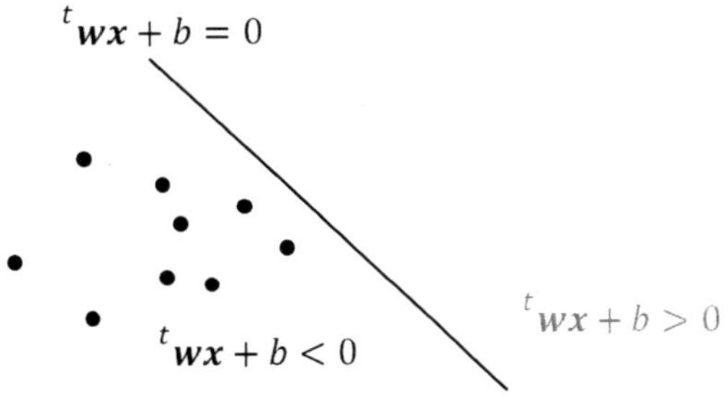

また，n 番目のデータ $\boldsymbol{x}_n$ が K_1 に属するとき $y_n = 1$，K_2 に属するとき $y_n = -1$ とすれば，

$$ y_n = \begin{cases} 1 & (\boldsymbol{x}_n \in K_1) \\ -1 & (\boldsymbol{x}_n \in K_2) \end{cases} \tag{10.5} $$

と表現できます．したがって，条件式 (10.3) の分子は，

$$ |{}^t\boldsymbol{w}\boldsymbol{x}_n + b| = y_n({}^t\boldsymbol{w}\boldsymbol{x}_n + b) > 0, \qquad n = 1, 2, \ldots, N $$

と書き換えられます．なお，(10.5) のような y_n を**ラベル変数** (label variable) といいます．ラベル変数は，各データ点がどちらのクラスに属するかを表す変数です．

結局，問題 (10.3) は次のように表せます．

$$\{\hat{\boldsymbol{w}}, \hat{b}\} = \underset{\boldsymbol{w},b}{\operatorname{argmax}}\, d_M(\boldsymbol{w}, b), \quad \text{subject to } \frac{y_n({}^t\boldsymbol{w}\boldsymbol{x}_n + b)}{\|\boldsymbol{w}\|_2} \geq d_M \tag{10.6}$$

(10.6) の条件部分は，$\boldsymbol{w} \to c\boldsymbol{w}, b \to cb$ と $c > 0$ 倍しても

$$\frac{y_n(c^t\boldsymbol{w}\boldsymbol{x}_n + cb)}{c\|\boldsymbol{w}\|_2} = \frac{cy_n({}^t\boldsymbol{w}\boldsymbol{x}_n + b)}{c\|\boldsymbol{w}\|_2} = \frac{y_n({}^t\boldsymbol{w}\boldsymbol{x}_n + b)}{\|\boldsymbol{w}\|_2} \geq d_M \tag{10.7}$$

となり，結果が変わらないことが分かります．従って，マージン d_M の値を 1 に固定すれば，$\boldsymbol{w} \leftarrow \frac{\boldsymbol{w}}{d_M\|\boldsymbol{w}\|_2}$，$b \leftarrow \frac{b}{d_M\|\boldsymbol{w}\|_2}$ として，問題 (10.6) は次のように簡略化できます．

$$\{\hat{\boldsymbol{w}}, \hat{b}\} = \underset{\boldsymbol{w},b}{\operatorname{argmax}} \frac{1}{\|\boldsymbol{w}\|_2}, \quad \text{subject to } y_n({}^t\boldsymbol{w}\boldsymbol{x}_n + b) \geq 1, \quad n = 1, 2, \ldots, N \tag{10.8}$$

ただし，ここで最大化の目標は $\frac{1}{\|\boldsymbol{w}\|_2}$ であることに注意が必要です．$\|\boldsymbol{w}\|_2$ が小さいほど $\frac{1}{\|\boldsymbol{w}\|_2}$ は大きくなり，逆に $\|\boldsymbol{w}\|_2$ が大きいほど $\frac{1}{\|\boldsymbol{w}\|_2}$ は小さくなります．

よって，この問題は $\|\boldsymbol{w}\|_2$ を最小化する問題と等価です．これは以下のように表現できます．

$$\{\hat{\boldsymbol{w}}, \hat{b}\} = \underset{\boldsymbol{w},b}{\operatorname{argmin}} \frac{1}{2}\|\boldsymbol{w}\|_2^2, \quad \text{subject to } y_n({}^t\boldsymbol{w}\boldsymbol{x}_n + b) \geq 1, \quad n = 1, 2, \ldots, N \tag{10.9}$$

この問題は，**二次計画問題** (quadratic programming problem) と呼ばれる形式[1]であり，次節で述べる KKT 条件を使って解くことができます．ここで，$\frac{1}{2}\|\boldsymbol{w}\|_2^2$ となっているのは，後の数学的な扱いを容易にするためです．

なお，$y_n({}^t\boldsymbol{w}\boldsymbol{x}_n + b) \geq 1$ の等号，つまり，$y_n({}^t\boldsymbol{w}\boldsymbol{x}_n + b) = 1$ が成立するデータ $\boldsymbol{x}_n$ は，決定境界（分離超平面）と距離が最も近いデータ，すなわち，サポートベクトルです．そして，K_1 に属する点のうち，最も K_2 の領域に近い点を通る超平面は $H_+ : {}^t\boldsymbol{w}\boldsymbol{x} + b = 1$ であり，K_2 に属する点のうち，最も K_1 の領域に近い点を通る超平面が $H_- : {}^t\boldsymbol{w}\boldsymbol{x} + b = -1$ です．サポートベクトルは，H_+ もしくは H_- 上にあります．決定境界 H は，これら 2 つの超平面のちょうど中間に位置し，${}^t\boldsymbol{w}\boldsymbol{x} + b = 0$ と表されます．

このように，ハードマージン SVM は，K_1 に属する点と K_2 に属する点それぞれから最も近い点を通る超平面 H_+ と H_- を決定し，その中間にある決定境界 H を求めることで，マージンを最大化し，データを分類します．

ハードマージン SVM

例 10.1　平面上の点 $A(1,4)$ と $B(2,3)$ はクラス 1 に，$C(4,5)$ と $D(5,6)$ はクラス 2 に属しているとする．このとき，ハードマージン SVM によって決定される決定境界を ${}^t\boldsymbol{w}\boldsymbol{x} + b = 0$ と表すとき，$\boldsymbol{w} = {}^t[w_1, w_2]$ と b を定めよ．

(解答)

サポートベクトルは，点 $B(2,3)$ と $C(4,5)$ であり，決定境界はその中点 $((2+4)/2, (3+5)/2) = (3,4)$ を通り，線分 BC に垂直な直線なので，

$$x_2 - 4 = -\frac{4-2}{5-3}(x_1 - 3) \Longrightarrow x_1 + x_2 = 7$$

である．重みベクトル $\boldsymbol{w}$ は，決定境界に垂直なので，$\boldsymbol{w} = {}^t[\alpha, \alpha]$（$\alpha$ は任意の数）であり，$w_1 = w_2$ なので，これ

1　一般に，目的関数が二次関数で，制約条件が一次関数である最適化問題のことを二次計画問題と呼びます．

とサポートベクトルが点 B, C であることを利用すれば，

$$\begin{cases} 2w_1 + 3w_2 + b = 1 \\ 4w_1 + 5w_2 + b = -1 \end{cases} \Longrightarrow \begin{cases} 5w_1 + b = 1 \\ 9w_1 + b = -1 \end{cases} \Longrightarrow w_1 = w_2 = -\frac{1}{2}, b = \frac{7}{2}$$

を得る[2]． ■

問 10.1 平面上の点 $A(1,2)$, $B(2,0)$, $C(3,-1)$ はクラス 1 に，$D(6,-5)$ と $E(7,-3)$, $F(9,0)$ はクラス 2 に属しているとする．このとき，ハードマージン SVM によって決定される決定境界を ${}^t\boldsymbol{w}\boldsymbol{x}+b=0$ と表すとき，$\boldsymbol{w} = {}^t[w_1, w_2]$ と b を定めよ．

10.3 ハードマージン SVM に対する双対問題

ハードマージン SVM の最適化問題 (10.9) は**主問題** (primal problem) と呼ばれます．この主問題は，二次計画問題であり，主問題を解くには，以下で述べる KKT（Karush-Kuhn-Tucker：カルーシュ・キューン・タッカー）条件を使い，主問題に対応する**双対問題** (dual problem) を導きます．双対問題は，主問題とは異なる変数を用いて表現されますが，主問題と密接に関係しており，双対問題の最適解から主問題の最適解を導き出すことができます．主問題を直接的に解くのではなく，このような関係を利用することで，計算コストを削減できる場合があります．

$\boldsymbol{x}$ を p 次元ベクトルとするとき，目的関数 $f(\boldsymbol{x})$ を m 個の不等式制約 $g_i(\boldsymbol{x}) \leq 0$ $(i = 1, 2, \ldots, m)$ および l 個の等式制約 $h_j(\boldsymbol{x}) = 0$ $(j = 1, 2, \ldots, l)$ の条件下で最小にする問題（これを問題 A と名付けます）を考えます．また，

$$L(\boldsymbol{x}, \boldsymbol{\alpha}, \boldsymbol{\beta}) = f(\boldsymbol{x}) + \sum_{i=1}^{m} \alpha_i g_i(\boldsymbol{x}) + \sum_{j=1}^{l} \beta_j h_j(\boldsymbol{x}) \tag{10.10}$$

を **ラグランジュ関数** (Lagrange function) といい，係数 $\alpha_1, \alpha_2, \ldots, \alpha_m, \beta_1, \beta_2, \ldots, \beta_l$ を**ラグランジュ乗数** (Lagrange multiplier) といいます．

このとき，次の定理が成り立ちます．

カルーシュ・キューン・タッカーの定理（文献 [4]，定理 7.1）

定理 10.1 問題 A の解が存在するための必要十分条件は，その解 $\boldsymbol{x}$ において，次の条件が成り立つような α_i, β_j $(i = 1, 2, \ldots, m, j = 1, 2, \ldots, l)$ が存在することである．

$$\frac{\partial L}{\partial x_k} = 0, \quad (k = 1, 2, \ldots, p), \quad \text{つまり,} \quad \nabla L = \boldsymbol{0} \tag{10.11}$$

$$\alpha_i g_i(\boldsymbol{x}) = 0, \quad (i = 1, 2, \ldots, m), \quad \alpha_i \geq 0, \quad \beta_j \text{は任意} \tag{10.12}$$

$$g_i(\boldsymbol{x}) \leq 0, \quad h_j(\boldsymbol{x}) = 0, \quad (j = 1, 2, \ldots, l) \tag{10.13}$$

なお，(10.11) 〜 (10.13) を **KKT 条件** (KKT condition, Karush-Kuhn-Tucker condition) と呼び

2 $\begin{cases} 2w_1 + 3w_2 + b = -1 \\ 4w_1 + 5w_2 + b = 1 \end{cases}$ とした場合は，$w_1 = w_2 = \frac{1}{2}, b = -\frac{7}{2}$ です．また，高校数学で学ぶように直線 $ax + by + c = 0$ に垂直なベクトル（法線ベクトル）は，$\boldsymbol{n} = {}^t[a, b]$ であることに注意しよう．

ます．KKT 条件は，最適解が満たすべき条件をまとめたもです．

ハードマージン SVM の主問題（二次計画問題） (10.9) に対して，KKT 条件を適用し，双対問題を導きましょう．

まず，ラグランジュ関数を

$$L(\boldsymbol{w}, b, \alpha_1, \ldots, \alpha_N) = \frac{1}{2}\|\boldsymbol{w}\|_2^2 + \sum_{n=1}^{N} \alpha_n \left\{1 - y_n({}^t\boldsymbol{w}\boldsymbol{x}_n + b)\right\} \tag{10.14}$$

とすれば，定理 10.1 より，次式が成り立ちます．

$$\frac{\partial L}{\partial w_j}(\boldsymbol{w}, b, \alpha_1, \ldots, \alpha_N) = 0 \quad (j = 1, 2, \ldots, p) \tag{10.15}$$

$$\frac{\partial L}{\partial b}(\boldsymbol{w}, b, \alpha_1, \ldots, \alpha_N) = 0 \tag{10.16}$$

$$\alpha_n \geq 0 \quad (n = 1, 2, \ldots, N) \tag{10.17}$$

$$\alpha_n = 0 \quad \text{または} \quad y_n({}^t\boldsymbol{w}\boldsymbol{x}_n + b) - 1 = 0 \tag{10.18}$$

$$1 - y_n({}^t\boldsymbol{w}\boldsymbol{x}_n + b) \leq 0 \tag{10.19}$$

まず，訓練データ $\boldsymbol{x}_n, y_n$ に対しては，(10.19) は常に成り立ちます．

また，(10.15) より，次式が導出されます．

$$\frac{\partial L}{\partial w_j} = \frac{\partial}{\partial w_j}\left(\frac{1}{2}{}^t\boldsymbol{w}\boldsymbol{w}\right) - \sum_{n=1}^{N} \alpha_n y_n \frac{\partial}{\partial w_j}({}^t\boldsymbol{w}\boldsymbol{x}_n + b) = w_j - \sum_{n=1}^{N} \alpha_n y_n x_{nj} = 0 \quad (j = 1, 2, \ldots, p)$$

これより，

$$\boldsymbol{w} = \sum_{n=1}^{N} \alpha_n y_n \boldsymbol{x}_n \tag{10.20}$$

が成り立ちます．同様に，(10.16) より，

$$\frac{\partial L}{\partial b} = -\sum_{n=1}^{N} \alpha_n y_n = 0 \Longrightarrow \sum_{n=1}^{N} \alpha_n y_n = 0 \tag{10.21}$$

が成り立ちます．

(10.20) および (10.21) を (10.14) に代入して，$\boldsymbol{w}$ と b を消去すると，

$$\begin{aligned}
L(\boldsymbol{w}, b, \alpha_1, \ldots, \alpha_N) &= \frac{1}{2}\|\boldsymbol{w}\|_2^2 + \sum_{n=1}^{N} \alpha_n \left\{1 - y_n({}^t\boldsymbol{w}\boldsymbol{x}_n + b)\right\} \\
&= \frac{1}{2}\|\boldsymbol{w}\|_2^2 + \sum_{n=1}^{N} \alpha_n - {}^t\boldsymbol{w} \sum_{n=1}^{N} \alpha_n y_n \boldsymbol{x}_n - b \sum_{n=1}^{N} \alpha_n y_n \\
&= \frac{1}{2}\|\boldsymbol{w}\|_2^2 + \sum_{n=1}^{N} \alpha_n - {}^t\boldsymbol{w}\boldsymbol{w} = \sum_{n=1}^{N} \alpha_n - \frac{1}{2}{}^t\boldsymbol{w}\boldsymbol{w} \\
&= \sum_{n=1}^{N} \alpha_n - \frac{1}{2}{}^t\left(\sum_{i=1}^{N} \alpha_i y_i \boldsymbol{x}_i\right)\left(\sum_{j=1}^{N} \alpha_j y_j \boldsymbol{x}_j\right) \\
&= \sum_{n=1}^{N} \alpha_n - \frac{1}{2}\sum_{i=1}^{N}\sum_{j=1}^{N} \alpha_i \alpha_j y_i y_j {}^t\boldsymbol{x}_i \boldsymbol{x}_j
\end{aligned}$$

$$=: \tilde{L}(\alpha_1, \dots, \alpha_N) \tag{10.22}$$

となり，L は $\boldsymbol{\alpha}$ のみの関数 $\tilde{L}(\alpha_1, \dots, \alpha_N)$ に変形できます．ここで，

$$\max_{\boldsymbol{\alpha}\geq\boldsymbol{0}} L(\boldsymbol{w}, b, \boldsymbol{\alpha}) = \max_{\boldsymbol{\alpha}\geq\boldsymbol{0}} \left[\frac{1}{2}\|\boldsymbol{w}\|_2^2 + \sum_{n=1}^{N} \alpha_n \left\{1 - y_n({}^t\boldsymbol{w}\boldsymbol{x}_n + b)\right\}\right] = \begin{cases} \frac{1}{2}\|\boldsymbol{w}\|_2^2 & 1 - y_n({}^t\boldsymbol{w}\boldsymbol{x}_n + b) \leq 0 \text{ のとき} \\ \infty & \text{その他} \end{cases}$$

なので，次式が成り立ちます．

$$\min_{\boldsymbol{w},b} \frac{1}{2}\|\boldsymbol{w}\|_2^2 = \min_{\boldsymbol{w},b} \max_{\boldsymbol{\alpha}\geq\boldsymbol{0}} L(\boldsymbol{w}, b, \boldsymbol{\alpha})$$

次に，ラグランジュ双対理論に基づき，主問題と双対問題の関係を考えます．ラグランジュ双対理論では，主問題の最適化を

$$\min_{\boldsymbol{w},b} \max_{\boldsymbol{\alpha}\geq\boldsymbol{0}} L(\boldsymbol{w}, b, \boldsymbol{\alpha})$$

と再定式化します．このとき，双対問題は次式で定義されます．

$$\max_{\boldsymbol{\alpha}\geq\boldsymbol{0}} \min_{\boldsymbol{w},b} L(\boldsymbol{w}, b, \boldsymbol{\alpha})$$

ここで，強双対性定理[3]によれば，主問題が凸であり，かつ Slater の条件（不等式制約が厳密に満たされる実行可能点が存在する）が成立する場合，主問題と双対問題の最適解は一致し，以下の等式が成り立ちます．

$$\min_{\boldsymbol{w},b} \max_{\boldsymbol{\alpha}\geq\boldsymbol{0}} L(\boldsymbol{w}, b, \boldsymbol{\alpha}) = \max_{\boldsymbol{\alpha}\geq\boldsymbol{0}} \min_{\boldsymbol{w},b} L(\boldsymbol{w}, b, \boldsymbol{\alpha})$$

ただし，「主問題が凸である」とは，目的関数が凸関数であり，制約条件が凸集合を定義することを意味します．具体的には，ハードマージン SVM の場合，目的関数 $\frac{1}{2}\|\boldsymbol{w}\|_2^2$ は凸関数であり，制約条件 $y_n({}^t\boldsymbol{w}\boldsymbol{x}_n + b) \geq 1$ は線形不等式であるため凸集合を定義します．この凸性により，主問題は凸最適化問題となり，強双対性が適用可能となります．これにより，双対問題の解を求めることで，主問題の最適解を得ることが可能になります．

以上のことと，(10.22) より

$$\min_{\boldsymbol{w},b} \frac{1}{2}\|\boldsymbol{w}\|_2^2 = \min_{\boldsymbol{w},b} \max_{\boldsymbol{\alpha}\geq\boldsymbol{0}} L(\boldsymbol{w}, b, \boldsymbol{\alpha}) = \max_{\boldsymbol{\alpha}\geq\boldsymbol{0}} \min_{\boldsymbol{w},b} L(\boldsymbol{w}, b, \boldsymbol{\alpha}) = \max_{\boldsymbol{\alpha}\geq\boldsymbol{0}} \tilde{L}(\boldsymbol{\alpha})$$

が成り立つので，$\frac{1}{2}\|\boldsymbol{w}\|_2^2$ の最小化問題の代わりに，(10.15)〜(10.19) のうち $\boldsymbol{\alpha}$ に関する制約条件 $\boldsymbol{\alpha} \geq \boldsymbol{0}, \sum_{n=1}^{N} \alpha_n y_n = 0$ の下で $\tilde{L}(\boldsymbol{\alpha})$ の最大化問題の最適解 $\hat{\boldsymbol{\alpha}}$ を求めれば，元の解 $\hat{\boldsymbol{w}}, \hat{b}$ が得られることが分かります．

以上の議論をまとめると，以下のようになります．

マージン d_M を最大とする決定境界を求める問題

↓　ラベル変数 y_n を用いた変形

主問題：$y_n({}^t\boldsymbol{w}\boldsymbol{x}_n + b) \geq 1$ の条件下で $\dfrac{1}{2}\|\boldsymbol{w}\|_2^2$ の最小化問題

3　例えば，文献 [5] の定理 10.7 を参照してください．

↓　KKT 条件

双対問題: $\alpha_n \geq 0, \sum_{n=1}^{N} \alpha_n y_n = 0$ の条件下で，$\tilde{L}(\boldsymbol{\alpha})$ の最大化問題

この双対問題は，主問題よりも扱いやすい形式です．なお，以上の定式化において (10.18) が考慮されていませんが，これについては後の (10.27) で考慮します．

具体的な例題を通して，KKT 条件の理解を深めましょう．

KKT 条件

例 10.2　$f(x,y,z) = -xyz$ を $x \geq 0, y \geq 0, z \geq 1, x+y+z=2$ の下で最小化する問題に対するラグランジュ関数および KKT 条件を求めよ．

(解答)
ラグランジュ関数は，

$$L(x,y,z,\alpha_1,\alpha_2,\alpha_3,\beta) = -xyz - \alpha_1 x - \alpha_2 y + \alpha_3(1-z) + \beta(x+y+z-2)$$

であり，KKT 条件は

$$\begin{bmatrix} \frac{\partial L}{\partial x} \\ \frac{\partial L}{\partial y} \\ \frac{\partial L}{\partial z} \end{bmatrix} = \begin{bmatrix} -yz - \alpha_1 + \beta \\ -xz - \alpha_2 + \beta \\ -xy - \alpha_3 + \beta \end{bmatrix} = \begin{bmatrix} 0 \\ 0 \\ 0 \end{bmatrix}$$

$$-\alpha_1 x = 0, \quad -\alpha_2 y = 0, \quad \alpha_3(1-z) = 0, \quad \alpha_1 \geq 0, \alpha_2 \geq 0, \alpha_3 \geq 0, \beta \text{は任意}$$

$$-x \leq 0, \quad -y \leq 0, \quad 1-z \leq 0, \quad x+y+z-2=0$$

となる[4]． ■

問 10.2　$\boldsymbol{x} = {}^t[x_1, x_2, x_3]$ とするとき，

$\underset{\boldsymbol{x}}{\text{minimize}}(x_1-2)^2 + (x_2-3)^2 + (x_3-4)^2$ subject to $x_1^2 + x_2^2 + x_3^2 \leq 1, 4x_1 + x_2 + 2x_3 = 2$

のラグランジュ関数および KKT 条件を求めよ．ただし，minimize は「最小化する」という意味である．

10.4　勾配降下法を用いた $\hat{\alpha}$ の推定

前節で導いた $\tilde{L}(\boldsymbol{\alpha})$ の最大化問題は，第 5 章と同様に，勾配降下法を用いて解くことができます．この問題は最大化問題なので，勾配ベクトルの向きにパラメータを更新します．また，初期値 $\boldsymbol{\alpha}^{(0)}$ はゼロベクトルもしくは小さな乱数に設定します．

更新式は次のようになります．ここで，η は学習率で，更新のステップ幅を調整します．

$$\boldsymbol{\alpha}^{(t+1)} = \boldsymbol{\alpha}^{(t)} + \eta \frac{\partial \tilde{L}(\boldsymbol{\alpha})}{\partial \boldsymbol{\alpha}} \tag{10.23}$$

4　ちなみに，KKT 条件より，以下のように最小値を求めることができます．$x=0$ のとき $f(x,y,z)=0$，$y=0$ のとき $f(x,y,z)=0$，$x \neq 0$ かつ $y \neq 0$ のとき $\alpha_1 = \alpha_2 = 0$ なので，$\alpha_3 = 0$ のときは $yz = xz = xy$ より $x = y = z$ となり，$x+y+z-2=0$ より $x=y=z=\frac{2}{3}$ となるが，$z \geq 1$ に反するので，これはあり得ない．したがって，$\alpha_3 \neq 0$ とすれば，$z=1$ であり，$-y+\beta=0, -x+\beta=0$ より，$x=y$ なので，$x+y+z-2=0$ より，$x=y=\frac{1}{2}$ を得る．このときの最小値は $f(x,y,z) = -\frac{1}{4}$ である．

勾配ベクトル $\dfrac{\partial \tilde{L}(\boldsymbol{\alpha})}{\partial \boldsymbol{\alpha}}$ を計算するために，まず，観測された N 個の p 次元データを行列を用いて次のように表します．

$$X = \begin{bmatrix} x_{11} & \cdots & x_{1p} \\ \vdots & \ddots & \vdots \\ x_{N1} & \cdots & x_{Np} \end{bmatrix} = \begin{bmatrix} {}^t\boldsymbol{x}_1 \\ \vdots \\ {}^t\boldsymbol{x}_N \end{bmatrix}, \quad \boldsymbol{x}_n = \begin{bmatrix} x_{n1} \\ \vdots \\ x_{np} \end{bmatrix}$$

また，N 個のラベル変数 y_n，ラグランジュ乗数 α_n をベクトルを用いて，

$$\boldsymbol{y} = {}^t[y_1, \ldots, y_N], \quad \boldsymbol{\alpha} = {}^t[\alpha_1, \ldots, \alpha_N]$$

と表します．そして，新たな行列 H を

$$H := \boldsymbol{y}{}^t\boldsymbol{y} \odot X{}^tX \tag{10.24}$$

と定義します．ここで，$\odot$ はアダマール積（要素ごとの積）を表します．この行列の成分は $[H]_{ij} = y_i y_j {}^t\boldsymbol{x}_i \boldsymbol{x}_j$ であり，H は対称行列です．

これらの記号を使うと，(10.22) は

$$\begin{aligned} \tilde{L}(\alpha_1, \ldots, \alpha_N) &= \sum_{n=1}^{N} \alpha_n - \frac{1}{2} \sum_{i=1}^{N} \sum_{j=1}^{N} \alpha_i \alpha_j y_i y_j {}^t\boldsymbol{x}_i \boldsymbol{x}_j = \sum_{n=1}^{N} \alpha_n - \frac{1}{2} \sum_{i=1}^{N} \sum_{j=1}^{N} \alpha_i \alpha_j [H]_{ij} \\ &= \sum_{n=1}^{N} \alpha_n - \frac{1}{2} {}^t\boldsymbol{\alpha} H \boldsymbol{\alpha} \end{aligned}$$

とベクトルと行列を用いて表せます．

したがって，勾配ベクトルは次のように計算できます．

$$\begin{aligned} &\frac{\partial \tilde{L}(\boldsymbol{\alpha})}{\partial \alpha_j} = 1 - \frac{1}{2} \left\{ \frac{\partial ({}^t\boldsymbol{\alpha})}{\partial \alpha_j} (H\boldsymbol{\alpha}) + {}^t\boldsymbol{\alpha} H \frac{\partial \boldsymbol{\alpha}}{\partial \alpha_j} \right\} = 1 - [H\boldsymbol{\alpha}]_j \\ &\Longrightarrow \frac{\partial \tilde{L}(\boldsymbol{\alpha})}{\partial \boldsymbol{\alpha}} = \mathbf{1} - H\boldsymbol{\alpha} \end{aligned}$$

ただし，$\mathbf{1}$ はすべての成分が 1 である N 次元ベクトル $\mathbf{1} = {}^t[1, 1, \ldots, 1]$ で，$[H\boldsymbol{\alpha}]_j$ はベクトル $H\boldsymbol{\alpha}$ の第 j 成分です．

以上より，ラグランジュ乗数 $\boldsymbol{\alpha}$ の更新規則 (10.23) は

$$\boldsymbol{\alpha}^{(t+1)} = \boldsymbol{\alpha}^{(t)} + \eta(\mathbf{1} - H\boldsymbol{\alpha}^{(t)}) \tag{10.25}$$

となります．この式により，$\hat{\boldsymbol{\alpha}}$ を求めます．

なお，(10.17) を明示的に考慮する場合は，更新式を (10.25) の代わりに

$$\alpha_n^{(t+1)} = \max(0, \alpha_n^{(t)} + \eta(1 - [H\boldsymbol{\alpha}^{(t)}]_n)) \tag{10.26}$$

とします．

10.5 決定境界のパラメータ $\hat{w}, \hat{b}$ の計算

ここでは，決定境界のパラメータである $\hat{w}$ と $\hat{b}$ の計算方法について説明します．

10.5.1　$\hat{w}$ の計算

$\hat{\alpha}$ が求まれば，(10.20) より，$\hat{\boldsymbol{w}}$ を次のように求めることができます．

$$\hat{\boldsymbol{w}} = \sum_{n=1}^{N} \hat{\alpha}_n y_n \boldsymbol{x}_n \tag{10.27}$$

ここで，KKT 条件の式 (10.18) から，$\hat{\alpha}_n$ と $\boldsymbol{x}_n$ の間には，次の関係性が成り立ちます．

$$\hat{\alpha}_n = 0 \quad \text{または} \quad y_n({}^t\boldsymbol{w}\boldsymbol{x}_n + b) - 1 = 0$$

一方，訓練データ $\boldsymbol{x}_n, y_n$ については以下のようになります．

$$\begin{cases} y_n({}^t\boldsymbol{w}\boldsymbol{x}_n + b) - 1 = 0 & (\boldsymbol{x}_n\text{がサポートベクトルの場合}) \\ y_n({}^t\boldsymbol{w}\boldsymbol{x}_n + b) - 1 > 0 & (\text{それ以外}) \end{cases}$$

したがって，以下が成り立ちます．

$$\begin{cases} \hat{\alpha}_n \neq 0 & \Longleftrightarrow \boldsymbol{x}_n\text{はサポートベクトルである} \\ \hat{\alpha}_n = 0 & \Longleftrightarrow \boldsymbol{x}_n\text{はサポートベクトルでない} \end{cases}$$

よって，式 (10.27) の和においては，サポートベクトルでないデータの添字 n については，$\hat{\alpha}_n = 0$ となるため，和をとるのはサポートベクトルのみで十分です．これにより，計算量を抑えることもできます．

$$\hat{\boldsymbol{w}} = \sum_{\boldsymbol{x}_n \in S} \hat{\alpha}_n y_n \boldsymbol{x}_n \tag{10.28}$$

ただし，S はサポートベクトルの集合です．

10.5.2　$\hat{b}$ の計算

$\hat{\boldsymbol{w}}$ が求まれば，$\boldsymbol{x}_n$ がサポートベクトルの場合の関係式 $y_n({}^t\hat{\boldsymbol{w}}\boldsymbol{x}_n + \hat{b}) - 1 = 0$ より，$\hat{b}$ を求めることができます．

$$\hat{b} = \frac{1}{y_n} - {}^t\hat{\boldsymbol{w}}\boldsymbol{x}_n = y_n - {}^t\hat{\boldsymbol{w}}\boldsymbol{x}_n \tag{10.29}$$

ここで，$y_n = 1, -1$ であるため，$y_n = \dfrac{1}{y_n}$ であることに注意してください．

このようにサポートベクトルが 1 つだけでも $\hat{b}$ を求められますが，実際には誤差を最小化するために，全てのサポートベクトルについて平均をとり，次のように計算します．

$$\hat{b} = \frac{1}{|S|} \sum_{\boldsymbol{x}_n \in S} (y_n - {}^t\hat{\boldsymbol{w}}\boldsymbol{x}_n) \tag{10.30}$$

ここで，$|S|$ はサポートベクトルの個数です．

ハードマージン SVM のアルゴリズム

学習 (1) α の初期値を適当に与える．例えば，α の初期値をゼロベクトル $\mathbf{0}$ や正規乱数にする．勾配が過剰に大きくなることを防ぐため，大きな値の乱数は避ける．

(2) 最大反復回数あるいは終了判定条件を満たすまで，(10.25) あるいは (10.26) を計算する．終了判定条件は，例えば，$\dfrac{\|\boldsymbol{\alpha}^{(t+1)} - \boldsymbol{\alpha}^{(t)}\|_2}{\|\boldsymbol{\alpha}^{(t)}\|_2} < \varepsilon$ などとする．

(3) (2) で求めた $\boldsymbol{\alpha}^{(t)}$ あるいは $\boldsymbol{\alpha}^{(t+1)}$ を $\hat{\alpha}$ とする．

(4) (10.28) を用いて $\hat{\boldsymbol{w}}$ を計算する．

(5) (10.30) を用いて $\hat{b}$ を計算する．

予測 (1) 入力 $\boldsymbol{x}$ に対して ${}^t\hat{\boldsymbol{w}}\boldsymbol{x} + \hat{b}$ を計算する．

(2) ${}^t\hat{\boldsymbol{w}}\boldsymbol{x} + \hat{b} > 0$ ならばクラス 1，${}^t\hat{\boldsymbol{w}}\boldsymbol{x} + \hat{b} < 0$ ならばクラス -1 に分類する．

10.6 ソフトマージン SVM

制約条件 $y_n({}^t\boldsymbol{w}\boldsymbol{x}_n + b) \geq 1$ を，例えば $y_n({}^t\boldsymbol{w}\boldsymbol{x}_n + b) \geq 0.5$ のように緩和することにより，線形分離不可能な問題にも対応できるようになります．具体的には，**スラック変数**（slack：ゆるい）ξ_n を導入することで，制約条件を以下のように緩めます．

$$y_n({}^t\boldsymbol{w}\boldsymbol{x}_n + b) \geq 1 - \xi_n, \quad \xi_n = \max\left\{0, d_M - \frac{y_n({}^t\boldsymbol{w}\boldsymbol{x}_n + b)}{\|\boldsymbol{w}\|_2}\right\}$$

この式から，データがマージンの内側に存在する場合のみ，制約を緩和するということが分かります．スラック変数を導入した結果，マージン最適化問題は以下のように表されます．ただし，$\boldsymbol{\xi} = {}^t[\xi_1, \ldots, \xi_N]$ です．多少の誤分類を許容することで，より柔軟な分類が可能になります．

$$\underset{\boldsymbol{w},\boldsymbol{\xi},b}{\operatorname{argmin}} \left\{\frac{1}{2}\|\boldsymbol{w}\|_2^2 + C\sum_{n=1}^{N}\xi_n\right\} \quad \text{subject to } y_n({}^t\boldsymbol{w}\boldsymbol{x}_n + b) \geq 1 - \xi_n, \quad \xi_n \geq 0 \tag{10.31}$$

マージンを最大化しようとすると，つまり，$\frac{1}{2}\|\boldsymbol{w}\|_2^2$ を最小化しようとすると，マージンの中にあるデータが増え，その結果，$\sum_{n=1}^{N}\xi_n$ が増加します．ここで，$C > 0$ はハイパーパラメータで，エンジニアがモデルを構築する際に調整します．

C が大きいとき，つまり誤分類のペナルティが大きいときは，ξ_n を抑制する力が強く，$\sum_{n=1}^{N}\xi_n$ が小さくなります．その結果，マージンが小さくなり，データがマージンを超えて誤分類側に入ることはなくなります．したがって，C が大きいときは，ハードマージンとほぼ同じと言えます．一方，C の値が小さいときは，$\sum_{n=1}^{N}\xi_n$ が大きくなり，マージンが大きくなり，誤分類を許容する状況となります．

ここで，

$$\xi_n = \max\{0, 1 - y_n({}^t\boldsymbol{w}\boldsymbol{x}_n + b)\}$$

と定義すると，問題 (10.31) は制約条件がない最適化問題

$$\underset{w,b}{\operatorname{argmin}}\left\{\frac{1}{2}\|\boldsymbol{w}\|_2^2 + C\sum_{n=1}^{N}\max\{0, 1-y_n({}^t\boldsymbol{w}\boldsymbol{x}_n + b)\}\right\} \tag{10.32}$$

と書き換えることができます．この (10.32) を勾配降下法で直接解くことができます．もしくは，問題 (10.31) の双対問題を解いてもいいでしょう．なお，関数 $l(t) = \max\{0, 1-t\}$ を **ヒンジ損失**（hinge loss）と呼びます．したがって，ソフトマージン SVM は，ヒンジ損失を最小化する問題に帰着されます．

もし，データ $\boldsymbol{x}_n$ が正しく分類されていて，${}^t\boldsymbol{w}\boldsymbol{x} + b$ が超平面から十分に離れているときは，$t = y_n({}^t\boldsymbol{w}\boldsymbol{x} + b) \geq 1$ と考えてよく，このときは $l(t) = 0$ となります．データ $\boldsymbol{x}_n$ が正しく分類されているが，超平面からはあまり離れていない，つまり，$0 < t < 1$ のときは $\boldsymbol{x}_n$ はマージン内にあり，$l(t)$ は $0 < l(t) = 1-t < 1$ となります．もしデータ $\boldsymbol{x}_n$ が誤分類されているときは，超平面の反対側に位置しているため，$t < 0$ となり $l(t) = 1 - t > 1$ となります．したがって，ヒンジ損失は，データ点が正しく分類されている場合は 0，誤分類されている場合は正の値を返す関数です．

これを踏まえると，ソフトマージン SVM のヒンジ損失は

$$l(t) = \begin{cases} 0 & (t \geq 1) \\ 1-t & (t < 1) \end{cases} \tag{10.33}$$

と表せます．このヒンジ損失は，誤分類の度合いを測る役割を果たしており，誤分類されたデータ点ほど大きなペナルティを与えることで，誤分類を抑制します．一方，ハードマージン SVM の損失は

$$l(t) = \begin{cases} 0 & (t \geq 1) \\ \infty & (t < 1) \end{cases} \tag{10.34}$$

と定義できます．これは，マージン内にデータが入ることを許容しないというハードマージン SVM の性質を表しています．

ソフトマージン SVM

例 10.3　ソフトマージン SVM：

$$\underset{w,\xi,b}{\arg\min}\left\{\frac{1}{2}\|\boldsymbol{w}\|_2^2 + C\sum_{n=1}^{N}\xi_n\right\} \tag{a}$$
$$\text{subject to } y_n({}^t\boldsymbol{w}\boldsymbol{x}_n + b) \geq 1 - \xi_n, \quad \xi_n \geq 0$$

で分類したとき，右図において $\xi_n \neq 0$ となる点の番号をすべて挙げよ．

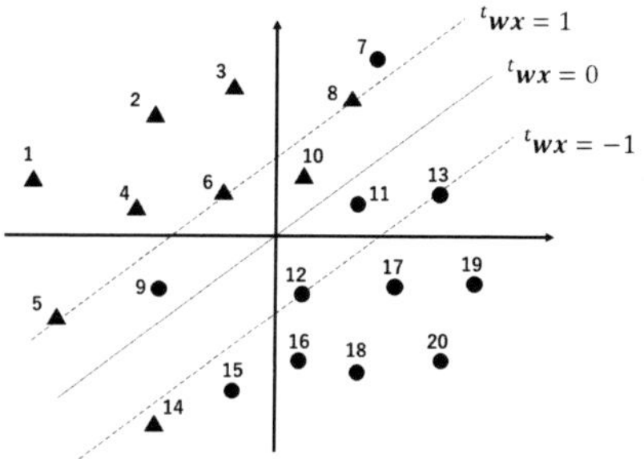

(解答)

△ については直線 ${}^t\boldsymbol{w}\boldsymbol{x} = 1$ の下側の点が，○ については直線 ${}^t\boldsymbol{w}\boldsymbol{x} = -1$ の上側の点が該当するので，△ : 10, 14, ○ : 7, 9, 11 である．

■

問 10.3　例 10.3 において，誤分類されている点の番号をすべて挙げよ．また，マージンの内側にあるが誤分類されていない点の番号をすべて挙げよ．

10.7 ソフトマージンSVMに対する双対問題

ソフトマージン SVM の最適化問題は，ハードマージン SVM よりも少し複雑に見えます．しかし，ハードマージン SVM と同様に，双対問題を導入することで，よりシンプルな形式で表現することができます．

まず，ラグランジュ関数 $L(\boldsymbol{w}, b, \boldsymbol{\xi}, \boldsymbol{\alpha})$ を次のように定義します．

$$L(\boldsymbol{w}, b, \boldsymbol{\xi}, \boldsymbol{\alpha}) = \frac{1}{2}\|\boldsymbol{w}\|_2^2 + C\sum_{n=1}^{N}\xi_n + \sum_{n=1}^{N}\alpha_n\left\{1 - \xi_n - y_n({}^t\boldsymbol{w}\boldsymbol{x}_n + b)\right\} + \sum_{n=1}^{N}\beta_n(-\xi_n) \tag{10.35}$$

すると，KKT 条件から，次の関係式が導かれます．

$$\frac{\partial L}{\partial \boldsymbol{w}} = \boldsymbol{w} - \sum_{n=1}^{N}\alpha_n y_n \boldsymbol{x}_n = \boldsymbol{0} \Longrightarrow \boldsymbol{w} = \sum_{n=1}^{N}\alpha_n y_n \boldsymbol{x}_n \tag{10.36}$$

$$\frac{\partial L}{\partial b} = -\sum_{n=1}^{N}\alpha_n y_n = 0 \Longrightarrow \sum_{n=1}^{N}\alpha_n y_n = 0 \tag{10.37}$$

$$\frac{\partial L}{\partial \xi_n} = C - \alpha_n - \beta_n = 0 \Longrightarrow \alpha_n = C - \beta_n \tag{10.38}$$

$$\alpha_n \geq 0, \quad \beta_n \geq 0 \tag{10.39}$$

$$\alpha_n = 0 \quad \text{または} \quad 1 - \xi_n - y_n({}^t\boldsymbol{w}\boldsymbol{x}_n + b) = 0 \tag{10.40}$$

$$\beta_n = 0 \quad \text{または} \quad \xi_n = 0 \tag{10.41}$$

$$1 - \xi_n - y_n({}^t\boldsymbol{w}\boldsymbol{x}_n + b) \leq 0 \tag{10.42}$$

$$\xi_n \geq 0 \tag{10.43}$$

変数を減らして式をシンプルにするため，これらを用いて，$L(\boldsymbol{w}, b, \boldsymbol{\xi}, \boldsymbol{\alpha})$ から $\boldsymbol{w}, b, \boldsymbol{\xi}$ を消去します．

$$\begin{aligned} L(\boldsymbol{w}, b, \boldsymbol{\xi}, \boldsymbol{\alpha}) &= \frac{1}{2}{}^t\boldsymbol{w}\boldsymbol{w} + \sum_{n=1}^{N}(C - \alpha_{N+n})\xi_n + \sum_{n=1}^{N}\alpha_n - \sum_{n=1}^{N}\alpha_n\xi_n - {}^t\boldsymbol{w}\boldsymbol{w} \\ &= \sum_{n=1}^{N}\alpha_n - \frac{1}{2}\sum_{i=1}^{N}\sum_{j=1}^{N}\alpha_i\alpha_j y_i y_j {}^t\boldsymbol{x}_i\boldsymbol{x}_j =: \tilde{L}(\alpha_1, \alpha_2, \ldots, \alpha_N) \end{aligned}$$

これは $\boldsymbol{\alpha}$ のみの関数なので，$\boldsymbol{\alpha}$ に関する制約条件を考えると，求めるべき双対問題は次のようになります．ここで，(10.38) と (10.39) より，$0 \leq \alpha_n = C - \beta_n \leq C$ となることに注意してください．

$$\underset{\boldsymbol{\alpha}}{\operatorname{argmax}}\left(\sum_{n=1}^{N}\alpha_n - \frac{1}{2}\sum_{i=1}^{N}\sum_{j=1}^{N}\alpha_i\alpha_j y_i y_j {}^t\boldsymbol{x}_i\boldsymbol{x}_j\right), \quad \text{subject to } 0 \leq \alpha_n \leq C, \quad \sum_{n=1}^{N}\alpha_n y_n = 0 \tag{10.44}$$

この双対問題は，ハードマージン SVM の双対問題と非常によく似ています．違いは，ラグランジュ乗数 α_n に上限 C が設けられている点です． この上限は，誤分類をどの程度許容するかを制御する役割を果たします．この双対問題を解くことで，効率的にソフトマージン SVM の最適解を求めることができます．

ソフトマージン SVM の双対問題

例 10.4 ソフトマージン SVM の双対問題において，ハイパーパラメータ C が非常に大きい値をとるとき，ハードマージン SVM の双対問題とどのような関係になるか？

(解答)

ソフトマージン SVM の双対問題において，ハイパーパラメータ C が非常に大きい値をとるとき，制約条件 $0 \le \alpha_n \le C$ の上限 C は事実上無効になる．このとき，ソフトマージン SVM の双対問題は，

$$\underset{\alpha}{\mathrm{argmax}}\left(\sum_{n=1}^{N}\alpha_n - \frac{1}{2}\sum_{i=1}^{N}\sum_{j=1}^{N}\alpha_i\alpha_j y_i y_j {}^t\boldsymbol{x}_i\boldsymbol{x}_j\right), \quad \text{subject to } \alpha_n \ge 0, \quad \sum_{n=1}^{N}\alpha_n y_n = 0$$

となり，これはハードマージン SVM の双対問題と一致する． ■

問 10.4 ソフトマージン SVM の双対問題において，ハイパーパラメータ C が 0 に近づくとき，どのような分類結果が得られると考えられるか？

10.8 ソフトマージンSVMに対する双対問題の解法

ソフトマージン SVM の双対問題も，ハードマージン SVM と同様に，勾配降下法を用いて解くことができます．ここでは，ソフトマージン SVM の双対問題を解くことで，決定境界のパラメータ $\hat{\boldsymbol{w}}$ と $\hat{b}$ を求める方法を簡単に説明します．

10.8.1 $\hat{\alpha}$ の推定：勾配降下法で最適化

ソフトマージン SVM の双対問題の目的関数 $\tilde{L}(\alpha)$ は，α は，ハードマージン SVM と同様に勾配降下法を用いて最大化することができます．具体的には，(10.25) と同様に

$$\boldsymbol{\alpha}^{(t+1)} = \boldsymbol{\alpha}^{(t)} + \eta(\mathbf{1} - H\boldsymbol{\alpha}^{(t)}) \tag{10.45}$$

により，$\hat{\boldsymbol{\alpha}}$ を求めます．

なお，$0 \le \alpha \le C$ を明示的に考慮する場合は，更新式を以下のようにします．

$$\alpha_n^{(t+1)} = \min\{\max(0, \alpha_n^{(t)} + \eta(1 - [H\boldsymbol{\alpha}^{(t)}]_n)), C\} \tag{10.46}$$

10.8.2 $\hat{\boldsymbol{w}}$ の計算：サポートベクトルに注目

$\hat{\alpha}$ が求まれば，ハードマージン SVM と同様に，(10.36) を用いて $\hat{\boldsymbol{w}}$ を計算することができます．

$$\hat{\boldsymbol{w}} = \sum_{n=1}^{N}\hat{\alpha}_n y_n \boldsymbol{x}_n \tag{10.47}$$

これを効率よく計算するために，$\hat{\alpha}$ と訓練データ $\boldsymbol{x}_n$ の位置関係を調べます．

(10.38) と (10.41) より

$$\alpha_n = C \qquad \text{または} \qquad \xi_n = 0 \tag{10.48}$$

であり，これと $\boldsymbol{x}_n$ と α_n に関する式 (10.40) と (10.42) を考えます．

$$\alpha_n = 0 \quad \text{または} \quad 1 - \xi_n - y_n({}^t\boldsymbol{w}\boldsymbol{x}_n + b) = 0 \tag{10.40}$$

$$1 - \xi_n - y_n({}^t\boldsymbol{w}\boldsymbol{x}_n + b) \leq 0 \tag{10.42}$$

(10.48) より，

$$\alpha_n = C \iff \xi_n \neq 0 \qquad \text{かつ} \qquad \alpha_n \neq C \iff \xi_n = 0$$

であり，$C > 0$ より，$\alpha_n = 0$ と $\alpha_n = C$ は同時には成立しないので，

$$\alpha_n = 0 \iff \alpha_n \neq C \iff \xi_n = 0$$

が成り立ちます．

以上のことより，α_n の値によって，次のように場合分けができます．

表 10.1　α_n と $\boldsymbol{x}_n$ の関係

α_n	ξ_n	(10.40) と (10.42)	データの位置	データの集合
$\alpha_n = 0$	$\xi_n = 0$	$y_n({}^t\boldsymbol{w}\boldsymbol{x}_n + b) \geq 1$	超平面 H_+ と H_- の外側	V_{out}
$0 < \alpha_n < C$	$\xi_n = 0$	$y_n({}^t\boldsymbol{w}\boldsymbol{x}_n + b) = 1$	超平面 H_+, H_- 上 (サポートベクトル)	V_s
$\alpha_n = C$	$\xi_n \neq 0$	$y_n({}^t\boldsymbol{w}\boldsymbol{x}_n + b) = 1 - \xi_n$	超平面 H_+ と H_- の内側	V_{in}

ここで，超平面の内側の点の集合を V_{in}，サポートベクトルの集合を V_s，超平面の外側の点の集合を V_{out} と表しています．

V_{out} にある点に対しては $\alpha_n = 0$ となるので，$\boldsymbol{w}$ は次式で求めることができます．

$$\hat{\boldsymbol{w}} = \sum_{\boldsymbol{x}_n \in V_{in}, V_s} \hat{\alpha}_n y_n \boldsymbol{x}_n \tag{10.49}$$

10.8.3 $\hat{b}$ の計算：マージン境界上の点を利用

$\hat{b}$ を計算するには，サポートベクトル $\boldsymbol{x}_n$ を利用します．ハードマージンと同様に考えれば，(10.29) および (10.30) と同様に

$$\hat{b} = \frac{1}{y_n} - {}^t\hat{\boldsymbol{w}}\boldsymbol{x}_n = y_n - {}^t\hat{\boldsymbol{w}}\boldsymbol{x}_n \tag{10.50}$$

あるいは

$$\hat{b} = \frac{1}{|V_s|} \sum_{\boldsymbol{x}_n \in V_s} (y_n - {}^t\hat{\boldsymbol{w}}\boldsymbol{x}_n) \tag{10.51}$$

として求められます．$|V_s|$ サポートベクトルの個数です．

ソフトマージン SVM のアルゴリズム

学習 (1) α の初期値を適当に与える．例えば，α の初期値をゼロベクトル $\mathbf{0}$ や正規乱数にする．勾配が過剰に大きくなることを防ぐため，大きな値の乱数は避ける．

(2) 最大反復回数あるいは終了判定条件を満たすまで，(10.45) あるいは (10.46) を計算する．終了判定条件は，例えば，$\dfrac{\|\boldsymbol{\alpha}^{(t+1)} - \boldsymbol{\alpha}^{(t)}\|_2}{\|\boldsymbol{\alpha}^{(t)}\|_2} < \varepsilon$ などとする．

(3) (2) で求めた $\boldsymbol{\alpha}^{(t)}$ あるいは $\boldsymbol{\alpha}^{(t+1)}$ を $\hat{\boldsymbol{\alpha}}$ とする．

(4) (10.49) を用いて $\hat{\boldsymbol{w}}$ を計算する．

(5) (10.51) を用いて $\hat{b}$ を計算する．

予測 (1) 入力 $\boldsymbol{x}$ に対して ${}^t\hat{\boldsymbol{w}}\boldsymbol{x} + \hat{b}$ を計算する．

(2) ${}^t\hat{\boldsymbol{w}}\boldsymbol{x} + \hat{b} \geq 0$ ならばクラス 1，${}^t\hat{\boldsymbol{w}}\boldsymbol{x} + \hat{b} < 0$ ならばクラス -1 に分類する．

確認問題

確認問題 10.1　SVM において，マージンは何を表すか？

(1) サポートベクトル間の距離　(2) 決定境界と最も近いデータ点との間の距離

(3) 決定境界の幅　(4) SVM モデルの精度

確認問題 10.2　SVM におけるサポートベクトルとは何か？

(1) 正しく分類されたデータ点　(2) 決定境界上にあるデータ点

(3) 決定境界に最も近いデータ点　(4) 誤分類されたデータ点

確認問題 10.3　ハードマージン SVM とソフトマージン SVM の違いについて，正しい記述はどれか．

(1) ハードマージン SVM は線形分離不可能なデータにも適用できる．

(2) ソフトマージン SVM は誤分類を許容しない．

(3) ハードマージン SVM は全てのデータ点を超平面から等距離に分類する．

(4) ソフトマージン SVM は一部のデータ点の誤分類を許容する．

確認問題 10.4　ソフトマージン SVM の目的関数におけるヒンジ損失の役割は何か．

(1) マージンを最大化する　(2) 誤分類を抑制する

(3) データ点を線形分離可能にする　(4) 過学習を防ぐ

確認問題 10.5　ハードマージン SVM において，決定境界が ${}^t\boldsymbol{w}\boldsymbol{x} + b = 0$ で表されるとき，重みベクトル $\boldsymbol{w}$ は決定境界に対してどのような関係にあるか．

(1) 平行である　(2) 垂直である　(3) 45 度の角度をなす　(4) 関係性はない

確認問題 10.6　ソフトマージン SVM において，スラック変数 ξ_n は何を表すか．

(1) データ点と決定境界の距離　(2) マージン　(3) 誤分類の度合い　(4) ラグランジュ乗数

確認問題 10.7　ハードマージン SVM の双対問題において，ラグランジュ乗数 α_n がゼロでない場合，対応するデータ点はどのような点か．

(1) 決定境界上の点　(2) サポートベクトル　(3) 誤分類された点　(4) マージン内部の点

確認問題 10.8 ソフトマージン SVM の双対問題において，ハイパーパラメータ C を無限大にするとどうなるか．

(1) ハードマージン SVM と等価になる (2) 全てのデータ点がサポートベクトルになる

(3) 決定境界が消滅する (4) 誤分類がなくなる

確認問題 10.9 平面上の点 $A(1,5)$ と $B(3,4)$ はクラス 1 に，$C(7,8)$ と $D(8,10)$ はクラス 2 に属しているとする．このとき，ハードマージン SVM によって決定される決定境界を ${}^t\boldsymbol{w}\boldsymbol{x} + b = 0$ と表すとき，$\boldsymbol{w} = {}^t[w_1, w_2]$ と b を定めよ．

確認問題 10.10 関数 $f(x, y) = x^2 + y^2$ を，$x \geq 0, y \geq 0, x + 2y = 4$ の下で最小化する問題を考える．ラグランジュ関数と KKT 条件を求めよ．

確認問題 10.11 関数 $f(x, y) = xy + yz + zx$ を $x + y + z \leq 5, x \geq 1, y \geq 1, z \geq 1$ の下で最小化する問題を考える．ラグランジュ関数と KKT 条件を求めよ．

確認問題 10.12 ソフトマージン SVM の双対問題において，あるデータ点 $\boldsymbol{x}_n$ がサポートベクトルではない場合，対応するラグランジュ乗数 α_n はどのような値をとるか？ また，その理由も説明せよ．

確認問題 10.13 ハードマージン SVM の主問題：

$$\operatorname*{argmin}_{\boldsymbol{w},b} \frac{1}{2}\|\boldsymbol{w}\|_2^2, \quad \text{subject to } y_n({}^t\boldsymbol{w}\boldsymbol{x}_n + b) \geq 1, \quad n = 1, 2, \ldots, N$$

のラグランジュ関数を求めよ．また，KKT 定理を用いて，この主問題の双対問題を求めよ．

確認問題 10.14 ソフトマージン SVM の主問題：

$$\arg\min_{\boldsymbol{w},\boldsymbol{\xi},b} \left\{ \frac{1}{2}\|\boldsymbol{w}\|_2^2 + C\sum_{n=1}^{N}\xi_n \right\} \quad \text{subject to } y_n({}^t\boldsymbol{w}\boldsymbol{x}_n + b) \geq 1 - \xi_n, \quad \xi_n \geq 0$$

のラグランジュ関数を求めよ．また，KKT 定理を用いて，この主問題の双対問題を求めよ．

第11章

カーネル法

線形 SVM は，マージン最大化の原理に基づき，データを超平面で分離する，つまり，線形分離を行うアルゴリズムでした．しかし，現実世界の問題において，データは必ずしも線形分離できるとは限りません．この問題を解決するのが，データを高次元特徴空間に写像する**カーネル法** (kernel method) です．カーネル法を用いた**カーネル SVM**(kernel SVM) は，線形分離不可能なデータも効率的に分類できます．

本章では，カーネル SVM に加え，高次元データの次元削減に役立つ**カーネル主成分分析** (kernel PCA) とデータの前処理によく用いられる**白色化** (whitening) についても解説します．

11.1　カーネル SVM の概要

カーネル SVM の中心的なアイデアは，高次元空間への写像です．線形分離が困難なデータも，より高次元な空間に写像することで線形分離可能になる場合があります．高次元空間で線形分離が可能になれば，その空間内で超平面（線形の決定境界）を構築できます．そして，この超平面を元の低次元空間へと戻す写像を逆写像と呼びます．逆写像によって高次元空間の超平面が元の空間に戻された結果として得られる領域と境界線を**決定境界**（decision boundary）と呼びます．

カーネル SVM を用いることで，元の空間では線形分離できないデータに対しても，適切な分類が可能になる場合があります．

(a) 平面において線形分離不可能　(b) 空間に写像すると線形分離可能　(c) 元の平面に戻す

図 11.1　カーネル SVM のイメージ

11.2　カーネル SVM の原理

例えば，2 次元のデータ $\boldsymbol{x} = (x_1, x_2)$ を 5 次元に拡張する場合，以下のような関数で写像します．

$$\boldsymbol{\phi}(\boldsymbol{x}) = (x_1^2, x_2^2, x_1x_2, x_1, x_2)$$

このように，データの次元をより高次元に拡張したものを**高次元特徴空間** (high-dimensional feature space) と呼び，それに対して最初の入力データの空間を**入力空間** (input space) といいます．

この式をより一般化します．p 次元の入力空間データを，より高次元の r 次元特徴空間に写像する関数を以下のように定義します．

$$\boldsymbol{\phi}(\boldsymbol{x}) = {}^t[\phi_1(\boldsymbol{x}), \phi_2(\boldsymbol{x}), \ldots, \phi_r(\boldsymbol{x})]$$

この $\boldsymbol{\phi}(\boldsymbol{x})$ を**標準特徴写像** (canonical feature map) といいます．

このような関数を使って高次元特徴空間にデータを写像していくと，ある段階で分離超平面によって線形分離可能なデータになることがあります．究極的には，それぞれのデータを全て別の次元，つまり，データが N 個あれば N 次元まで拡張すれば，必ず $N-1$ 次元の分離超平面で分離することができます.

次に，この分離超平面を逆写像して元のデータの分離超平面に変換することで，入力空間においてデータを分離する曲線を得ることができます.

それでは，高次元特徴空間における最適化問題の式を考えていきましょう.

ハードマージン SVM は, 最適化問題

$$\max \left\{ \tilde{L}(\alpha_1, \ldots, \alpha_N) = \sum_{n=1}^{N} \alpha_n - \frac{1}{2} \sum_{i=1}^{N} \sum_{j=1}^{N} \alpha_i \alpha_j y_i y_j {}^t\boldsymbol{x}_i \boldsymbol{x}_j \right\}$$

$$\text{subject to } \alpha_n \geq 0, \sum_{n=1}^{N} \alpha_n y_n = 0, n = 1, 2, \ldots, N$$

に帰着されます.

高次元特徴空間のデータは入力空間のデータ $\boldsymbol{x}_i$ を関数 $\boldsymbol{\phi}(\boldsymbol{x})$ で写像したものなので，高次元特徴空間における最適化問題は以下のようになります.

$$\max \left\{ \tilde{L}(\alpha_1, \ldots, \alpha_N) = \sum_{n=1}^{N} \alpha_n - \frac{1}{2} \sum_{i=1}^{N} \sum_{j=1}^{N} \alpha_i \alpha_j y_i y_j {}^t\boldsymbol{\phi}(\boldsymbol{x}_i) \boldsymbol{\phi}(\boldsymbol{x}_j) \right\}$$

$$\text{subject to } \alpha_n \geq 0, \sum_{n=1}^{N} \alpha_n y_n = 0, n = 1, 2, \ldots, N$$

ここで，${}^t\boldsymbol{\phi}(\boldsymbol{x}_i)\boldsymbol{\phi}(\boldsymbol{x}_j)$ は高次元特徴空間における内積を表しています.

しかし，高次元になると内積を直接計算するのが困難になります．そこで登場するのがカーネル関数です．**カーネル関数** (kernel function) とは，入力空間における 2 つのベクトル $\boldsymbol{x}_i, \boldsymbol{x}_j$ のカーネル値 $K(\boldsymbol{x}_i, \boldsymbol{x}_j)$ と高次元特徴空間での内積 ${}^t\boldsymbol{\phi}(\boldsymbol{x}_i)\boldsymbol{\phi}(\boldsymbol{x}_j)$ が等しくなるような関数のことです．つまり，以下の等式が成り立つ関数 $K(\boldsymbol{x}_i, \boldsymbol{x}_j)$ をカーネル関数と呼びます.

$$K(\boldsymbol{x}, \boldsymbol{y}) = {}^t\boldsymbol{\phi}(\boldsymbol{x})\boldsymbol{\phi}(\boldsymbol{y}) \tag{11.1}$$

このように高次元特徴空間における内積 ${}^t\boldsymbol{\phi}(\boldsymbol{x}_i)\boldsymbol{\phi}(\boldsymbol{x}_j)$ を計算することなく，$K(\boldsymbol{x}_i, \boldsymbol{x}_j)$ を求められるように式変形するテクニックが**カーネルトリック** (kernel trick) です．特に，カーネル関数の計算量が入力空間における内積の計算量よりも小さい場合，カーネル法を用いることで計算量を大幅に削減できます．また，カーネル関数 $K(\boldsymbol{x}_i, \boldsymbol{x}_j)$ は，入力空間における 2 つのベクトル $\boldsymbol{x}_i$ と $\boldsymbol{x}_j$ の類似度を測る指標として利用できます．内積は，2 つのベクトルが同じ方向を向いているほど大きくなるため，カーネル関数の値が大きいほど，2 つのデータ点は高次元特徴空間において類似していると解釈できます.

なお，このカーネル関数によって以下のように定義された N 次正方行列 K_N を**カーネル行列** (kernel matrix) と呼びます

$$K_N = \begin{bmatrix} K(\boldsymbol{y}_1, \boldsymbol{y}_1) & K(\boldsymbol{y}_1, \boldsymbol{y}_2) & \cdots & K(\boldsymbol{y}_1, \boldsymbol{y}_N) \\ K(\boldsymbol{y}_2, \boldsymbol{y}_1) & K(\boldsymbol{y}_2, \boldsymbol{y}_2) & \cdots & K(\boldsymbol{y}_2, \boldsymbol{y}_N) \\ \vdots & \vdots & \ddots & \vdots \\ K(\boldsymbol{y}_N, \boldsymbol{y}_1) & K(\boldsymbol{y}_N, \boldsymbol{y}_2) & \cdots & K(\boldsymbol{y}_N, \boldsymbol{y}_N) \end{bmatrix}$$

このカーネル関数を利用すると，高次元特徴空間での内積を計算することなく，入力空間での計算だけで最適化問題を解くことができます．したがって，高次元特徴空間における最適化問題は，以下のように書き換えることができます．

$$\max\left\{\tilde{L}(\alpha_1,\ldots,\alpha_N)=\sum_{n=1}^{N}\alpha_n-\frac{1}{2}\sum_{i=1}^{N}\sum_{j=1}^{N}\alpha_i\alpha_j y_i y_j K(\boldsymbol{x}_i,\boldsymbol{x}_j)\right\}$$

$$\text{subject to } \alpha_n \geq 0, \sum_{n=1}^{N}\alpha_n y_n = 0, n=1,2,\ldots,N$$

これが，カーネル SVM の基本的な原理です．入力空間におけるデータを高次元特徴空間に写像し，その空間での最適化問題を解くことで，非線形の分離超平面を得ることができます．そして，その分離超平面はカーネル関数によって入力空間に逆写像され，非線形の決定境界を形成します．

さらに，カーネル関数は様々なものがあり，それぞれに特徴があります．例えば，以下に示すようなカーネルがあります．

線形カーネル (linear kernel) $K(\boldsymbol{x},\boldsymbol{y})={}^t\boldsymbol{x}\boldsymbol{y}$

多項式カーネル (polynomial kernel) $K(\boldsymbol{x},\boldsymbol{y})=(\gamma^t\boldsymbol{x}\boldsymbol{y}+c)^d$

ここで，$\gamma(\geq 0)$ はハイパーパラメータであり，d を**カーネル次数** (kernel degree) という．また，c を**フリーパラメータ** (free parameter) といい，多項式における高次と低次の影響のトレードオフを調整するものである．カーネル次数 d は，決定境界の複雑さを制御する．d が大きいほど，決定境界はより柔軟になり，複雑な非線形パターンを捉えることができる．一方，d が小さいほど，決定境界はより単純になり，過学習のリスクを低減できる．

シグモイドカーネル (sigmoid kernel) $K(\boldsymbol{x},\boldsymbol{y})=\tanh(\gamma^t\boldsymbol{x}\boldsymbol{y}+c)^d$

ニューラルネットワークではよく用いられる．

RBF カーネル (radial basis function kernel) $K(\boldsymbol{x},\boldsymbol{y})=\exp\left(-\frac{\|\boldsymbol{x}-\boldsymbol{y}\|_2^2}{2\sigma^2}\right)$

RBF カーネルは，**ガウスカーネル** (Gaussian kernel) または**動径基底関数カーネル**とも呼ばれ，

$$K(\boldsymbol{x},\boldsymbol{y})=\exp\left(-\gamma\|\boldsymbol{x}-\boldsymbol{y}\|_2^2\right)$$

と簡略化されることが多い．ここで，$\gamma=\frac{1}{2\sigma^2}$ は最適化されるハイパーパラメータである．大まかにいえば，「カーネル」という用語は，2 つのデータ点間の「類似度を表す関数」を意味する．マイナス記号は，距離の尺度を反転させて類似度にするために用いられる．指数関数の指数部分が 0 から無限大の値をとることにより，結果として得られる類似度は 1（全く同じデータ点）から 0（全く異なるデータ点）の範囲に収まる．また，ハイパーパラメータ γ は，決定境界の滑らかさを制御する．γ が大きいほど，各データ点の影響範囲が狭くなり，決定境界はより複雑になる．一方，γ が小さいほど，各データ点の影響範囲が広くなり，決定境界はより滑らかになる．

ラプラシアンカーネル (Laplacian kernel) $K(\boldsymbol{x},\boldsymbol{y})=\exp(-\gamma\|\boldsymbol{x}-\boldsymbol{y}\|_1)$

ここで，$\|\cdot\|_1$ はマンハッタン距離 (L^1 ノルム)，つまり，p 次元ベクトル $\boldsymbol{x}$ に対して，

$\|\boldsymbol{x}\|_1 = \sum_{i=1}^{p} |x_i|$ である．これはデータ内に存在するノイズの影響を低減する特性があり，特に分類，回帰，異常検出，クラスタリングなど，データ間の距離や類似性が重要となる機械学習タスクで広く利用される．

なお，カーネル SVM を実装する場合，カーネル関数が分かればよく，標準特徴写像を求める必要はないのですが，理解を深めるため標準特徴写像を具体的に求めてみましょう．$\boldsymbol{x} = (x_1, x_2), \boldsymbol{y} = (y_1, y_2)$ に対して，カーネル関数を

$$K(\boldsymbol{x}, \boldsymbol{y}) = (1 + {}^t\boldsymbol{x}\boldsymbol{y}) = (1 + x_1y_1 + x_2y_2)^2$$

と定義したとき，$\boldsymbol{\phi}(\boldsymbol{x})$ は縦ベクトルとみなして，内積は，

$$\begin{aligned}(1 + x_1y_1 + x_2y_2)^2 &= 1 + x_1^2y_1^2 + x_2^2y_2^2 + 2x_1y_1 + 2x_2y_2 + 2x_1x_2y_1y_2 \\ &= [1, x_1^2, x_2^2, \sqrt{2}x_1, \sqrt{2}x_2, \sqrt{2}x_1x_2]\ {}^t[1, y_1^2, y_2^2, \sqrt{2}y_1, \sqrt{2}y_2, \sqrt{2}y_1y_2] \\ &= {}^t\boldsymbol{\phi}(\boldsymbol{x})\boldsymbol{\phi}(\boldsymbol{y})\end{aligned}$$

となるので，標準特徴写像は

$$\boldsymbol{\phi}(\boldsymbol{x}) = \boldsymbol{\phi}(x_1, x_2) = {}^t[1, x_1^2, x_2^2, \sqrt{2}x_1, \sqrt{2}x_2, \sqrt{2}x_1x_2] \tag{11.2}$$

と求められます．

また，$x \in \mathbb{R}$ に対して，RBF カーネル

$$\begin{aligned}K(x, y) &= \exp\left(\frac{(x-y)^2}{2\sigma^2}\right) = \exp\left(-\frac{x^2}{2\sigma^2}\right)\exp\left(-\frac{y^2}{2\sigma^2}\right)\exp\left(\frac{xy}{\sigma^2}\right) \\ &= \exp\left(-\frac{x^2}{2\sigma^2}\right)\exp\left(-\frac{y^2}{2\sigma^2}\right)\left\{1 + \left(\frac{xy}{\sigma^2}\right) + \frac{1}{2!}\left(\frac{xy}{\sigma^2}\right)^2 + \cdots + \frac{1}{n!}\left(\frac{xy}{\sigma^2}\right)^n + \cdots\right\}\end{aligned}$$

を考えると，標準特徴写像は

$$\phi(x) = \exp\left(-\frac{x^2}{2\sigma^2}\right){}^t\left[1, \sqrt{\frac{1}{1!\sigma^2}}x, \sqrt{\frac{1}{2!\sigma^4}}x^2, \ldots, \sqrt{\frac{1}{n!\sigma^{2n}}}x^n, \ldots,\right] \tag{11.3}$$

となります．

標準特徴写像

例 11.1 $\boldsymbol{x} = \begin{bmatrix} x_1 \\ x_2 \end{bmatrix}, \boldsymbol{y} = \begin{bmatrix} y_1 \\ y_2 \end{bmatrix}$ に対してカーネル関数を $K(\boldsymbol{x}, \boldsymbol{y}) = ({}^t\boldsymbol{x}\boldsymbol{y} + 1)^3$ とするとき，標準特徴写像 $\boldsymbol{\phi}(\boldsymbol{x})$ を求めよ．

(解答)

$$\begin{aligned}K(x, y) &= {}^t\boldsymbol{\phi}(\boldsymbol{x})\boldsymbol{\phi}(\boldsymbol{y}) = (\boldsymbol{x}^t\boldsymbol{y} + 1)^3 = (x_1y_1 + x_2y_2 + 1)^3 \\ &= (x_1y_1)^3 + 3(x_1y_1)^2(x_2y_2) + 3(x_1y_1)^2 + 3(x_1y_1)(x_2y_2)^2 + 6(x_1y_1)(x_2y_2) \\ &\quad +3(x_1y_1) + (x_2y_2)^3 + 3(x_2y_2)^2 + 3(x_2y_2) + 1\end{aligned}$$

これより，以下を得る．

$$\phi(\boldsymbol{x}) = {}^t[x_1^3, \sqrt{3}x_1^2x_2, \sqrt{3}x_1^2, \sqrt{3}x_1x_2^2, \sqrt{6}x_1x_2, \sqrt{3}x_1, x_2^3, \sqrt{3}x_2^2, \sqrt{3}x_2, 1]$$

■

問 11.1　ベクトル $\boldsymbol{x} = \begin{bmatrix} x_1 \\ x_2 \end{bmatrix}$ と $\boldsymbol{y} = \begin{bmatrix} y_1 \\ y_2 \end{bmatrix}$ に対してカーネル関数を $K(\boldsymbol{x}, \boldsymbol{y}) = ({}^t\boldsymbol{x}\boldsymbol{y} + 2)^2$ とするとき，標準特徴写像 $\boldsymbol{\phi}(\boldsymbol{x})$ を求めよ．

問 11.2　ベクトル $\boldsymbol{x} = \begin{bmatrix} x_1 \\ x_2 \end{bmatrix}$ と $\boldsymbol{y} = \begin{bmatrix} y_1 \\ y_2 \end{bmatrix}$ に対してカーネル関数を $K(\boldsymbol{x}, \boldsymbol{y}) = \exp(-\|\boldsymbol{x} - \boldsymbol{y}\|_2^2)$ とするとき，標準特徴写像 $\boldsymbol{\phi}(\boldsymbol{x})$ を無限次元のベクトルとして表せ．

11.3　カーネル SVM の実装

ハードマージン SVM の内積計算をカーネルによる計算に置き換えるには，以下のようにします．

$$\begin{aligned} \tilde{L}(\alpha_1, \ldots, \alpha_N) &= \sum_{n=1}^{N} \alpha_n - \frac{1}{2} \sum_{i=1}^{N} \sum_{j=1}^{N} \alpha_i \alpha_j y_i y_j {}^t\boldsymbol{\phi}(\boldsymbol{x}_i) \boldsymbol{\phi}(\boldsymbol{x}_j) \\ &= \sum_{n=1}^{N} \alpha_n - \frac{1}{2} \sum_{i=1}^{N} \sum_{j=1}^{N} \alpha_i \alpha_j y_i y_j K(\boldsymbol{x}_i, \boldsymbol{x}_j) \end{aligned} \tag{11.4}$$

$$[H]_{ij} = y_i y_j K(\boldsymbol{x}_i, \boldsymbol{x}_j) \tag{11.5}$$

$$\begin{aligned} \hat{b} &= \frac{1}{|S|} \sum_{\boldsymbol{x}_n \in S} (y_n - {}^t\hat{\boldsymbol{w}} \boldsymbol{\phi}(\boldsymbol{x}_n)) = \frac{1}{|S|} \sum_{\boldsymbol{x}_i \in S} \left\{ y_i - {}^t\left(\sum_{j=1}^{N} \hat{\alpha}_j y_j \boldsymbol{\phi}(\boldsymbol{x}_j) \right) \boldsymbol{\phi}(\boldsymbol{x}_i) \right\} \\ &= \frac{1}{|S|} \sum_{\boldsymbol{x}_i \in S} \left\{ y_i - \sum_{j=1}^{N} \hat{\alpha}_j y_j K(\boldsymbol{x}_j, \boldsymbol{x}_i) \right\} \end{aligned} \tag{11.6}$$

また，超平面（決定境界）は次のようになります．

$${}^t\hat{\boldsymbol{w}} \boldsymbol{\phi}(\boldsymbol{x}) + \hat{b} = {}^t\left(\sum_{n=1}^{N} \hat{\alpha}_n y_n \boldsymbol{\phi}(\boldsymbol{x}_n) \right) \boldsymbol{\phi}(\boldsymbol{x}) + \hat{b} = \sum_{n=1}^{N} \hat{\alpha}_n y_n K(\boldsymbol{x}_n, \boldsymbol{x}) + \hat{b} = 0 \tag{11.7}$$

そして，第 10.4,10.5 節と同様に

$$X = \begin{bmatrix} x_{11} & \cdots & x_{1p} \\ \vdots & \ddots & \vdots \\ x_{N1} & \cdots & x_{Np} \end{bmatrix} = \begin{bmatrix} {}^t\boldsymbol{x}_1 \\ \vdots \\ {}^t\boldsymbol{x}_N \end{bmatrix}, \quad \boldsymbol{x}_n = \begin{bmatrix} x_{n1} \\ \vdots \\ x_{np} \end{bmatrix}$$

$$\boldsymbol{y} = \begin{bmatrix} y_1 \\ \vdots \\ y_N \end{bmatrix}, \quad \hat{\boldsymbol{\alpha}} = \begin{bmatrix} \hat{\alpha}_1 \\ \vdots \\ \hat{\alpha}_N \end{bmatrix}, \quad y_n = \begin{cases} 1 & (\boldsymbol{x}_n \in K_1) \\ -1 & (\boldsymbol{x}_n \in K_2) \end{cases}$$

と表せば，以下のように表現できます．

$$H = \boldsymbol{y} {}^t\boldsymbol{y} \odot K(X, X) \tag{11.8}$$

$$\sum_{j=1}^{N} \hat{\alpha}_j y_j K(\boldsymbol{x}_j, \boldsymbol{x}_i) = {}^t(\hat{\boldsymbol{\alpha}} \odot \boldsymbol{y}) K(X, \boldsymbol{x}_i) \tag{11.9}$$

$$\sum_{n=1}^{N} \hat{\alpha}_n y_n K(\boldsymbol{x}_n, \boldsymbol{x}) = {}^t(\hat{\boldsymbol{\alpha}} \odot \boldsymbol{y})K(X, \boldsymbol{x}) \tag{11.10}$$

カーネル SVM では，高次元特徴空間における重みベクトル $\boldsymbol{w}$ を陽に計算する必要はありません．カーネル SVM では，カーネルトリックを用いることで，高次元特徴空間における内積計算を，入力空間におけるカーネル関数の計算に置き換えます．これにより，高次元特徴空間を明示的に扱うことなく，最適化問題を解くことができます．

予測の際も，決定境界は式 (11.7) で表されるように，カーネル関数と $\hat{\alpha}_n$，y_n，$\hat{b}$ を用いて計算されます．したがって，$\boldsymbol{w}$ を求める必要はありません．

カーネル SVM の利点の 1 つは，高次元特徴空間を明示的に扱う必要がないことです．これにより，計算コストを抑えつつ，非線形な決定境界を決定できます．

カーネルハードマージン SVM のアルゴリズム

学習 (1) $\boldsymbol{\alpha}$ の初期値を適当に与える．例えば，$\boldsymbol{\alpha}$ の初期値をゼロベクトル $\boldsymbol{0}$ や正規乱数にする．勾配が過剰に大きくなることを防ぐため，大きな値の乱数は避ける．

(2) 最大反復回数あるいは終了判定条件を満たすまで，次の最適化問題を解く．

$$\max \left\{ \tilde{L}(\alpha_1, \ldots, \alpha_N) = \sum_{n=1}^{N} \alpha_n - \frac{1}{2} \sum_{i=1}^{N} \sum_{j=1}^{N} \alpha_i \alpha_j y_i y_j K(\boldsymbol{x}_i, \boldsymbol{x}_j) \right\}$$

$$\text{subject to } \alpha_n \geq 0, \sum_{n=1}^{N} \alpha_n y_n = 0, n = 1, 2, \ldots, N$$

終了判定条件は，例えば，$\dfrac{\|\boldsymbol{\alpha}^{(t+1)} - \boldsymbol{\alpha}^{(t)}\|_2}{\|\boldsymbol{\alpha}^{(t)}\|_2} < \varepsilon$ などとする．

(3) (2) で求めた $\boldsymbol{\alpha}^{(t)}$ あるいは $\boldsymbol{\alpha}^{(t+1)}$ を $\hat{\boldsymbol{\alpha}}$ とする．

(4) $\hat{\boldsymbol{\alpha}}$ を用いて次の式で $\hat{b}$ を計算する．

$$\hat{b} = \frac{1}{|S|} \sum_{\boldsymbol{x}_i \in S} \left\{ y_i - \sum_{j=1}^{N} \hat{\alpha}_j y_j K(\boldsymbol{x}_j, \boldsymbol{x}_i) \right\}$$

予測 (1) 入力 $\boldsymbol{x}$ に対して次の式を計算する．

$$f(\boldsymbol{x}) = \sum_{n=1}^{N} \hat{\alpha}_n y_n K(\boldsymbol{x}_n, \boldsymbol{x}) + \hat{b}$$

(2) $f(\boldsymbol{x}) > 0$ ならばクラス 1，$f(\boldsymbol{x}) < 0$ ならばクラス -1 に分類する．

カーネル SVM

例 11.2 $\boldsymbol{x}_1 = \begin{bmatrix} -1 \\ -1 \end{bmatrix}, \boldsymbol{x}_2 = \begin{bmatrix} 1 \\ -1 \end{bmatrix}, \boldsymbol{x}_3 = \begin{bmatrix} -1 \\ 1 \end{bmatrix}, \boldsymbol{x}_4 = \begin{bmatrix} 1 \\ 1 \end{bmatrix}$ および標準特徴写像 $\boldsymbol{\psi}(\boldsymbol{x}) = \begin{bmatrix} x_1^2 - x_2^2 \\ x_1 x_2 \\ x_1^2 + x_2^2 \end{bmatrix}$ が与えられたとき，カーネル行列 K を求めよ．ただし，$\boldsymbol{x} = {}^t[x_1, x_2]$ である．
また，$\boldsymbol{x}_1$ と $\boldsymbol{x}_4$ はクラス -1 に，$\boldsymbol{x}_2$ と $\boldsymbol{x}_3$ はクラス 1 に属しているとする．このとき，カーネルハードマージン SVM に基づいて決定境界を求めよ．

(解答)
$\boldsymbol{y} = {}^t[y_1, y_2]$ とするとき，$K(\boldsymbol{x}, \boldsymbol{y}) = {}^t\boldsymbol{\psi}(\boldsymbol{x})\boldsymbol{\psi}(\boldsymbol{y}) = 2(x_1^2 y_1^2 + x_2^2 y_2^2) + x_1 x_2 y_1 y_2$ なので，

$$K = \begin{bmatrix} K(\boldsymbol{x}_1, \boldsymbol{x}_1) & K(\boldsymbol{x}_1, \boldsymbol{x}_2) & K(\boldsymbol{x}_1, \boldsymbol{x}_3) & K(\boldsymbol{x}_1, \boldsymbol{x}_4) \\ K(\boldsymbol{x}_2, \boldsymbol{x}_1) & K(\boldsymbol{x}_2, \boldsymbol{x}_2) & K(\boldsymbol{x}_2, \boldsymbol{x}_3) & K(\boldsymbol{x}_2, \boldsymbol{x}_4) \\ K(\boldsymbol{x}_3, \boldsymbol{x}_1) & K(\boldsymbol{x}_3, \boldsymbol{x}_2) & K(\boldsymbol{x}_3, \boldsymbol{x}_3) & K(\boldsymbol{x}_3, \boldsymbol{x}_4) \\ K(\boldsymbol{x}_4, \boldsymbol{x}_1) & K(\boldsymbol{x}_4, \boldsymbol{x}_2) & K(\boldsymbol{x}_4, \boldsymbol{x}_3) & K(\boldsymbol{x}_4, \boldsymbol{x}_4) \end{bmatrix} = \begin{bmatrix} 5 & 3 & 3 & 5 \\ 3 & 5 & 5 & 3 \\ 3 & 5 & 5 & 3 \\ 5 & 3 & 3 & 5 \end{bmatrix}$$

$$\tilde{L}(\boldsymbol{\alpha}) = \sum_{n=1}^{4} \alpha_n - \frac{1}{2} \sum_{i=1}^{4} \sum_{j=1}^{4} \alpha_i \alpha_j y_i y_j K(\boldsymbol{x}_i, \boldsymbol{x}_j)$$

において，$H = [y_i y_j K(\boldsymbol{x}_i, \boldsymbol{x}_j)]$ とおけば，$H = \begin{bmatrix} 5 & -3 & -3 & 5 \\ -3 & 5 & 5 & -3 \\ -3 & 5 & 5 & -3 \\ 5 & -3 & -3 & 5 \end{bmatrix}$ なので，

$$\nabla \tilde{L}(\boldsymbol{\alpha}) = \mathbf{1} - H\boldsymbol{\alpha} = \mathbf{0} \Longrightarrow H\boldsymbol{\alpha} = \mathbf{1} \Longrightarrow \boldsymbol{\alpha} = {}^t\left[\frac{1}{2}, \frac{1}{2}, 0, 0\right]$$

であり，これらはハードマージン SVM の双対問題の解である[1]．また，$\alpha_n \neq 0$ となる点がサポートベクトルである．よって，

$${}^t\boldsymbol{w}\boldsymbol{\psi}(\boldsymbol{x}) = \sum_{n=1}^{4} \alpha_n y_n K(\boldsymbol{x}_n, \boldsymbol{x}) = -\frac{1}{2}K(\boldsymbol{x}_1, \boldsymbol{x}) + \frac{1}{2}K(\boldsymbol{x}_2, \boldsymbol{x})$$

また，$b_1 = y_1 - {}^t\boldsymbol{w}\boldsymbol{\psi}(\boldsymbol{x}_1) = -1 + \frac{1}{2}K(\boldsymbol{x}_1, \boldsymbol{x}_1) - \frac{1}{2}K(\boldsymbol{x}_2, \boldsymbol{x}_1) = -1 + \frac{5}{2} - \frac{3}{2} = 0$, $b_2 = y_2 - {}^t\boldsymbol{w}\boldsymbol{\psi}(\boldsymbol{x}_2) = 1 + \frac{1}{2}K(\boldsymbol{x}_1, \boldsymbol{x}_2) - \frac{1}{2}K(\boldsymbol{x}_2, \boldsymbol{x}_2) = 1 + \frac{3}{2} - \frac{5}{2} = 0$, $b_3 = 0$, $b_4 = 0$ であり，これらの平均は 0 なので，$b = 0$ である．よって，決定境界は以下のようになる．

$${}^t\boldsymbol{w}\boldsymbol{\psi}(\boldsymbol{x}) = -\frac{1}{2}K(\boldsymbol{x}_1, \boldsymbol{x}) + \frac{1}{2}K(\boldsymbol{x}_2, \boldsymbol{x}) = -(x_1^2 + x_2^2) - \frac{1}{2}x_1 x_2 + (x_1^2 + x_2^2) - \frac{1}{2}x_1 x_2 = -x_1 x_2 = 0$$ ■

問 11.3 $\boldsymbol{x}_1 = \begin{bmatrix} -1 \\ -1 \end{bmatrix}, \boldsymbol{x}_2 = \begin{bmatrix} 1 \\ -1 \end{bmatrix}, \boldsymbol{x}_3 = \begin{bmatrix} -1 \\ 1 \end{bmatrix}, \boldsymbol{x}_4 = \begin{bmatrix} 1 \\ 1 \end{bmatrix}$ および $\boldsymbol{x} = \begin{bmatrix} x_1 \\ x_2 \end{bmatrix}, \boldsymbol{y} = \begin{bmatrix} y_1 \\ y_2 \end{bmatrix}$ に対するカーネル $K(\boldsymbol{x}, \boldsymbol{y}) = (1 + x_1 y_1 + x_2 y_2)^2$ が与えられたとき，カーネル行列 K を求めよ．また，$\boldsymbol{x}_1$ と $\boldsymbol{x}_4$ はクラス -1 に，$\boldsymbol{x}_2$ と $\boldsymbol{x}_3$ はクラス 1 に属しているとする．このとき，カーネルハードマージン SVM に基づいて決定境界を求めよ．

問 11.4 ソフトマージン SVM に対してカーネル法を適用したアルゴリズムを示せ．

1　H は正則行列ではないので，解が一意には定まりません．例えば，$\boldsymbol{\alpha} = {}^t\left[0, 0, \frac{1}{2}, \frac{1}{2}\right]$ も $H\boldsymbol{\alpha} = \mathbf{1}$ の解です．

11.4 カーネル主成分分析

カーネルトリックは，主成分分析（PCA）にも適用することができます．**カーネル主成分分析**（kernel PCA）はデータを高次元空間（特徴空間）に写像し，その高次元空間において第 9 章の線形 PCA を実行します．これにより，特徴空間上でのデータの相関を考慮でき，特徴空間における分散の最大化を考えることで，非線形の特性を持つデータに対しても効果的に次元削減を行うことが可能となります．

より具体的には，(9.5) と標準特徴写像に基づいて，特徴空間における共分散行列を

$$V = \frac{1}{N}\sum_{n=1}^{N}\boldsymbol{\phi}(\boldsymbol{y}_n)\,{}^t\boldsymbol{\phi}(\boldsymbol{y}_n) = \frac{1}{N}[\boldsymbol{\phi}(\boldsymbol{y}_1),\ldots,\boldsymbol{\phi}(\boldsymbol{y}_N)]\begin{bmatrix}{}^t\boldsymbol{\phi}(\boldsymbol{y}_1)\\ \vdots \\ {}^t\boldsymbol{\phi}(\boldsymbol{y}_N)\end{bmatrix} = \frac{1}{N}{}^t\boldsymbol{\phi}(Y)\boldsymbol{\phi}(Y) \tag{11.11}$$

と定義します．ただし，$\boldsymbol{\phi}(Y) = \begin{bmatrix}{}^t\boldsymbol{\phi}(\boldsymbol{y}_1)\\ \vdots \\ {}^t\boldsymbol{\phi}(\boldsymbol{y}_N)\end{bmatrix}$ です．そして，固有値問題

$$V\boldsymbol{w} = \lambda\boldsymbol{w} \tag{11.12}$$

を考えます．$\boldsymbol{\phi}(\boldsymbol{y}_n)$ および $\boldsymbol{w}$ は $r(r > p)$ 次元ベクトル，$\boldsymbol{\phi}(Y)$ は $N \times r$ 行列です．

(11.11) および (11.12) より

$$V\boldsymbol{w} = \lambda\boldsymbol{w} \Longrightarrow \frac{1}{N}{}^t\boldsymbol{\phi}(Y)\boldsymbol{\phi}(Y)\boldsymbol{w} = \lambda\boldsymbol{w} \Longrightarrow \boldsymbol{w} = \frac{1}{N}{}^t\boldsymbol{\phi}(Y)\left(\boldsymbol{\phi}(Y)\frac{\boldsymbol{w}}{\lambda}\right) = \frac{1}{N}{}^t\boldsymbol{\phi}(Y)\boldsymbol{v}$$

を得ます．なお，この式変形において $\boldsymbol{v} = \boldsymbol{\phi}(Y)\boldsymbol{w}/\lambda = {}^t[v_1,\ldots,v_N]$, $v_n = ({}^t\boldsymbol{\phi}(\boldsymbol{y}_n)\boldsymbol{w})/\lambda$ としました．したがって，$\mu = \lambda N$ とおけば，(11.12) は次のようになります．

$$\begin{aligned}
&\frac{1}{N}{}^t\boldsymbol{\phi}(Y)\boldsymbol{\phi}(Y)\frac{1}{N}{}^t\boldsymbol{\phi}(Y)\boldsymbol{v} = \lambda\frac{1}{N}{}^t\boldsymbol{\phi}(Y)\boldsymbol{v}\\
&\Longrightarrow \frac{1}{N}\boldsymbol{\phi}(Y){}^t\boldsymbol{\phi}(Y)\boldsymbol{\phi}(Y){}^t\boldsymbol{\phi}(Y)\boldsymbol{v} = \lambda\boldsymbol{\phi}(Y){}^t\boldsymbol{\phi}(Y)\boldsymbol{v}\\
&\Longrightarrow \frac{1}{N}\boldsymbol{\phi}(Y){}^t\boldsymbol{\phi}(Y)\boldsymbol{v} = \lambda\boldsymbol{v} \Longrightarrow \frac{1}{N}K_N\boldsymbol{v} = \lambda\boldsymbol{v} \Longrightarrow K_N\boldsymbol{v} = \mu\boldsymbol{v}
\end{aligned}$$

この変形において，N 次正方行列 $\boldsymbol{\phi}(\boldsymbol{Y}){}^t\boldsymbol{\phi}(Y)$ の逆行列が存在すると仮定し，$K_N = \boldsymbol{\phi}(\boldsymbol{Y}){}^t\boldsymbol{\phi}(Y)$ としました．K_N はカーネル行列です．特徴空間における共分散行列 V を直接的に求めるには計算量が多くなるのですが，カーネル行列 K_N を用いることで，計算量を減らすことができます．

ここで，注意したいのは，$\boldsymbol{y}_n$ は平均偏差ベクトルですが，$\boldsymbol{\phi}(\boldsymbol{y}_n)$ が平均偏差ベクトルであるとは限らない，ということです．そこで，カーネル行列を中心化，つまり，$\boldsymbol{\phi}(\boldsymbol{y}_n)$ の平均が原点 $\boldsymbol{0}$ になるようにします．

中心化したカーネル行列の (i, j) 成分は以下のように表せます．

$$\begin{aligned}
&{}^t\left(\boldsymbol{\phi}(\boldsymbol{y}_i) - \frac{1}{N}\sum_{n=1}^{N}\boldsymbol{\phi}(\boldsymbol{y}_n)\right)\left(\boldsymbol{\phi}(\boldsymbol{y}_j) - \frac{1}{N}\sum_{n=1}^{N}\boldsymbol{\phi}(\boldsymbol{y}_n)\right)\\
&= {}^t\boldsymbol{\phi}(\boldsymbol{y}_i)\boldsymbol{\phi}(\boldsymbol{y}_j) - {}^t\left(\frac{1}{N}\sum_{n=1}^{N}\boldsymbol{\phi}(\boldsymbol{y}_n)\right)\boldsymbol{\phi}(\boldsymbol{y}_j) - {}^t\boldsymbol{\phi}(\boldsymbol{y}_i)\left(\frac{1}{N}\sum_{n=1}^{N}\boldsymbol{\phi}(\boldsymbol{y}_n)\right) + \left(\frac{1}{N}\sum_{n=1}^{N}{}^t\boldsymbol{\phi}(\boldsymbol{y}_n)\right)\left(\frac{1}{N}\sum_{m=1}^{N}\boldsymbol{\phi}(\boldsymbol{y}_m)\right)
\end{aligned}$$

$$= K(\boldsymbol{y}_i, \boldsymbol{y}_j) - \frac{1}{N}\sum_{n=1}^{N} K(\boldsymbol{y}_n, \boldsymbol{y}_j) - \frac{1}{N}\sum_{m=1}^{N} K(\boldsymbol{y}_i, \boldsymbol{y}_m) + \frac{1}{N}\sum_{n=1}^{N}\sum_{m=1}^{N} K(\boldsymbol{y}_n, \boldsymbol{y}_m)\frac{1}{N}$$

したがって，中心化されたカーネル行列 $\bar{K}_N$ は

$$\bar{K}_N = K_N - \bar{E}_N K_N - K_N \bar{E}_N + \bar{E}_N K_N \bar{E}_N \tag{11.13}$$

と表せます．ただし，$\bar{E}_N$ は，全成分が $1/N$ である N 次正方行列です．

最後に，この行列 $\bar{K}_N$ に対して，固有値と固有ベクトルを求めます．なお，$\bar{K}_N$ の固有ベクトルは主成分の軸ではなく，それらの軸に射影されているデータ点であることに注意してください．

線形 PCA では，固有ベクトルは新しい特徴空間の「軸」を形成し，これらの軸は元のデータの分散を最大限に捉える方向を表しています．元のデータはこれらの新しい軸に射影され，これが PCA の結果となります．

一方，カーネル PCA では，データをより高次元の空間に写像（投影）します．そして，この新しい空間で線形 PCA を適用します．しかし，実際にはこの高次元空間を明示的に計算したり，その空間の固有ベクトル（軸）を得ることはありません．代わりに，データ間の類似度を表すカーネル関数を用います．

カーネル関数は，元のデータが高次元空間に投影された場合の関係性を捉えます．実際にはデータを高次元空間に投影せずに，元の空間におけるデータ点間の類似性を測定することによって，高次元空間でのデータの関係性を知ることができます．

そのため，カーネル PCA における固有ベクトルは，主成分軸そのものではなく，データがこれらの軸に射影された結果を表しています．このことは，$v_n = {}^t\boldsymbol{\phi}(\boldsymbol{y}_n)\boldsymbol{w}/\lambda$ であり，${}^t\boldsymbol{\phi}(\boldsymbol{y}_n)\boldsymbol{w}$ が $\boldsymbol{\phi}(\boldsymbol{y}_n)$ を $\boldsymbol{w}$ へ射影した座標であることからも分かります．つまり，これらの固有ベクトルは高次元空間におけるデータ点の射影を表しており，元の空間におけるデータ点の関係性を捉えています．

結局のところ，カーネル PCA の固有ベクトルは，写像された高次元空間におけるデータの分散の方向を捉えています．したがって，これらの固有ベクトルは，元の空間のデータに対応しており，それぞれのデータ点が新しい特徴空間でどのように関連しているかを示しています．

カーネル主成分分析のアルゴリズム

(1) p 次元の特徴量ベクトル $\boldsymbol{x}_i$ $(i = 1, 2, \ldots, N)$ から，平均ベクトル $\bar{\boldsymbol{x}} = \frac{1}{N}\sum_{i=1}^{N}\boldsymbol{x}_i$ を計算し，各データ点を平均偏差ベクトル $\boldsymbol{y}_i = \boldsymbol{x}_i - \bar{\boldsymbol{x}}$ に変換する．

(2) 平均偏差ベクトル $\boldsymbol{y}_i$ とカーネル関数 $K(\boldsymbol{x}, \boldsymbol{y})$ を用いて，$N \times N$ のカーネル行列 K_N を作成する．

$$K_N = \begin{bmatrix} K(\boldsymbol{y}_1, \boldsymbol{y}_1) & K(\boldsymbol{y}_1, \boldsymbol{y}_2) & \cdots & K(\boldsymbol{y}_1, \boldsymbol{y}_N) \\ K(\boldsymbol{y}_2, \boldsymbol{y}_1) & K(\boldsymbol{y}_2, \boldsymbol{y}_2) & \cdots & K(\boldsymbol{y}_2, \boldsymbol{y}_N) \\ \vdots & \vdots & \ddots & \vdots \\ K(\boldsymbol{y}_N, \boldsymbol{y}_1) & K(\boldsymbol{y}_N, \boldsymbol{y}_2) & \cdots & K(\boldsymbol{y}_N, \boldsymbol{y}_N) \end{bmatrix}$$

(3) カーネル行列 K_N を中心化し，$\bar{K}_N$ を計算する．

$$\bar{K}_N = K_N - \bar{E}_N K_N - K_N \bar{E}_N + \bar{E}_N K_N \bar{E}_N$$

ただし，$\bar{E}_N$ は，全成分が $1/N$ である N 次正方行列である．

(4) $\bar{K}_N$ の固有値と単位固有ベクトルを求める．

(5) 固有値を大きい順に並べ替え，上位 r 個の固有値と単位固有ベクトルを選択する．r は累積寄与率に基づいて定める．

(6) 選択された単位固有ベクトルを並べた行列を $V_r = [\boldsymbol{v}_1, \boldsymbol{v}_2, \ldots, \boldsymbol{v}_r]$ とし，各データ点の平均偏差ベクトル $\boldsymbol{y}_i$ に対して，

$$\boldsymbol{f}_i = {}^tV_r \begin{bmatrix} K(\boldsymbol{y}_1, \boldsymbol{y}_i) \\ K(\boldsymbol{y}_2, \boldsymbol{y}_i) \\ \vdots \\ K(\boldsymbol{y}_N, \boldsymbol{y}_i) \end{bmatrix}$$

を計算する．この $\boldsymbol{f}_i$ が $\boldsymbol{x}_i$ の r 次元の主成分得点である．

カーネル PCA

例 11.3 データ $\boldsymbol{x}_1 = \begin{bmatrix} 1 \\ 2 \end{bmatrix}, \boldsymbol{x}_2 = \begin{bmatrix} 3 \\ 4 \end{bmatrix}$ に対して，多項式カーネル $K(\boldsymbol{x}, \boldsymbol{y}) = ({}^t\boldsymbol{x}\boldsymbol{y} + 1)^2$ を用いたカーネル PCA を行い，第 1 主成分に対応する固有値と単位固有ベクトルを求めよ．

(解答)

まず，カーネル行列 K_2 を計算する．

$$K_2 = \begin{bmatrix} K(\boldsymbol{x}_1, \boldsymbol{x}_1) & K(\boldsymbol{x}_1, \boldsymbol{x}_2) \\ K(\boldsymbol{x}_2, \boldsymbol{x}_1) & K(\boldsymbol{x}_2, \boldsymbol{x}_2) \end{bmatrix} = \begin{bmatrix} 36 & 144 \\ 144 & 676 \end{bmatrix}$$

次に，K_2 を中心化する．式 (11.13) より，

$$\begin{aligned}\bar{K}_2 &= K_2 - \bar{E}_2K_2 - K_2\bar{E}_2 + \bar{E}_2K_2\bar{E}_2 \\ &= \begin{bmatrix} 36 & 144 \\ 144 & 676 \end{bmatrix} - \begin{bmatrix} \frac{1}{2} & \frac{1}{2} \\ \frac{1}{2} & \frac{1}{2} \end{bmatrix}\begin{bmatrix} 36 & 144 \\ 144 & 676 \end{bmatrix} - \begin{bmatrix} 36 & 144 \\ 144 & 676 \end{bmatrix}\begin{bmatrix} \frac{1}{2} & \frac{1}{2} \\ \frac{1}{2} & \frac{1}{2} \end{bmatrix} + \begin{bmatrix} \frac{1}{2} & \frac{1}{2} \\ \frac{1}{2} & \frac{1}{2} \end{bmatrix}\begin{bmatrix} 36 & 144 \\ 144 & 676 \end{bmatrix}\begin{bmatrix} \frac{1}{2} & \frac{1}{2} \\ \frac{1}{2} & \frac{1}{2} \end{bmatrix} = \begin{bmatrix} 106 & -106 \\ -106 & 106 \end{bmatrix}\end{aligned}$$

$\bar{K}_2$ の固有値と固有ベクトルを求めると，固有値は $\lambda_1 = 212, \lambda_2 = 0$ で，対応する単位固有ベクトルは $\boldsymbol{v}_1 = \begin{bmatrix} 1 \\ -1 \end{bmatrix}$，$\boldsymbol{v}_2 = \begin{bmatrix} 1 \\ 1 \end{bmatrix}$ となる．したがって，第 1 主成分に対応する固有値は 212，単位固有ベクトルは $\boldsymbol{v}_1 = \frac{1}{\sqrt{2}}\begin{bmatrix} 1 \\ -1 \end{bmatrix}$ である．■

問 11.5 データ $\boldsymbol{x}_1 = \begin{bmatrix} 1 \\ 1 \end{bmatrix}, \boldsymbol{x}_2 = \begin{bmatrix} -1 \\ 1 \end{bmatrix}$ に対して，多項式カーネル $K(\boldsymbol{x}, \boldsymbol{y}) = ({}^t\boldsymbol{x}\boldsymbol{y} + 2)^2$ を用いたカーネル PCA を行い，第 1 主成分に対応する固有値と単位固有ベクトルを求めよ．

11.5　白色化

データの**白色化** (whitening) とは，データの相関関係を取り除き，分散が均一になるように変換する手法であり，訓練データの偏りを低減できます．白色化の目的は，各特徴量の平均を 0, 分散を 1 に統一し，互いに無相関にすることです．これにより，学習アルゴリズムの収束を速めたり，モデルの性能を向上させる効果が期待できます．ただし，これらの手法はデータの自然な構造やパターンを損なう可能性があるため，適用する際には注意が必要です．

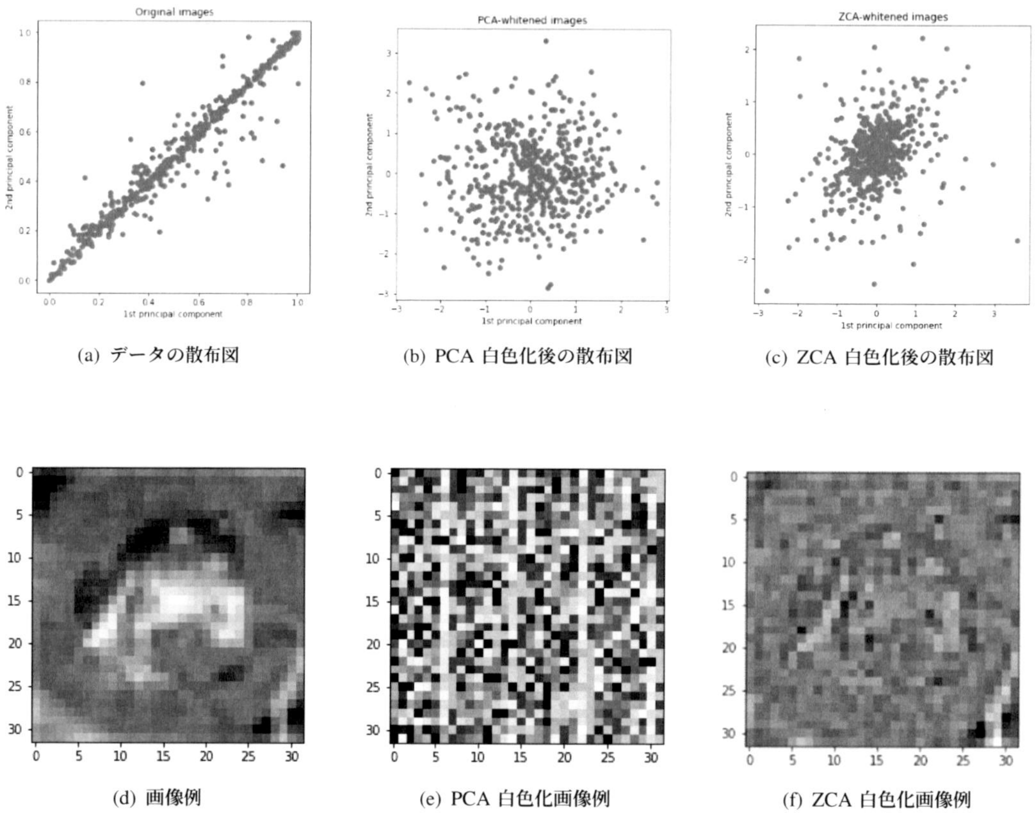

(a) データの散布図　(b) PCA 白色化後の散布図　(c) ZCA 白色化後の散布図

(d) 画像例　(e) PCA 白色化画像例　(f) ZCA 白色化画像例

図 11.2　白色化の例

平均偏差ベクトルを $\boldsymbol{y}_1, \boldsymbol{y}_2, \ldots, \boldsymbol{y}_N \in \mathbb{R}^p$ とすれば，共分散行列は，(9.5) より

$$V = \frac{1}{N}\sum_{n=1}^{N} \boldsymbol{y}_n{}^t \boldsymbol{y}_n = \frac{1}{N} Y^t Y, \qquad Y = [\boldsymbol{y}_1, \boldsymbol{y}_2, \ldots, \boldsymbol{y}_N]$$

となります．そして，もし，共分散行列 V が対角行列であれば，各ベクトルはお互いに無相関になります．

そこで，白色化を行うために，

$$\boldsymbol{u}_n = W\boldsymbol{y}_n \in \mathbb{R}^p \quad (n = 1, 2, \ldots, N) \tag{11.14}$$

として，

$$\Phi = \frac{1}{N}\sum_{n=1}^{N} \boldsymbol{u}_n{}^t\boldsymbol{u}_n = \frac{1}{N}U^tU, \quad U = [\boldsymbol{u}_1, \boldsymbol{u}_2, \ldots, \boldsymbol{u}_N] \tag{11.15}$$

として，Φ が対角行列になるように W を定めます．この W を**白色化行列** (whitening matrix) と呼びます．そのためには，Φ が単位行列 I に一致するように W を定めればいいでしょう．こうすれば，各成分の分散が 1 になるようにスケーリングされたことにもなります．

(11.14) より $U = WY$ なので，W が満たすべき式は，

$$\begin{aligned}&\Phi = \frac{1}{N}U^tU = \frac{1}{N}(WY)^t(WY) = I \Longrightarrow \frac{1}{N}WY^tY^tW = I \Longrightarrow WV^tW = I \Longrightarrow V = W^{-1}({}^tW)^{-1}\\ &\Longrightarrow V^{-1} = {}^tWW\end{aligned} \tag{11.16}$$

となります．また，V は対称行列なので，直交行列 Q によって，${}^tQVQ = D$ のように対角化できます．ただし，D は対角行列で，各成分は V の固有値です．つまり，V の固有値を $\lambda_i (i = 1, 2, \ldots, p)$ とすると，次式が成り立ちます．

$$V = QD^tQ = Q\begin{bmatrix}\lambda_1 & & \\ & \ddots & \\ & & \lambda_p\end{bmatrix}{}^tQ \tag{11.17}$$

(11.16) と (11.17) より，任意の p 次直交行列 R に対して，

$${}^tWW = V^{-1} = QD^{-1\,t}Q = {}^t(RD^{-\frac{1}{2}\,t}Q)(RD^{-\frac{1}{2}\,t}Q)$$

が成り立ちます．ここで，$D^{-\frac{1}{2}} = \begin{bmatrix}\frac{1}{\sqrt{\lambda_1}} & & \\ & \ddots & \\ & & \frac{1}{\sqrt{\lambda_p}}\end{bmatrix}$ です．このとき，$R = I$ とすれば，$W = D^{-\frac{1}{2}}Q$ となり，これを **PCA 白色化** (PCA whitening) といいます．Q は，共分散行列の固有ベクトルを並べた行列であり，共分散行列の固有ベクトルを利用するのは，主成分分析 (PCA) を行うことに通じるため，このように呼びます．

特に，(11.16) を満たす W を対称行列に制限，つまり，$W = {}^tW$ と仮定すれば，(11.16) と (11.17) より，

$${}^tWW = QD^{-\frac{1}{2}\,t}Q \Longrightarrow WW = (QD^{-\frac{1}{2}\,t}Q)(QD^{-\frac{1}{2}\,t}Q)$$

となりますから，$W = QD^{-\frac{1}{2}\,t}Q$ となり，これを**ゼロ位相色白色化** (Zero-phase whitening)，**ゼロ位相成分分析** (Zero-phase Component Analysis)，**ZCA 白色化** (ZCA whitening) などと呼びます．

直交行列を掛ける操作は回転に相当することを思い出すと，ZCA 白色化では，${}^tQ$ によって元のデータを回転し，Q によってそれを反対方向に回転，つまり，元の位置に戻していることになります．一般に，「位相」とは，元の位置からのズレを表す言葉ですが，元のデータからの回転によるズレをゼロになるように補正しているため，「ゼロ位相」と呼ばれます．

なお，実際の計算では，データによっては，特定の成分の分散が小さくなる場合があるため，どちらの白色化においても，小さい値 ε を使って，$W = (D + \varepsilon E_p)^{-\frac{1}{2}\,t}Q$ あるいは

$W = Q(D + \varepsilon E_p)^{-\frac{1}{2}t}Q$ のようにして計算します．E_p は p 次単位行列です．

PCA/ZCA 白色化のアルゴリズム

(1) p 次元の特徴量ベクトル $\boldsymbol{x}$ を平均偏差ベクトル $\boldsymbol{y}$ にする．
(2) 特徴量ベクトルに基づき，$p \times p$ の共分散行列 V を作成する．
(3) 共分散行列 V の固有値 λ_i と単位固有ベクトル $\boldsymbol{q}_i$ を求める．
(4) 固有値を大きい順に並べ替え，対角行列 $D = \mathrm{diag}(\lambda_1 + \varepsilon, \ldots, \lambda_p + \varepsilon)$，および単位固有ベクトルを並べた行列 $Q = [\boldsymbol{q}_1, \ldots, \boldsymbol{q}_p]$ を作成する．ただし，ε は小さな正の値である．
(5) PCA 白色化の場合は，$W = D^{-1/2t}Q$ を計算する．また，ZCA 白色化の場合は，$W = QD^{-1/2t}Q$ を計算する．
(6) p 次元の平均偏差ベクトル $\boldsymbol{y}$ に白色化行列 W を掛けて，白色化されたデータ $\boldsymbol{u} = W\boldsymbol{y}$ を作成する．

PCA 白色化行列は，$W = D^{-1/2t}Q$ で定義され，データを無相関化し，分散を 1 にするだけでなく，データを回転させる効果もあります．一方，ZCA 白色化行列は，$W = QD^{-1/2t}Q$ で定義され，PCA 白色化と同様にデータを無相関化し，分散を 1 にしますが，回転は行いません．したがって，ZCA 白色化後のデータは，元のデータ空間での座標軸により近い形で表現されます．

PCA 白色化と ZCA 白色化

例 11.4　以下の 2 次元データが与えられているとする．

$$\boldsymbol{x}_1 = \begin{bmatrix} 2 \\ 1 \end{bmatrix}, \quad \boldsymbol{x}_2 = \begin{bmatrix} 2 \\ 3 \end{bmatrix}, \quad \boldsymbol{x}_3 = \begin{bmatrix} 4 \\ 3 \end{bmatrix}$$

このデータに対して PCA 白色化および ZCA 白色化を行え．

(解答)

平均ベクトルは $\bar{x} = \frac{1}{3}\begin{bmatrix} 2+2+4 \\ 1+3+3 \end{bmatrix} = \begin{bmatrix} 8/3 \\ 7/3 \end{bmatrix}$ なので，平均偏差ベクトルは

$$\boldsymbol{y}_1 = \frac{1}{3}\begin{bmatrix} -2 \\ -4 \end{bmatrix}, \quad \boldsymbol{y}_2 = \frac{1}{3}\begin{bmatrix} -2 \\ 2 \end{bmatrix}, \quad \boldsymbol{y}_1 = \frac{1}{3}\begin{bmatrix} 4 \\ 2 \end{bmatrix},$$

である．よって，共分散行列 V は

$$V = \frac{1}{3}[\boldsymbol{y}_1, \boldsymbol{y}_2, \boldsymbol{y}_3]\begin{bmatrix} {}^t\boldsymbol{y}_1 \\ {}^t\boldsymbol{y}_2 \\ {}^t\boldsymbol{y}_3 \end{bmatrix} = \frac{1}{3}\begin{bmatrix} -2/3 & -2/3 & 4/3 \\ -4/3 & 2/3 & 2/3 \end{bmatrix}\begin{bmatrix} -2/3 & -4/3 \\ -2/3 & 2/3 \\ 4/3 & 2/3 \end{bmatrix} = \begin{bmatrix} 4/3 & 2/3 \\ 2/3 & 4/3 \end{bmatrix}$$

V の固有値を求めると，固有値は $\lambda_1 = 2, \lambda_2 = 2/3$ であり，対応する単位固有ベクトルはそれぞれ $\boldsymbol{q}_1 = \begin{bmatrix} 1/\sqrt{2} \\ 1/\sqrt{2} \end{bmatrix}$，$\boldsymbol{q}_2 = \begin{bmatrix} -1/\sqrt{2} \\ 1/\sqrt{2} \end{bmatrix}$ である．

これより，$D = \begin{bmatrix} 2 & 0 \\ 0 & 2/3 \end{bmatrix}$, $Q = \begin{bmatrix} 1/\sqrt{2} & -1/\sqrt{2} \\ 1/\sqrt{2} & 1/\sqrt{2} \end{bmatrix}$ となるので，PCA 白色化行列は，

$$W_{\mathrm{PCA}} = D^{-1/2}{}^tQ = \begin{bmatrix} 1/\sqrt{2} & 0 \\ 0 & \sqrt{3}/\sqrt{2} \end{bmatrix} \begin{bmatrix} 1/\sqrt{2} & 1/\sqrt{2} \\ -1/\sqrt{2} & 1/\sqrt{2} \end{bmatrix} = \frac{1}{2} \begin{bmatrix} 1 & 1 \\ -\sqrt{3} & \sqrt{3} \end{bmatrix}$$

であり，ZCA 白色化行列は，

$$W_{\mathrm{ZCA}} = QD^{-1/2}{}^tQ = \begin{bmatrix} 1/\sqrt{2} & -1/\sqrt{2} \\ 1/\sqrt{2} & 1/\sqrt{2} \end{bmatrix} \begin{bmatrix} 1/\sqrt{2} & 0 \\ 0 & \sqrt{3}/\sqrt{2} \end{bmatrix} \begin{bmatrix} 1/\sqrt{2} & 1/\sqrt{2} \\ -1/\sqrt{2} & 1/\sqrt{2} \end{bmatrix} = \frac{1}{4} \begin{bmatrix} \sqrt{2}+\sqrt{6} & \sqrt{2}-\sqrt{6} \\ \sqrt{2}-\sqrt{6} & \sqrt{2}+\sqrt{6} \end{bmatrix}$$

である．よって，$\boldsymbol{x}_1, \boldsymbol{x}_2, \boldsymbol{x}_3$ を PCA 白色化すると

$$\boldsymbol{u}_1 = W_{\mathrm{PCA}}\boldsymbol{x}_1 = \frac{1}{2}\begin{bmatrix} 3 \\ -\sqrt{3} \end{bmatrix}, \quad \boldsymbol{u}_2 = W_{\mathrm{PCA}}\boldsymbol{x}_2 = \frac{1}{2}\begin{bmatrix} 5 \\ \sqrt{3} \end{bmatrix}, \quad \boldsymbol{u}_3 = W_{\mathrm{PCA}}\boldsymbol{x}_3 = \frac{1}{2}\begin{bmatrix} 7 \\ -\sqrt{3} \end{bmatrix}$$

であり，ZCA 白色化すると

$$\boldsymbol{u}_1 = W_{\mathrm{ZCA}}\boldsymbol{x}_1 = \frac{1}{2\sqrt{2}}\begin{bmatrix} 3+\sqrt{3} \\ -3+\sqrt{3} \end{bmatrix}, \quad \boldsymbol{u}_2 = W_{\mathrm{ZCA}}\boldsymbol{x}_2 = \frac{1}{2\sqrt{2}}\begin{bmatrix} 5-\sqrt{3} \\ 5+\sqrt{3} \end{bmatrix}, \quad \boldsymbol{u}_3 = W_{\mathrm{ZCA}}\boldsymbol{x}_3 = \frac{1}{2\sqrt{2}}\begin{bmatrix} 7+\sqrt{3} \\ 7-\sqrt{3} \end{bmatrix},$$

である． ■

問 11.6 中心化されたデータ点に対して，共分散行列を作成したところ $V = \begin{bmatrix} 5 & -1 \\ -1 & 5 \end{bmatrix}$ となった．このとき，PCA 白色化行列 W_{PCA} および ZCA 白色化行列 W_{ZCA} を求めよ．

■■■■■■ 確認問題 ■■■■■■■■■■■■■■■■■■■■■■■■■■■■■■■■

確認問題 11.1 サポートベクトルマシン（SVM）で用いられるカーネル法の説明として，最も適切な選択肢を1つ選べ．

(1) 高次元のベクトル計算を簡略化する．

(2) 誤分類に寛容になることで線形分離可能にする．

(3) データを高次元空間に埋め込むことで線形分離可能にする．

(4) 数値を正規化してから入力する．

確認問題 11.2 カーネル SVM で用いられるカーネルトリックの説明として正しいものはどれか？

(1) 高次元特徴空間における計算を高次元空間で行うことで計算量を削減する．

(2) 高次元空間の計算を入力空間の計算に置き換えることで計算量を削減する．

(3) 低次元空間の計算を高次元空間の計算に置き換えることで計算量を削減する．

(4) データの次元数を減らすことで計算量を削減する．

確認問題 11.3 カーネル関数の役割はどれか？

(1) 高次元空間でのデータの分散を均一にする．　(2) データ間の類似度を測定する．

(3) データを中心化する．　(4) データを低次元空間に写像する．

確認問題 11.4 多項式カーネル $K(\boldsymbol{x}, \boldsymbol{y}) = ({}^t\boldsymbol{x}\boldsymbol{y} + c)^d$ において，d の値を大きくすると，決定境界はどのようになるか？

(1) より複雑になる　(2) より単純になる　(3) 変化しない　(4) データに依存する

確認問題 11.5 RBF カーネル $K(\boldsymbol{x}, \boldsymbol{y}) = \exp(-\gamma\|\boldsymbol{x} - \boldsymbol{y}\|_2^2)$ において，γ の値を大きくすると，決定境界はどのようになるか？

(1) より複雑になる　(2) より単純になる　(3) 変化しない　(4) データに依存する

確認問題 11.6　カーネル主成分分析 (kernel PCA) の説明として正しいものはどれか？

(1) データを低次元空間に写像し，線形 PCA を適用する．

(2) データを高次元空間に写像し，線形 PCA を適用する．

(3) データを低次元空間に写像し，非線形 PCA を適用する．

(4) データを高次元空間に写像し，非線形 PCA を適用する．

確認問題 11.7　カーネル PCA において，中心化されたカーネル行列 $\bar{K}_N$ の固有ベクトルは，何を表すか？

(1) 高次元空間における主成分軸　(2) 高次元空間におけるデータ点

(3) 入力空間における主成分軸　(4) 入力空間におけるデータ点

確認問題 11.8　データの白色化の説明として正しいものはどれか？

(1) データの相関を 1 にし，データの平均を 0 にする．　(2) データの相関を 0 にし，平均を 1 にする．

(3) データの相関を 0 にし，分散を 1 にする．　(4) データの相関を 1 にし，分散を 0 にする．

確認問題 11.9　PCA 白色化と ZCA 白色化の違いは何か？

(1) PCA 白色化は次元削減を行うが，ZCA 白色化は行わない．

(2) ZCA 白色化は次元削減を行うが，PCA 白色化は行わない．

(3) PCA 白色化はデータを回転させるが，ZCA 白色化は回転させない．

(4) ZCA 白色化はデータを回転させるが，PCA 白色化は回転させない．

確認問題 11.10　カーネル行列の中心化に関する記述で正しいものはどれか？

(1) 中心化されたカーネル行列は元のカーネル行列と同じである．

(2) 中心化されたカーネル行列はデータの平均を原点に移動させる．

(3) 中心化されたカーネル行列はデータの分散を均一にする．

(4) 中心化されたカーネル行列はデータの相関を取り除く．

確認問題 11.11　2 次元入力空間を 3 次元特徴空間に写像する以下のような標準特徴写像 $\boldsymbol{\phi}$ に対して，カーネル関数を定義せよ．

$$\boldsymbol{\phi}(x_1, x_2) = (x_1^2, \sqrt{2}x_1x_2, x_2^2)$$

確認問題 11.12　$\boldsymbol{x} = (x_1, x_2), \boldsymbol{y} = (y_1, y_2)$ に対してカーネル関数を $K(\boldsymbol{x}, \boldsymbol{y}) = (x_1y_1 + x_2y_2)^3$ と定義するとき，標準特徴写像 $\boldsymbol{\phi}(\boldsymbol{x})$ を求めよ．

確認問題 11.13　$\boldsymbol{x}_1 = \begin{bmatrix} -1 \\ -1 \end{bmatrix}$, $\boldsymbol{x}_2 = \begin{bmatrix} 1 \\ -1 \end{bmatrix}$, $\boldsymbol{x}_3 = \begin{bmatrix} -1 \\ 1 \end{bmatrix}$, $\boldsymbol{x}_4 = \begin{bmatrix} 1 \\ 1 \end{bmatrix}$ および標準特徴写像 $\boldsymbol{\psi}(\boldsymbol{x}) = \begin{bmatrix} x_1^2 - 2x_2^2 \\ 2x_1x_2 \\ x_1^2 + 2x_2^2 \end{bmatrix}$ が与えられたとき，カーネル行列 K を求めよ．

第12章

深層学習入門

読者の皆さんは一度は，「深層学習」（ディープラーニング）という言葉を聞いたことがあるのではないでしょうか．現代の人工知能といえば深層学習という状況で，その高い性能が画像認識や自然言語処理などの分野で広く認知されています．

本章では，まず，深層学習の基盤となる人工ニューラルネットワーク（ANN）について説明します．その後，ANN に学習能力を付与するための重要なアルゴリズムであるバックプロパゲーションについて解説します．そして，深層学習の理論とアルゴリズムについて詳しく述べていきます．

12.1　人工ニューラルネットワーク

モデル化された神経細胞は，**人工ニューロン** (artificial neuron) と呼ばれます．また，人工ニューロンでモデル化された神経細胞ネットワークのことを**人工ニューラルネットワーク** (**ANN** : Artificial Neural Network) と呼びます．以下では，それぞれを**ニューロン**，**ニューラルネットワーク**と呼ぶことにします．なお，ニューロンを**パーセプトロン** (perceptron) と呼ぶこともあります．

ニューロンは，図 12.1 のようにモデル化されます．図 12.1 に示すように，ニューロンは，複数の入力値 x_1, x_2, x_3 を受け取り，1 つの値 y を出力します．その際，各入力には**重み** (weight)w_1, w_2, w_3 を掛け，その値の総和に**バイアス** (bias) と呼ばれる定数 b を加えます．最後に，この値 $u = w_1x_1 + w_2x_2 + w_3x_3 + b$ を**活性化関数** (activation function) と呼ばれる関数 f の入力とし，その結果 $y = f(u)$ をニューロンの出力とします．

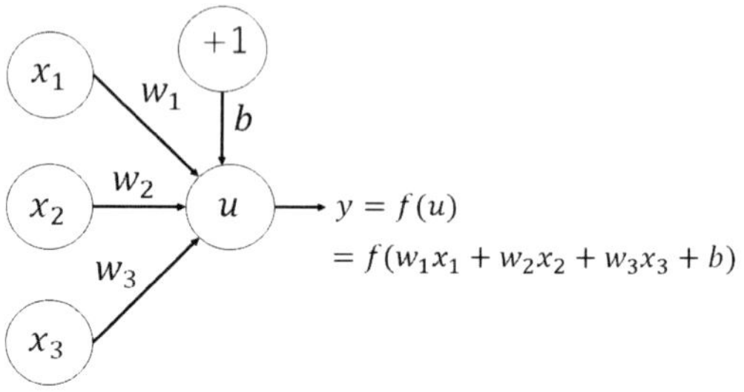

図 12.1　単純な ANN の例

便宜上，入力数を 3 として説明しましたが，入力数は任意の数でも構いません．また，入力の数だけ重みも必要になります．したがって，入力が n 個の場合，

$$y = f(u) = f\left(\sum_{k=1}^{n} w_k x_k + b\right) \tag{12.1}$$

となります．ニューラルネットワークでは，図 12.2 のようにニューロンを層状に並べます．このようなネットワークを，**階層型ニューラルネットワーク** (hierarchical neural network) または**多層型ニューラルネットワーク** (multilayered neural network) といいます．

ニューラルネットワークは，主に**入力層** (input layer)，**中間層** (intermediate layer)，**出力層** (output layer) の 3 つから成り立ちます．入力層はデータを受け取り，出力層は予測結果を出力します．中間層は，入力層と出力層の間で複雑な特徴を抽出する役割を担います．これにより，複雑なパターン認識や分類が可能となります．さらに，その層の各ニューロンが前の層のすべてのニューロンと接続されている層を**全結合層** (fully connected layer) といいます．したがって，一般には，中間層と出力層は全結合層と考えられます．なお，中間層は**隠れ層** (hidden layer) とも呼ばれます．

この層の数え方ですが，図 12.2 の場合，本書では，入力層が 1，中間層が 2，出力層が 1 として，合計 4 層と数えます．ただし，入力層ではニューロンの演算は行われないので，入力層をカウントしないという数え方も存在します．その場合，中間層が 2，出力層が 1 の，合計 3 層となります．

多数の中間層を持つニューラルネットワークを**ディープニューラルネットワーク** (deep neural network) といいます．そして，このディープニューラルネットワークを用いた学習を**ディープラーニング** (deep learning) あるいは**深層学習**と呼びます．

入力層は受け取った入力を中間層へと渡すだけで，ニューロンの演算は中間層と出力層で行われます．このような階層型ニューラルネットワークでは，各ニューロンからの出力が次の層の全てのニューロンに接続されます．そして，入力から出力へと情報が伝わることを**順伝播** (forward propagation)，出力から入力へと情報が遡ることを**逆伝播** (backpropagation) と呼びます．順伝播の場合，情報は入力から出力へと流れます．この情報の流れを川の流れになぞらえて，入力に近い層を上の層，出力に近い層を下の層と呼ぶことがあります．特に，入力から各層の計算を順に行い，最後に出力を得るネットワークのことを**順伝播型ニューラルネットワーク** (feed-forward neural network) といいます．

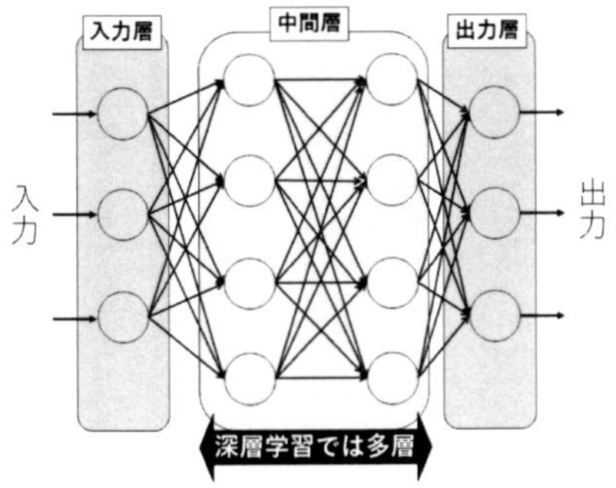

図 12.2 階層型ニューラルネットワーク

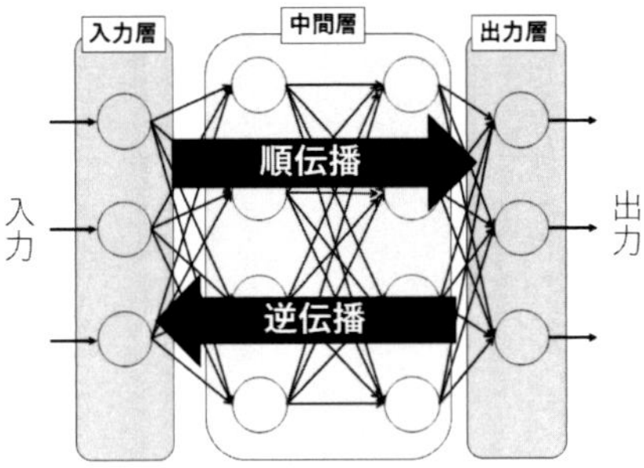

図 12.3 順伝播と逆伝播

ここでは，2 層間の順伝播について考えてみましょう．2 層間の考察を通じて，後続の層も同様に考えられます．上位の層のすべてのニューロンは，それぞれ下位の層のすべてのニューロンと結びついています．上位の層のニューロン数を m 個，下位の層のニューロン数を n 個とし，その間の重みを $w_{ij}(i = 1, 2, \ldots, m, j = 1, 2, \ldots, n)$ と表現します．

このとき，2 層間の関係は次のように表せます．

$$
\begin{aligned}
u_1 &= w_{11}x_1 + w_{21}x_2 + \cdots + w_{m1}x_m + b_1 = \sum_{j=1}^{m} w_{j1}x_j + b_1 \\
u_2 &= w_{12}x_1 + w_{22}x_2 + \cdots + w_{m2}x_m + b_2 = \sum_{j=1}^{m} w_{j2}x_j + b_2 \\
&\vdots \\
u_n &= w_{1n}x_1 + w_{2n}x_2 + \cdots + w_{mn}x_m + b_n = \sum_{j=1}^{m} w_{jn}x_j + b_n
\end{aligned}
\qquad (12.2)
$$

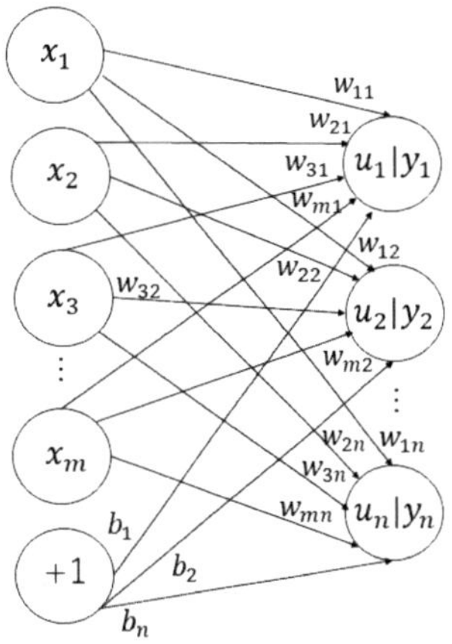

図 12.4 2 層ネットワーク

また，出力 $y_1, y_2, \ldots, y_n$ は次のように表現できます．

$$[y_1, y_2, \dots, y_n] = [f(u_1), f(u_2), \dots, f(u_n)]$$
$$= \left[f\left(\sum_{j=1}^{m} w_{j1}x_j + b_1\right), f\left(\sum_{j=1}^{m} w_{j2}x_j + b_2\right), \dots, f\left(\sum_{j=1}^{m} w_{jn}x_j + b_n\right) \right] \tag{12.3}$$

これを以下のように表します.

$${}^t\boldsymbol{y} = {}^t\boldsymbol{f}(\boldsymbol{u})$$

なお，(12.2) は行列とベクトルで表現すれば，

$$\begin{bmatrix} u_1 \\ u_2 \\ \vdots \\ u_n \end{bmatrix} = \begin{bmatrix} w_{11} & w_{21} & \cdots & w_{m1} \\ w_{12} & w_{22} & \cdots & w_{m2} \\ \vdots & \vdots & \ddots & \vdots \\ w_{1n} & w_{2n} & \cdots & w_{mn} \end{bmatrix} \begin{bmatrix} x_1 \\ x_2 \\ \vdots \\ x_m \end{bmatrix} + \begin{bmatrix} b_1 \\ b_2 \\ \vdots \\ b_n \end{bmatrix}$$

となり，この転置

$$[u_1, u_2, \dots, u_n] = [x_1, x_2, \dots, x_m] \begin{bmatrix} w_{11} & w_{12} & \dots & w_{1n} \\ w_{21} & w_{22} & \dots & w_{2n} \\ \vdots & \vdots & \ddots & \vdots \\ w_{m1} & w_{m2} & \dots & w_{mn} \end{bmatrix} + [b_1, b_2, \dots, b_n] \tag{12.4}$$

を考えて，

$${}^t\boldsymbol{u} = [u_1, u_2, \dots, u_n], {}^t\boldsymbol{x} = [x_1, x_2, \dots, x_m], {}^t\boldsymbol{b} = [b_1, b_2, \dots, b_n], W = \begin{bmatrix} w_{11} & w_{12} & \dots & w_{1n} \\ w_{21} & w_{22} & \dots & w_{2n} \\ \vdots & \vdots & \ddots & \vdots \\ w_{m1} & w_{m2} & \dots & w_{mn} \end{bmatrix}$$

とおけば，(12.3) は次のように表せます.

$${}^t\boldsymbol{u} = {}^t\boldsymbol{x}W + {}^t\boldsymbol{b} \tag{12.5}$$

12.2　活性化関数

活性化関数には，これまでに紹介したものを含めて，様々なタイプが存在します．ニューラルネットワークでは，各ニューロンの活性化関数が非線形性を持つことが，本質的に重要です．

ロジスティック関数 (logistic function) $f(u) = \dfrac{1}{1 + e^{-u}}$

双曲線正接関数 (hyperbolic tangent function) $f(u) = \tanh u = \dfrac{e^u - e^{-u}}{e^u + e^{-u}}$

シグモイド関数とは一般的に，S 字形をした関数のことを指します．そのため，ロジスティック関数と双曲線正接関数の両方を**シグモイド関数** (sigmoid function) と呼ぶこともあります．

正規化線形関数 (ReLU: Rectified Linear Unit) $f(u) = \max(u, 0)$

シグモイド関数や双曲線正接関数では，入力値が大きすぎると出力がほとんど常に 1 になってしまうため，入力の大きさに注意が必要です．しかし，正規化線形関数ではそのような問題は起こりません．例えば，入力が 2 倍になれば，出力もそのまま 2 倍になるだけです．

以前は，活性化関数としてシグモイド関数や双曲線正接関数がよく使用されていました．しかし，これらに比べて正規化線形関数はより単純で計算量も少なく，学習がより速く進むこと，そして最終的な結果も良好であることが多いため，最近では正規化線形関数がよく使用されます．

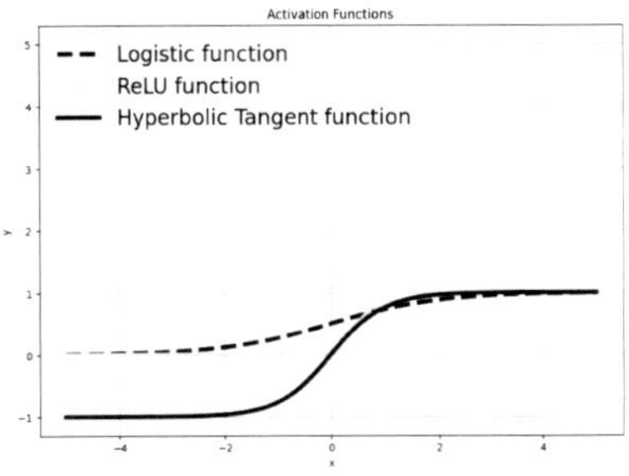

図 12.5　ロジスティック関数，双曲正接関数，ReLU のグラフ

恒等写像 (identity function) $f(u) = u$. 入力をそのまま出力とする場合に使用されます．

ソフトマックス関数 (softmax function) 活性化関数の出力を ${}^t\boldsymbol{y} = [y_1, y_2, \ldots, y_n]$，活性化関数の入力を ${}^t\boldsymbol{u} = [u_1, u_2, \ldots, u_n]$ とするとき，次式で定義されます．

$$y_k = \frac{\exp(u_k)}{\sum_{j=1}^{n} \exp(u_j)}, \qquad \sum_{k=1}^{n} y_k = 1.$$

活性化関数の選択

例 12.1　以下の各タスクに適した出力層の活性化関数を，「ロジスティック関数，双曲線正接関数，ReLU，恒等写像，ソフトマックス関数」の中から選び，理由を述べよ．

(1) 回帰問題　　(2) 二値分類問題　　(3) 多クラス分類問題

(解答)

(1) 回帰問題：**恒等写像**
理由：回帰問題では，出力値に制限がないため，入力をそのまま出力とする恒等写像が適している．

(2) 二値分類問題：**ロジスティック関数**
理由：ロジスティック関数は，出力が 0 から 1 の範囲に収まるため，二値分類問題における確率を表現するのに適している．

(3) 多クラス分類問題：**ソフトマックス関数**
理由：ソフトマックス関数は，各クラスの確率の総和が 1 になるように出力を正規化するため，多クラス分類問題に適している． ■

問 12.1　以下の各タスクに適した出力層の活性化関数を，「ロジスティック関数，双曲線正接関数，ReLU，恒等写像，ソフトマックス関数」の中から選び，理由を述べよ．

(1) 画像のピクセル値の予測　　(2) 音声データの分類　　(3) 株価の予測

順伝播の具体例

例 12.2　図のようなネットワークを考える．ただし，丸括弧内の数字は重みの値であり，中間層および出力層の活性化関数を $f(u)=\dfrac{1}{1+e^{-u}}$ とする．また，$x_1=z_1^{(1)}=0.05$, $x_2=z_2^{(1)}=0.1$ とするとき，$z_1^{(2)}, z_2^{(2)}, y_1=z_1^{(3)}, y_2=z_2^{(3)}$ を求めよ．

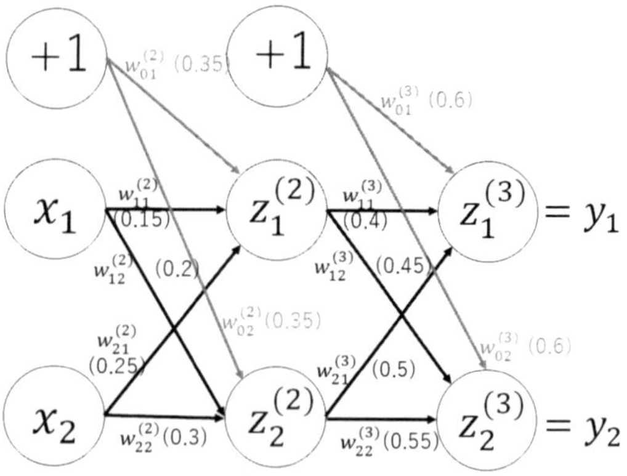

(解答)

$z_i^{(l)}=f(u_i^{(l)})=f\left(\sum_j w_{ji}^{(l)}z_j^{(l-1)}+w_{0i}^{(l)}\right)$ なので，

$$
\begin{aligned}
z_1^{(2)} &= f(w_{11}^{(2)}x_1+w_{21}^{(2)}x_2+w_{01}^{(2)})=f(0.3775)=0.59327\\
z_2^{(2)} &= f(w_{12}^{(2)}x_1+w_{22}^{(2)}x_2+w_{02}^{(2)})=f(0.3925)=0.596884\\
y_1=z_1^{(3)} &= f(w_{11}^{(3)}z_1^{(2)}+w_{21}^{(3)}z_2^{(2)}+w_{01}^{(3)})=f(1.10591)=0.751365\\
y_2=z_2^{(3)} &= f(w_{12}^{(3)}z_1^{(2)}+w_{22}^{(3)}z_2^{(2)}+w_{02}^{(3)})=f(1.22492)=0.772928
\end{aligned}
$$

■

問 12.2　例 12.2 において，活性化関数 $f(u)$ を ReLU にした場合の $x_1=z_1^{(1)}=0.05$, $x_2=z_2^{(1)}=0.1$ とするとき，$z_1^{(2)}, z_2^{(2)}, y_1=z_1^{(3)}, y_2=z_2^{(3)}$ を求めよ．

12.3　バックプロパゲーション

バックプロパゲーション (backpropagation) は，ニューラルネットワークの学習に用いられるアルゴリズムで，出力と正解の誤差をネットワークに逆伝播させて，ネットワークの重みとバイアスを最適化するためのものです．そもそもバックプロパゲーションという言葉は，「逆伝播」を意味しますが，これはニューラルネットワークの出力層から入力層に向かって誤差情報が伝播される様子を表しています．

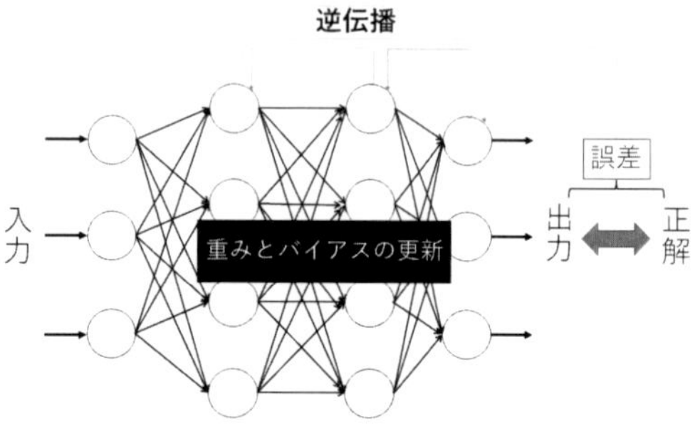

図 12.6　バックプロパゲーション

誤差逆伝播法 (backpropagation) は，このバックプロパゲーションの考え方を用いて，誤差から各パラメータの勾配を効率的に計算する手法です．

単回帰，重回帰，ソフトマックス回帰などと同じように，誤差を最小化するためには損失関数（誤差関数，目的関数）を用い，重みやバイアスの更新には勾配降下法を使用します．

損失関数としては，回帰問題の場合は二乗和誤差や絶対誤差などが利用されます．二乗和誤差は外れ値の影響を受けやすいという欠点があるため，外れ値に対して頑健な **Huber 損失** (Huber loss) が用いられることもあります．Huber 損失は，誤差が小さい範囲では二乗誤差を用い，誤差が大きい範囲では絶対誤差を用いる損失関数です．Huber 損失は以下のように定義されます．

$$L_\delta(y,t) = \begin{cases} \frac{1}{2}(y-t)^2 & (|y-t| \leq \delta) \\ \delta(|y-t| - \frac{1}{2}\delta) & (|y-t| > \delta) \end{cases}$$

ここで，y はモデルの予測値，t は正解値，δ はハイパーパラメータで，誤差が小さい範囲と大きい範囲の境界を決定します．

分類問題の場合は交差エントロピー誤差やヒンジ損失などが利用されます．それぞれのタスクやデータの特性に応じて適切な損失関数を選ぶことが重要です．

12.4 学習と確率的勾配降下法

この節では，機械学習の基本的なフレームワークである学習と，その一部としての確率的勾配降下法について説明します．バックプロパゲーションを用いた学習では，損失関数が最小となるように重みとバイアスを勾配に基づいて調整します．この過程を効率的に行うためのアルゴリズムが**最適化アルゴリズム** (optimization algorithm) です．

12.4.1 エポックとバッチによる学習の分類

訓練データ全体を一度用いて行う学習を 1 **エポック** (epoch) と数えます．訓練データを複数のサンプルに分けたとき，そのサンプルのまとまりを**バッチ** (batch)，バッチに含まれるサンプル数を**バッチサイズ** (batch size) と称します．

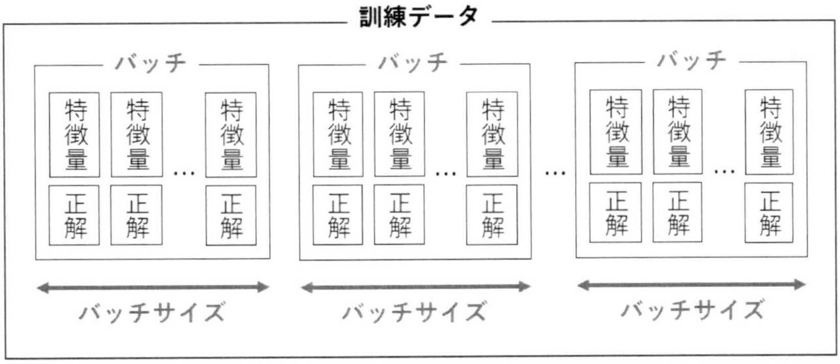

バッチサイズの選択により，学習の手法は**バッチ学習** (batch learning)，**オンライン学習** (online learning)，**ミニバッチ学習** (mini-batch learning) の 3 つに分類されます．これらの学習手法の違いと特徴について，次項以降で説明します．

バッチ学習

バッチ学習とは，バッチサイズが全訓練データの数となる学習手法です．ここでは 1 エポックごとに全訓練データの損失関数の平均を計算し，その結果に基づいて重みとバイアスを更新します．一般的にバッチ学習は安定性が高く，他の 2 つの学習タイプに比べて高速です．しかし，局所解に陥りやすいという欠点もあります．

バッチ学習における損失関数 E は，重みを $\boldsymbol{w}$，訓練データ数を N とし，各サンプル 1 つに対する損失を E_n とした場合，以下のように定義されます．

$$E(\boldsymbol{w}) = \frac{1}{N}\sum_{n=1}^{N} E_n(\boldsymbol{w})$$

そして，重みに対する損失関数の勾配は次のように計算します．

$$\frac{\partial E}{\partial \boldsymbol{w}}(\boldsymbol{w}) = \frac{1}{N}\sum_{n=1}^{N} \frac{\partial E_n}{\partial \boldsymbol{w}}(\boldsymbol{w})$$

ここでは，バッチ内の個々のデータに対して重みの勾配を計算し，それらの平均をとることで全体の重みの更新を行います．

バッチ学習における勾配計算

例 12.3　訓練データが 3 つあり，それぞれの損失関数が $E_1(w) = (w-1)^2$，$E_2(w) = (w-2)^2$，$E_3(w) = (w-3)^2$ であるとき，バッチ学習における重み w に対する損失関数の勾配を求めよ．

(解答)
バッチ学習における損失関数は，

$$E(w) = \frac{1}{3}\sum_{n=1}^{3} E_n(w) = \frac{1}{3}[(w-1)^2 + (w-2)^2 + (w-3)^2]$$

となる．したがって，重み w に対する勾配は，次のようになる．

$$\frac{dE}{dw}(w) = \frac{1}{3}[2(w-1) + 2(w-2) + 2(w-3)] = 2w - 4$$

■

12.4.2　オンライン学習

一方，**オンライン学習**は，バッチサイズが 1 となる学習手法です．すなわち，各サンプルごとに重みとバイアスが更新されます．これにより，学習は個々のデータに強く依存することになり，その結果として学習の安定性は低下します．しかし，この特性が逆に局所最適解に陥ることを防ぐ助けとなることもあります．

オンライン学習における重み更新

例 12.4　オンライン学習において，あるサンプルに対する損失関数が $E(w) = (w-2)^2$ であり，学習率が $\eta = 0.1$ であるとする．現在の重みが $w = 3$ のとき，勾配降下法を使って重みを更新せよ．

(解答)
重みに対する損失関数の勾配は，

$$\frac{dE}{dw}(w) = 2(w-2)$$

となる．現在の重み $w = 3$ における勾配は，

$$\frac{dE}{dw}(3) = 2(3-2) = 2$$

となる．したがって，重みの更新式は，次のようになる．

$$w \leftarrow w - \eta\frac{dE}{dw}(w) = 3 - 0.1 \times 2 = 2.8$$

■

12.4.3 ミニバッチ学習

ミニバッチ学習とは，訓練データを一定数ずつ選んで学習を進める手法です．訓練データを小さな集まり（ミニバッチ）に分割し，そのミニバッチごとに重みとバイアスの更新を行います．

ミニバッチ学習では，バッチ学習よりもバッチのサイズが小さく，ランダムに選択されたバッチを使って学習を進めます．これにより，バッチ学習と比べて局所最適解に陥るリスクを低減できます．また，オンライン学習と比べてバッチサイズが大きいため，ひとつひとつのデータに引きずられて不適切な方向に学習が進むリスクも抑えられます．

ミニバッチ学習における損失関数 E は，ミニバッチのバッチサイズを M（ただし，$M \leq N$）とし，ミニバッチの１つを D_i と表すとき，次のように定義されます．

$$E_i(\boldsymbol{w}) = \frac{1}{M}\sum_{n \in D_i} E_n(\boldsymbol{w})$$

このように，M で割って損失関数を正規化することで，ミニバッチのサイズを変更した際に学習係数を調整する必要がなくなります．また，重みに対する損失関数の勾配は以下のように計算されます．

$$\frac{\partial E_i}{\partial \boldsymbol{w}}(\boldsymbol{w}) = \frac{1}{M}\sum_{n \in D_i} \frac{\partial E_n}{\partial \boldsymbol{w}}(\boldsymbol{w}) \tag{12.6}$$

訓練データのサンプル数が，例えば 2000 個の場合，この 2000 個のサンプル全てを使い切ると 1 エポックとなります．バッチ学習の場合，バッチサイズは 2000 で，1 エポックあたり 1 回の重みとバイアスの更新が行われます．一方，オンライン学習では，バッチサイズは 1 であり，1 エポックあたり 2000 回の更新が行われます．ミニバッチ学習では，例えばバッチサイズを 100 に設定すると，1 エポックあたり 20 回の更新が行われます．

バッチサイズは学習時間やモデルの性能に影響を与えますが，最適なバッチサイズを決定するのは非常に難しい問題です．一般的には，10 から 100 程度のバッチサイズが採用されることが多いです．しかし，この値は問題の性質やハードウェアの設定によって最適なものが変わるため，実際には何度も試行錯誤しながら設定することになります．

ミニバッチ学習における損失関数

例 12.5 訓練データが 4 つあり，それぞれの損失関数が $E_1(w) = (w-1)^2$，$E_2(w) = (w-2)^2$，$E_3(w) = (w-3)^2$，$E_4(w) = (w-4)^2$ であるとする．バッチサイズを 2 としたミニバッチ学習において，最初のミニバッチが $\{1, 3\}$ であるときの損失関数を求めよ．

(解答)

ミニバッチ学習における損失関数は，

$$E_i(w) = \frac{1}{2}\sum_{n \in D_i} E_n(w)$$

となる．最初のミニバッチ $D_1 = \{1, 3\}$ に対する損失関数は，以下のようになる．

$$E_1(w) = \frac{1}{2}[E_1(w) + E_3(w)] = \frac{1}{2}[(w-1)^2 + (w-3)^2]$$

■

12.4.4 確率的勾配降下法

確率的勾配降下法 (SGD：Stochastic Gradient Descent) は，重みとバイアスの更新に際し，訓練データからランダムにサンプルを選んで学習を行う手法です．そのため，その名称に「確率的」を冠しています．

確率的勾配降下法の特徴は，訓練データの中からランダムにサンプルを選び出すことにより，局所的な極小解に囚われるリスクを低減できるという点にあります．これは，選ばれたサンプルによりパラメータの更新方向が多少変動するため，ある 1 つの解に固執することなく他の解も探索することが可能となるからです．

確率的勾配降下法におけるパラメータの更新式は以下のように表現されます．

$$\boldsymbol{w} \leftarrow \boldsymbol{w} - \eta \frac{\partial E}{\partial \boldsymbol{w}} \tag{12.7}$$

$$\boldsymbol{b} \leftarrow \boldsymbol{b} - \eta \frac{\partial E}{\partial \boldsymbol{b}} \tag{12.8}$$

ここで，$\boldsymbol{w}$ は重み，$\boldsymbol{b}$ はバイアス，η は学習率であり，E は損失関数を表しています．

この更新式は，勾配降下法と同様の形ですが，その適用範囲に違いがあります．これまでの勾配降下法では全ての訓練データを用いていましたが，確率的勾配降下法ではランダムに選んだ一部の訓練データ（ミニバッチ）を用いて学習を行います．

この違いにより，確率的勾配降下法では，各更新ステップでランダムに選ばれた訓練データに対する勾配情報のみを用いるため，計算コストを抑えつつも多様なデータに対する学習が可能となります．

確率的勾配降下法における重み更新

例 12.6　損失関数 $E(w) = \frac{1}{2}(y - \hat{y})^2$ を最小化するために，確率的勾配降下法を用いる．ここで，y は正解ラベル，$\hat{y}$ は予測値，w は重みである．学習率 $\eta = 0.1$，初期重み $w = 0.5$，訓練データ $(x_1, y_1) = (1, 2)$ を用いたとき，重み w を 1 回更新せよ．ただし，$\hat{y} = wx_1$ とする．

(解答)

まず，予測値 $\hat{y}$ を計算する．

$$\hat{y} = wx_1 = 0.5 \cdot 1 = 0.5$$

次に，損失 E の勾配を計算すると，$\frac{\partial E}{\partial w} = \frac{\partial}{\partial w}\left(\frac{1}{2}(y - wx)^2\right) = (y - wx)(-x) = (wx - y)x$ となるので，

$$\frac{\partial E}{\partial w} = (w \cdot x_1 - y_1) \cdot x_1 = (0.5 \cdot 1 - 2) \cdot 1 = -1.5$$

最後に，重み w を更新する．

$$w \leftarrow w - \eta \frac{\partial E}{\partial w} = 0.5 - 0.1 \cdot (-1.5) = 0.5 + 0.15 = 0.65$$

■

12.5 勾配の計算

確率的勾配降下法を利用するには，勾配を求める必要があります．しかし，逆伝播が関与するのは，中間層と出力層だけなので，勾配についてはこれらの層についてのみ考えればよいのです．もっとも，入力がなければ出力も存在しないため，ここでは入力層，中間層，出力層からなる 3 層ニューラルネットワークを考えます．4 層以上の場合には，中間層が増えるだけなので，ある中間層の出力を次の中間層の入力と考えれば同様に計算することができます．

なお，本節では，入力層の出力を $x_i(i = 1, 2, \ldots, L)$，中間層の出力を $y_j(j = 1, 2, \ldots, M)$，出力層の出力を $z_k(k = 1, 2, \ldots, N)$ とします．

12.5.1 出力層の勾配

式 (12.2) より，中間層の出力と重みの積の総和にバイアスを加えたものは

$$u_k = \sum_{p=1}^{M} w_{pk} y_p + b_k \tag{12.9}$$

と表すことができるので，重みの勾配は次のようになります．

$$\frac{\partial E}{\partial w_{jk}} = \frac{\partial E}{\partial u_k}\frac{\partial u_k}{\partial w_{jk}} \tag{12.10}$$

ここで，

$$\frac{\partial u_k}{\partial w_{jk}} = \frac{\partial\left(\sum_{p=1}^{M} w_{pk} y_p + b_k\right)}{\partial w_{jk}} = y_j \tag{12.11}$$

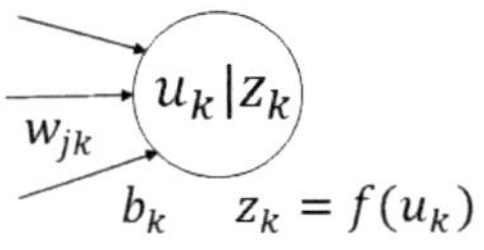

であり，出力層の出力 z_k を用いると

$$\frac{\partial E}{\partial u_k} = \frac{\partial E}{\partial z_k}\frac{\partial z_k}{\partial u_k} \tag{12.12}$$

となります．

また，$\frac{\partial E}{\partial z_k}$ は損失関数を偏微分することで求められ，$\frac{\partial z_k}{\partial u_k}$ は活性化関数を偏微分することで $\frac{\partial z_k}{\partial u_k} = \frac{\partial}{\partial u_k}(f(u_k))$ として求められます．結局，$\frac{\partial E}{\partial u_k}$ が求められるので，

$$\delta_k = \frac{\partial E}{\partial u_k} = \frac{\partial E}{\partial z_k}\frac{\partial z_k}{\partial u_k} \tag{12.13}$$

とおけば，次式が成り立ちます．

$$\frac{\partial E}{\partial w_{jk}} = y_j \delta_k \tag{12.14}$$

バイアスに関する勾配も同様に求められます．つまり，

$$\frac{\partial E}{\partial b_k} = \frac{\partial E}{\partial u_k}\frac{\partial u_k}{\partial b_k} \tag{12.15}$$

であり，

$$\frac{\partial u_k}{\partial b_k} = \frac{\partial \left(\sum_{p=1}^{M} w_{pk} y_p + b_k \right)}{\partial b_k} = 1 \tag{12.16}$$

より，次が得られます．

$$\frac{\partial E}{\partial b_k} = \delta_k \tag{12.17}$$

12.5.2　中間層における出力の勾配

出力層では，1 つ上流の中間層の演算のために，中間層の出力の勾配 $\dfrac{\partial E}{\partial y_j}$ を事前に計算します．$\dfrac{\partial E}{\partial y_j}$ は，出力層における入力の勾配でもあります．

$$\frac{\partial E}{\partial y_j} = \sum_{r=1}^{N} \frac{\partial E}{\partial u_r} \frac{\partial u_r}{\partial y_j}, \quad j = 1, 2, \ldots, M \tag{12.18}$$

ここで，

$$\frac{\partial u_r}{\partial y_j} = \frac{\partial \left(\sum_{q=1}^{M} w_{qr} y_q + b_r \right)}{\partial y_j} = w_{jr} \tag{12.19}$$

です．また，$\delta_r = \dfrac{\partial E}{\partial u_r}$ とすると，次式が成り立ちます．

$$\frac{\partial E}{\partial y_j} = \sum_{r=1}^{N} \delta_r w_{jr} \tag{12.20}$$

12.5.3　中間層の勾配

次に，中間層の勾配を求めます．中間層における重みを $\hat{w}_{ij}$，バイアスを $\hat{b}_j$，$\hat{u}_j$ を重みと入力の積の総和にバイアスを加えた値とし，入力層の出力を x_i とします．

重みの勾配は，

$$\frac{\partial E}{\partial \hat{w}_{ij}} = \frac{\partial E}{\partial \hat{u}_j} \frac{\partial \hat{u}_j}{\partial \hat{w}_{ij}} \tag{12.21}$$

であり，

$$\frac{\partial \hat{u}_j}{\partial \hat{w}_{ij}} = \frac{\partial \left(\sum_{p=1}^{L} \hat{w}_{pj} x_p + \hat{b}_j \right)}{\partial \hat{w}_{ij}} = x_i \tag{12.22}$$

となります．また，

$$\hat{\delta}_j = \frac{\partial E}{\partial \hat{u}_j} = \frac{\partial E}{\partial y_j} \frac{\partial y_j}{\partial \hat{u}_j} = \left(\sum_{r=1}^{N} \delta_r w_{jr} \right) \frac{\partial y_j}{\partial \hat{u}_j} \tag{12.23}$$

とすると，

$$\frac{\partial E}{\partial \hat{w}_{ij}} = x_i \hat{\delta}_j \tag{12.24}$$

と表せます．式 (12.23) は，中間層における $\hat{\delta}_j$ が出力層における δ_r で求められることを示しており，これが誤差逆伝播法という名前の由来となっています．

バイアスの勾配も同様に求めることができます．

$$\frac{\partial E}{\partial \hat{b}_j} = \frac{\partial E}{\partial \hat{u}_j}\frac{\partial \hat{u}_j}{\partial \hat{b}_j} \tag{12.25}$$

ここで，

$$\frac{\partial \hat{u}_j}{\partial \hat{b}_j} = \frac{\partial\left(\sum_{p=1}^{L} \hat{w}_{pj}x_p + \hat{b}_j\right)}{\partial \hat{b}_j} = 1 \tag{12.26}$$

より，次式が成り立ちます．

$$\frac{\partial E}{\partial \hat{b}_j} = \hat{\delta}_j \tag{12.27}$$

12.6　出力層における δ_k の計算

この節では，出力層での δ_k の計算方法を，回帰と分類の 2 つのケースに分けて説明します．それぞれのケースにおいて，適切な損失関数と活性化関数を使用し，その結果として得られる δ_k の形式を導出します．

12.6.1　回帰の場合

回帰問題では，損失関数を **2 乗和誤差** (sum of squared error)

$$E = \frac{1}{2}\sum_{k=1}^{N}(z_k - d_k)^2 \tag{12.28}$$

とし，出力層の活性化関数を恒等写像とします．すると，

$$y_k = z_k = u_k$$

となります．したがって，

$$\delta_k = \frac{\partial E}{\partial u_k} = \frac{\partial}{\partial y_k}\left(\frac{1}{2}\sum_{k=1}^{N}(y_k - d_k)^2\right) = y_k - d_k = z_k - d_k \tag{12.29}$$

を得ます．ここで，z_k は出力層の出力で，d_k は正解値です．

12.6.2　分類の場合

多クラス分類の場合には，出力層の活性化関数にソフトマックス関数を選び，損失関数を交差エントロピーとします．すると，

$$E = -\sum_{k=1}^{N} d_k \log z_k = -\sum_{k=1}^{N} d_k \log\left(\frac{\exp(u_k)}{\sum_{i=1}^{N}\exp(u_i)}\right) = -\sum_{k=1}^{N}\left(d_k \log(\exp(u_k)) - d_k \log\left(\sum_{i=1}^{N}\exp(u_i)\right)\right)$$

$$= -\sum_{k=1}^{N} d_k \log(\exp(u_k)) + \left(\sum_{k=1}^{N} d_k\right)\log\left(\sum_{i=1}^{N}\exp(u_i)\right) = -\sum_{k=1}^{N} d_k u_k + \log\left(\sum_{i=1}^{N}\exp(u_i)\right) \quad (12.30)$$

となります．ここで，多クラス分類問題では One-hot 表現を採用しているため，どこか 1 つが 1 で，残りは 0 なので，$\sum_{k=1}^{N} d_k = 1$ であることに注意しましょう．

したがって，

$$\delta_k = \frac{\partial E}{\partial u_k} = \frac{\partial}{\partial u_k}\left(-\sum_{k=1}^{N} d_k u_k + \log\left(\sum_{i=1}^{N}\exp(u_i)\right)\right) = -d_k + \frac{\exp(u_k)}{\sum_{i=1}^{N}\exp(u_i)} = z_k - d_k \quad (12.31)$$

を得ます．

勾配の計算例

例 12.7　3 層ニューラルネットワークにおいて，入力を $x_1 = 1.0$，中間層の出力を $y_1 = 0.5$，出力層の目標出力を $d_1 = 0.8$ とする．出力層の活性化関数は $f(u) = u$（恒等写像）であり，損失関数を $E = \frac{1}{2}(z_1 - d_1)^2$ とする．中間層の重みを $w_{11} = 0.4$，バイアスを $b_1 = 0.2$，初期出力層の重みが $w_{11} = 0.7$，バイアスが $b_1 = 0.1$ のとき，出力層の重み w_{11} およびバイアス b_1 の勾配を求めよ．

(解答)
まず，出力 z_1 を計算する．活性化関数 $f(u) = u$ なので，(12.9) より，

$$z_1 = u_1 = w_{11}y_1 + b_1 = 0.7 \cdot 0.5 + 0.1 = 0.45$$

次に，(12.29) より，

$$\delta_1 = \frac{\partial E}{\partial u_1} = z_1 - d_1 = 0.45 - 0.8 = -0.35$$

なので，(12.14) および (12.17) より

$$\frac{\partial E}{\partial w_{11}} = y_1 \cdot \delta_1 = 0.5 \cdot -0.35 = -0.175, \quad \frac{\partial E}{\partial b_1} = \delta_1 = -0.35$$

■

問 12.3　3 層ニューラルネットワークにおいて，入力を $x_1 = 0.8$，中間層の出力を $y_1 = 0.4$，出力層の目標出力を $t_1 = 0.6$ とする．出力層の活性化関数は $f(u) = u$（恒等写像）であり，損失関数を $E = \frac{1}{2}(t_1 - z_1)^2$ とする．中間層の重みが $w_{11} = 0.6$，バイアスが $b_1 = 0.3$，初期出力層の重みが $w_{11} = 0.9$，バイアスが $b_1 = 0.2$ のとき，出力層の重み w_{11} およびバイアス b_1 の勾配を求めよ．

12.7　順伝播と逆伝播の計算の行列表示

順伝播と逆伝播の計算をプログラミングで実装する際は，行列の表記にすると便利です．ここでは，中間層（入力層）のニューロン数を m，出力層のニューロン数を n，バッチサイズを N として，2 層の順伝播を考えてみましょう．

12.7.1　順伝播の計算

このとき，(12.5) より，出力は次のように表現できます．

$$\begin{bmatrix} {}^t\boldsymbol{x}_1 \\ {}^t\boldsymbol{x}_2 \\ \vdots \\ {}^t\boldsymbol{x}_N \end{bmatrix} W + \begin{bmatrix} {}^t\boldsymbol{b} \\ {}^t\boldsymbol{b} \\ \vdots \\ {}^t\boldsymbol{b} \end{bmatrix} = \begin{bmatrix} x_{11} & x_{12} & \cdots & x_{1m} \\ x_{21} & x_{22} & \cdots & x_{2m} \\ \vdots & \vdots & \ddots & \vdots \\ x_{N1} & x_{N2} & \cdots & x_{Nm} \end{bmatrix} \begin{bmatrix} w_{11} & w_{12} & \cdots & w_{1n} \\ w_{21} & w_{22} & \cdots & w_{2n} \\ \vdots & \vdots & \ddots & \vdots \\ w_{m1} & w_{m2} & \cdots & w_{mn} \end{bmatrix} + \begin{bmatrix} b_1 & b_2 & \cdots & b_n \\ b_1 & b_2 & \cdots & b_n \\ \vdots & \vdots & \vdots & \vdots \\ b_1 & b_2 & \cdots & b_n \end{bmatrix}$$

$$= \begin{bmatrix} \sum_{k=1}^m x_{1k}w_{k1} + b_1 & \sum_{k=1}^m x_{1k}w_{k2} + b_2 & \cdots & \sum_{k=1}^m x_{1k}w_{kn} + b_n \\ \sum_{k=1}^m x_{2k}w_{k1} + b_1 & \sum_{k=1}^m x_{2k}w_{k2} + b_2 & \cdots & \sum_{k=1}^m x_{2k}w_{kn} + b_n \\ \vdots & \vdots & \ddots & \vdots \\ \sum_{k=1}^m x_{Nk}w_{k1} + b_1 & \sum_{k=1}^m x_{Nk}w_{k2} + b_2 & \cdots & \sum_{k=1}^m x_{Nk}w_{kn} + b_n \end{bmatrix}$$

$$=: U$$

したがって，U の各要素を活性化関数 f の入力とし，その出力を Z とすれば，

$$Z = f(U) = \begin{bmatrix} f\left(\sum_{k=1}^m x_{1k}w_{k1} + b_1\right) & f\left(\sum_{k=1}^m x_{1k}w_{k2} + b_2\right) & \cdots & f\left(\sum_{k=1}^m x_{1k}w_{kn} + b_n\right) \\ f\left(\sum_{k=1}^m x_{2k}w_{k1} + b_1\right) & f\left(\sum_{k=1}^m x_{2k}w_{k2} + b_2\right) & \cdots & f\left(\sum_{k=1}^m x_{2k}w_{kn} + b_n\right) \\ \vdots & \vdots & \ddots & \vdots \\ f\left(\sum_{k=1}^m x_{Nk}w_{k1} + b_1\right) & f\left(\sum_{k=1}^m x_{Nk}w_{k2} + b_2\right) & \cdots & f\left(\sum_{k=1}^m x_{Nk}w_{kn} + b_n\right) \end{bmatrix} \tag{12.32}$$

となります．以後，$X = [x_{ij}]$，$B = [b_{ij}] = [b_i]$ と表します．

12.7.2 出力層と中間層における勾配の計算

出力層と中間層での勾配の計算は，似たような手順で行います．具体的には，式 (12.14), (12.17) と同様に出力層で，式 (12.24), (12.27) と同様に中間層で計算を進めます．

まず，以下のように定義します．

$$D = \begin{bmatrix} {}^t\boldsymbol{\delta}_1 \\ {}^t\boldsymbol{\delta}_2 \\ \vdots \\ {}^t\boldsymbol{\delta}_N \end{bmatrix} = \begin{bmatrix} \delta_{11} & \delta_{12} & \cdots & \delta_{1n} \\ \delta_{21} & \delta_{22} & \cdots & \delta_{2n} \\ \vdots & \vdots & \ddots & \vdots \\ \delta_{N1} & \delta_{N2} & \cdots & \delta_{Nn} \end{bmatrix} \tag{12.33}$$

次に，出力層での計算では，式 (12.14) の y を入力 x に置き換え，これと式 (12.6) から次のように損失関数 E の重み w_{ij} に対する偏導関数を求めます．

$$\frac{\partial E}{\partial w_{ij}} = \frac{1}{N}\sum_{k=1}^{N}\frac{\partial E_k}{\partial w_{ij}} = \frac{1}{N}\sum_{k=1}^{N} x_{ki}\delta_{kj}$$

この偏導関数 $\dfrac{\partial E}{\partial w_{ij}}$ を (i, j) 成分とする行列を W' とすると，以下のようになります．

$$W' = \frac{1}{N}\begin{bmatrix} x_{11} & x_{21} & \cdots & x_{N1} \\ x_{12} & x_{22} & \cdots & x_{N2} \\ \vdots & \vdots & \ddots & \vdots \\ x_{1m} & x_{2m} & \cdots & x_{Nm} \end{bmatrix} \begin{bmatrix} \delta_{11} & \delta_{12} & \cdots & \delta_{1n} \\ \delta_{21} & \delta_{22} & \cdots & \delta_{2n} \\ \vdots & \vdots & \ddots & \vdots \\ \delta_{N1} & \delta_{N2} & \cdots & \delta_{Nn} \end{bmatrix} = \frac{1}{N}{}^tXD \tag{12.34}$$

また，バイアスの勾配は，式 (12.17) を用いて以下のように求められます．

$$\frac{\partial E}{\partial b_i} = \frac{1}{N}\sum_{k=1}^{N}\frac{\partial E_k}{\partial b_i} = \frac{1}{N}\sum_{k=1}^{N}\delta_{ki} \qquad (i = 1, 2, \ldots, n) \tag{12.35}$$

$\sum_{k=1}^{N}\delta_{ki}$ を求めるには，D の各列に対し行方向に和を計算します．

12.7.3　出力層における入力の勾配の計算

ここでは，出力層での各入力値に対する損失関数の勾配を求め，それを行列形式で表現します．

式 (12.20) において，y を x に置き換え，さらにミニバッチを考慮すると，

$$\frac{\partial E}{\partial x_{kj}} = \sum_{r=1}^{n}\delta_{kr}w_{jr} \quad (k = 1, 2, \ldots, N, j = 1, 2, \ldots, m) \tag{12.36}$$

が導かれます．この結果を基に，$\dfrac{\partial E}{\partial x_{kj}}$ を (k, j) 成分とする行列 X' を定義します．

$$X' = \begin{bmatrix} \sum_{r=1}^{n}\delta_{1r}w_{1r} & \sum_{r=1}^{n}\delta_{1r}w_{2r} & \cdots & \sum_{r=1}^{n}\delta_{1r}w_{mr} \\ \sum_{r=1}^{n}\delta_{2r}w_{1r} & \sum_{r=1}^{n}\delta_{2r}w_{2r} & \cdots & \sum_{r=1}^{n}\delta_{2r}w_{mr} \\ \vdots & \vdots & \ddots & \vdots \\ \sum_{r=1}^{n}\delta_{Nr}w_{1r} & \sum_{r=1}^{n}\delta_{Nr}w_{2r} & \cdots & \sum_{r=1}^{n}\delta_{Nr}w_{mr} \end{bmatrix}$$

$$= \begin{bmatrix} \delta_{11} & \delta_{12} & \cdots & \delta_{1n} \\ \delta_{21} & \delta_{22} & \cdots & \delta_{2n} \\ \vdots & \vdots & \ddots & \vdots \\ \delta_{N1} & \delta_{N2} & \cdots & \delta_{Nn} \end{bmatrix} \begin{bmatrix} w_{11} & w_{21} & \cdots & w_{m1} \\ w_{12} & w_{22} & \cdots & w_{m2} \\ \vdots & \vdots & \ddots & \vdots \\ w_{1n} & w_{2n} & \cdots & w_{mn} \end{bmatrix} = D^t W \tag{12.37}$$

このように，出力層における各入力値に対する損失関数の勾配を計算し，それを行列形式で表現することが可能です．これにより，損失関数の勾配を用いた学習手法の効率的な実装が可能となります．

深層学習のアルゴリズム

学習 (1) 重み W とバイアス $\boldsymbol{b}$ の初期値を適当に与える．例えば，重み W を小さいランダム値で初期化し，バイアス $\boldsymbol{b}$ をゼロベクトルで初期化する．

(2) 以下を指定したエポック数だけ繰り返す．

(a) 訓練データをシャッフルし，ミニバッチに分割する．

(b) 各ミニバッチに対して以下を実行する．

i. 順伝播：(12.32) に基づいて，入力 $\boldsymbol{x}$ から出力 z を計算する．

ii. 損失計算：(12.28) または (12.30) に基づいて，出力 z と正解値 $\boldsymbol{d}$ から損失 E を計算する．

iii. 逆伝播：(12.29) または (12.31) に基づいて，出力層の誤差 δ_k を計算

し，(12.23) に基づいて中間層の誤差 $\hat{\delta}_j$ を計算する．

iv. 勾配計算：(12.34) と (12.35) に基づいて，各層の重み W とバイアス $\boldsymbol{b}$ に対する勾配を計算する．

v. パラメータ更新：確率的勾配降下法

$$W \leftarrow W - \eta \frac{\partial E}{\partial W}, \quad \boldsymbol{b} \leftarrow \boldsymbol{b} - \eta \frac{\partial E}{\partial \boldsymbol{b}}$$

に基づいて重み W とバイアス $\boldsymbol{b}$ を更新する．

予測 (1) 入力 $\boldsymbol{x}$ に対して，学習済みの重み W とバイアス $\boldsymbol{b}$ を用いて順伝播を行い，(12.32) に基づいて出力 z を計算する．

(2) **回帰問題の場合：** 出力 z をそのまま予測値とする．

分類問題の場合： 出力層の活性化関数の出力値が最大となるクラスを予測結果とする．

勾配計算の行列表示

例 12.8 右図のような 3 層ニューラルネットワークを考えるとき，次の問に答えよ．ただし，中間層の活性化関数は ReLU，出力層の活性化関数は恒等写像とする．損失関数は $E(z, \boldsymbol{d}) = \frac{1}{2}\sum_{k=1}^{2}(z_k - d_k)^2$ とする．また，バイアスは考えないものとし，重み行列を $W = \begin{bmatrix} w_{11} & w_{12} & w_{13} \\ w_{21} & w_{22} & w_{23} \end{bmatrix} = \begin{bmatrix} 1 & 0 & 1 \\ -1 & 1 & 0 \end{bmatrix}$, $V = \begin{bmatrix} v_{11} & v_{12} \\ v_{21} & v_{22} \\ v_{31} & v_{32} \end{bmatrix} = \begin{bmatrix} 1 & 0 \\ 0 & 1 \\ 1 & -1 \end{bmatrix}$, 入力を $\boldsymbol{x} = \begin{bmatrix} 1 \\ 2 \end{bmatrix}$ とし, 正解を $\boldsymbol{d} = \begin{bmatrix} 2 \\ 1 \end{bmatrix}$ とする．

(1) $\boldsymbol{y} = {}^t[y_1, y_2, y_3]$ および $\boldsymbol{z} = {}^t[z_1, z_2]$ の値を求めよ．

(2) $\frac{\partial E}{\partial V}$ および $\frac{\partial E}{\partial W}$ を v_{ij}, w_{ij}, x_i, y_j などを使って記号的に表した後，これらの値を求めよ．

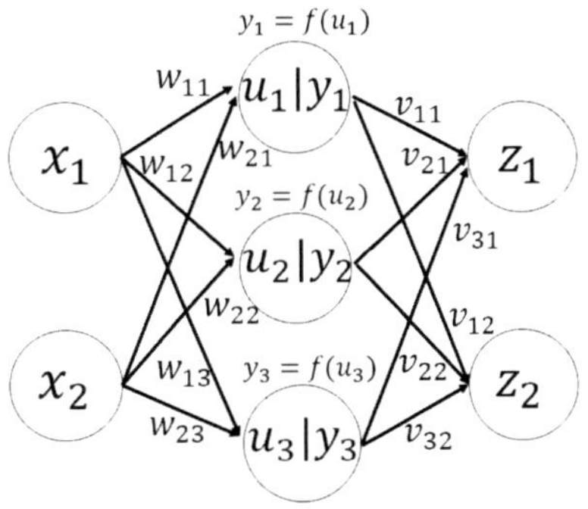

(解答)

(1) $[u_1, u_2, u_3] = [x_1, x_2]\begin{bmatrix} w_{11} & w_{12} & w_{13} \\ w_{21} & w_{22} & w_{23} \end{bmatrix} = [1, 2]\begin{bmatrix} 1 & 0 & 1 \\ -1 & 1 & 0 \end{bmatrix} = [1-2, 0+2, 1+0] = [-1, 2, 1]$ なので，$f(u) = \max(0, u)$ として，

$$\boldsymbol{y} = \begin{bmatrix} f(u_1) \\ f(u_2) \\ f(u_3) \end{bmatrix} = \begin{bmatrix} f(-1) \\ f(2) \\ f(1) \end{bmatrix} = \begin{bmatrix} 0 \\ 2 \\ 1 \end{bmatrix}, \quad {}^t\boldsymbol{z} = {}^t\boldsymbol{y}V = [0, 2, 1]\begin{bmatrix} 1 & 0 \\ 0 & 1 \\ 1 & -1 \end{bmatrix} = [0+0+1, 0+2-1] = [1, 1]$$

(2) $\frac{\partial E}{\partial v_{jk}} = \frac{\partial E}{\partial z_k}\frac{\partial z_k}{\partial v_{jk}} = (z_k - d_k)y_j$ なので，

$$\frac{\partial E}{\partial V} = \begin{bmatrix} \frac{\partial E}{\partial v_{11}} & \frac{\partial E}{\partial v_{12}} \\ \frac{\partial E}{\partial v_{21}} & \frac{\partial E}{\partial v_{22}} \\ \frac{\partial E}{\partial v_{31}} & \frac{\partial E}{\partial v_{32}} \end{bmatrix} = \begin{bmatrix} (1-2)\cdot y_1 & (1-1)y_1 \\ (1-2)\cdot y_2 & (1-1)y_2 \\ (1-2)\cdot y_3 & (1-1)y_3 \end{bmatrix} = \begin{bmatrix} 0 & 0 \\ -2 & 0 \\ -1 & 0 \end{bmatrix}$$

なお，$\dfrac{\partial E}{\partial V} = \begin{bmatrix} y_1 \\ y_2 \\ y_3 \end{bmatrix} [z_1 - d_1, z_2 - d_2]$ と表せることに注意せよ．

また，$z_k = v_{1k}y_1 + v_{2k}y_2 + v_{3k}y_3$ に注意すれば，

$$\frac{\partial E}{\partial w_{ij}} = \frac{\partial E}{\partial y_j}\frac{\partial y_j}{\partial u_j}\frac{\partial u_j}{\partial w_{ij}} \left(\sum_{k=1}^{2} \frac{\partial E}{\partial z_k}\frac{\partial z_k}{\partial y_j} \right) f'(u_j)x_i = \left(\sum_{k=1}^{2} (z_k - d_k)v_{jk} \right) f'(u_j)x_i = (1-2)v_{j1}f'(u_j)x_i = -v_{j1}f'(u_j)x_i$$

なので，

$$\frac{\partial E}{\partial W} = \begin{bmatrix} \frac{\partial E}{\partial w_{11}} & \frac{\partial E}{\partial w_{12}} & \frac{\partial E}{\partial w_{13}} \\ \frac{\partial E}{\partial w_{21}} & \frac{\partial E}{\partial w_{22}} & \frac{\partial E}{\partial w_{23}} \end{bmatrix} = \begin{bmatrix} -v_{11}f'(u_1)x_1 & -v_{21}f'(u_2)x_1 & -v_{31}f'(u_3)x_1 \\ -v_{11}f'(u_1)x_2 & -v_{21}f'(u_2)x_2 & -v_{31}f'(u_3)x_2 \end{bmatrix} = \begin{bmatrix} 0 & -v_{21} & -v_{31} \\ 0 & -2v_{21} & -2v_{31} \end{bmatrix} = \begin{bmatrix} 0 & 0 & -1 \\ 0 & 0 & -2 \end{bmatrix}$$

なお，$\dfrac{\partial E}{\partial W} = -\begin{bmatrix} x_1 \\ x_2 \end{bmatrix} [v_{11}f'(u_1), v_{21}f'(u_2), v_{31}f'(u_3)]$ と表せることに注意せよ．■

問 12.4　右図のような 3 層ニューラルネットワークを考えるとき，次の問に答えよ．ただし，中間層と出力層における活性化関数は ReLU，つまり，$f(u) = \max(0, u)$ とし，損失関数は $E(z, d) = \dfrac{1}{2}(z-d)^2$ とする．また，バイアスは考えないものとし，重み行列を $W = \begin{bmatrix} w_{11} & w_{12} \\ w_{21} & w_{22} \end{bmatrix} = \begin{bmatrix} 1 & -2 \\ 2 & 2 \end{bmatrix}$, $V = \begin{bmatrix} v_1 \\ v_2 \end{bmatrix} = \begin{bmatrix} 2 \\ 3 \end{bmatrix}$，入力を $\boldsymbol{x} = {}^t[2, 1]$ とし，$d = 3$ とする．

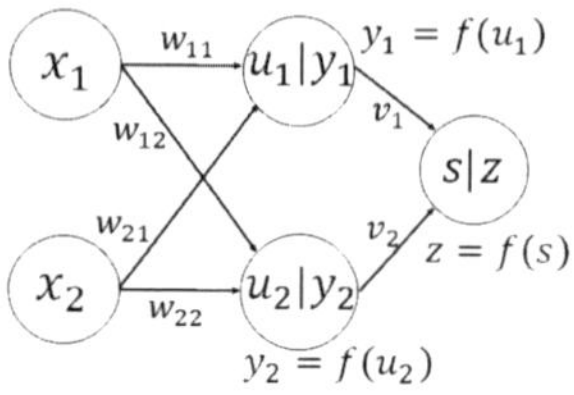

(1) $\boldsymbol{y} = {}^t[y_1, y_2]$ および z の値を求めよ．

(2) $\dfrac{\partial E}{\partial V}$ および $\dfrac{\partial E}{\partial W}$ を v_j, w_{ij}, x_i, y_j などを使って記号的に表した後，これらの値を求めよ．

12.8　勾配消失問題について

勾配消失問題 (vanishing gradient problem) は，誤差逆伝播法において，ネットワークの層を遡るにつれて誤差の勾配が 0 に近づき，入力層に近い部分の学習がほとんど進まなくなる，ディープニューラルネットワーク特有の問題です．この問題は，ネットワークの層の数が増えるほど顕著になり，ディープラーニングにおける重要な課題の 1 つとして認識されています．

この勾配消失問題の原因は，活性化関数が何度も作用することにより勾配が次第に小さくなってしまう点にあります．具体的には，**シグモイド関数** (sigmoid function) の**飽和** (saturation) が問題となります．シグモイド関数は，入力値が非常に大きい，あるいは非常に小さい場合，その出力値の変化がほとんどなくなります．この状態を飽和と呼び，飽和している領域では勾配が非常に小さくなってしまいます．

勾配消失問題を軽減するためによく用いられる活性化関数として，**ReLU** (Rectified Linear Unit) があります．ReLU は，入力値が 0 以下の場合は 0 を出力し，正の場合は入力値をそのまま出力します．ReLU は，正の入力に対しては飽和せず，勾配が 1 で一定であるため，勾配消失問題をある程度緩和できます．

具体的には，活性化関数としてよく用いられる**双曲線正接関数** (hyperbolic tangent function) の導関数は以下のようになります．

$$(\tanh u)' = \left(\frac{e^u - e^{-u}}{e^u + e^{-u}} \right)' = \frac{4}{(e^u + e^{-u})^2} = \frac{1}{\cosh^2 u} = \mathrm{sech}^2 u$$

一方，ReLU の導関数は次のようになります．

$$f'(u) = \begin{cases} 0 & (u \leq 0) \\ 1 & (u > 0) \end{cases}$$

これらの導関数のグラフは以下のようになります．

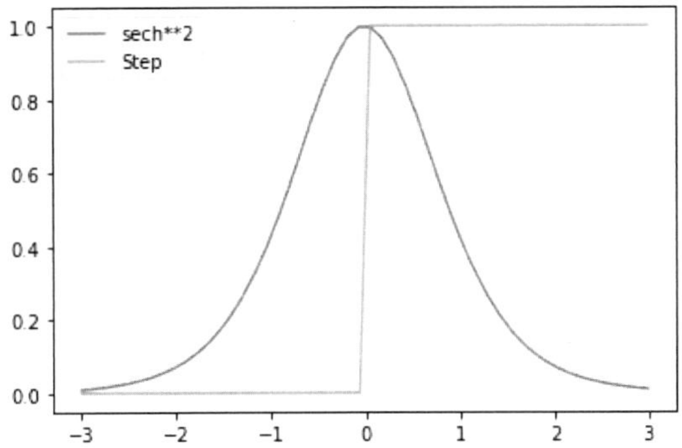

これらのグラフから分かるように，導関数の最大値はともに 1 です．しかし，u の値が大きくなるにつれて，$(\tanh u)'$ の値は 1 より小さくなります．その結果，誤差逆伝播法において，勾配が層を遡るにつれて小さくなる傾向が強くなります．それに対し，ReLU の導関数は階段関数の形をしており，u の値が大きくなっても，導関数の値は 1 のままで小さくなることはありません．そのため，活性化関数に ReLU を用いると，各層での勾配が一定に保たれるため，勾配消失問題を緩和することが期待できます．

■■■■■■ 確認問題 ■■■■■■■■■■■■■■■■■■■■■■■■■■■■■■■■

確認問題 12.1　ニューラルネットワークに勾配消失問題が起きやすい条件として，最も適切なものを選べ．

(1) 学習データのボリュームが多い．　(2) ネットワークの層が多い．

(3) 非構造化データを学習に使っている．　(4) 隠れ層における活性化関数の微分係数が小さくならない．

確認問題 12.2　深層学習の勾配消失問題を軽減するのに貢献した関数として，最も適切なものを選べ．

(1) ReLU 関数　(2) ソフトマックス関数　(3) 双曲線正接関数　(4) カーネル関数

確認問題 12.3　パラメータ更新にかかわる単位であるエポックの説明として，最も適切なものを選べ．

(1) 訓練データすべてを用いて学習した回数を表す．

(2) 訓練データを分割したサブセットのデータ数を表す．

(3) 訓練データに関わらず，パラメータが更新された回数を表す．

(4) 訓練データから検証データを除いたデータ数を表す．

確認問題 12.4　勾配降下法のうち，パラメータを更新するごとに訓練データの一部を利用する方法を何というか？

(1) フルセット学習　(2) バッチ学習　(3) ミニバッチ学習　(4) オンライン学習

確認問題 12.5　ニューラルネットワークにおいて，ハイパーパラメータに該当する最も適切なものを 1 つ選べ.

(1) 出力層の重み　(2) 中間層の重み　(3) 中間層のバイアス　(4) 学習率

確認問題 12.6　ニューラルネットワークで使われる誤差逆伝播法は，パラメータに関する勾配を得るためにまず，何を計算するか？

(1) 時間軸に沿った損失関数の勾配　(2) ハイパーパラメータに関する損失関数の勾配

(3) 中間層に関する損失関数の勾配　(4) 出力に関する損失関数の勾配

確認問題 12.7　ReLU 関数について，最も不適切なもの選べ.

(1) ReLU 関数は，負の入力に対して 0 を出力し，正の入力に対してそのままの値を出力する.

(2) ReLU 関数は，非線形性をネットワークに導入する.

(3) ReLU 関数は，勾配消失問題を緩和する.

(4) ReLU 関数は，すべての入力に対して同じ値を出力する.

確認問題 12.8　人工ニューラルネットワークにおいて，各層のニューロンが前の層の全てのニューロンと繋がっている層を何というか？

(1) 畳み込み層　(2) プーリング層　(3) 全結合層　(4) 正規化層

確認問題 12.9　順伝播の説明として，最も適切なものを選べ.

(1) ニューラルネットワークの出力から入力へ情報を伝えるプロセス

(2) ニューラルネットワークの入力から出力へ情報を伝えるプロセス

(3) ニューラルネットワークの重みを更新するプロセス

(4) ニューラルネットワークの学習を停止するプロセス

確認問題 12.10　活性化関数の役割として，最も適切なものを選べ.

(1) 入力データを標準化する　(2) ニューラルネットワークの重みを調整する

(3) ニューラルネットワークに非線形性を導入する　(4) 学習率を設定する

確認問題 12.11　ニューラルネットワークの中間層の役割として，最も適切なものを選べ.

(1) 入力データをそのまま出力する　(2) 出力データをそのまま入力する

(3) 入力データを処理し，特徴を抽出する　(4) ニューラルネットワークの重みを更新する

確認問題 12.12

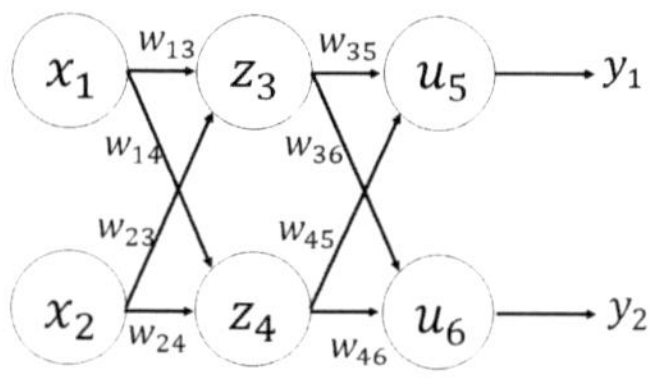

左図のようなネットワークを考え，重みを $w_{13} = -2, w_{23} = 3, w_{14} = 4, w_{24} = -1, w_{35} = 1, w_{45} = -1, w_{36} = -1, w_{46} = 1$ とする．そして，活性化関数を $f(u) = \max(u, 0)$ とし，これをノード 3, 4, 5, 6 で用いるとき，次の 4 つのパターン $P_1 \sim P_4$ について，出力 y_1, y_2 を求めよ.

	P_1	P_2	P_3	P_4
x_1	0	1	0	1
x_2	0	0	1	1

確認問題 12.13　損失関数 $E(w) = \frac{1}{2}(y - \hat{y})^2$ を最小化するために，確率的勾配降下法を用いる．ここで，y は正解ラベル，$\hat{y}$ は予測値，w は重みである．学習率 $\eta = 0.01$，初期重み $w = -0.5$，訓練データ $(x_2, y_2) = (2, -1)$ を用いたとき，重み w を 1 回更新せよ．ただし，$\hat{y} = wx_2$ とする．

確認問題 12.14

右図のような 3 層ニューラルネットワークを考えるとき，次の問に答えよ．ただし，バイアスや中間層における活性化関数については考えないものとする．

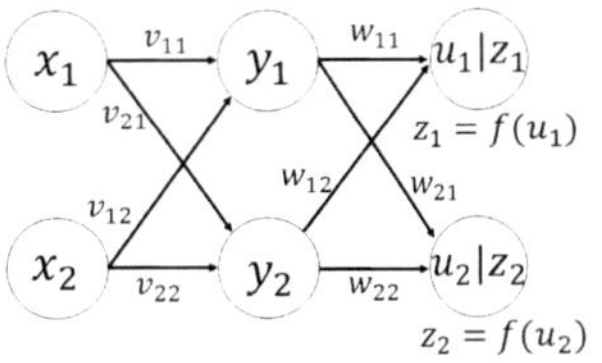

(1) $x_1 = 1, x_2 = 2, v_{11} = -2, v_{12} = 3, v_{21} = 4, v_{22} = -1, w_{11} = 5, w_{12} = -3, w_{21} = -3, w_{22} = 2$ とし，出力層における活性化関数を $f(u) = \max(0, u)$ とするとき，出力 z_1, z_2 を求めよ．

(2) $i = 1, 2$ とし，正解 (教師データ) を t_i，出力を z_i とするとき，損失関数を $E(z_1, z_2) = \frac{1}{2}\sum_{i=1}^{2}(z_i - t_i)^2$ と定義する．出力層の活性化関数を $z = f(u)$ とするとき，$\frac{\partial E}{\partial w_{11}}$ を z_i, z_i', t_i, y_i で，$\frac{\partial E}{\partial v_{11}}$ を $z_i, z_i', t_i, x_i, w_{ij}$ で表せ．ただし，$i, j = 1, 2$ であり，z_i' は z_i の導関数を表す．

確認問題 12.15

右図のような 3 層ニューラルネットワーク

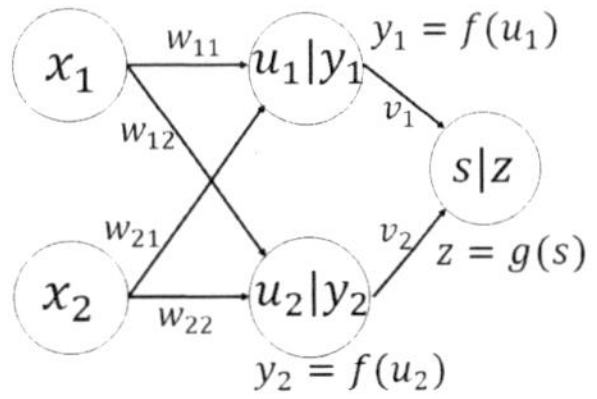

$$
\begin{aligned}
u_i &= w_{1i}x_1 + w_{2i}x_2, \qquad i = 1, 2 \\
y_i &= f(u_i) \\
s &= v_1 y_1 + v_2 y_2 \\
z &= g(s)
\end{aligned}
$$

を考えるとき，次の問に答えよ．ただし，中間層における活性化関数を双曲線正接関数 $f(u) = \frac{e^u - e^{-u}}{e^u + e^{-u}}$ とし，出力層における活性化関数を恒等写像 $g(u) = u$ とする．また，d を正解とするとき，損失関数を $E(z, d) = \frac{1}{2}(z - d)^2$ とし，バイアスは考えないものとする．このとき，次の問に答えよ．

(1) $\frac{\partial E}{\partial V} = \begin{bmatrix} \frac{\partial E}{\partial v_1} \\ \frac{\partial E}{\partial v_2} \end{bmatrix}$ を z, d, y_1, y_2 を用いて表せ．

(2) $\frac{\partial E}{\partial W} = \begin{bmatrix} \frac{\partial E}{\partial w_{11}} & \frac{\partial E}{\partial w_{12}} \\ \frac{\partial E}{\partial w_{21}} & \frac{\partial E}{\partial w_{22}} \end{bmatrix}$ を $z, d, v_1, v_2, y_1, y_2, x_1, x_2$ を用いて表せ．

第13章 畳み込みニューラルネットワーク(CNN)

畳み込みニューラルネットワーク(CNN:Convolutional Neural Network)は，画像認識や物体検出などの分野で広く利用されているディープラーニングのモデルです．CNNは，第12章で扱った全結合型ニューラルネットワークとは異なり，画像の空間構造を効果的に活用し，高い性能を発揮することが特徴です．

CNNは主に，畳み込み層，プーリング層，全結合層の三つの層から成り立っています．畳み込み層は，画像から特徴を抽出するために重要な役割を担っており，特に畳み込み演算，局所受容野，重み共有といった概念が，CNNの高い性能を支える基盤となっています．これらの概念により，CNNは画像内の特徴を捉え，位置の違いに対して頑健なモデルを構築することが可能となります．また，CNNでは，入力画像の大きさや特徴の抽出に応じてパディングやストライドといったパラメータを調整することが重要です．これにより，出力画像のサイズや解像度を適切に調整し，最適なモデルを構築することが可能となります．

本章では，CNNの基本的な構造と動作原理，そして画像認識で高い性能を発揮する理由について説明します．

13.1　畳み込みニューラルネットワーク(CNN)の概要

畳み込みニューラルネットワークは，**全結合** (fully-connected) されたネットワークに，畳み込み層とプーリング層が追加されたものです．

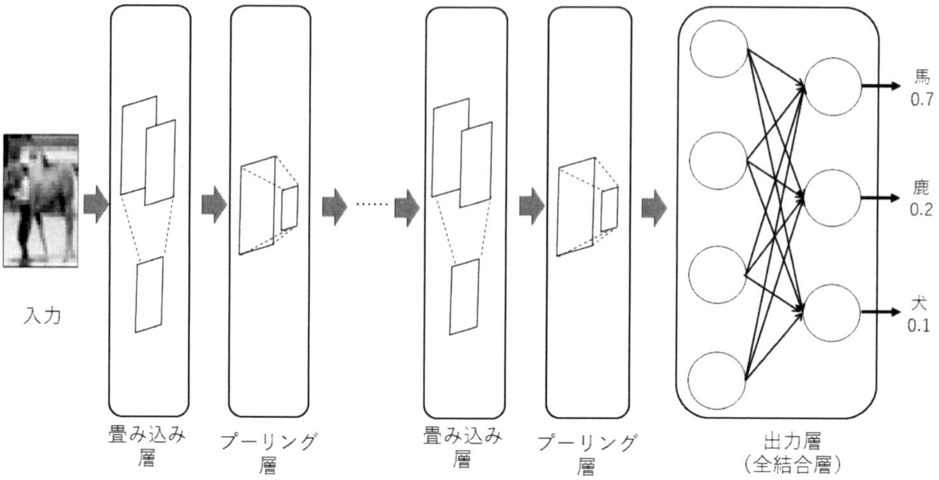

図 13.1　畳み込みニューラルネットワークのイメージ

このネットワークでは，入力は左から右方向にのみ伝播します．このため，畳み込みニューラルネットワークは順伝播型のニューラルネットワークの一種と見なせます．

一連の流れは以下の通りです．

(1) 畳み込み演算と活性化関数の適用（畳み込み層）
(2) プーリングの実行（プーリング層）
(3) 最終的な出力値の獲得（全結合層）

一般的に，CNN は画像を入力として受け取ります．まず，**畳み込み層** (convolution layer) において，フィルタを用いた積和演算と活性化関数を適用します．この畳み込み演算により，入力画像から様々な特徴が抽出され，**特徴マップ** (feature map) と呼ばれる小さな画像の集合に変換されます．次に，特徴マップは**プーリング層** (pooling layer) に入力されます．プーリング層では，最大値や平均値を用いたサンプリング（最大プーリングや平均プーリング）が行われ，特徴マップはさらに小さな画像へと縮小されます．

これらの畳み込み層とプーリング層による処理が何度か繰り返され，最終的に出力層へと到達します．出力層は，プーリング層から出力された特徴マップ（二次元データ）を一次元データに変換する全結合層であり，各クラスに分類される確率を出力します．

13.2 畳み込み層

この節では，畳み込みニューラルネットワークの核となる畳み込み層について詳しく解説します．畳み込み演算とその特性，パディングとストライドによる調整方法，そして，カラー画像への畳み込み処理について順を追って説明します．また，畳み込み層の重要な概念である「重み共有」についても触れます．

13.2.1 畳み込み演算

畳み込み処理は，**フィルタ** (filter) または **カーネル** (kernel) と呼ばれる小さなサイズの行列を用いて，画像から特徴を抽出する操作です．このフィルタの値は学習によって最適化され，画像の局所的な特徴を抽出する役割を担います．

畳み込み処理は，図 13.2 のように，フィルタを入力画像の左上から順に重ね合わせ，画像とフィルタの要素どうしを掛け合わせて総和をとる積和演算によって行われます．

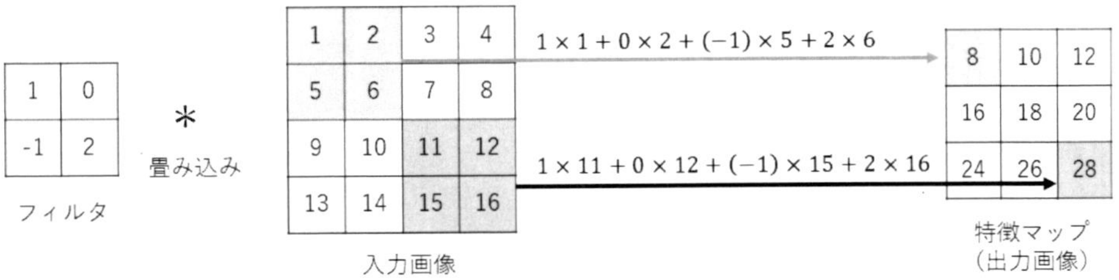

図 13.2 畳み込み演算

図 13.2 に示すように，フィルタは入力画像全体に適用されるのではなく，**局所受容野** (receptive field) と呼ばれる特定の小さな領域にのみ適用されます．フィルタは局所受容野内のピクセル値に対してのみ積和演算を行い，少しずつずらしながら入力画像全体に適用することで，特徴マップが生成されます．局所受容野の概念は，CNN の重要な特徴の 1 つです．なぜなら，局所的な特徴を捉えることで，画像中の物体の位置や向きが変わっても，同じ特徴を検出できるようになるからです．例えば，顔認識において，目の特徴を捉えるフィルタは，顔のどの位置に目があっても，それを検出することができます．

この畳み込み演算は，**シフト不変性** (shift-invariance) の獲得に貢献します．シフト不変性とは，画像中の物体が少し移動しても同じ物体として認識できる性質を指します．通常の全結合ニューラルネットワークでは，入力の位置が少しずれるだけで全く異なる入力として扱われてしまいますが，畳み込み層は位置ずれに対してロバストな特徴抽出を可能にします．

13.2.2 重み共有

畳み込み層では，**重み共有**（weight sharing）と呼ばれる重要な概念が利用されます．これは，同じフィルタ（重み）を画像全体に適用することを意味します．これにより，以下のような利点があります．

1. **パラメータ数の削減:** 全結合層のように各ピクセルに対して個別の重みを持たせる場合と比較して，パラメータ数を大幅に削減できます．これにより，過学習のリスクを軽減し，より少ないデータで効率的な学習が可能になります．
2. **シフト不変性（shift-invariance）:** 画像中の物体が少し移動しても同じ物体として認識できる性質を指します．重み共有により，フィルタの位置に関わらず同じ特徴を検出できるため，シフト不変性が実現されます．

同じフィルタを適用することで，異なる位置にある同じパターンを検出することができます．これにより，畳み込みニューラルネットワークはより少ないパラメータで効果的な特徴抽出が可能となります．そのため，重み共有は，CNN が画像認識タスクにおいて優れた性能を発揮する上で重要な役割を果たしています．

13.2.3　パディング

畳み込みの結果得られる画像が，入力画像と同じサイズであると便利な場合があります．そのような場合には，入力画像の外側にピクセルを配置し，大きさを調整することで，出力画像のサイズが元の入力画像と同じサイズになるように調整します．畳み込み層やプーリング層で，入力画像を取り囲むようにピクセルを配置するテクニックを**パディング** (padding) と呼びます．

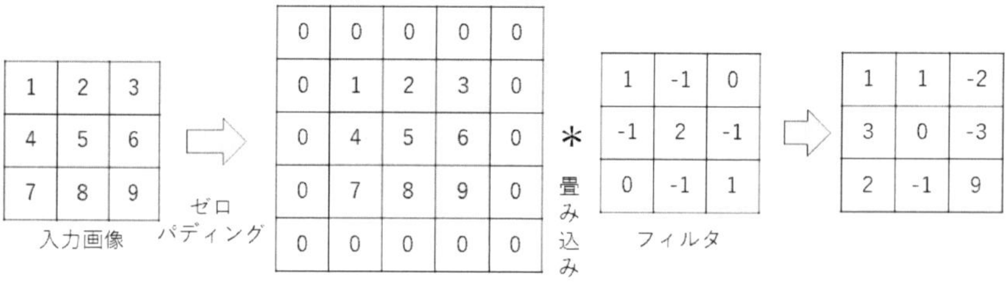

図 13.3　パディングの例

図 13.3 では，画像の周囲に値が 0 のピクセルを配置しています．このようなパディングの方法を**ゼロパディング** (zero padding) と呼び，CNN で広く利用されています．

ゼロパディングは実装が容易ですが，画像処理の観点からは必ずしも最適な方法とはいえません．ゼロパディングを行うと，畳み込みの結果，画像の周辺部が暗くなってしまう可能性があります．これを防ぐために，画像の端を折り返したり，周囲のピクセル値をコピーするなどの方法も存在しますが，どの方法が最適かは一概には言えません．

パディングにより，画像のサイズは大きくなります．例えば，3×3 の画像に対して幅が 1 のゼロパディングを行うと，画像のサイズは 5×5 になります．また，8×8 の画像に対して，幅 2 のパディングを行うと，画像のサイズは 12×12 になります．

畳み込み層やプーリング層を経ると画像のサイズは小さくなるため，これらの層を複数回重ねると，最終的に画像のサイズが 1×1 になることがあります．パディングの目的の 1 つは，畳み込みを経ても画像のサイズが変わらないように保つことです．図 13.3 において色付け部が元の画像ですが，パディングを行うと畳み込みを行っても画像のサイズは変わらないことが確認できます．

また，パディングは画像の端にある特徴も捉えやすくするという利点もあります．畳み込み演算の特性上，画像の端の部分は畳み込みの回数が少なくなる傾向にありますが，パディングによって画像の端のデータも十分に畳み込みに利用されるようになります．

13.2.4 ストライド

ストライド (stride) は，畳み込み演算においてフィルタが移動するピクセル数（間隔）を指します．図 13.4 に，ストライドが 1 と 2 の場合の例を示します．

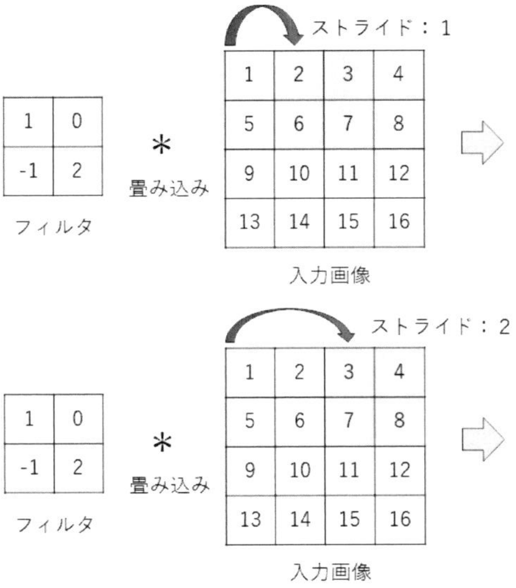

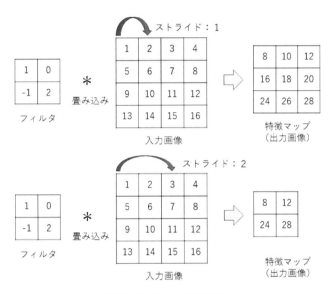

図 13.4　ストライドの例

ストライドが大きいほど，フィルタの移動幅が大きくなり，結果として生成される特徴マップのサイズは小さくなります．この性質を利用して，ストライドを調整することで特徴マップのサイズを制御することができます．ただし，ストライドを大きくしすぎると重要な特徴を見逃してしまう可能性があるため，通常はストライドを 1 に設定することが一般的です．

ここで，入力画像の高さを I_h，幅を I_w，フィルタの高さを F_h，幅を F_w，出力画像（特徴マップ）の高さを O_h，幅を O_w，パディング幅を D，ストライド幅を S とすると，一般に特徴マップのサイズは以下の公式によって計算できます．

$$O_h = \lfloor \frac{I_h - F_h + 2D}{S} \rfloor + 1, \qquad O_w = \lfloor \frac{I_w - F_w + 2D}{S} \rfloor + 1 \tag{13.1}$$

ただし，$\lfloor \cdot \rfloor$ は小数点以下を切り捨てて整数化する演算子（床関数）です．

例えば，パディング幅を 1，画像サイズを 4×4，ストライド幅を 2，フィルタサイズを 2×2 とするとき，特徴マップのサイズは，

$$O_h = \lfloor \frac{4 - 2 + 2}{2} \rfloor + 1 = 3, \quad O_w = \lfloor \frac{4 - 2 + 2}{2} \rfloor + 1 = 3$$

となります．しかし，公式 (13.1) を覚えなくても，フィルタの動き方と画像のサイズを考えることで，特徴マップのサイズを導くことができます．

13.2.5　カラー画像の畳み込み

一般的なカラー画像は，各ピクセルが RGB (Red, Green, Blue) の 3 つの値で表現されます．これは，1 つの画像が R, G, B の 3 つのチャンネルから構成されていると考えることができます．このチャンネルの数を **チャンネル数** (number of channels) といいます．モノクロ画像はチャンネル数が 1，カラー画像はチャンネル数が 3 となります．

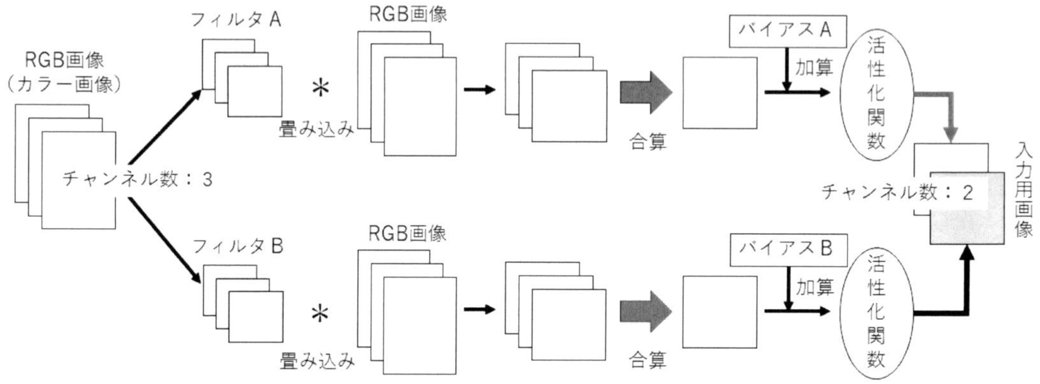

図 13.5　カラー画像の畳み込み例

カラー画像の畳み込みでは，図 13.5 のように，入力画像の各チャンネルに対して，それぞれ異なるフィルタを適用します．図 13.5 の例では，チャンネル数が 3 の入力画像に対して，それぞれ 3 つのチャンネルを持つ 2 つのフィルタを適用しています．各フィルタは，対応するチャンネルの画像に対して畳み込み演算を行い，3 つの特徴マップを生成します．そして，各フィルタから得られた特徴マップは，要素ごとに足し合わされ，1 つの特徴マップにまとめられます．さらに，バイアス項が加算され，活性化関数によって変換されます．

この結果，チャンネル数が 3 の入力画像から，チャンネル数が 2 の特徴マップが出力されます．ただし，出力される特徴マップのチャンネル数は，使用するフィルタの数によって決まるため，必ずしも 2 になるとは限りません．畳み込み層を設計する際には，入力画像のチャンネル数とフィルタの数，そして出力したい特徴マップのチャンネル数を考慮する必要があります．

このようにして得られた特徴マップは，プーリング層や他の畳み込み層，あるいは全結合層へと入力され，最終的な出力へとつながります．

畳み込み

例 13.1 以下の問に答えよ．

(1) CNN で行われる畳み込み演算を考える．入力画像サイズが 6×6(横 × 縦)，フィルタサイズが 2×2，ストライド幅が 2 のとき，出力される特徴マップのサイズを $x\times y$ の形で書け．ただし，パディングは行わないものとする．

(2) 入力画像のサイズが 64×64，チャンネル数が 3 の場合，入力画像の次元は $64\times64\times3$ である．この画像に対して，サイズ 5×5 のフィルタを用いた畳み込み演算を行うとき，出力の次元を $x\times y\times z$ の形で求めよ．ただし，ストライド幅は 1，パディング幅は 1 とし，使用するフィルタの数は 4 つとする．さらに，この畳み込み層における「フィルタの値の数 (フィルタの次元)」と「バイアスの数」の合計を求めよ．

(3) フィルタサイズを $F\times F$ とするとき，畳み込み層の出力の次元を入力と同じ次元にするためには，パディング幅をどのように設定すべきか？ ただし，ストライド幅を 1 とする．

(解答)

(1) 入力画像サイズの縦と横のサイズが同じなので，特徴マップサイズの縦と横のサイズも同じになる．入力画像サイズを $W\times W$，フィルタサイズを $F\times F$，パディング幅を D，ストライド幅を S，特徴マップサイズ $M\times M$ とすれば，$M=\lfloor\frac{W-F+2D}{S}\rfloor+1=\lfloor\frac{6-2+2\times0}{2}\rfloor+1=3$ なので，特徴マップのサイズは 3×3 となる．

(2) (1) と同様の計算をすればよい．$M=\lfloor\frac{W-F+2D}{S}\rfloor+1=\lfloor\frac{64-5+2\times1}{1}\rfloor+1=62$ であり，使用するフィルタ数は 4 なので，出力サイズは $62\times62\times4$ となる．

また，フィルタのサイズが 5×5，入力チャンネル数が 3，フィルタの数が 4 なので，重みの数は $(5\times5\times3)\times4$ であり，バイアスの数はフィルタの数に等しいので，フィルタの次元とバイアスの総数は

$$(5\times5\times3)\times4+4=304$$

(3) 入力サイズと出力サイズを同じにするには，$W=\lfloor\frac{W-F+2D}{S}\rfloor+1$ とすればよい．よって，パディング幅を

$$W=W-F+2D+1\Longrightarrow 2D=F-1\Longrightarrow D=\frac{F-1}{2}$$

とすればよい．なお，このことより F は奇数の自然数でなければならないことが分かる． ■

問 13.1 以下の問に答えよ．

(1) 入力画像サイズが 8×8(横 × 縦)，フィルタサイズが 3×3，ストライド幅が 1，パディング幅が 1 の場合，出力される特徴マップのサイズを $x\times y$ の形で書け．

(2) 入力画像のサイズが 128×128，チャンネル数が 1 の場合，入力画像の次元は $128\times128\times1$ である．この画像に対して，サイズ 3×3 のフィルタを用いた畳み込み演算を行うとき，出力の次元を $x\times y\times z$ の形で求めよ．ただし，ストライド幅は 2，パディング幅は 0 とし，使用するフィルタの数は 8 つとする．さらに，この畳み込み層における「フィルタの値の数 (フィルタの次元)」と「バイアスの数」の合計を求めよ．

問 13.2 入力画像のサイズが 28×28，フィルタサイズが 5×5，ストライド幅が 1 のとき，畳み込み演算後の特徴マップのサイズが入力画像と同じサイズになるようにしたい．このとき，必要なパディング幅を求めよ．

13.3　プーリング層

プーリング処理は，**ダウンサンプリング** (downsampling) あるいは**サブサンプリング** (subsampling) とも呼ばれ，画像サイズを決められたルールに従って小さくします．具体的には，各領域を代表する値（最大値や平均値など）を取り出して出力画像を作成します．プーリングには，ある小領域ごとの最大値を抽出する**最大プーリング** (max pooling) や平均値を抽出する**平均プーリング** (average pooling) があります．

図 13.6 は最大プーリングと平均プーリングの処理を示したものです．画像（または特徴マップ）に 2 × 2 の小領域を設定し，その中の最大値あるいは平均値を抽出していくことで，新しくダウンサンプリングした画像（特徴マップ）を得ます．

この処理も畳み込み処理と同様に，画像の位置ずれに対する頑健性をもちます．つまり，位置の微小なずれが吸収された本質的な特徴を表す画像が生成されます．

プーリング層では決められたルールに従って演算を行うだけです．そのため，畳み込み層と異なり，プーリング層には学習すべきパラメータは存在しません．

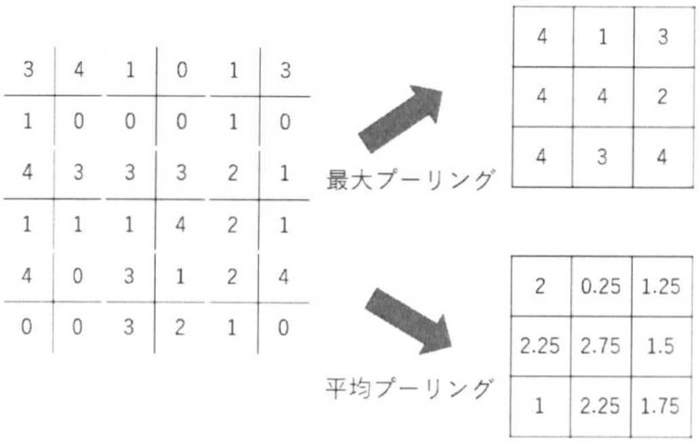

図 13.6　最大プーリングと平均プーリングの例

次に，畳み込みとプーリングの例を挙げます．入力画像サイズを 32 × 32，チャンネル数は 3，フィルタサイズを 5 × 5，フィルタ数を 6，パディングなし，ストライド幅を 1 とした場合，

畳み込み層 畳み込み層の出力画像サイズは，$\dfrac{32-5+2\times 0}{1}+1=28$ となるので，出力は 28 × 28 の大きさで，チャンネル数はフィルタ数と同じで 6 チャンネルとなります．

プーリング層 プーリング層の入力は，畳み込み層の出力であるため，そのサイズは 28 × 28 で，チャンネル数は 6 となります．ここで領域サイズを 2 × 2 とした場合，出力画像サイズは $\dfrac{28}{2}=14$ となりますので，出力は 14 × 14 の大きさで，チャンネル数は変わらず 6 となります．

プーリング

例 13.2 下記の図において，ストライド幅を 1 として畳み込み演算を行うとき，x と y の値を求めよ．さらに，得られた 2×2 の特徴マップへ最大プーリングを適用した結果 z を求めよ．

画像

3	2	1	0	⋯
1	1	2	2	⋯
2	2	2	0	⋯
0	3	3	3	⋯
⋮	⋮	⋮	⋮	⋮

フィルタ

0	1
3	2

特徴マップ

x	8
11	y

最大プーリング

z

(解答)

$$x = (3 \times 0) + (2 \times 1) + (1 \times 3) + (1 \times 2) = 0 + 2 + 3 + 2 = 7$$

$$y = (1 \times 0) + (2 \times 1) + (2 \times 3) + (2 \times 2) = 0 + 2 + 6 + 4 = 12$$

また，最大プーリングを適用した結果は，$\max(7, 8, 11, 12) = 12$． ■

問 13.3 下記の図において，ストライド幅を 2 として畳み込み演算を行うとき，x と y の値を求め，得られた特徴マップへ平均プーリングを適用した結果 z を求めよ．

画像

4	3	2	1	0
2	2	3	3	1
3	3	3	1	1
1	4	4	4	2
0	0	1	2	3

フィルタ

1	2
3	4

特徴マップ

x	25
28	y

平均プーリング

z

問 13.4 以下の問に答えよ．

(1) 入力画像サイズが 16×16(横×縦)，チャンネル数が 1 の場合，フィルタサイズが 3×3，ストライド幅が 1，パディング幅が 1 の畳み込み層と，領域サイズが 2×2 の最大プーリング層を適用した場合の出力画像サイズを求めよ．

(2) 入力画像サイズが 64×64，チャンネル数が 3 の場合，フィルタサイズが 5×5，ストライド幅が 2，パディングなしの畳み込み層と，領域サイズが 2×2 の平均プーリング層を適用した場合の出力画像サイズを求めよ．

13.4 全結合層

第 12 章で説明した通り，全結合層とは，その層の各ニューロンが前の層の全てのニューロンと接続されている構造を指します．通常，中間層や出力層が全結合層として機能します．畳み込みニューラルネットワーク（CNN）では，畳み込み層とプーリング層により抽出された特徴量は，二次元の特徴マップとして表現されます．

しかし，最終的な出力（例えば，画像分類におけるクラスラベル）は一次元のベクトルである必要があるため，全結合層に入力する前に，特徴マップは各チャンネルの二次元特徴マップの要素を順番に並べて一次元ベクトルに変換されます．例えば，出力特徴マップの高さが H，幅が W，チャンネル数が F である場合，全結合層への入力はサイズが $H \times W \times F$ のベクトルになります．逆伝播の際には，逆にサイズが $H \times W \times F$ のベクトルが高さ H，幅 W，チャンネル数 F

の特徴マップに変換されます．

CNN では，畳み込み層とプーリング層を繰り返した後，全結合層を積層します．これは，いわゆる通常のニューラルネットワーク（全結合層のみで構成されるネットワーク）と同じ構造であり，特徴マップを 1 列に並べる処理を行います．

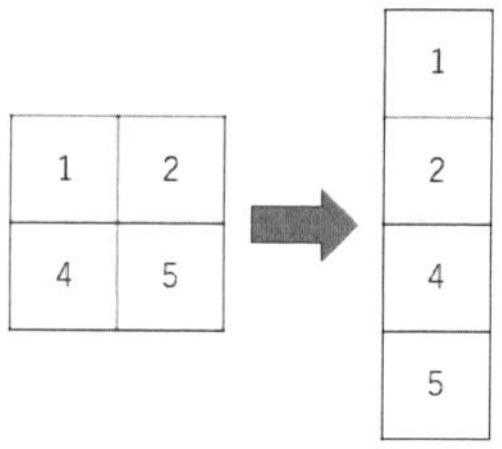

図 13.7　2 次元から 1 次元への変換

13.5　データ拡張

訓練データのサンプル数が少ない場合，モデルがその限られた範囲のデータに過度に最適化され，汎用性を失ってしまうことがあります．つまり，過学習が起こる場合があります．

この過学習を防ぐために，**データ拡張** (data augmentation) という手法が用いられます．データ拡張とは，手元にある画像データから，回転や反転，拡大・縮小，切り取り，色の調整などといった加工を施すことで，疑似的に新たなデータを生成する手法です．これにより，モデルはより多様なデータに触れることができ，汎化性能が向上します．

ただし，データ拡張を行う際には，現実に起こりうるデータを模倣することが重要です．例えば，画像認識タスクにおいて，

- 被写体が回転したり，視点が変わったりする
- 光の当たり方や明るさが変化する

といったことは自然に起こり得ます．一方で，被写体の意味を根本的に変えてしまうような加工は避けるべきです．例えば，数字認識タスクにおいて，数字の「6」を 180 度回転させて「9」にしてしまうのは，誤った認識を学習させてしまう可能性があるため不適切です．

13.6　ニューラルネットワークの学習におけるテクニック

この節では，ニューラルネットワークの学習を効率化し，性能を向上させるための一般的なテクニックを紹介します．具体的には，過学習を防ぐためのドロップアウトと学習の収束を早めるための様々な最適化アルゴリズムについて解説します．これらのテクニックは，CNN だけでなく，他のタイプのニューラルネットワークにも適用することができます．

13.6.1　ドロップアウト

ドロップアウト (dropout) は，過学習を抑えるために有効な手法の 1 つです．これは，出力層を除いた各層のニューロンを一定の確率でランダムに無効化することで実現されます．

学習フェーズでは，無効化されるニューロンは各重みとバイアスの更新ごとに変わります．これにより，モデルは特定のニューロンに過度に依存することを防ぎ，より汎化性能の高いモデル

を構築できます．一方，テストフェーズでは，全てのニューロンの信号を伝達しますが，ニューロンが無効化されずに残る確率を p とした場合，各ニューロンの出力に対してこの p の値を乗じて出力します．これは，学習フェーズにニューロンが減少した分を補正するためです．

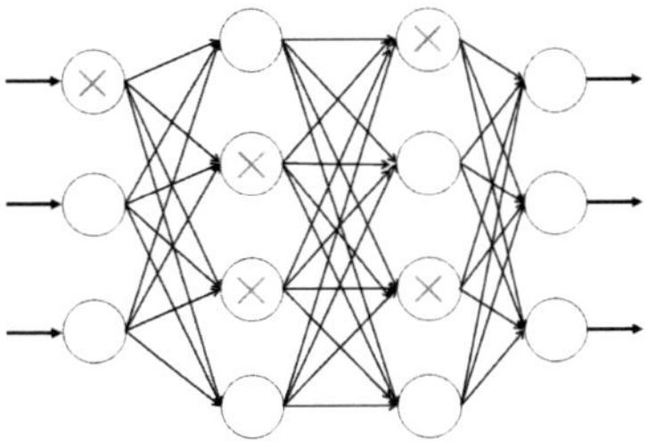

図 13.8　ドロップアウト：×のニューロンを無効化．

13.6.2　最適化アルゴリズム

ニューラルネットワークの学習には，**勾配降下法** (gradient descent) や**確率的勾配降下法** (stochastic gradient descent) がよく用いられます．しかし，これらの手法以外にも，確率的勾配降下法に慣性項を追加した**モメンタム** (momentum)，更新量（学習率）を自動的に調整する **AdaGrad**，AdaGrad の改善版である **RMSProp**，そして，モメンタムと AdaGrad の優れた部分を統合して改良された **Adam** などもあります．特に，Adam は広く使用されています．

それぞれの更新式は次のように表されます．

モメンタム　**モメンタム**は，確率的勾配降下法に慣性項を付加したものです．

$$w \leftarrow w - \eta \frac{\partial E}{\partial w} + \alpha \Delta w \tag{13.2}$$

$$b \leftarrow b - \eta \frac{\partial E}{\partial b} + \alpha \Delta b \tag{13.3}$$

ここで α は慣性の度合いを表す定数で，Δw は前回の更新量を示しています．慣性項 $\alpha \Delta w$ の存在により，新たな更新量は過去の更新量に影響を受けます．これにより更新量の急激な変化を抑え，滑らかな更新を実現します．ただし，確率的勾配降下法と比較すると，調整が必要な定数が η, α の 2 つなので，やや調整が難しくなります．

なお，本節で登場する式 (13.2)〜(13.13) は成分ごとに解釈します．例えば，(13.2) は $w_{jk} \leftarrow w_{jk} - \eta \frac{\partial E}{\partial w_{jk}} + \alpha \Delta w_{jk}$ と解釈します．

AdaGrad　**AdaGrad**(Adaptive Gradient Algorithm) は，文献 [15] において，Duchi らによって提案されました．その特徴は更新量が自動的に調整される点です．学習が進行するにつれて，学習率は徐々に小さくなります．

$$h \leftarrow h + \left(\frac{\partial E}{\partial w} \right)^2 \tag{13.4}$$

$$w \leftarrow w - \eta \frac{1}{\sqrt{h}} \frac{\partial E}{\partial w} \tag{13.5}$$

バイアスの更新式は重みの更新式と同様です．式 (13.4) により h は必ず増加します．h が式 (13.5) の分母に存在するため，更新量は必ず減少していきます．この h は重みごとに計算され，これまでの総更新量が少ない重みは新たな更新量が大きくなり，総更新量が多い重みは新たな更新量が小さくなります．これにより，初期の段階では広範囲を探索し，段々と探索範囲を狭めるという効率的な探索が可能になります．

また，AdaGrad では調整が必要な定数は η だけなので，モメンタムに比べて調整はしやすいです．ただし，AdaGrad は，更新量が常に減少するため，学習が進行する中で更新量がほぼ 0 になり，それ以上の最適化が進まなくなる可能性があります．

RMSProp AdaGrad の欠点である，更新量の低下による学習停滞を解消したのが **RMSprop**（Root Mean Square Propagation）です．公式の論文は存在しませんが，Geoff Hinton が Coursera の講義[1] で提案しました．

$$h \leftarrow \rho h + (1-\rho)\left(\frac{\partial E}{\partial w}\right)^2 \tag{13.6}$$

$$w \leftarrow w - \eta \frac{1}{\sqrt{h}} \frac{\partial E}{\partial w} \tag{13.7}$$

バイアスの更新式は，重みの更新式と同じとなります．ρ の存在により，過去の h を適当な比率で忘れることによって，更新量が極端に小さくなることを防いでいます．また，η と ρ の 2 つの定数を設定する必要があります．

Adam **Adam** (Adaptive Moment Estimation) は 2014 年に Kingma らによって提案された手法で，モメンタムと RMSprop の良い点を組み合わせたものです．以下において，右下の (t) が更新回数です．

$$m_{(0)} = v_{(0)} = 0 \tag{13.8}$$

$$m_{(t)} {=} \beta_1 m_{(t)} + (1-\beta_1)\frac{\partial E}{\partial w_{(t-1)}} \tag{13.9}$$

$$v_{(t)} {=} \beta_2 v_{(t-1)} + (1-\beta_2)\left(\frac{\partial E}{\partial w_{(t-1)}}\right)^2 \tag{13.10}$$

$$\hat{m}_{(t)} {=} \frac{m_{(t)}}{1-\beta_1^t} \tag{13.11}$$

$$\hat{v}_{(t)} {=} \frac{v_{(t)}}{1-\beta_2^t} \tag{13.12}$$

$$w_{(t)} {=} w_{(t-1)} - \eta \frac{\hat{m}_{(t)}}{\sqrt{\hat{v}_{(t)}} + \epsilon} \tag{13.13}$$

バイアスの更新式は，重みの更新式と同じとなります．Adam では，モメンタム的な効果をもたらす m と RMSprop 的な効果をもたらす v をそれぞれ保持します．そして，それぞれの

1　Tijmen Tieleman, G. Hinton (2012): Lecture 6.5-rmsprop: Divide the Gradient by a Running Average of Its Recent Magnitude. COURSERA: Neural Networks for Machine Learning, 4, 26-31.

初期値のバイアスを補正した $\hat{m}$ と $\hat{v}$ を使って更新します．Adam の利点は，様々な問題で良好な性能を発揮する点です．ただし，$\eta, \beta_1, \beta_2, \epsilon$ の 4 つの定数を設定する必要があります[2]．(13.9) は (13.2) に，(13.10) は (13.6) に対応しており，(13.13) によりこれらを組み合わせた更新しています．

13.7 CNN の学習と予測

CNN においても，通常のニューラルネットワークと同様に，**誤差逆伝播法**を用いた学習が行われます．

畳み込み層では，フィルタの値とバイアスが学習によって最適化されます．出力と正解ラベルとの間の誤差から計算された勾配に基づいて，フィルタとバイアスの値が更新されます．この誤差は畳み込み層を逆方向に伝播し，さらに前の層へと伝達されます．

一方，プーリング層ではパラメータの学習は行われません．プーリング層は，最大値や平均値などの単純な演算を行うだけで，学習可能なパラメータを持たないためです．しかし，プーリング層も誤差を逆伝播させる役割を担っており，前の層へと誤差を伝達します．

全結合層では，通常のニューラルネットワークと同様に，重みとバイアスが学習されます．誤差逆伝播法によって計算された勾配に基づいて，重みとバイアスの値が更新されます．

これらの層における誤差逆伝播と学習パラメータの関係をまとめると，以下の表のようになります．

表 13.1　各層において学習するパラメータ

層	誤差の伝播	学習するパラメータ
畳み込み層	あり	フィルタ $\boldsymbol{F}$，バイアス $\boldsymbol{b}$
プーリング層	あり	なし
全結合層	あり	重み $\boldsymbol{W}$，バイアス $\boldsymbol{\beta}$

以上のことから，CNN の学習と予測アルゴリズムは以下のようにまとめられます．

なお，アルゴリズムで登場する **im2col** と **col2im** は，畳み込み層における畳み込み演算を効率的に行うために用いられる手法です．詳細は割愛しますが，im2col は，入力画像をフィルタのサイズに対応する小さなパッチに分割し，それらを並べて行列に変換することで，畳み込み演算を行列積として計算できるようにします．一方，col2im は im2col の逆変換であり，行列積の結果を元の画像形式に戻します．これらの手法を用いることで，畳み込み演算を高速化し，CNN の学習と予測を効率的に行うことができます．詳細については，文献 [1, 7] を参照してください．

2　文献 [16] では，$\beta_1 = 0.9, \beta_2 = 0.999, \eta = 0.001, \varepsilon = 10^{-8}$ が推奨されています．

畳み込みニューラルネットワーク（CNN）のアルゴリズム

学習 (1) 畳み込み層のフィルタ $\boldsymbol{F}$ とバイアス $\boldsymbol{b}$，全結合層の重み W とバイアス $\boldsymbol{\beta}$ の初期値を与える．例えば，$\boldsymbol{F}$ と W の初期値をランダムに設定し，バイアス $\boldsymbol{b}$ と $\boldsymbol{\beta}$ は小さなランダム値で初期化する．

(2) 終了判定条件を満たすまで以下を繰り返す．

(a) 順伝播

i. 入力データを im2col を用いて変換し，フィルタ $\boldsymbol{F}$ を用いて畳み込み演算を行う．

ii. 畳み込み結果にバイアス $\boldsymbol{b}$ を加算する．

iii. 活性化関数（例：ReLU）を適用する．

iv. プーリング層にてプーリング操作（最大プーリングまたは平均プーリング）を行う．

v. プーリング結果をフラット化（一次元化）し，全結合層に入力する．

vi. 重み W とバイアス $\boldsymbol{\beta}$ を用いて出力を計算する．

vii. 活性化関数（例：ソフトマックス関数）を適用し，各クラスに属する確率を出力する．

(b) 逆伝播

i. 出力と正解ラベルの誤差を計算する（例：交差エントロピー）．

ii. 誤差を逆伝播させ，フィルタ $\boldsymbol{F}$，バイアス $\boldsymbol{b}$，重み W，バイアス $\boldsymbol{\beta}$ の勾配を計算する．

iii. col2im を使用して逆伝播の際の勾配を元の画像サイズに戻す．

iv. 勾配に基づき，フィルタ $\boldsymbol{F}$，バイアス $\boldsymbol{b}$，重み W，バイアス $\boldsymbol{\beta}$ を更新する（例：Adam を使用）．

予測 (1) 新しい入力画像を im2col を用いて変換し，学習済みの CNN モデルを用いて順伝播計算を行う．

(2) 最終的な出力層の結果（各クラスに属する確率）から，最も確率の高いクラスを予測結果とする．

これまで説明したように，CNN は画像認識において他の手法と比べて非常に優れた性能を発揮します．最後に，その理由をまとめておきましょう．

(1) **局所的な特徴の抽出**: 畳み込み層は，フィルタを用いて画像の局所的な領域から特徴を抽出します．これにより，画像中の物体の位置や向きが変わっても，同じ特徴を検出できるようになります．例えば，画像中のどこに猫がいても，猫の目や耳といった特徴を捉えることができます．この性質は，**平行移動不変性** (translation invariance) と呼ばれ，画像認識において非常に重要です．

(2) **重み共有**：畳み込み層では，同じフィルタ（重み）を画像全体にわたって適用します．これにより，パラメータ数が大幅に削減され，計算効率が向上するだけでなく，モデルの汎化性能も向上します．例えば，あるフィルタが画像の一部分で「エッジ」を検出した場合，そのフィルタは画像の他の部分でも同様に「エッジ」を検出することができます．

(3) **プーリングによる抽象化**：プーリング層では，最大プーリングや平均プーリングを用いて，画像の情報を圧縮し，より抽象的な特徴を抽出します．これにより，画像の細かな変動（ノイズやわずかな位置ずれなど）の影響を受けにくくなり，より本質的な特徴を捉えることができます．

これらの特性により，CNN は画像認識において非常に高い性能を発揮し，画像分類，物体検出，セグメンテーションなど，様々なタスクで広く利用されています．畳み込み層とプーリング層を組み合わせることで，画像の局所的な特徴を捉えつつ，全体の構造を把握することができ，さらに重みの共有とプーリングによる次元削減により，効率的な学習と予測が可能となります．

■■■■■■ 確認問題 ■■■■■■■■■■■■■■■■■■■■■■■■■■■■■■■■

確認問題 13.1　プーリング層の特徴として，最も適切なものを選べ．

(1) 学習によって最適化されるパラメータはない　(2) 画像サイズを大きくする

(3) 畳み込み層より計算量が多い　(4) 出力の次元は入力と同じである

確認問題 13.2　MNIST のような手書き数字 [0, 1, 2, 3, 4, 5, 6, 7, 8, 9] の画像データセットに対して，データ拡張を行うことを考える．このようなデータセットに対して，正解ラベルが [6] や [9] のデータへ施してはいけない変換を 1 つ選べ．

(1) 拡大・縮小　(2) 画像を 180 度回転　(3) 一部を切り取る　(4) コントラストを変える

確認問題 13.3　深層学習において，過学習を防ぐために利用される方法として，最も適切なものを選べ．

(1) Adam　(2) RMSProp　(3) AdaGrad　(4) ドロップアウト

確認問題 13.4　畳み込みニューラルネットワーク (CNN) の畳み込み層において，サイズ 6×6 の画像に対し，サイズ 3×3 のカーネルで畳み込み演算を行ったところ，出力サイズは 2×2 となった．ストライドはいくつだったか？ なお，パディングは行わないものとする．

確認問題 13.5　畳み込み層の役割として，最も適切なものを選べ．

(1) 画像の解像度を下げる　(2) 特徴マップを抽出する

(3) 学習パラメータを更新する　(4) 誤差を逆伝播させる

確認問題 13.6　畳み込み演算において，フィルタを適用する範囲を指す用語はどれか？

(1) ストライド　(2) パディング　(3) 局所受容野　(4) チャンネル

確認問題 13.7　勾配降下法の学習率を適応的に調整する最適化アルゴリズムはどれか？ すべて選べ．

(1) モメンタム　(2) AdaGrad　(3) RMSProp　(4) Adam

確認問題 13.8　CNN の学習において，誤差逆伝播法が利用される層はどれか？

(1) 畳み込み層　(2) プーリング層　(3) 全結合層　(4) すべて

確認問題 13.9　CNN において，重みの共有とは何か？

(1) 複数の畳み込み層で同じフィルタを共有すること

(2) 複数のプーリング層で同じプーリング領域を共有すること

(3) 複数の全結合層で同じ重みを共有すること　(4) 複数のニューロンで同じ重みを共有すること

確認問題 13.10　データ拡張の目的は何か？

(1) データの見た目を良くする　(2) 訓練データの多様性を増やし過学習を防ぐ

(3) 画像の解像度を上げる　(4) 画像の色を調整する

確認問題 13.11　全結合層の役割として，最も適切なものを選べ.

(1) 画像を圧縮する　(2) 特徴を組み合わせて最終的な出力を生成する

(3) 画像を平滑化する　(4) 画像を回転させる

確認問題 13.12　ドロップアウトにおいて，ある層のニューロンが活性化される確率が 0.8 の場合，その層の出力に掛ける係数の値は？

確認問題 13.13　以下の問に答えよ.

(1) 入力画像サイズが 8×8(横 × 縦)，フィルタサイズが 3×3，ストライド幅が 1，パディング幅が 1 のとき，出力される特徴マップのサイズを $x \times y$ の形で書け.

(2) 入力画像のサイズが 32×32，チャンネル数が 3 の場合，入力画像の次元は $32 \times 32 \times 3$ である．この画像に対して，サイズ 3×3 のフィルタを用いた畳み込み演算を行うとき，出力の次元を $x \times y \times z$ の形で求めよ．ただし，ストライド幅は 1，パディング幅は 0 とし，使用するフィルタの数は 16 とする．さらに，この畳み込み層における「フィルタの値の数 (フィルタの次元)」と「バイアスの数」の合計を求めよ.

確認問題 13.14　以下の問に答えよ.

(1) 入力画像サイズが 32×32(横 × 縦)，チャンネル数が 3 の場合，フィルタサイズが 3×3，ストライド幅が 1，パディング幅が 1 の畳み込み層と，領域サイズが 2×2 の最大プーリング層を 2 回適用した場合の出力画像サイズを求めよ.

(2) 入力画像サイズが 128×128，チャンネル数が 1 の場合，フィルタサイズが 5×5，ストライド幅が 2，パディングなしの畳み込み層と，領域サイズが 4×4 の平均プーリング層を適用した場合の出力画像サイズを求めよ.

確認問題 13.15

下の図において，ストライド幅を 1 として畳み込み演算を行うとき，x と y の値を求めよ．また，得られた 2×2 の特徴マップに最大プーリングを適用した結果 z を求めよ.

画像

3	2	1	0
1	1	2	2
2	2	2	0
0	3	3	3

フィルタ

0	1
3	2

特徴マップ

x	8
11	y

最大プーリング

z

さらに，得られた特徴マップに平均プーリングを適用した結果を求めよ.

第14章

再帰型ニューラルネットワーク(RNN)

本章では再帰型ニューラルネットワーク（RNN）について学びます．RNNは，深層学習モデルの一種であり，特に時系列データの処理で力を発揮します．

時系列データとは，時間とともに変化するデータであり，音声，動画，株価の推移，天候の変化など，私たちの身の回りには多くの時系列データが存在します．これらのデータを扱う際には，過去の情報に基づいて未来を予測することが求められます．RNNは，過去の情報を「記憶」として保持し，それを使って未来の予測を行うことができるのです．

RNNの応用範囲は時系列データだけにとどまりません．例えば，文章は単語の並びであり，画像もピクセルの並びと見なすことができます．そのため，RNNは時系列データだけでなく，画像データや自然言語処理にも応用可能です．例えば，動画データの解析や文書の次に来る単語の予測など，多様なデータに対しても強力なツールとなります．このように，RNNは順序を持つデータ全般を扱うことができる，汎用性の高いモデルなのです．

14.1　RNN の構造

再帰型ニューラルネットワーク (**RNN**: Recurrent Neural Network) は，中間層がループする構造を持つニューラルネットワークです．図 14.1 に RNN の基本構造を示します．

RNN の中間層の出力は，次の時刻の入力とともに，再び中間層への入力として用いられます．このような自己参照的なループ構造は「再帰」と呼ばれます．RNN では，中間層が前の時刻の中間層の影響を受けるため，過去の情報を記憶し，その情報を用いて現時点での出力を決定できるのです．

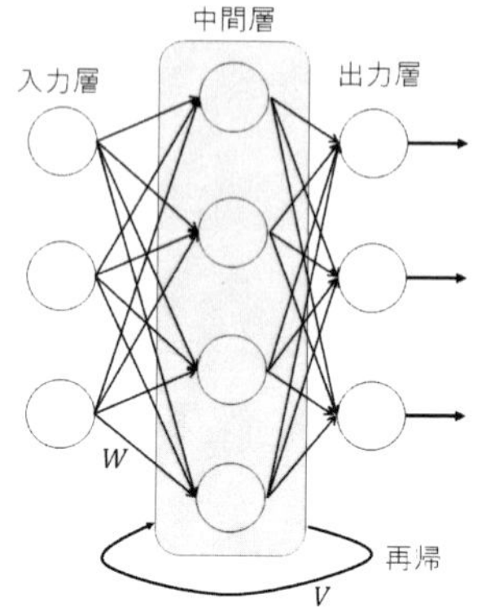

図 14.1　RNN の基本構造

RNN は，自然言語や音声といった長さが変動するデータに対して柔軟に対応できます．これは，RNN が時間の経過とともに変化するデータ，すなわち時系列データを扱うのに適しているためです．時系列データは RNN の入力として与えられます．

RNN のループを時間方向に展開すると，図 14.2 や図 14.3 のようになります．図 14.2 のように全ての時刻で出力層を持つ場合もあれば，図 14.3 のように最終時刻のみ出力層を持つ場合もあります．

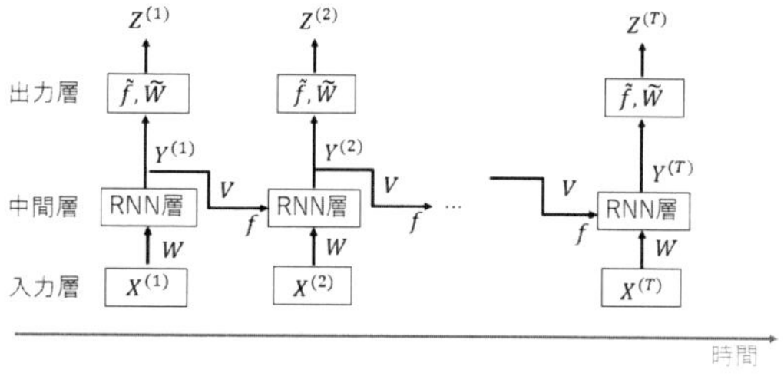

図 14.2　各時刻に出力を持つ RNN

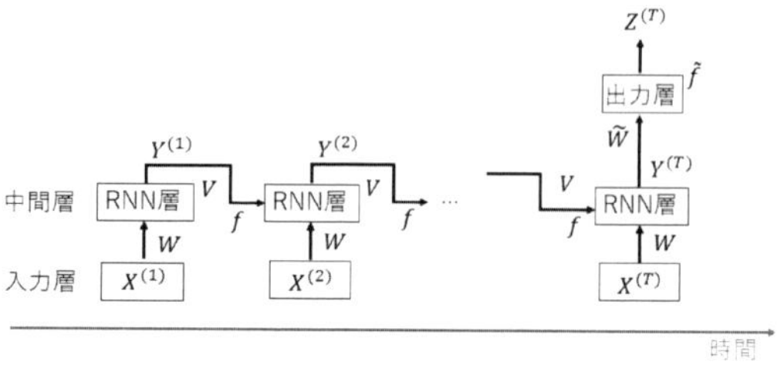

図 14.3　最終時刻のみ出力を持つ RNN

このように展開した RNN は，深い層を持つニューラルネットワークと見なすことができます．RNN はバックプロパゲーションにより学習しますが，誤差の伝播の方法は通常のニューラルネットワークとは異なります．RNN では誤差は過去に遡って伝播し，ある時刻における誤差の出力の勾配は，出力層から遡ってきた出力の勾配と，次の時刻から戻ってきた出力の勾配の和になります．全時刻にわたってこのように誤差を遡らせて勾配を計算し，重みとバイアスを更新します．

このように RNN を時間方向に展開し，順伝播型ネットワークと見なした上で，誤差逆伝播計算を行う方法を **BPTT 法**（Back Propagation Through Time method）と呼びます．BPTT 法による計算を行う際には，時系列データを適当な長さで区切り，その範囲で計算を行います．図 14.2，14.3 では，この計算区間を T ステップとしています．

14.2　RNN 層の順伝播

RNN 層の順伝播について詳しく見ていきましょう．RNN の順伝播は，基本的には全結合層や畳み込み層の順伝播と同様に，重み付けされた入力とバイアスの和を活性化関数で処理する流れですが，RNN では 1 つ前の時刻の出力（隠れ状態）も入力として考慮する点が異なります．

14.2.1　順伝播の計算

時刻 t における RNN 層の順伝播では，まず，現在の入力 $X^{(t)}$ と重み行列 W の積を求めます．次に，1 つ前の時刻 $t-1$ の出力 $Y^{(t-1)}$ と重み行列 V の積を求めます．そして，これら 2 つの積とバイアス B を足し合わせ，活性化関数 f で処理することで，現在の出力 $Y^{(t)}$ を計算します．この出力 $Y^{(t)}$ は，次の層に伝播されるだけでなく，次の時刻 $t+1$ の RNN 層への入力としても利用されます．

第 12.7 節で説明した通り，全結合層では，順伝播は次の式で表すことができました．

$$U = XW + B$$
$$Y = f(U)$$

一方，RNN 層では，これを拡張した以下の式で順伝播を表します．

$$\begin{aligned} U^{(t)} &= X^{(t)}W + Y^{(t-1)}V + B \\ Y^{(t)} &= f(U^{(t)}) \end{aligned} \tag{14.1}$$

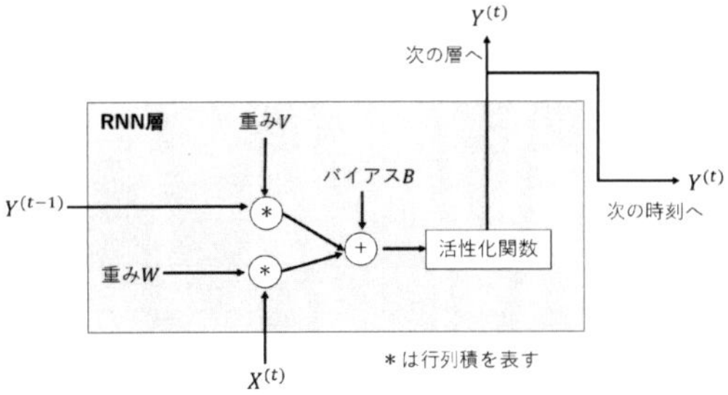

図 14.4　RNN 層の順伝播

ここで，$X^{(t)}$ は時刻 t における入力，W は入力にかける重み行列，$Y^{(t-1)}$ は 1 つ前の時刻 $t-1$ における出力（隠れ状態），V は隠れ状態にかける重み行列，B はバイアス，f は活性化関数を表します．V と W は異なる重み行列ですが，時間依存性はなく，各時刻で共通です．また，式 (14.1) ではバイアス B を行列として表現していますが，実際にはベクトルです．数式の表記の都合上，同じベクトルを複数行並べて行列として扱っています．

初期出力 $Y^{(0)}$ が与えられているとき，$t=2$ とすると，式 (14.1) は以下のように展開できます．

$$\begin{aligned} U^{(2)} &= X^{(2)}W + Y^{(1)}V + B = X^{(2)}W + f(U^{(1)})V + B \\ &= X^{(2)}W + f(X^{(1)}W + Y^{(0)}V + B)V + B \end{aligned}$$

このように，RNN では前時刻の出力（隠れ状態）が現在の出力計算に用いられるため，時間的な連続性を持つデータの特性を捉えることが可能となります．

14.2.2　隠れ状態の計算

式 (14.1) における $U^{(t)}$ は，次のように表現されます．

$$U^{(t)} = \begin{bmatrix} u_{11}^{(t)} & u_{12}^{(t)} & \cdots & u_{1n}^{(t)} \\ u_{21}^{(t)} & u_{22}^{(t)} & \cdots & u_{2n}^{(t)} \\ \vdots & \vdots & \ddots & \vdots \\ u_{h1}^{(t)} & u_{h2}^{(t)} & \cdots & u_{hn}^{(t)} \end{bmatrix}$$

ここで，h はバッチサイズ，n は**隠れ状態ベクトル** (hidden state vector) の次元を示します．隠れ状態ベクトルとは，RNN の出力 $Y^{(t)}$ を指すもので，この行列の各行はバッチ内の各サンプル，各列はこの層における各ニューロンを示しています．たとえば，$u_{12}^{(t)}$ はバッチ内の 1 つ目のサンプル，層内の 2 つ目のニューロン，時刻 t におけるスカラー値を示します．

式 (14.1) を各要素で展開すると，以下のようになります．ここで，m は入力ベクトルの次元です．

$$\begin{aligned} U^{(t)} &= X^{(t)}W + Y^{(t-1)}V + B \\ &= \begin{bmatrix} x_{11}^{(t)} & x_{12}^{(t)} & \cdots & x_{1m}^{(t)} \\ x_{21}^{(t)} & x_{22}^{(t)} & \cdots & x_{2m}^{(t)} \\ \vdots & \vdots & \ddots & \vdots \\ x_{h1}^{(t)} & x_{h2}^{(t)} & \cdots & x_{hm}^{(t)} \end{bmatrix} \begin{bmatrix} w_{11} & w_{12} & \cdots & w_{1n} \\ w_{21} & w_{22} & \cdots & w_{2n} \\ \vdots & \vdots & \ddots & \vdots \\ w_{m1} & w_{m2} & \cdots & w_{mn} \end{bmatrix} \\ &\quad + \begin{bmatrix} y_{11}^{(t-1)} & y_{12}^{(t-1)} & \cdots & y_{1n}^{(t-1)} \\ y_{21}^{(t-1)} & y_{22}^{(t-1)} & \cdots & y_{2n}^{(t-1)} \\ \vdots & \vdots & \ddots & \vdots \\ y_{h1}^{(t-1)} & y_{h2}^{(t-1)} & \cdots & y_{hn}^{(t-1)} \end{bmatrix} \begin{bmatrix} v_{11} & v_{12} & \cdots & v_{1n} \\ v_{21} & v_{22} & \cdots & v_{2n} \\ \vdots & \vdots & \ddots & \vdots \\ v_{n1} & v_{n2} & \cdots & v_{nn} \end{bmatrix} + \begin{bmatrix} b_1 & b_2 & \cdots & b_n \\ b_1 & b_2 & \cdots & b_n \\ \vdots & \vdots & \ddots & \vdots \\ b_1 & b_2 & \cdots & b_n \end{bmatrix} \end{aligned}$$

V は，前の時刻の出力とこの時刻の出力の数が同じなので正方行列になりますが，W は正方行列とは限りません．

この式は，行列積により以下の形になります．

$$\begin{aligned} U^{(t)} &= \begin{bmatrix} u_{11}^{(t)} & \cdots & u_{1n}^{(t)} \\ \vdots & \ddots & \vdots \\ u_{h1}^{(t)} & \cdots & u_{hn}^{(t)} \end{bmatrix} \\ &= \begin{bmatrix} \sum_{k=1}^{m} x_{1k}^{(t)} w_{k1} + \sum_{k=1}^{n} y_{1k}^{(t-1)} v_{k1} + b_1 & \cdots & \sum_{k=1}^{m} x_{1k}^{(t)} w_{kn} + \sum_{k=1}^{n} y_{1k}^{(t-1)} v_{kn} + b_n \\ \vdots & \ddots & \vdots \\ \sum_{k=1}^{m} x_{hk}^{(t)} w_{k1} + \sum_{k=1}^{n} y_{hk}^{(t-1)} v_{k1} + b_1 & \cdots & \sum_{k=1}^{m} x_{hk}^{(t)} w_{kn} + \sum_{k=1}^{n} y_{hk}^{(t-1)} v_{kn} + b_n \end{bmatrix} \end{aligned} \tag{14.2}$$

そして，行列 $U^{(t)}$ の全ての要素に活性化関数 f を適用すると，隠れ状態 $Y^{(t)}$ が得られます．

$$Y^{(t)} = f(U^{(t)}) = \begin{bmatrix} f(u_{11}^{(t)}) & f(u_{12}^{(t)}) & \cdots & f(u_{1n}^{(t)}) \\ f(u_{21}^{(t)}) & f(u_{22}^{(t)}) & \cdots & f(u_{2n}^{(t)}) \\ \vdots & \vdots & \ddots & \vdots \\ f(u_{h1}^{(t)}) & f(u_{h2}^{(t)}) & \cdots & f(u_{hn}^{(t)}) \end{bmatrix} \tag{14.3}$$

ここでは，活性化関数として双曲線正接関数 $f(u) = \tanh u$ を使用します．ReLU に比べると双曲線正接関数は勾配消失問題が発生しやすい傾向にありますが，ロジスティック関数に比べると勾配消失の問題が発生しにくいです．また，双曲線正接関数は出力の値域が $[-1,1]$ に収まるため，層を深くした場合でも，各層における出力の値が大きくなりすぎることを防ぎ，学習の安定化に繋がります．さらに，出力の値がゼロ中心であるため，次の層への入力の分布を均一に保つ効果があり，学習の効率を高めることにも貢献します．

一方，ReLU は多くのディープニューラルネットワークで広く使用されていますが，RNN においては「勾配爆発問題」が発生しやすくなる傾向があります．特に，RNN のように時間的な依存性を持つネットワークでは，ReLU の使用により，正の値が入力され続けると，ReLU による出力値が際限なく増大する可能性があります．これが学習の不安定さを引き起こす原因となります．

また，ReLU は入力が負の値の場合，出力がゼロになります．RNN のように連続的な情報を扱う場合，この特性により情報が失われてしまう可能性があります．これに対して，tanh は常に -1 から 1 の範囲で出力を生成するため，情報が完全に途切れることが少なく，連続的な情報の伝達に適しています．これらの理由から，RNN においては双曲線正接関数が活性化関数として好まれる傾向があります．

14.3 出力層の順伝播と損失関数

出力層は全結合層として扱われます．ここでは，出力層の活性化関数を $\widetilde{f}$，重みを $\widetilde{W}$，バイアスを $\widetilde{B}$，そして出力を $Z^{(t)}$ と表記します．これらの間には次のような関係があります．

$$\begin{aligned} \widetilde{U}^{(t)} &= Y^{(t)}\widetilde{W} + \widetilde{B} \\ Z^{(t)} &= \widetilde{f}(\widetilde{U}^{(t)}) \end{aligned} \tag{14.4}$$

式 (14.4) の最初の式は，前の層（RNN 層）からの出力（隠れ状態ベクトル）$Y^{(t)}$ に重み $\widetilde{W}$ を掛け，バイアス $\widetilde{B}$ を加えることで，全結合層の総入力 $\widetilde{U}^{(t)}$ を計算します．次の式は，総入力 $\widetilde{U}^{(t)}$ を活性化関数 $\widetilde{f}$ に通して，最終的な出力 $Z^{(t)}$ を得ることを表します．

出力層の設計は，他の順伝播型ネットワークと基本的に同じです．したがって，損失関数も同様のものを利用できます．例えば，K クラス分類問題では，出力層のニューロン数を K とし，ソフトマックス関数を活性化関数として用います．訓練データが N 個ある場合，n 番目の訓練データの時刻 t における入力特徴量を $\boldsymbol{x}_n^{(t)}$，出力系列を $z_n^{(1)}, z_n^{(2)}, \ldots, z_n^{(T_n)}$，目標値（正解値）を $\boldsymbol{d}_n^{(1)}, \boldsymbol{d}_n^{(2)}, \ldots, \boldsymbol{d}_n^{(T_n)}$ とします．ただし，T_n は n 番目の訓練データの系列長です．このとき，損失関数は交差エントロピーに基づいて次のように定義できます．

$$E = -\sum_{n=1}^{N}\sum_{t=1}^{T_n}\sum_{k=1}^{K} d_{nk}^{(t)} \log z_{nk}^{(t)}$$

ここで，$d_{nk}^{(t)}$ は n 番目の訓練データの時刻 t における，クラス k の目標値（One-hot ベクトルの要素）で，$z_{nk}^{(t)}$ は，n 番目の訓練データの時刻 t における，クラス k に対する RNN の出力です．

一方，回帰問題の場合の損失関数は，2 乗和誤差に基づいて以下のように定義できます．

$$E = \frac{1}{2}\sum_{n=1}^{N}\sum_{t=1}^{T_n}\|\boldsymbol{z}_n^{(t)} - \boldsymbol{d}_n^{(t)}\|_2^2$$

RNN の順伝播計算

例 14.1　RNN の順伝播 (14.1), (14.4) において，バッチサイズを 1，隠れ状態ベクトルの次元を 2，$W = \begin{bmatrix} 0 & 1 \\ -1 & 0 \end{bmatrix}$, $V = \begin{bmatrix} -1 & 1 \\ 0 & 1 \end{bmatrix}$, $B = \widetilde{B} = [1, 0]$, $\widetilde{W} = \begin{bmatrix} 1 & 2 \\ 3 & -4 \end{bmatrix}$, $X^{(1)} = [2, 3]$, $X^{(2)} = [1, 0]$, $X^{(3)} = [0, -1]$, $Y^{(0)} = [0, 0]$ とするとき，$Z^{(3)}$ を求めよ．ただし，f を恒等写像，$\widetilde{f}$ を ReLU とする．

(解答)

$$U^{(1)} = [2, 3]\begin{bmatrix} 0 & 1 \\ -1 & 0 \end{bmatrix} + [0, 0]\begin{bmatrix} -1 & 1 \\ 0 & 1 \end{bmatrix} + [1, 0] = [-3, 2] + [1, 0] = [-2, 2], \quad Y^{(1)} = U^{(1)} = [-2, 2]$$

$$U^{(2)} = [1, 0]\begin{bmatrix} 0 & 1 \\ -1 & 0 \end{bmatrix} + [-2, 2]\begin{bmatrix} -1 & 1 \\ 0 & 1 \end{bmatrix} + [1, 0] = [0, 1] + [2, 0] + [1, 0] = [3, 1], \quad Y^{(2)} = U^{(2)} = [3, 1]$$

$$U^{(3)} = [0, -1]\begin{bmatrix} 0 & 1 \\ -1 & 0 \end{bmatrix} + [3, 1]\begin{bmatrix} -1 & 1 \\ 0 & 1 \end{bmatrix} + [1, 0] = [1, 0] + [-3, 4] + [1, 0] = [-1, 4], \quad Y^{(3)} = U^{(3)} = [-1, 4]$$

$$\widetilde{U}^{(3)} = [-1, 4]\begin{bmatrix} 1 & 2 \\ 3 & -4 \end{bmatrix} + [1, 0] = [11, -18] + [1, 0] = [12, -18]$$

$$\widetilde{Z}^{(3)} = [\widetilde{f}(12), \widetilde{f}(-18)] = [12, 0]$$

■

問 14.1　RNN の順伝播 (式 14.1, 14.4) において，バッチサイズを 1，隠れ状態ベクトルの次元を 3，入力ベクトルの次元を 2，以下のパラメータと入力をもつとする．

$$W = \begin{bmatrix} 1 & 0 & -1 \\ -2 & 1 & 0 \end{bmatrix}, \; V = \begin{bmatrix} 0 & 1 & 0 \\ 0 & 0 & 1 \\ 1 & 0 & 0 \end{bmatrix}, \; B = [0, 0, 1], \; \widetilde{B} = [0, 1], \; \widetilde{W} = \begin{bmatrix} 1 & -1 \\ 2 & 1 \\ -1 & 2 \end{bmatrix}, \; X^{(1)} = [1, 2], \; Y^{(0)} = [0, 1, -1]$$

このとき，活性化関数 f を恒等写像，$\widetilde{f}$ を ReLU として，$Z^{(1)}$ を求めよ．

14.4　RNN 層の逆伝播

この節では，RNN 層の逆伝播について詳しく説明します．逆伝播の全体的なプロセスを図 14.5 に示します．

RNN 層の逆伝播における重要なポイントの 1 つは，順伝播で分岐した勾配が逆伝播では合算されるという点です．具体的には，損失関数を E とするとき，$\dfrac{\partial E}{\partial Y^{(t)}}$ は，上の層から伝播してくる勾配 $\dfrac{\partial E}{\partial Y_{up}^{(t)}}$ と，次の時間ステップから伝播してくる勾配 $\dfrac{\partial E}{\partial Y_{next}^{(t)}}$ の和として計算されます．つまり，以下の関係が成り立ちます．

$$\frac{\partial E}{\partial Y^{(t)}} = \frac{\partial E}{\partial Y_{up}^{(t)}} + \frac{\partial E}{\partial Y_{next}^{(t)}} \tag{14.5}$$

これにより，過去の情報が現在に影響を与える一方で，未来の情報も同時に現在の学習に影響を与えることができます．これが RNN の特徴的な逆伝播の仕組みです．

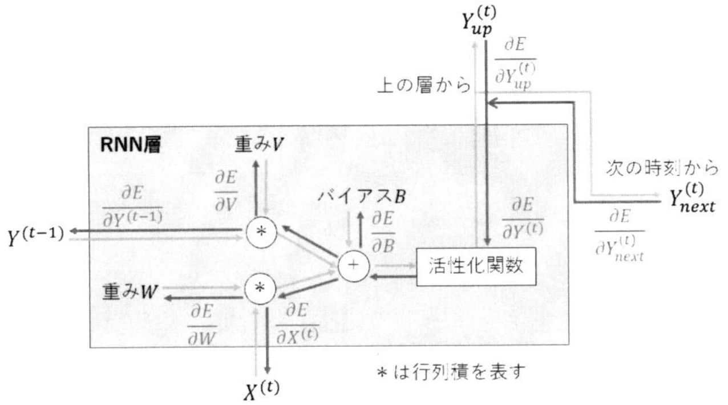

図 14.5 RNN 層の逆伝播

14.4.1 逆伝播の計算

まず，式 (14.2) および式 (14.3) における行列の各要素を以下のように表現します．

$$u_{ij}^{(t)} = \sum_{k=1}^{m} x_{ik}^{(t)} w_{kj} + \sum_{k=1}^{n} y_{ik}^{(t-1)} v_{kj} + b_{ij},$$
$$y_{ij}^{(t)} = f(u_{ij}^{(t)}), \quad (i = 1, 2, \ldots, h, j = 1, 2, \ldots, n).$$

次に，入力 $x_{ij}^{(t)}$ に関連する重み w_{ij} の勾配を求めます．ここで，E は出力層の誤差関数を示します．

$$\frac{\partial E}{\partial w_{ij}} = \sum_{t=1}^{T} \sum_{l=1}^{h} \frac{\partial E}{\partial u_{lj}^{(t)}} \frac{\partial u_{lj}^{(t)}}{\partial w_{ij}} \tag{14.6}$$

さらに，

$$\frac{\partial u_{lj}^{(t)}}{\partial w_{ij}} = \frac{\partial \left(\sum_{k=1}^{m} x_{lk}^{(t)} w_{kj} + \sum_{k=1}^{n} y_{lk}^{(t-1)} v_{kj} + b_{lj} \right)}{\partial w_{ij}}$$
$$= x_{li}^{(t)}$$

となります．ここで，$\delta_{lj}^{(t)} = \frac{\partial E}{\partial u_{lj}^{(t)}}$ とおけば，

$$\frac{\partial E}{\partial w_{ij}} = \sum_{t=1}^{T} \sum_{l=1}^{h} x_{li}^{(t)} \delta_{lj}^{(t)} \tag{14.7}$$

となります．この式と全結合層の式との違いは，時間方向に総和をとるという点です．

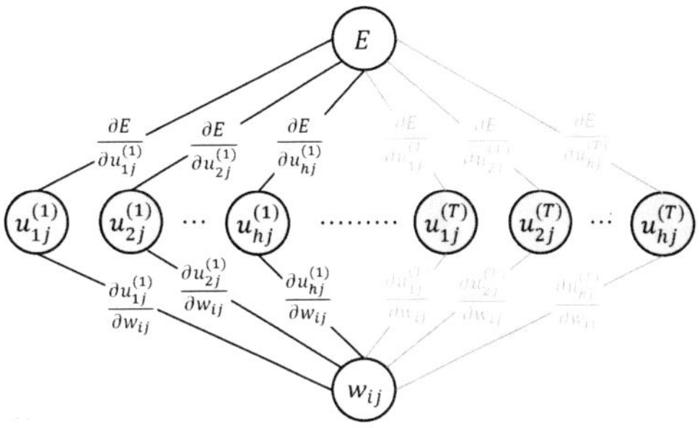

図 14.6 連鎖律 (14.6) の対応

これに基づいて，前の時間の出力 $y_{ij}^{(t-1)}$ に関連する重み v_{ij} の勾配は以下のように求められます．

$$\frac{\partial E}{\partial v_{ij}} = \sum_{t=1}^{T} \sum_{l=1}^{h} y_{li}^{(t-1)} \delta_{lj}^{(t)} \tag{14.8}$$

バイアス b_{ij} に関する勾配も同様にして時間方向に総和をとる形で求めることができます．

$$\frac{\partial E}{\partial b_{ij}} = \sum_{t=1}^{T}\sum_{l=1}^{h}\delta_{lj}^{(t)} \tag{14.9}$$

ある時刻 t における入力 $x_{ij}^{(t)}$ の勾配は以下の式で求められます．

$$\frac{\partial E}{\partial x_{ij}^{(t)}} = \sum_{l=1}^{n}\frac{\partial E}{\partial u_{il}^{(t)}}\frac{\partial u_{il}^{(t)}}{\partial x_{ij}^{(t)}} = \sum_{l=1}^{n} w_{jl}\delta_{il}^{(t)}, \quad (i = 1, 2, \ldots, h, j = 1, 2, \ldots, m) \tag{14.10}$$

これは，RNN 層の上に別の層が存在する場合に，その層の勾配を求めるために利用します．

前の時間 $t-1$ における出力 $y_{ij}^{(t-1)}$ の勾配についても，入力の勾配と同様の方法で求めることができます．

$$\frac{\partial E}{\partial y_{ij}^{(t-1)}} = \sum_{l=1}^{n}\frac{\partial E}{\partial u_{il}^{(t)}}\frac{\partial u_{il}^{(t)}}{\partial y_{ij}^{(t-1)}} = \sum_{l=1}^{n} v_{jl}\delta_{il}^{(t)}, \quad (i = 1, 2, \ldots, h, j = 1, 2, \ldots, n) \tag{14.11}$$

なお，

$$\delta_{ij}^{(t)} = \frac{\partial E}{\partial u_{ij}^{(t)}} = \frac{\partial E}{\partial y_{ij}^{(t)}}\frac{\partial y_{ij}^{(t)}}{\partial u_{ij}^{(t)}}$$

であり，$\dfrac{\partial E}{\partial y_{ij}^{(t)}}$ は前の時刻と出力層からの伝播により求められ，$\dfrac{\partial y_{ij}^{(t)}}{\partial u_{ij}^{(t)}}$ は活性化関数の偏微分により求められます．

ここで，活性化関数を $y(u) = \tanh u$ とすれば，

$$y' = \frac{(e^u - e^{-u})'(e^u + e^{-u}) - (e^u - e^{-u})(e^u + e^{-u})'}{(e^u + e^{-u})^2} = \frac{(e^u + e^{-u})^2 - (e^u - e^{-u})^2}{(e^u + e^{-u})^2} = 1 - y^2$$

であり，これが $\dfrac{\partial y_{ij}^{(t)}}{\partial u_{ij}^{(t)}}$ に相当します．

14.4.2　逆伝播の行列表示

式 (14.7) より，入力に対する重み行列 W に対する損失関数の勾配は次のようになります．

$$\frac{\partial E}{\partial W} = \sum_{t=1}^{T} {}^{t}X^{(t)}\Delta^{(t)} = \sum_{t=1}^{T}\begin{bmatrix} x_{11}^{(t)} & x_{21}^{(t)} & \cdots & x_{h1}^{(t)} \\ x_{12}^{(t)} & x_{22}^{(t)} & \cdots & x_{h2}^{(t)} \\ \vdots & \vdots & \ddots & \vdots \\ x_{1m}^{(t)} & x_{2m}^{(t)} & \cdots & x_{hm}^{(t)} \end{bmatrix}\begin{bmatrix} \delta_{11}^{(t)} & \delta_{12}^{(t)} & \cdots & \delta_{1n}^{(t)} \\ \delta_{21}^{(t)} & \delta_{22}^{(t)} & \cdots & \delta_{2n}^{(t)} \\ \vdots & \vdots & \ddots & \vdots \\ \delta_{h1}^{(t)} & \delta_{h2}^{(t)} & \cdots & \delta_{hn}^{(t)} \end{bmatrix}$$

ここで，h はバッチサイズ，m は入力ベクトルの次元です．したがって，$X^{(t)}$ および $\Delta^{(t)}$ はそれぞれ $h \times m$ および $h \times n$ の次元を持つ行列となります．

次に，前の時間ステップの出力に対する重み行列 V の勾配について考えます．この勾配は，(14.8) より，以下のように表せます．

$$\frac{\partial E}{\partial V}=\sum_{t=1}^{T}{}^{t}Y^{(t-1)}\Delta^{(t)}=\sum_{t=1}^{T}\begin{bmatrix} y_{11}^{(t-1)} & y_{21}^{(t-1)} & \cdots & y_{h1}^{(t-1)} \\ y_{12}^{(t-1)} & y_{22}^{(t-1)} & \cdots & y_{h2}^{(t-1)} \\ \vdots & \vdots & \ddots & \vdots \\ y_{1n}^{(t-1)} & y_{2n}^{(t-1)} & \cdots & y_{hn}^{(t-1)} \end{bmatrix}\begin{bmatrix} \delta_{11}^{(t)} & \delta_{12}^{(t)} & \cdots & \delta_{1n}^{(t)} \\ \delta_{21}^{(t)} & \delta_{22}^{(t)} & \cdots & \delta_{2n}^{(t)} \\ \vdots & \vdots & \ddots & \vdots \\ \delta_{h1}^{(t)} & \delta_{h2}^{(t)} & \cdots & \delta_{hn}^{(t)} \end{bmatrix}$$

また，バイアスの勾配は (14.9) より，以下のように表せます．

$$\frac{\partial E}{\partial B}=\sum_{t=1}^{T}\begin{bmatrix} \sum_{k=1}^{h}\delta_{k1}^{(t)} & \sum_{k=1}^{h}\delta_{k2}^{(t)} & \cdots & \sum_{k=1}^{h}\delta_{kn}^{(t)} \\ \sum_{k=1}^{h}\delta_{k1}^{(t)} & \sum_{k=1}^{h}\delta_{k2}^{(t)} & \cdots & \sum_{k=1}^{h}\delta_{kn}^{(t)} \\ \vdots & \vdots & \ddots & \vdots \\ \sum_{k=1}^{h}\delta_{k1}^{(t)} & \sum_{k=1}^{h}\delta_{k2}^{(t)} & \cdots & \sum_{k=1}^{h}\delta_{kn}^{(t)} \end{bmatrix}$$

この結果から分かるように，バイアスの勾配は，各時間ステップにおいてバッチ内の全てのデータ点にわたる $\Delta^{(t)}$ の総和となります．このようにバイアスの勾配は，行がすべて同じ行列になります．

次に，入力の勾配については，(14.10) より，$\delta^{(t)}$ の行列 $\Delta^{(t)}$ と転置した W の行列積で求めることができます．

$$\frac{\partial E}{\partial X^{(t)}}=\Delta^{(t)t}W=\begin{bmatrix} \delta_{11}^{(t)} & \delta_{12}^{(t)} & \cdots & \delta_{1n}^{(t)} \\ \delta_{21}^{(t)} & \delta_{22}^{(t)} & \cdots & \delta_{2n}^{(t)} \\ \vdots & \vdots & \ddots & \vdots \\ \delta_{h1}^{(t)} & \delta_{h2}^{(t)} & \cdots & \delta_{hn}^{(t)} \end{bmatrix}\begin{bmatrix} w_{11} & w_{21} & \cdots & w_{m1} \\ w_{12} & w_{22} & \cdots & w_{m2} \\ \vdots & \vdots & \ddots & \vdots \\ w_{1n} & w_{2n} & \cdots & w_{mn} \end{bmatrix}$$

最後に，前の時間ステップの出力の勾配について考えます．これも，(14.11) を各入力，サンプルごとに並べることで表され，$\delta^{(t)}$ の行列 $\Delta^{(t)}$ と転置した V の行列積で求めることができます．

$$\frac{\partial E}{\partial Y^{(t-1)}}=\Delta^{(t)t}V=\begin{bmatrix} \delta_{11}^{(t)} & \delta_{12}^{(t)} & \cdots & \delta_{1n}^{(t)} \\ \delta_{21}^{(t)} & \delta_{22}^{(t)} & \cdots & \delta_{2n}^{(t)} \\ \vdots & \vdots & \ddots & \vdots \\ \delta_{h1}^{(t)} & \delta_{h2}^{(t)} & \cdots & \delta_{hn}^{(t)} \end{bmatrix}\begin{bmatrix} v_{11} & v_{21} & \cdots & v_{n1} \\ v_{12} & v_{22} & \cdots & v_{n2} \\ \vdots & \vdots & \ddots & \vdots \\ v_{1n} & v_{2n} & \cdots & v_{nn} \end{bmatrix}$$

ただし，最後の時間ステップについては $\Delta^{(T+1)}=O$（ゼロ行列）とします．

勾配の計算

例 14.2　右図のように入力が $\{X^{(1)}, X^{(2)}\}$，それに対応する中間層の出力が $\{Y^{(1)}, Y^{(2)}\}$ である再帰型ニューラルネットワークを考える．ただし，$Y^{(t)}$ の初期値を $Y^{(0)}$ とする．また，入力に対する重みを W，中間層の出力が系列方向に伝わる際に用いる重みを V，すべての層における活性化関数を恒等写像 $f(u) = u$ とし，全結合の計算におけるバイアスは考慮しないものとする．このとき，$Y^{(2)}$ を $X^{(1)}, X^{(2)}, Y^{(0)}, W, V$ で表せ．さらに，損失関数 E に対して，$\dfrac{\partial E}{\partial Y^{(2)}}$ を得たとき，勾配 $\dfrac{\partial E}{\partial W}$ を $X^{(1)}, X^{(2)}, V, \dfrac{\partial E}{\partial Y^{(2)}}$ で表せ．

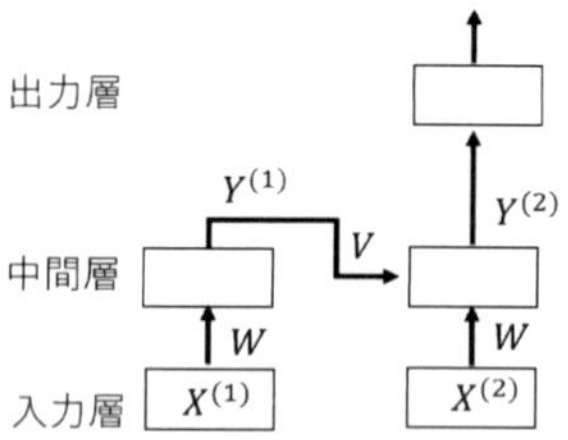

(解答)

活性化関数が恒等写像なので $Y^{(t)} = U^{(t)}$ であることに注意すれば，

$$Y^{(1)} = U^{(1)} = X^{(1)}W + Y^{(0)}V$$

$$Y^{(2)} = U^{(2)} = X^{(2)}W + Y^{(1)}V = X^{(2)}W + (X^{(1)}W + Y^{(0)}V)V$$

さらに，$\dfrac{\partial E}{\partial W} = \displaystyle\sum_{t=1}^{T} {}^tX^{(t)}\Delta^{(t)},\ \dfrac{\partial E}{\partial Y^{(t-1)}} = \Delta^{(t)}\,{}^tV,\ \Delta^{(t)} = \dfrac{\partial E}{\partial U^{(t)}}$ であることに注意すれば，次を得る[1]．

$$\begin{aligned}\frac{\partial E}{\partial W} &= \sum_{t=1}^{2} X^{(t)}\Delta^{(t)} = {}^tX^{(1)}\Delta^{(1)} + {}^tX^{(2)}\Delta^{(2)} = {}^tX^{(1)}\frac{\partial E}{\partial U^{(1)}} + {}^tX^{(2)}\frac{\partial E}{\partial U^{(2)}} \\ &= {}^tX^{(1)}\frac{\partial E}{\partial Y^{(1)}} + {}^tX^{(2)}\frac{\partial E}{\partial Y^{(2)}} = {}^tX^{(1)}\Delta^{(1)}\,{}^tV + {}^tX^{(2)}\frac{\partial E}{\partial Y^{(2)}} = {}^tX^{(1)}\frac{\partial E}{\partial Y^{(2)}}\,{}^tV + {}^tX^{(2)}\frac{\partial E}{\partial Y^{(2)}}\end{aligned}$$

■

問 14.2　例 14.2 と同じ状況において，$\dfrac{\partial E}{\partial V}$ を $Y^{(0)}, Y^{(1)}, \dfrac{\partial E}{\partial Y^{(1)}}, \dfrac{\partial E}{\partial Y^{(2)}}$ で表せ．

14.5　出力層の逆伝播

まず，時刻 t における出力層の j 番目のニューロンの総入力 $\widetilde{u}_j^{(t)}$ に関する損失 E の勾配を，以下のように定義します．

$$\delta_{\text{out},j}^{(t)} = \frac{\partial E}{\partial \widetilde{u}_j^{(t)}} \tag{14.12}$$

これにより，式 (14.7) と同様の考え方から，重み $\widetilde{w}_{ij}$ に関する勾配を次のように計算できます．

$$\frac{\partial E}{\partial \widetilde{w}_{ij}} = \sum_{t=1}^{T} \frac{\partial E}{\partial \widetilde{u}_j^{(t)}}\frac{\partial \widetilde{u}_j^{(t)}}{\partial \widetilde{w}_{ij}} = \sum_{t=1}^{T} \delta_{\text{out},j}^{(t)} \frac{\partial\left(\sum_{k=1}^{n} \widetilde{w}_{kj} y_k^{(t)} + \tilde{b}_j\right)}{\partial \widetilde{w}_{ij}} = \sum_{t=1}^{T} y_i^{(t)}\delta_{\text{out},j}^{(t)} \tag{14.13}$$

1　一般には，行列の積では $AB \neq BA$ なので，WV を VW と表記してはいけません．実際，W は $m \times n$ 行列，V は $n \times n$ 行列なので WV は定義できますが，VW は定義できません．

ここで，$\widetilde{u}_i^{(t)}$ は，時刻 t における出力層の i 番目のニューロンの総入力を表します．

次に，通常の順伝播型ネットワークにおける第 $t+1$ 層から第 t 層への逆伝播を考えます．時刻 t における RNN 層の j 番目のニューロンの活性化関数の入力 $u_j^{(t)}$ に関する誤差の勾配を $\delta_j^{(t)} = \dfrac{\partial E}{\partial u_j^{(t)}}$ と定義すると，この勾配は次のように計算されます．

$$\delta_j^{(t)} = \left(\sum_{r=1}^{n} \delta_r^{(t+1)} w_{jr} \right) \frac{\partial y_j^{(t)}}{\partial u_j^{(t)}} = \left(\sum_{r=1}^{n} \delta_r^{(t+1)} w_{jr} \right) f'(u_j^{(t)}) \tag{14.14}$$

時刻 t における RNN 層のユニット j は，時刻 t の出力層のユニットと時刻 $t+1$ の RNN 層のユニットとつながっています．したがって，式 (14.14) は次のようになります．

$$\delta_j^{(t)} = \left(\sum_{r=1}^{K} \delta_{\mathrm{out},r}^{(t)} \widetilde{w}_{jr} + \sum_{q=1}^{n} \delta_q^{(t+1)} v_{jq} \right) f'(u_j^{(t)}) \tag{14.15}$$

ここで，K は出力層のニューロン数です．

なお，$\delta^{(T+1)}$ はまだ計算できないため，便宜上 $\delta_j^{(T+1)} = 0$ とします．これは，最後の時刻 T における逆伝播の勾配が存在しないことを意味します．

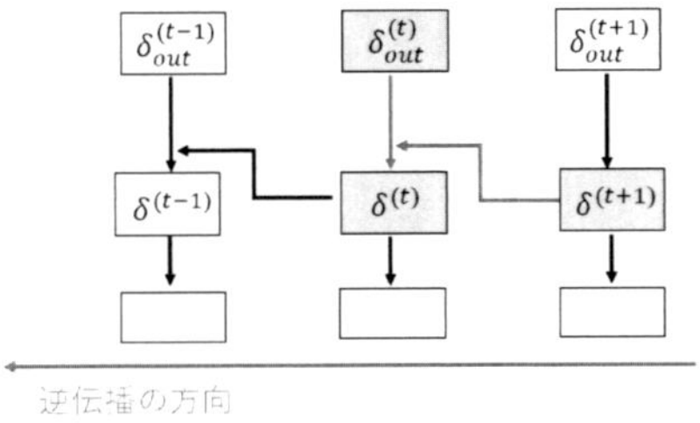

図 14.7 誤差の逆伝播

誤差逆伝播

例 14.3 入力層と中間層の重みがそれぞれスカラー w, v の RNN

$$u_t = wx_t + vy_{t-1}, \qquad t = 1, 2, \ldots, T$$
$$y_t = f(u_t), \qquad f(u) = \tanh(u)$$
$$z = ay_T$$

を考える．下付きの t は時刻 t における値であることを表す．例えば，x_t は時刻 t における入力を表す．また，$y_0 = 0$ とし，a を定数とする．このとき，次の問に答えよ．

(1) $T = 3$ のとき，RNN の計算過程を図示せよ．

(2) $T = 3$ とし，訓練データ $\{x_1, x_2, x_3, d\}$ が与えられているとする．ただし，d は正解ラベルである．また，損失関数を 2 乗和誤差 $E = \dfrac{1}{2}(z-d)^2$ とする．このとき，$\dfrac{\partial E}{\partial u_3}$ を a, z, d, y_3 で表せ．また，$\dfrac{\partial E}{\partial w}$ を $a, z, d, v, x_1, x_2, x_3, y_1, y_2$ で表せ．

(3) w の値が大きいとき，$T \to \infty$ に対して勾配 $\dfrac{\partial E}{\partial w}$ は消失する可能性があるか？ 理由を述べて答えよ．

(解答)

(1)

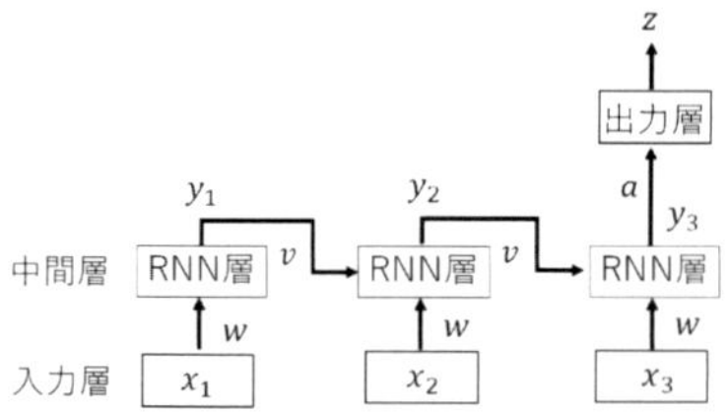

(2) $y = \tanh(u)$ のとき $y' = 1 - y^2$ であり，$u_3 \xrightarrow{\frac{\partial y_3}{\partial u_3}} y_3 \xrightarrow{\frac{\partial z}{\partial y_3}} z \xrightarrow{\frac{\partial E}{\partial z}} E$ より，

$$\frac{\partial E}{\partial u_3} = \frac{\partial E}{\partial z} \cdot \frac{\partial z}{\partial y_3} \cdot \frac{\partial y_3}{\partial u_3} = (z-d) \cdot a \cdot (1-y_3^2) = a(z-d)(1-y_3^2)$$

E は時刻 $t = 1, 2, 3$ の値に依存しているので，

$$\begin{aligned}\frac{\partial E}{\partial w} &= \frac{\partial E}{\partial u_1}\frac{du_1}{dw} + \frac{\partial E}{\partial u_2}\frac{du_2}{dw} + \frac{\partial E}{\partial u_3}\frac{du_3}{dw} = \frac{\partial E}{\partial y_1}\frac{\partial y_1}{\partial u_1}x_1 + \frac{\partial E}{\partial y_2}\frac{\partial y_2}{\partial u_2}x_2 + a(z-d)(1-y_3^2)x_3 \\ &= \frac{\partial E}{\partial y_1}(1-y_1^2)x_1 + \frac{\partial E}{\partial y_2}(1-y_2^2)x_2 + a(z-d)(1-y_3^2)x_3\end{aligned}$$

ここで，$y_1 \xrightarrow{\frac{\partial u_2}{\partial y_1}} u_2 \xrightarrow{\frac{\partial y_2}{\partial u_2}} y_2 \xrightarrow{\frac{\partial u_3}{\partial y_2}} u_3 \xrightarrow{\frac{\partial y_3}{\partial u_3}} y_3 \xrightarrow{\frac{\partial z}{\partial y_3}} z \xrightarrow{\frac{\partial E}{\partial z}} E$ より，

$$\begin{aligned}\frac{\partial E}{\partial y_1} &= \frac{\partial E}{\partial z} \cdot \frac{\partial z}{\partial y_3} \cdot \frac{\partial y_3}{\partial u_3} \cdot \frac{\partial u_3}{\partial y_2} \cdot \frac{\partial y_2}{\partial u_2} \cdot \frac{\partial u_2}{\partial y_1} = (z-d) \cdot a \cdot (1-y_3^2) \cdot v \cdot (1-y_2^2) \cdot v \\ &= av^2(z-d)(1-y_3^2)(1-y_2^2)\end{aligned}$$

また，$y_2 \xrightarrow{\frac{\partial u_3}{\partial y_2}} u_3 \xrightarrow{\frac{\partial y_3}{\partial u_3}} y_3 \xrightarrow{\frac{\partial z}{\partial y_3}} z \xrightarrow{\frac{\partial E}{\partial z}} E$ より，

$$\frac{\partial E}{\partial y_2} = \frac{\partial E}{\partial z} \cdot \frac{\partial z}{\partial y_3} \cdot \frac{\partial y_3}{\partial u_3} \cdot \frac{\partial u_3}{\partial y_2} = (z-d) \cdot a \cdot (1-y_3^2) \cdot v = av(z-d)(1-y_3^2)$$

なので，

$$\begin{aligned}\frac{\partial E}{\partial w} &= av^2(z-d)(1-y_3^2)(1-y_2^2)(1-y_1^2)x_1 + av(z-d)(1-y_3^2)(1-y_2^2)x_2 + a(z-d)(1-y_3^2)x_3 \\ &= a(z-d)(1-y_3^2)\left\{x_3 + v(1-y_2^2)\left(x_2 + v(1-y_1^2)x_1\right)\right\}\end{aligned}$$

(3) w が大きいと，wx_t の値が大きくなり，$u_t = wx_t + vy_{t-1}$ が大きくなる可能性がある．そのため，$y_t = \tanh(u_t)$ が 1 または −1 に近づき，$1 - y_t^2 \approx 0$ となる可能性がある．このとき，(2) の結果より $\dfrac{\partial E}{\partial w} \approx 0$ となるので，勾配消失が起こる可能性がある．■

問 14.3　入力層と中間層の重みがそれぞれスカラー w, v の RNN

$$u_t = wx_t + vy_{t-1}, \quad t = 1, 2, \ldots, T$$

$$y_t = f(u_t), \quad f(u) = \frac{e^u - e^{-u}}{e^u + e^{-u}}$$

$$z = ay_T$$

を考える．下付きの t は時刻 t における値であることを表す．例えば，x_t は時刻 t における入力を表す．また，$y_0 = 0$ とし，a を定数とする．さらに，$T = 2$ とし，訓練データ $\{x_1, x_2, d\}$ が与えられているとする．ただし，d は正解ラベルである．また，損失関数を 2 乗和誤差

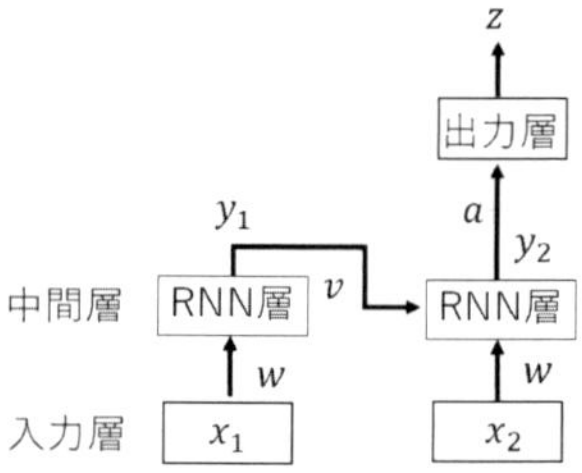

$$E = \frac{1}{2}(z-d)^2$$

とする．このとき，次の問に答えよ．

(1) $\dfrac{\partial E}{\partial u_2}$ を a, z, d, y_2 で表せ.

(2) $\dfrac{\partial E}{\partial w}$ を $a, z, d, v, x_1, x_2, y_1, y_2$ で表せ.

(3) w の値が大きいとき，$T \to \infty$ に対して勾配 $\dfrac{\partial E}{\partial w}$ は消失する可能性があるか？ 理由を述べて答えよ.

14.6 重みの初期値

重みの初期値は，モデルの学習効率や結果に大きな影響を与えます．活性化関数に ReLU を用いる場合には「He の初期値」を，シグモイド関数や双曲線正接関数などの S 字カーブのときは「Xavier の初期値」を使用することが一般的です．

まず，**Xavier の初期値** (Xavier initialization) について説明します．これは，前の層のニューロン数を n とした場合，平均 0，標準偏差 $\dfrac{1}{\sqrt{n}}$ の**一様分布**を使うというもので，Xavier Glorot らによって 2010 年に提案されました (文献 [17])．Xavier の初期値は，活性化関数が線形であることを前提に導かれたものです．シグモイド関数や双曲線正接関数は左右対称であり，中心付近が線形関数と見なせるため，Xavier の初期値が適しています．

次に，**He の初期値** (He initialization) について説明します．これは，ReLU に特化した初期値で，前の層のニューロン数が n の場合，平均 0，標準偏差 $\sqrt{\dfrac{2}{n}}$ の**正規分布**を用いるというものです．これは，Kaiming He らによって 2015 年に提案されました (文献 [18])．

これらの初期値設定は，勾配の消失や爆発を防ぐために重要です．活性化関数やネットワークの構造によって適した初期値設定が変わるため，それぞれの状況に応じて適切な初期値を選択することが求められます．

RNN のアルゴリズム

学習 (1) $W, V, B, \widetilde{W}, \widetilde{B}$ の初期値を適切に設定する．

活性化関数がシグモイド関数，双曲線正接関数の場合 (Xavier の初期値)

- 平均 0，標準偏差 $\dfrac{1}{\sqrt{n}}$ の一様分布から値をサンプリングする．ただし，n は前の層のニューロン数である．

活性化関数が ReLU の場合 (He の初期値)

- 平均 0，標準偏差 $\sqrt{\dfrac{2}{n}}$ の正規分布から値をサンプリングする．

(2) 損失関数 E が十分小さくなるまで以下の処理を繰り返す．

(a) n 番目の訓練データ $\{\boldsymbol{x}_n^{(1)}, \boldsymbol{x}_n^{(2)}, \ldots, \boldsymbol{x}_n^{(T_n)}\}$ を RNN に入力し，式 (14.1)〜(14.4) に基づいて順伝播の計算を行い，出力系列 $\{z_n^{(1)}, z_n^{(2)}, \ldots, z_n^{(T_n)}\}$ を求める．

(b) 出力系列と目標値（正解値）$\{\boldsymbol{d}_n^{(1)}, \boldsymbol{d}_n^{(2)}, \ldots, \boldsymbol{d}_n^{(T_n)}\}$ から損失関数を計算する．

分類の場合

$$E = -\sum_{n=1}^{N}\sum_{t=1}^{T_n}\sum_{k=1}^{K} d_{nk}^{(t)} \log z_{nk}^{(t)}$$

回帰の場合

$$E = \frac{1}{2}\sum_{n=1}^{N}\sum_{t=1}^{T_n} \|\boldsymbol{z}_n^{(t)} - \boldsymbol{d}_n^{(t)}\|_2^2$$

(c) 式 (14.6)〜(14.13), (14.15) に基づいて逆伝播の計算を行い，$W, V, B, \widetilde{W}, \widetilde{B}$ の勾配を計算する．

(d) 最適化アルゴリズム (例：SGD，Adam など) により $W, V, B, \widetilde{W}, \widetilde{B}$ を更新する．

予測 (1) 入力 $\{\boldsymbol{x}^{(1)}, \boldsymbol{x}^{(2)}, \ldots, \boldsymbol{x}^{(T)}\}$ に対して式 (14.1)〜 (14.4) に基づいて順伝播の計算を行い，出力系列 $\{\boldsymbol{z}^{(1)}, \boldsymbol{z}^{(2)}, \ldots, \boldsymbol{z}^{(T)}\}$ を得る．

(2) 出力系列に基づいて，分類や回帰を行う．

分類の場合

(a) 各時刻 t において，$\boldsymbol{z}^{(t)}$ の最大値のインデックスを $k^{(t)}$ とする．

(b) 系列 $\{k^{(1)}, k^{(2)}, \ldots, k^{(T)}\}$ を予測結果とする．

回帰の場合

(a) 系列 $\{\boldsymbol{z}^{(1)}, \boldsymbol{z}^{(2)}, \ldots, \boldsymbol{z}^{(T)}\}$ を予測結果とする．

14.7 RNN の問題点

RNN はその特性上，いくつかの問題を抱えています．その深いネットワーク構造により，何層にもわたって誤差を伝播させせると，勾配が消失したり，逆に爆発したりする問題が発生しやすくなります．特に RNN では，前の時刻からのデータに繰り返し同じ重みを掛け合わせるため，この問題は通常のニューラルネットワークに比べて顕著に現れます．

全結合層では層ごとに異なる重みを使用しますが，RNN ではすべての時刻で同じ重みを共有します．逆伝播の際は，前の時刻の出力（隠れ状態）の勾配を求めるためにこの共有された重みを使用しますが，繰り返し同じ重みを使うため勾配が偏りやすくなります．

特に，勾配が 0 に近づいてしまい学習が進行しなくなる問題は，**勾配消失問題** (vanishing gradient problem) と呼ばれます．一方，勾配が急激に増大し学習が発散する問題は，**勾配爆発問題** (exploding gradient problem) と呼ばれます．

これらの問題に対処するためには，さまざまなテクニックが存在します．勾配爆発問題に対しては，**勾配クリッピング** (gradient clipping) と呼ばれるテクニックが 1 つの対策となります．勾配クリッピングでは，勾配の大きさに制限をかけることにより勾配爆発を抑制します．勾配クリッピングの手順は以下の通りです．

(1) 重みパラメータを w とし，その勾配を ∇w とします．
(2) 勾配のノルム $\|\nabla w\|_2 = \sqrt{\sum_i (\nabla w_i)^2}$ を計算します．
(3) 勾配をクリップ（特定の範囲に制限）します．しきい値を c とすると，クリッピング後の勾配 $\nabla w_{\text{clipped}}$ は次のように計算されます．

$$\nabla w_{\text{clipped}} = \begin{cases} \nabla w & (\|\nabla w\|_2 \leq c) \\ \dfrac{c\nabla w}{\|\nabla w\|_2} & (\|\nabla w\|_2 > c) \end{cases}$$

この式は，勾配のノルムが閾値 c 以下の場合は勾配をそのまま使い，ノルムが閾値 c を超える場合は，勾配のノルムが c になるように調整することを意味します．このように，勾配クリッピングは勾配の大きさを制御し，重みの更新が急激に大きくなるのを防ぐことで，学習の安定化に寄与します．

また，勾配消失問題や，RNN の長期的な記憶の保持能力の限界（「長期依存性」問題とも呼ばれます）に対しては，ゲート付きの RNN の構造が効果的な対策とされています．その代表例としては，**LSTM**（Long Short-Term Memory）や **GRU**（Gated Recurrent Unit）が挙げられます．これらのモデルは「ゲート」と呼ばれる構造を持ち，過去の情報を適切に保持・忘却することで，長期的な依存関係を学習しやすくなります．

■■■■■■ 確認問題 ■■■■■■■■■■■■■■■■■■■■■■■■■■■■■■

確認問題 14.1　RNN の構造として，最も不適切なものを選べ．

(1) 中間層がループ構造を持つ．　(2) 時系列データの処理に適している．
(3) 過去の情報を記憶し，それを利用して現在の出力を決定する．　(4) 各層で異なる重みを使用する．

確認問題 14.2　RNN の特徴として，最も不適切なものを選べ．

(1) 音声データの処理ができること．　(2) 同じ長さに固定されたデータのみ扱えること．
(3) 時系列データの処理ができること．　(4) テキストデータの解析に使用できること．

確認問題 14.3　RNN の順伝播において，時刻 t の出力 $Y^{(t)}$ は，以下のどれに依存するか．

(1) 時刻 t の入力 $X^{(t)}$ のみ　(2) 時刻 $t-1$ の出力 $Y^{(t-1)}$ のみ
(3) 時刻 t の入力 $X^{(t)}$ と時刻 $t-1$ の出力 $Y^{(t-1)}$　(4) 時刻 $t+1$ の入力 $X^{(t+1)}$ と時刻 t の入力 $X^{(t)}$

確認問題 14.4　勾配爆発問題の説明として，最も適切なものを選べ．

(1) 勾配が 0 に近づいて学習が進行しなくなる問題
(2) 勾配が急激に増大し学習が発散する問題
(3) 勾配と学習率が増加し学習ができなくなる問題
(4) 過学習と未学習が同時に起こり，勾配が爆発的に増大する問題

確認問題 14.5　RNN の BPTT 法において，誤差の勾配はどのように計算されるか．

(1) 時間方向に展開したネットワークで誤差逆伝播法を適用する

(2) 各時刻で独立に誤差逆伝播法を適用する

(3) 誤差逆伝播法は適用しない

(4) 勾配降下法のみを適用する

確認問題 14.6　RNN の勾配消失問題の原因として，最も適切なものを選べ．

(1) 誤差逆伝播の際に，同じ重みが繰り返し使用されるため

(2) 活性化関数に ReLU を使用しているため

(3) 学習率が大きすぎるため

(4) データ量が少なすぎるため

確認問題 14.7　以下のうち，RNN の適用例として，最も適切なものを選べ．

(1) 機械翻訳　(2) 画像分類　(3) 物体検出　(4) 画像生成

確認問題 14.8　RNN の活性化関数として tanh を使用する理由として，最も<u>不適切</u>なものを選べ．

(1) ゼロ中心であるため学習がスムーズになる　(2) 勾配消失問題を緩和する

(3) 勾配爆発問題を防ぐ　(4) 出力が-1 から 1 の範囲に収まる

確認問題 14.9　RNN の重みの初期値として，活性化関数に ReLU を用いる場合に，最も適しているものを選べ．

(1) ゼロベクトル　(2) Xavier の初期値　(3) He の初期値　(4) 一様分布

確認問題 14.10　勾配爆発問題に対する対策として，最も適切なものを選べ．

(1) 学習率の減少　(2) 勾配クリッピング　(3) ドロップアウト　(4) Xavier の初期値

確認問題 14.11　LSTM や GRU が効果的な理由として，最も適しているものを選べ．

(1) ゲート構造により長期依存性の問題を緩和する　(2) 勾配消失問題を解決する

(3) 勾配爆発問題を解決する　(4) 出力が常に 0 から 1 の範囲になる

確認問題 14.12　RNN の順伝播 (14.1), (14.4) において，バッチサイズを 1，隠れ状態ベクトルの次元を 2，$W = \begin{bmatrix} 1 & -1 \\ 2 & 0 \end{bmatrix}$，$V = \begin{bmatrix} 0 & 1 \\ -1 & 1 \end{bmatrix}$，$B = \widetilde{B} = [0, 1]$，$\widetilde{W} = \begin{bmatrix} 2 & -1 \\ 1 & 3 \end{bmatrix}$，$X^{(1)} = [1, 2]$，$X^{(2)} = [0, 1]$，$X^{(3)} = [-1, 0]$，$Y^{(0)} = [0, 0]$ とするとき，$Z^{(3)}$ を求めよ．ただし，f を恒等写像，$\widetilde{f}$ を ReLU とする．

確認問題 14.13　入力が $\{X^{(1)}, X^{(2)}, X^{(3)}\}$，それに対応する中間層の出力が $\{Y^{(1)}, Y^{(2)}, Y^{(3)}\}$ である再帰型ニューラルネットワークを考える．ただし，$Y^{(t)}$ の初期値を $Y^{(0)}$ とする．また，入力に対する重みを W，中間層の出力が系列方向に伝わる際に用いる重みを V，すべての層における活性化関数を恒等写像 $f(u) = u$ とし，全結合の計算におけるバイアスは考慮しないものとする．このとき，$Y^{(3)}$ を $X^{(1)}, X^{(2)}, X^{(3)}, Y^{(0)}, W, V$ で表せ．さらに，損失関数 E に対して，$\dfrac{\partial E}{\partial Y^{(3)}}$ を得たとき，勾配 $\dfrac{\partial E}{\partial W}$ を $X^{(1)}, X^{(2)}, X^{(3)}, V, \dfrac{\partial E}{\partial Y^{(3)}}$ で表せ．

確認問題 14.14　入力が $\{X^{(1)}, X^{(2)}\}$，それに対応する中間層の出力が $\{Y^{(1)}, Y^{(2)}\}$ である再帰型ニューラルネットワークを考える．ただし，$Y^{(t)}$ の初期値を $Y^{(0)}$ とし，$W = 1, V = 2, X^{(1)} = 3, X^{(2)} = 4, Y^{(0)} = 0$ とする．このとき，$Y^{(2)}$ を求めよ．さらに，損失関数 $E = (Y^{(2)} - 5)^2$ に対して，$\dfrac{\partial E}{\partial W}$ を求めよ．

確認問題 14.15 入力層と中間層の重みがそれぞれスカラー w, v の RNN

$$u_t = wx_t + vy_{t-1} + b, \qquad t = 1, 2, \ldots, T$$
$$y_t = f(u_t), \qquad f(u) = \tanh(u)$$
$$z = ay_T$$

を考える．下付きの t は時刻 t における値であることを表す．例えば，x_t は時刻 t における入力を表す．また，$y_0 = 0$ とし，a, b を定数とする．このとき，次の問に答えよ．

(1) $T = 2$ とし，訓練データ $\{x_1, x_2, d\}$ が与えられているとします．ただし，d は目標値（正解値）である．また，損失関数を 2 乗和誤差 $E = \frac{1}{2}(z-d)^2$ とする．このとき，$\frac{\partial E}{\partial u_2}$ を a, z, d, y_2 で表せ．また，$\frac{\partial E}{\partial b}$ を $a, z, d, v, x_1, x_2, y_1, y_2$ で表せ．

(2) v の値が大きいとき，$T \to \infty$ に対して勾配 $\frac{\partial E}{\partial b}$ は消失する可能性があるか？ 理由を述べて答えよ．

問と確認問題の略解

第 1 章

問 1.1 $y = \frac{1}{2}x + \frac{7}{3}$　**問 1.2** 130,000 円　**問 1.3** 右辺を展開し，左辺と等しくなることを示せばよい．
問 1.4 $e_i = y_i - \hat{y}_i = y_i - \{\bar{y} + a(x_i - \bar{x})\}$ である．後は，この式の両辺の和を考えればよい．　**問 1.5** $SSE = SST$ または $SSR = 0$ となるとき．この場合，回帰モデルは平均値しか説明できず，独立変数の値が変化しても予測値は変わらない．こういったことは，気温と株価のように，互いに無関係な 2 つの変数で回帰分析を行った場合，などに起こる．また，決定係数が 0 に近いからといって，必ずしも 2 つの変数間に関係がないとは限らない．例えば，非線形な関係を持つ 2 つの変数の場合，線形回帰モデルでは関係性を捉えられないため，決定係数が 0 に近くなることがある．
問 1.6 $y = -\frac{1}{10}x + \frac{11}{5}, R^2 = 1 - \frac{SSE}{SST} = 1 - \frac{9}{5 \cdot 2} = \frac{1}{10}$．$y = x$ に対して $R^2 = -12$
確認 1.1 (4)　**確認 1.2** (1)　**確認 1.3** (3)　**確認 1.4** (3)　**確認 1.5** (2)　**確認 1.6** (4)　**確認 1.7** 26 杯
確認 1.8 $y = \frac{7}{10}x + \frac{8}{5}, R^2 = \frac{7}{10}$

第 2 章

問 2.1 $y = -\frac{5}{2}x^2 + \frac{5}{2}$　**問 2.2** テストデータのサンプル数が少ない、訓練データとテストデータの分布が同じ、データに偏りがある、などが考えられる。
確認問題 2.1 (2)　**確認問題 2.2** (3)　**確認問題 2.3** (4)　**確認問題 2.4** (2)　**確認問題 2.5** (4)
確認問題 2.6 (1)　**確認問題 2.7** (3)　**確認問題 2.8** (2)　**確認問題 2.9** (1)　**確認問題 2.10** (3)
確認問題 2.11 $y = 3x^2 - \frac{14}{5}x + \frac{2}{5}$

第 3 章

問 3.1 $y = -2 - \dfrac{3}{2}x_1 + 3x_2$　**問 3.2** 0.412(km/h)　**問 3.3** 文献 [13] の課題 3.2 を参照．
問 3.4 $R^2 = \frac{SSR}{SST} = 0.854810.. \approx 0.855,\ R^{*2} = 1 - \frac{SSE/184}{SST/187} = 1 - \frac{17700/184}{121910/187} = 0.852444$　**問 3.5** $SST = SSR + SSE$ を使って変形すればよい．　**問 3.6** $x_3 = \frac{1}{2}x_1$ なので，x_1 と x_3 の間に完全な相関がある．x_1 または x_3 のどちらかを削除すべき．　**問 3.7** $[2.3 - 0.2 \times 1.97, 2.3 + 0.2 \times 1.97] = [1.906, 2.694]$
確認問題 3.1 (2),(5)　**確認問題 3.2** (4)　**確認問題 3.3** (4)　**確認問題 3.4** (4)　**確認問題 3.5** (3)
確認問題 3.6 $y = 1 + x_1 + 2x_2$．　**確認問題 3.7** (a). 10 万人増える．(b). 5 万人減る．(c). 8 万人増える．
確認問題 3.8 (1) 7200 円高くなる．　(2) 50 円安くなる．　(3) 10200 円高くなる．
確認問題 3.9 x_2 または x_3 のどちらかを削除すべき．　**確認問題 3.10** $1 - 0.15 * 99/94 \approx 0.84202$
確認問題 3.11 自由度調整済み決定係数はモデル B の方が高いため，モデル B の方がより良いモデルといえる．

第 4 章

問 4.1 これらのデータを正しく分類できない．　**問 4.2** $-2\log(9) - \log(4) + 3\log(10)$　**問 4.3** $\tilde{y} = \frac{\frac{4}{3}}{1+\frac{4}{3}} = \frac{4}{7} \approx 0.571$
問 4.4 $x_{n+1} = \frac{1}{4x_n}(3x_n^2 + 2x_n + 3)$　**問 4.5** $\begin{bmatrix} x_{n+1} \\ y_{n+1} \end{bmatrix} = \begin{bmatrix} x_n \\ y_n \end{bmatrix} - \frac{1}{2x_n^2 - 7x_n + 3 + 2y_n^2 - 2y_n} \begin{bmatrix} x_n - 3 & 2y_n \\ -y_n + 2 & 2x_n - 1 \end{bmatrix} \begin{bmatrix} x_n^2 - y_n^2 - x_n + 4 \\ x_n y_n - 2x_n - 3y_n + 6 \end{bmatrix}$
確認問題 4.1 (1)　**確認問題 4.2** (1)　**確認問題 4.3** (2)　**確認問題 4.4** (3)　**確認問題 4.5** (3)
確認問題 4.6 (3)　**確認問題 4.7** (1)　**確認問題 4.8** (1)　**確認問題 4.9** (3)　**確認問題 4.10** (2)
確認問題 4.11 $-\log(8) - 2\log(9) + 3\log(10)$　**確認問題 4.12** $\tilde{y} = \frac{2}{1+2} = \frac{2}{3} \approx 0.667$　**確認問題 4.13** $x_{n+1} = \frac{2x_n^2 + x_n + 3}{3x_n - 1}$
確認問題 4.14 $\nabla f = \begin{bmatrix} \frac{2}{2x+3y} \\ \frac{3}{2x+3y} \end{bmatrix},\quad H = \begin{bmatrix} -\frac{4}{(2x+3y)^2} & -\frac{6}{(2x+3y)^2} \\ -\frac{6}{(2x+3y)^2} & -\frac{9}{(2x+3y)^2} \end{bmatrix}$

第 5 章

問 5.1 $[y_1, y_2, y_3] = [0.1, 0.6, 0.3]$　**問 5.2** $-\log(0.3)$　**問 5.3** $\frac{\partial y_k}{\partial u_i} = -y_k y_i,\ \frac{\partial L}{\partial u_i} = y_i \sum_{k=1}^{K} (2\log y_k + 1) y_k^2$
確認問題 5.1 (3)　**確認問題 5.2** (1)　**確認問題 5.3** (3)　**確認問題 5.4** (3)　**確認問題 5.5** (2)
確認問題 5.6 (2)　**確認問題 5.7** (3)　**確認問題 5.8** (2)　**確認問題 5.9** (2)
確認問題 5.10 $\frac{\partial y_k}{\partial u_i} = -3y_k y_i,\ \frac{\partial H}{\partial u_i} = 3y_i \sum_{k=1}^{K} \sqrt{y_k}\left(\frac{1}{2}\log y_k + 1\right)$　**確認問題 5.11** $\log \frac{15}{8}$　**確認問題 5.12** $-\log(0.3)$
確認問題 5.13 非常に大きな値になる　**確認問題 5.14** $\log 4$

第 6 章

問 6.1 $\lim_{x \to 0} x \log_2 x = 0$ だから．　**問 6.2** $-\frac{9}{10}\log_2 3 + \frac{3}{2}\log_2 5 - \frac{9}{5}$　**問 6.3** $\frac{49}{300}$　**問 6.4** 省略　**問 6.5** $\frac{1}{10}$
確認問題 6.1 (4)　**確認問題 6.2** (2)　**確認問題 6.3** (4)　**確認問題 6.4** (3)　**確認問題 6.5** (2)
確認問題 6.6 (2)　**確認問題 6.7** (4)　**確認問題 6.8** (3)　**確認問題 6.9** (2)　**確認問題 6.10** (3)
確認問題 6.11 (2)　**確認問題 6.12** (1)　**確認問題 6.13** (2)
確認問題 6.14 (1) $\frac{11}{5}\log_2 3 - \log_2 5 - \frac{4}{5}$　(2) $\frac{49}{225}$　(3) $\frac{1}{5}$

第 7 章

問 7.1 加入割合 0.33, A_1 である確率 $\frac{3}{11}$ **問 7.2** 各自で振り返ろう. **問 7.3** $P(Y_1|X_1=0, X_2=0, X_3=1) \propto \frac{4}{63}$ $P(Y_2|X_1=0, X_2=0, X_3=1) \propto \frac{1}{28}$ より Y_1 に分類される. **問 7.4** 合格 **問 7.5** $ACC=\frac{3}{5}, PRE=\frac{5}{8}, SPE=\frac{1}{4}$, $REC=\frac{5}{6}, F1=\frac{25}{44}$ **問 7.6** すべての指標において分類器 C が分類器 D と同等もしくはそれ以上である.
確認問題 7.1 (1) **確認問題 7.2** (4) ちなみに, (2) は再現率, (3) は適合率の説明. **確認問題 7.3** (3)
確認問題 7.4 (2) **確認問題 7.5** (3) **確認問題 7.6** (4) **確認問題 7.7** (2) **確認問題 7.8** (2)
確認問題 7.9 (2) **確認問題 7.10** (1) **確認問題 7.11** $\frac{3}{14}$ **確認問題 7.12**
$P(Y_1|X_1=1, X_2=0, X_3=0) \propto \frac{520}{3087} \approx 0.16, P(Y_2|X_1=1, X_2=0, X_3=0) \propto \frac{16}{1125} \approx 0.014$ より Y_1 に分類される.
確認問題 7.13 $ACC=\frac{7}{10}, PRE=\frac{3}{4}, SPE=\frac{4}{5}, REC=\frac{3}{5}, F1=\frac{2}{3}$ **確認問題 7.14** 各クラスの評価は省略. 総合的に判断すると, 分類器 Z が最も優れた性能を持つ. **確認問題 7.15** マクロ平均正解率は $\frac{55}{75} \approx 0.73$, マイクロ平均正解率は $\frac{75}{125}=0.6$

第 8 章

問 8.1 クラス A **問 8.2** (1) $\{2,5,8\}$ は C_1 に, $\{9,11\}$ は C_2 に割り当てられる. (2) 41 (3) $\mu_1^{(1)}=5, \mu_2^{(1)}=10$ (4) $\{2,5\}$ は C_1 に, $\{8,9,11\}$ は C_2 に割り当てられる. **問 8.3** $k=4$ **問 8.4** 省略. 例 8.3 と同様に解答すれよい.
確認問題 8.1 (3) **確認問題 8.2** (4) **確認問題 8.3** (2) **確認問題 8.4** (2) **確認問題 8.5** (4)
確認問題 8.6 (2) **確認問題 8.7** (3) **確認問題 8.8** (1) **確認問題 8.9** (1) **確認問題 8.10** (4)
確認問題 8.11 (3) **確認問題 8.12** クラス 1 **確認問題 8.13** $\{0,2,4,6\}$ と $\{24,26\}$ **確認問題 8.14** $k=2$

第 9 章

問 9.1 $(x,y)=\pm\left(-\frac{1}{\sqrt{2}},0,\frac{1}{\sqrt{2}}\right)$ あるいは $\pm\left(-\frac{1}{\sqrt{2}},\frac{1}{\sqrt{2}},0\right)$ のとき最小値 $\frac{1}{2}$ をとり, $(x,y,z)=\pm\left(\frac{1}{\sqrt{3}},\frac{1}{\sqrt{3}},\frac{1}{\sqrt{3}}\right)$ のとき最大値 2 をとる. また, 係数行列の固有値はすべて正なので, 係数行列は正定値行列である.
問 9.2 (1) $\boldsymbol{y}_1=\begin{bmatrix}8\\-10\end{bmatrix}, \boldsymbol{y}_2=\begin{bmatrix}-10\\8\end{bmatrix}, \boldsymbol{y}_3=\begin{bmatrix}-8\\10\end{bmatrix}, \boldsymbol{y}_4=\begin{bmatrix}10\\-8\end{bmatrix}$, 共分散行列は $V=\begin{bmatrix}82 & -80\\-80 & 82\end{bmatrix}$
(2) V の固有値は $\lambda_1=162, \lambda_2=2$. 第 1 主成分 $\boldsymbol{w}_1$ は $\boldsymbol{w}_1=\frac{1}{\sqrt{2}}\begin{bmatrix}1\\-1\end{bmatrix}$ (3) $9\sqrt{2}$ **問 9.3** 省略. 各自で解釈すること.
確認問題 9.1 (3) **確認問題 9.2** (2) **確認問題 9.3** (1) **確認問題 9.4** (2) **確認問題 9.5** (3)
確認問題 9.6 (4) **確認問題 9.7** (3) **確認問題 9.8** (4) **確認問題 9.9** (3) **確認問題 9.10** (2)
確認問題 9.11 (2) **確認問題 9.12** V の固有値は, $\lambda_1=25, \lambda_2=5$. 第 1 主成分は $\boldsymbol{w}_1=\frac{1}{\sqrt{5}}\begin{bmatrix}1\\-2\end{bmatrix}$
確認問題 9.13 (1) 共分散行列は $V=\frac{2}{3}\begin{bmatrix}4 & 2\\2 & 1\end{bmatrix}$ (2) V の固有値は $\lambda_1=\frac{10}{3}, \lambda_2=0$. 第 1 主成分は $\boldsymbol{w}_1=\frac{1}{\sqrt{5}}\begin{bmatrix}2\\1\end{bmatrix}$

第 10 章

問 10.1 $w_1=-\frac{2}{5}, w_2=\frac{1}{5}, b=\frac{12}{5}$ **問 10.2** ラグランジュ関数は,
$L(x_1,x_2,x_3,\alpha,\beta)=(x_1-2)^2+(x_2-3)^2+(x_3-4)^2+\alpha(x_1^2+x_2^2+x_3^2-1)+\beta(4x_1+x_2+2x_3-2)$ であり, KKT 条件は
$\begin{bmatrix}x_1-2\\x_2-3\\x_3-4\end{bmatrix}=2\alpha\begin{bmatrix}x_1\\x_2\\x_3\end{bmatrix}+\beta\begin{bmatrix}4\\1\\2\end{bmatrix}$ かつ $\alpha(x_1^2+x_2^2+x_3^2-1)=0,\quad \alpha\geq 0,\ \beta$ は任意 $\quad x_1^2+x_2^2+x_3^2-1\leq 0,\quad 4x_1+x_2+2x_3-2=0$
問 10.3 誤分類は, △ : 14, ○ : 7, 9 である. また, 誤分類されていないもは, △ : 10, ○ : 11 である. **問 10.4** ソフトマージン SVM は全てのデータを同じクラスに分類する (つまり, 分類できない) と考えられる.
確認問題 10.1 (2) **確認問題 10.2** (3) **確認問題 10.3** (4) **確認問題 10.4** (2) **確認問題 10.5** (2)
確認問題 10.6 (3) **確認問題 10.7** (2) **確認問題 10.8** (1) **確認問題 10.9** $w_1=2, w_2=-2, b=3$
確認問題 10.10 ラグランジュ関数は $L(x,y,\alpha_1,\alpha_2,\beta)=x^2+y^2-\alpha_1x-\alpha_2y+\beta(x+2y-4)$ であり, KKT 条件は,
$\begin{bmatrix}\frac{\partial L}{\partial x}\\\frac{\partial L}{\partial y}\end{bmatrix}=\begin{bmatrix}2x-\alpha_1+\beta\\2y-\alpha_2+2\beta\end{bmatrix}=\begin{bmatrix}0\\0\end{bmatrix}$ $-\alpha_1x=0,\ -\alpha_2y=0, \alpha_1\geq 0,\ \alpha_2\geq 0,\ \beta$ は任意, $-x\leq 0,\ -y\leq 0,\ x+2y-4=0$
確認問題 10.11 ラグランジュ関数は, $L(x,y,z,\alpha_1,\alpha_2,\alpha_3,\alpha_4,\beta)=xy+yz+zx-\alpha_1(5-x-y-z)-\alpha_2(1-x)-\alpha_3(1-y)-\alpha_4(1-z)$
であり, KKT 条件は, $\begin{bmatrix}\frac{\partial L}{\partial x}\\\frac{\partial L}{\partial y}\\\frac{\partial L}{\partial z}\end{bmatrix}=\begin{bmatrix}y+z+\alpha_1-\alpha_2\\x+z+\alpha_1-\alpha_3\\x+y+\alpha_1-\alpha_4\end{bmatrix}=\begin{bmatrix}0\\0\\0\end{bmatrix}$,
$-\alpha_1(5-x-y-z)=0,\quad -\alpha_2(1-x)=0,\quad -\alpha_3(1-y)=0,\quad -\alpha_4(1-z)=0, \alpha_1\geq 0,\quad \alpha_2\geq 0,\quad \alpha_3\geq 0,\quad \alpha_4\geq 0,$
$5-x-y-z\leq 0,\quad x\geq 1,\quad y\geq 1,\quad z\geq 1$ **確認問題 10.12** ラグランジュ乗数 α_k は 0 になる.
確認問題 10.13 省略. (10.22) の導出を参照. **確認問題 10.14** 省略. (10.44) の導出を参照.

第 11 章

問 11.1 $\boldsymbol{\phi}(\boldsymbol{x}) = {}^t[x_1^2,\ \sqrt{2}x_1x_2, 2x_1, x_2^2, 2x_2, 2]$ **問 11.2** $\boldsymbol{\phi}(\boldsymbol{x}) = \exp(-x_1^2 - x_2^2)^t[1, 2x_1, 2x_2, 2x_1^2, 4x_1x_2, 2x_2^2, \ldots]$

問 11.3 $K = \begin{bmatrix} 9 & 1 & 1 & 1 \\ 1 & 9 & 1 & 1 \\ 1 & 1 & 9 & 1 \\ 1 & 1 & 1 & 9 \end{bmatrix}$, 決定境界は $-x_1x_2 = 0$. **問 11.4** 省略. ソフトマージン SVM のアルゴリズムを参照.

問 11.5 第 1 主成分の固有値は 12, 固有ベクトルは $\boldsymbol{v}_1 = \frac{1}{\sqrt{2}}\begin{bmatrix} 1 \\ -1 \end{bmatrix}$ **問 11.6** $W_{\mathrm{PCA}} = \begin{bmatrix} -\frac{1}{2\sqrt{3}} & \frac{1}{2\sqrt{3}} \\ \frac{1}{2\sqrt{2}} & \frac{1}{2\sqrt{2}} \end{bmatrix}$,

$W_{\mathrm{ZCA}} = \begin{bmatrix} \frac{1}{12}\left(3+\sqrt{6}\right) & \frac{1}{12}\left(3-\sqrt{6}\right) \\ \frac{1}{12}\left(3-\sqrt{6}\right) & \frac{1}{12}\left(3+\sqrt{6}\right) \end{bmatrix}$

確認問題 11.1 (3) **確認問題 11.2** (2) **確認問題 11.3** (2) **確認問題 11.4** (1) **確認問題 11.5** (1)
確認問題 11.6 (2) **確認問題 11.7** (2) **確認問題 11.8** (3) **確認問題 11.9** (3) **確認問題 11.10** (2)
確認問題 11.11 $K(\boldsymbol{x}, \boldsymbol{y}) = ({}^t\boldsymbol{x}\boldsymbol{y})^2$ **確認問題 11.12** $\boldsymbol{\phi}(\boldsymbol{x}) = (x_1^3, x_2^3,\ \sqrt{3}x_1^2x_2,\ \sqrt{3}x_1x_2^2)$

確認問題 11.13 $K = \begin{bmatrix} 14 & 6 & 6 & 14 \\ 6 & 14 & 14 & 6 \\ 6 & 14 & 14 & 6 \\ 14 & 6 & 6 & 14 \end{bmatrix}$

第 12 章

問 12.1 (1) ReLU (2) ソフトマックス関数 (3) 恒等写像 **問 12.2** $z_1^{(2)} = 0.3775,\ z_2^{(2)} = 0.3925,$
$y_1 = z_1^{(3)} = 1.10591, y_2 = z_2^{(3)} = 1.22492$ **問 12.3** w_{11} の勾配は -0.016, バイアス b_1 の勾配は -0.04.

問 12.4 (1) ${}^t\boldsymbol{y} = [4, 0], z = 8$ (2) $\dfrac{\partial E}{\partial v_j} = (z-d)f'(s)y_j,\ \frac{\partial E}{\partial V} = \begin{bmatrix} 20 \\ 0 \end{bmatrix},\ \frac{\partial E}{\partial w_{ij}} = 5v_jf'(u_j)x_i,\ \dfrac{\partial E}{\partial W} = \begin{bmatrix} 20 & 0 \\ 10 & 0 \end{bmatrix}$

確認問題 12.1 (2) **確認問題 12.2** (1) **確認問題 12.3** (1) **確認問題 12.4** (3) **確認問題 12.5** (4)
確認問題 12.6 (4) **確認問題 12.7** (4) **確認問題 12.8** (3) **確認問題 12.9** (2) **確認問題 12.10** (3)
確認問題 12.11 (3) **確認問題 12.12** $P_1 : y_1 = 0, y_2 = 0, P_2 : y_1 = 0, y_2 = 4, P_3 : y_1 = 3, y_2 = 0, P_4 : y_1 = 0, y_2 = 2$
確認問題 12.13 $\boldsymbol{w} = -0.5$ **確認問題 12.14** (1) $z_1 = 14, z_2 = 0$ (2) $\frac{\partial E}{\partial w_{11}} = (z_1 - t_1)z_1'y_1,\ \frac{\partial E}{\partial v_{11}} = \sum_{i=1}^{2}(z_i - t_i)z_i'w_{i1}x_1$

確認問題 12.15 (1) $\frac{\partial E}{\partial V} = (z-d)\begin{bmatrix} y_1 \\ y_2 \end{bmatrix}$ (2) $\dfrac{\partial E}{\partial W} = (z-d)\begin{bmatrix} x_1v_1(1-y_1^2) & x_1v_2(1-y_2^2) \\ x_2v_1(1-y_1^2) & x_2v_2(1-y_2^2) \end{bmatrix}$

第 13 章

問 13.1 (1)8×8 (2)$72 + 8 = 80$ **問 13.2** 2 **問 13.3** $x = 24, y = 33, z = \frac{55}{2}$ **問 13.4** (1) 8×8
(2) 15×15
確認問題 13.1 (1) **確認問題 13.2** (2) **確認問題 13.3** (4) **確認問題 13.4** 3 **確認問題 13.5** (2)
確認問題 13.6 (3) **確認問題 13.7** (2) , (3) , (4) **確認問題 13.8** (4) **確認問題 13.9** (1) **確認問題 13.10** (2)
確認問題 13.11 (2) **確認問題 13.12** 0.8 **確認問題 13.13** (1) 8×8 (2) $(3\times 3\times 3)\times 16 + 16 = 448$
確認問題 13.14 (1) 8×8 (2) 15×15 **確認問題 13.15** $x = 7, y = 8, z = 11$, 平均プーリングの結果は $\frac{17}{2}$

第 14 章

問 14.1 $Z^{(1)} = [0, 9]$ **問 14.2** $\frac{\partial E}{\partial V} = {}^tY^{(0)}\frac{\partial E}{\partial Y^{(1)}} + {}^tY^{(1)}\frac{\partial E}{\partial Y^{(2)}}$ **問 14.3** (1) $\frac{\partial E}{\partial u_2} = a(z-d)(1-y_2^2)$
(2) $\frac{\partial E}{\partial w} = a(z-d)(1-y_2^2)\left\{x_2 + v(1-y_1^2)x_1\right\}$ (3) 勾配消失の可能性がある.
確認問題 14.1 (4) **確認問題 14.2** (2) **確認問題 14.3** (3) **確認問題 14.4** (2) **確認問題 14.5** (1)
確認問題 14.6 (1) **確認問題 14.7** (1) **確認問題 14.8** (3) **確認問題 14.9** (3) **確認問題 14.10** (2)
確認問題 14.11 (1) **確認問題 14.12** $\widetilde{Z}^{(3)} = [0, 38]$ **確認問題 14.13** $Y^{(3)} = X^{(3)}W + X^{(2)}WV + X^{(1)}WV^2 + Y^{(0)}V^3$,
$\frac{\partial E}{\partial W} = {}^tX^{(1)}\frac{\partial E}{\partial Y^{(3)}}{}^tV^2 + {}^tX^{(2)}\frac{\partial E}{\partial Y^{(3)}}{}^tV + {}^tX^{(3)}\frac{\partial E}{\partial Y^{(3)}}$ **確認問題 14.14** $Y^{(2)} = 10,\quad \frac{\partial E}{\partial W} = 100$

確認問題 14.15 (1) $\frac{\partial E}{\partial u_2} = a(z-d)(1-y_2^2),\ \frac{\partial E}{\partial b} = a(z-d)(1-y_2^2)\left\{1 + v(1-y_1^2)\right\}$ (2) 勾配消失が起こる可能性がある.

参考文献

[1] 我妻 幸長，はじめてのディープラーニング-Python で学ぶニューラルネットワークとバックプロパゲーション-，SB クリエイティブ，2018 年.
[2] 我妻 幸長，はじめてのディープラーニング 2 Python で実装する再帰型ニューラルネットワーク, VAE, GAN，SB クリエイティブ，2020 年.
[3] 岡谷 貴之，深層学習 改訂第 2 版 (機械学習プロフェッショナルシリーズ)，講談社，2022 年.
[4] 金谷 健一, これなら分かる最適化数学：基礎原理から計算手法まで，共立出版，2005 年.
[5] 金森 敬文, 鈴木 大慈, 竹内 一郎, 佐藤 一誠，機械学習のための連続最適化 (機械学習プロフェッショナルシリーズ)，講談社，2016 年.
[6] 北川 源四郎 (編集), 竹村 彰通 (編集)，応用基礎としてのデータサイエンス AI ×データ活用の実践，講談社，2023 年.
[7] 斎藤 康毅，ゼロから作る Deep Learning ―Python で学ぶディープラーニングの理論と実装，オライリージャパン，2016 年.
[8] 斎藤 康毅，ゼロから作る Deep Learning 2 ―自然言語処理編，オライリージャパン，2018 年.
[9] 塚本 邦尊 (著), 山田 典一 (著), 大澤 文孝 (著), 中山 浩太郎 (監修), 松尾 豊 (協力)，東京大学のデータサイエンティスト育成講座 Python で手を動かして学ぶデ―タ分析，マイナビ出版，2019 年.
[10] 皆本 晃弥，スッキリわかる確率統計: ―定理のくわしい証明つき―，近代科学社，2015 年.
[11] 皆本 晃弥，基礎からスッキリわかる微分積分，近代科学社，2019 年.
[12] 皆本 晃弥，基礎からスッキリわかる線形代数，近代科学社，2019 年.
[13] 皆本 晃弥，Python による数理・データサイエンス・AI ―理論とプログラム―，サイエンス社，2023 年.
[14] 毛利 拓也, 北川 廣野, 澤田 千代子, 谷 一徳，scikit-learn データ分析 実践ハンドブック，秀和システム，2019 年.
[15] Duchi, John, Elad Hazan, and Yoram Singer: "Adaptive subgradient methods for online learning and stochastic optimization.", Journal of Machine Learning Research, 12, pp.2021-2159, (2011).
[16] Kingma, Diederik, Jimmy Ba: "Adam: A method for stochastic optimization", arXiv preprint arXiv:1412.6980 (2014).
[17] Glorot, X., & Bengio, Y. : Understanding the difficulty of training deep feedforward neural networks, Proceedings of the thirteenth international conference on artificial intelligence and statistics, pp. 249-256, (2010).
[18] He, K., Zhang, X., Ren, S., & Sun, J. : Delving deep into rectifiers: Surpassing human-level performance on imagenet classification, Proceedings of the IEEE international conference on computer vision, pp. 1026-1034, (2015).
[19] Deisenroth, A. Aldo Faisal, and Cheng Soon Ong : Mathematics for Machine Learning, Cambridge University Press, 2020.
[20] Jake VanderPlas (著), 菊池 彰 (翻訳)，Python データサイエンスハンドブック―Jupyter、NumPy、pandas、Matplotlib、scikit-learn を使ったデータ分析、機械学習，オライリージャパン，2018 年.
[21] Sebastian Raschka (著), Vahid Mirjalili (著), 福島 真太朗 (監修), 株式会社クイープ (翻訳)，[第 3 版]Python 機械学習プログラミング 達人データサイエンティストによる理論と実践，インプレス，2020 年.
[22] 数理・データサイエンス・ＡＩ教育プログラム認定制度検討会議，「数理・データサイエンス・ＡＩ教育プログラム認定制度（リテラシーレベル）」の創設について，2020 年 3 月，https://www8.cao.go.jp/cstp/stmain/image/ninteisousetu.pdf，2024 年 7 月 15 日アクセス.
[23] 数理・データサイエンス・AI 教育プログラム認定制度, https://www.mext.go.jp/a_menu/koutou/suuri_datascience_ai/00001.htm，2024 年 7 月 15 日アクセス.

索引

さ

た

な

は

ま

や

ら

著者紹介

皆本 晃弥（みなもと てるや）

1997年　九州大学大学院数理学研究科数理学専攻単位取得退学。
1997年　九州大学大学院システム情報科学研究科情報理学専攻助手。
2000年　博士（数理学）。
2000年　佐賀大学理工学部知能情報システム学科 講師、同 准教授などを歴任。
現在、佐賀大学教育研究院自然科学域理工学系 教授。
2020年から佐賀大学全学教育機構数理・データサイエンス教育推進室長。

◎本書スタッフ
編集長：石井 沙知
編集：伊藤 雅英
組版協力：阿瀬 はる美
表紙デザイン：tplot.inc 中沢 岳志
技術開発・システム支援：インプレス NextPublishing

●本書の内容についてのお問い合わせ先
近代科学社Digital　メール窓口
kdd-info@kindaikagaku.co.jp
件名に「『本書名』問い合わせ係」と明記してお送りください。
電話やFAX、郵便でのご質問にはお答えできません。返信までには、しばらくお時間をいただく場合があります。なお、本書の範囲を超えるご質問にはお答えしかねますので、あらかじめご了承ください。

スッキリわかる
数理・データサイエンス・AI

2024年9月20日　初版発行Ver.1.0

著　者　皆本 晃弥
発行人　大塚 浩昭
発　行　近代科学社Digital
販　売　株式会社 近代科学社
〒101-0051
東京都千代田区神田神保町1丁目105番地
https://www.kindaikagaku.co.jp

印刷・製本　京葉流通倉庫株式会社
Printed in Japan

ISBN978-4-7649-0716-4